上海对外经贸大学金融著作丛书
本丛书得到上海对外经贸大学出版基金的资助

互联网金融产业组织研究

郑迎飞　著

中国金融出版社

责任编辑：黄　羽
责任校对：张志文
责任印制：陈晓川

图书在版编目（CIP）数据

互联网金融产业组织研究/郑迎飞著.—北京：中国金融出版社，2019.1

（上海对外经贸大学金融著作丛书）

ISBN 978－7－5049－9941－2

Ⅰ.①互… Ⅱ.①郑… Ⅲ.①互联网络—应用—金融—产业组织—研究 Ⅳ.①F830.49

中国版本图书馆 CIP 数据核字（2019）第 008072 号

出版
发行　中国金融出版社

社址　北京市丰台区益泽路 2 号
市场开发部　（010）63266347，63805472，63439533（传真）
网上书店　http://www.chinafph.com
　　　　　（010）63286832，63365686（传真）
读者服务部　（010）66070833，62568380
邮编　100071
经销　新华书店
印刷　保利达印务有限公司
尺寸　169 毫米 × 239 毫米
印张　27
字数　330 千
版次　2019 年 1 月第 1 版
印次　2019 年 1 月第 1 次印刷
定价　60.00 元
ISBN 978－7－5049－9941－2
如出现印装错误本社负责调换　联系电话（010）63263947

本书受国家自然科学基金项目"普惠金融体系下P2P网络借贷平台的组织生存机理研究（71303153）"、教育部人文社会科学研究项目"互联网消费金融创新、风险与监管——基于行为产业组织理论的研究（18YJA790116）"、上海国际贸易中心战略研究院决策咨询课题"'一带一路'框架下辅助产业发展与中国深化跨境双向直接投资研究"和"一带一路"国家经贸关系与合作高等研究院项目（YDYL2018016）资助。

上海对外经贸大学金融著作丛书编委会

编委会主任：徐永林　贺学会

编委（按姓氏笔画为序）：

曲延英　应尚军　张铁铸　杨淑娥

陈　坚　凌　婕　翁小丹

总　序

上海对外经贸大学校长　孙海鸣

金融是现代经济的核心，而上海建立国际金融中心又是重要的国家战略，从这个意义上来说，在上海从事金融研究工作的专家是处于"中心"中的"中心"，得天时、地利、人和之便。《上海对外经贸大学金融著作丛书》的出版，正是此天时、地利、人和的产物，可喜可贺。

金融发展的重要性，怎么强调都不过分。金融是资源配置的先导，现代市场经济之间的竞争，在很大程度上就是金融的竞争。因此，过去20年来，上海对外经贸大学一直将金融学科列为重点发展的领域。这不仅体现了学校的战略眼光，更体现了时代发展的要求。

上海对外经贸大学作为我国对外经贸人才成长的摇篮，始终秉持"诚信、宽容、博学、务实"的校训精神，把改革作为学校发展的强大动力，在人才培养、科学研究、社会服务和文化传承创新等方面不断取得新的突破；始终坚持"以学生为本、以学术为魂"的办学理念，坚持将学科建设聚焦国际前沿、对接社会需求，以贡献求支持、以服务促发展，坚持将"创新、协调、绿色、开放、共享"的发展理念贯穿于学校改革发展的各项工作中，深化教育综合改革，认真谋划和扎实推动

"十三五"期间学校改革创新转型发展各项工作,全面落实党的教育方针,切实担负起立德树人的根本使命,坚定不移地推动学校建设成为高水平、国际化、特色鲜明的应用研究型大学。

近年来,学校紧密围绕国家和上海的迫切需求,主动对接上海"四个中心"、上海自贸区、国家"一带一路"以及全球科创中心等重大战略,着力破除制约学校发展目标实现的思想障碍和制度藩篱,形成多方参与、多元投入并与社会有机互动的办学机制,逐步构建院校协同发展、学术权力与行政权力相互支撑、充满活力的大学内部治理结构。其中一个重要的目标就是建立学术研究与决策咨询研究双轨并行、教学与科研协同发展的体制机制,为学科建设和学术研究夯实制度基础。学校鼓励各教研部门根据所属学科专业特点与定位目标,明确科研方向,制定各具特色的科研内容与方式。学校主动适应转型发展需要,打破传统的科研与教学相互分离局面,强化教学科研均衡发展意识,建立教学、科研、社会实践深度融合的体制机制,协调制定适应转型发展要求的制度体系,引导科研价值取向更加符合学校定位目标与社会发展需要。

上海对外经贸大学金融学科的高速发展正体现了学校的这种发展思路。金融学院于1995年建院,迄今已逾20年,是一所既年轻又具有一定历史沉淀的学院。近年来,学院的发展更是速度惊人,学院的科研积极性得到空前的提升,科研成果不断涌现。学院学术研究与决策咨询等多种类型的研究实现良性互动,既提升了学术水平,又服务了国家战略,可谓一箭双雕,成效显著。更可喜的是,在这一过程中,一大批年轻学者迅速成长起来,成为国内金融学界的翘楚。本套丛书正是他们成长过程的见证。

《上海对外经贸大学金融著作丛书》既展示了我校近年来中青年金

融学人的主要学术成果，也彰显了我校的金融学科优势、学术研究特色和学术研究能力。从选题来看，本套丛书不仅较好契合国家全面改革开放战略，而且紧密对接上海自贸区建设和上海国际金融中心建设的新需要；从内容来看，本套丛书既密切追踪当今国际金融领域出现的新现象、新问题和新趋势，又深入研究国内金融领域进一步改革开放中的热点难点问题，具有专业性、学术性、实践性和前沿性等特点。

本套丛书的出版对于进一步推动我校学科建设和学术研究工作无疑具有重要的意义，希望能够激励更多的金融学人竞相迸发出更加强大的学术热情和创新动力，为我校早日建成高水平、国际化、特色鲜明的应用研究型大学贡献力量。同时，也期待更好更多的学术成果不断涌现，为金融学院的发展继续谱写全新的篇章。

2015 年 12 月 1 日于松江大学城

前　言

互联网金融是否为一种新金融模式

关于互联网金融是否为一种新金融模式的讨论，呈现出两种观点：一种观点认为互联网金融使得金融功能的效率大大提高，交易可能性边界得以拓展，而且互联网本身可以理解为一种金融市场，能够实现去中介化，因此是一种新金融模式（谢平、邹传伟，2012；谢平、邹传伟、刘海二，2014a；王国刚，2014；吴晓求，2014a，2014b；曹凤岐，2015）；另一种观点认为，互联网金融是通过互联网来运作的金融业务，互联网只是一种技术手段，表现为互联网企业介入金融行业所开展的业务，也包括金融行业利用互联网来开展业务，互联网金融只是金融销售和获取渠道上的创新，即将金融活动从线下转到线上（杨凯生，2013；陈志武，2014；殷剑峰，2014）。

金融的核心功能是实现资金供求双方的匹配，目前，实现这一功能有三种途径，一是通过传统的银行类金融机构来实现；二是通过传统的资本市场来实现，如证券市场等，我们把银行类金融机构和传统资本市场统称为传统金融；三是通过互联网或移动互联网来实现，即互联网金融。现在已经出现了传统金融与互联网金融并存的局面。传统金融和互联网金融都能够在一定程度上节约交易费用，对于实现最佳资源配置具有互补性。但互联网金融不受时空的限制，能够大幅降低客户的参与成本、搜寻和匹配成本，拓展交易边界，最终实现去中介化，从而使得互联网金融在很多领域快速超越了传统金融。比如网购的担保支付、小额转账支付、小微融资等领域。所以，在未来，互联网金融对传统金融具有一定的替代作用。虽然互联网金融的本质还是金融，但是互联网与金融的结合，已经大幅改变了金融的实现形式，这种改变是一种根本性的改变。

一些持怀疑态度的学者，认为互联网金融只是把线下的金融活动搬到线上，比如网上转账、网上开户、网上理财等，这不是一种根本变革。实则不然，马克思曾指出，历史上，生产关系的每一次变革，都是由生产力的发展引起的。人类历史上三次工业革命对人类生产领域和社会关系产生根本性变革便是明证，第二次工业革命主要是电力的广泛应用，有了电之后，我们用电灯取代煤油灯，用电作为动力来进行生产生活，已经从根本上改变了人类的行为模式和生活方式。同理，互联网、区块链、物联网、大数据、云计算、VR、3D打印等技术在金融中的广泛应用，将从根本上改革金融交易和组织形式（比如，活动范围、活动方式、活动模式等），国外也出现了金融科技（Fintech）这一新词。互联网金融是科技创新带来的金融生产力的飞跃发展的成果，不能简单理解为金融活动从线下搬到线上。因此，互联网金融是一种新的金融模式。

互联网金融与金融科技

从 20 世纪 80 年代金融机构内通信联网开始,互联网技术和金融业的融合不断加深,互联网技术的应用不仅作为金融的通信渠道,更产生出了新的金融技术,例如基于大数据的征信。2012 年,国内出现了一个新词,"互联网金融",其内涵包括互联网技术与金融融合的所有产品和商业模式。刚开始,一部分人将"互联网金融"特指互联网技术公司提供的投融资和支付功能,与传统金融相对立,但自 2015 年以来,更多人认为,传统金融机构的互联网化,也属于互联网金融。一个事实例证是 2016 年中国互联网金融协会遴选的理事单位有众多银行、证券、保险、基金等传统金融机构。工商银行等大型银行的年报也专门列出一个"互联网金融"专栏向公众股东介绍上市公司的互联网金融业务。

与国内"互联网金融"一词的火爆形成鲜明对比的是,英文的语境里"Internet Finance"并没有成为一个热词。出现这样冰火两重天的原因可能有两个。原因之一是与互联网金融在中国的爆发式发展之前中国金融业发达程度和自由化程度较低有关。之前,在我国银行信贷为主体的金融体系下,个人和中小企业融资渠道匮乏,个人投资渠道狭窄,在支付方面,尚未普及支票等发达国家最常用的支付结算工具。相比较而言,以美国为代表的发达国家的金融市场更发达,金融业解除管制的时间较早。美国在 1975 年实现了证券交易佣金的自由化,1986 年实现了利率市场化,1999 年通过《金融服务现代化法案》实现了混业经营。所以,P2P 网贷和第三方支付在美国的受追捧程度不及在中国的程度,业务增长速度和总规模也远不及中国。但并不是说美国没有这些互联网金融形式,相反,美国 P2P 网贷、第三方支付、众筹等业态的产生都比中国早，它们的规模和普及程度也不低。"互联网金融"一词在美国之所以不流行的原因之二是美国传统金融机构的互联网技术的发展和应用比较早，从20世纪80年代开始就相继出现了第一批互联网券商、互联网银行和互联网保险等。2005年之后，P2P网贷和众筹在美国开始出现，也都迅速纳入正规监管，被当作证券发行机构要求在美国证券交易委员会（SEC）进行注册和实时信息披露，而众筹还被专门给予了立法监管，旨在为初创企业公开募集小额资金提供一种专门的合法程序。所以在美国人看来，互联网和金融的结合是一个渐进的过程，而不是一个泾渭分明的新阶段。

自P2P网贷和众筹等互联网金融形式诞生以来，线上交易沉淀了大量数据，基于大数据和机器学习的征信服务和定价逐渐被广泛地用于网络借贷等需要信用的领域，尤其是区块链技术在金融领域的应用和智能投顾的发展，使得金融科技（Fintech，Financial Technology）一词大约于2014年开始出现并流传开来。

其实，金融科技在科技的使用范围和高度上更具开放性。它隐含着互联网技术作为基础通道今后将被广泛采用，因此不必特别强调。它强调的是基于这个通道产生的各种技术，大数据分析技术、云计算技术、人工智能技术、区块链技术，等等，强调其各自的科技领域有利于人们关注和推动这些新科技的发展，所以，金融科技一词诞生并得到广泛认可。但是，这些新技术无一不需要互联网技术作为基础通道，因此，金融科技的兴起并不意味着"互联网金融"这一术语的错误或消失，而是互联网金融的升级。最初的"互联网金融"之所以火爆，是因为互联网技术是这段时间突破最大和普及最快的技术，而今后，互联网技术将作为许多高端技术发挥作用的基础通道，人们将会将重心放到那些高端技术的开发和应用上，因此，我相信"金融科技"将是一个有生命力的词汇。但本书还是将书名界定为金融科技的 1.0 版"互联网金融",因为本书关注的是从线下金融到线上金融的产业组织变革的过程,在此期间由于金融对区块链技术、大数据和人工智能等金融科技的应用尚在起步探索阶段,对金融产业组织的变革尚不起决定作用,因此并未大量涉及。

无论是互联网金融还是金融科技,其最终目的都是提供高效普惠的金融服务,这离不开一个国家金融基础设施的发展和完善。基础设施包括发达的个人和小微企业的信用体系、方便快捷的支付体系、多层次全覆盖的金融普及教育体系以及完善的监管体系。从我国的情况来看,P2P 网贷平台数量众多,良莠不齐,合规之路任重道远。支付领域相对较好,以支付宝和微信支付为代表的第三方支付快速发展,为小额支付提供了高效、便捷的服务。传统金融机构的互联网化在加速,对区块链技术、大数据和人工智能等金融科技的应用也在积极探索中。

互联网金融的利弊

互联网金融形态的不断涌现,丰富了金融的外延,表现为数字加密货币(互联网货币)、P2P 网络贷款、互联网众筹融资等新兴金融形态的出现,其中,P2P 网络贷款发展最为迅速。互联网金融的诞生,推动了金融机构账户的集成,比如,国泰君安证券公司的君弘一户通账户,部分商业银行的一户通账户等。它们都推动了支付体系的创新。再比如,各种移动支付形式的出现,如二维码、条形码、指纹、人脸、掌纹、光子、NFC、蓝牙等支付手段。总之,互联网金融的诞生,使人们更加重视技术引领的金融创新,丰富了金融的形态,推动了金融实践的发展。

通过信息技术，互联网金融能够以较低的成本服务于广大社会公众，促进金融普惠。互联网金融与日常生活紧密联系在一起，能够服务于实体经济，如微信红包、阿里的未来医院、高温险、京东白条等。

有人说，余额宝等互联网货币基金的涌现推高了实体经济的资金成本。这个判断应该是有失公允的，余额宝等互联网金融形态只是提高了银行的资金成本，并没有提高企业的贷款成本，它只是侵占了一部分原本属于银行的利差收入，而这势必激发银行通过创新获得新的发展机会，因此无损社会福利。还有人说，互联网金融的贷款利率较高，比如P2P贷款利率远高于银行贷款，因此互联网金融提高了社会融资成本。这个说法也是站不住脚的，因为大部分在P2P网贷借款的小微企业是原本根本无法从正规金融机构获取贷款的群体，通过互联网金融获得了贷款，虽然利率比正规金融机构高一点，但毕竟有胜于无。小微企业如果借高利贷的话，利率会更高，所以通过互联网金融来获取贷款对他们来说已经是一种信贷条件的改善。本书第6章通过测算互联网金融的交易成本论证了上述观点。

本书的结构

本书介绍了以P2P网贷为主要代表的各种互联网金融组织形式的诞生和演变、产业结构和竞争、市场行为和定价等内容。全书分为三篇。

第一篇介绍P2P网贷的平台化组织发展演变。第1章和第2章从产业发展理论方面评价了我国P2P网贷的发展历史和现状。第3章从小微信贷产业的发展演变的视角阐述了P2P网贷和互联网供应链金融等新组织形式的渊源和演变过程。第4章从股权等组织内部结构特征"标签"分析了P2P网贷组织的结构与市场行为和绩效的关系。结论认为"标签"对市场行为和绩效均产生重大影响,但并不能绝对只看"标签"。第5章从产业生命周期理论出发分析了问题平台的特征和数量规律,并对产业的未来市场结构进行了预测。第6章以宜人贷为例测度了P2P网贷的交易成本,论证了P2P网贷组织的效率问题,认为P2P网贷的交易成本虽然略高于银行、证券,但对于信用不高的小微企业而言是不错的替代选择。

第二篇研究P2P网贷投资者行为与网贷平台产业组织结构的关系。第7章实证研究指出,P2P网贷投资者行为在很大程度上受P2P网贷平台的本息保障模式的影响。第8章实证研究指出P2P平台的组织特征比网贷具体项目的特征更显著影响投资者行为,所以投资者对网贷投资的信任首先是对平台的信任,其次才是对具体项目的信任。

第三篇讨论了传统金融和互联网金融的竞合关系。第9章讨论第三方支付和网银的竞合关系,结论认为二者之间是竞合关系而非纯竞争关系,二者有较好的合作基础和较大的合作空间。第10章讨论了商业银行进行互联网化转型的绩效。以工商银行为例,指出传统金融机构的互联网金融转型已经迈出了较大步伐,而且取得了一定绩效。第11章讨论了大数据征信的发展演变过程及其在整个互联网金融产业中的产业组织地位。整个金融的基础是征信,而大数据征信若能取得突破,是互联网金融更实质性的突破。因为在大数据征信发挥作用的情况下,互联网金融才真正摆脱"只是把交易搬到网上来做"的尴尬名声,可以宣布是彻底的革命了,届时从征信到交易全部是依赖互联网来完成的。截止到本书截稿,已有部分电商平台、第三方支付机构等依据海量交易数据开展了大数据征信和信贷业务,但大数据征信成为主流征信模式还有很长的路要走。

目 录

第一篇 P2P 网络借贷平台

第 1 章 P2P 网贷平台产业组织概述 ················· 3

1.1 绪论 ·································· 3
    1.1.1 P2P 网络借贷的概念 ················· 3
    1.1.2 P2P 网贷模式的分类 ················· 4
    1.1.3 P2P 网贷平台组织的优劣势 ············· 6

1.2 P2P 网贷产业组织演变的基本理论 ············· 8
    1.2.1 P2P 网贷产业组织的起源 ·············· 8
    1.2.2 P2P 网贷平台组织的功能特征 ············ 9

1.3 P2P 网贷的现状 ························ 12
    1.3.1 平台数量与成交量 ················· 12
    1.3.2 P2P 网贷地域分布 ················· 13
    1.3.3 网贷余额 ····················· 14
    1.3.4 网贷收益利率 ··················· 15

1.4 现阶段 P2P 平台的潜在风险 ················ 16

1.4.1 网贷软件的技术风险 …………………………………………… 16
  1.4.2 平台自身的运营风险 …………………………………………… 17
  1.4.3 P2P 网贷平台的信任风险分析 ………………………………… 20
  1.4.4 监管的缺乏引发的法律与业务风险 …………………………… 21
 1.5 P2P 网贷的国内外比较 ………………………………………………… 21
  1.5.1 发展现状对比 …………………………………………………… 22
  1.5.2 市场环境对比 …………………………………………………… 22
  1.5.3 风险机制对比 …………………………………………………… 23
  1.5.4 经营内容对比 …………………………………………………… 23
  1.5.5 发展互联网技术环境对比 ……………………………………… 24
 1.6 P2P 网贷行业的发展机理 ……………………………………………… 25
  1.6.1 P2P 网贷行业发展的内涵与衡量 ……………………………… 25
  1.6.2 影响 P2P 网贷行业发展的因素分析 ………………………… 26
  1.6.3 P2P 网贷行业外部环境与行业发展 …………………………… 30
  1.6.4 P2P 网贷行业的规模与行业发展 ……………………………… 31
  1.6.5 P2P 网贷行业的风险与行业发展 ……………………………… 32
 参考文献 ………………………………………………………………………… 33

第 2 章 我国 P2P 网贷行业发展的评价 ……………………………………… 36
 2.1 评价指标体系的构建 …………………………………………………… 36
  2.1.1 指标的选取原则 ………………………………………………… 36
  2.1.2 三维度影响因子模型的构建和分析方法 ……………………… 37
  2.1.3 指标的选取 ……………………………………………………… 41
 2.2 P2P 网贷行业的分层次发展评价 ……………………………………… 42
  2.2.1 主要区域 P2P 网贷行业的评价 ………………………………… 42

2.2.2　全国时间序列数据的P2P网贷行业的评价……………… 54
2.3　探讨影响P2P网贷行业发展的因素 ……………………………… 65
　　2.3.1　未来P2P行业发展趋势 ……………………………………… 65
参考文献 ……………………………………………………………………… 66

第3章　小微信贷产业组织形式
——从扶贫贷款到P2P网贷 ……………………………………… 69
3.1　小微信贷的发展背景 ……………………………………………… 69
3.2　小微信贷的理论研究综述 ………………………………………… 72
　　3.2.1　农村信贷市场失灵的机理研究 ……………………………… 72
　　3.2.2　不完全市场竞争下小微信贷的理论发展 …………………… 73
　　3.2.3　互联网金融下的小微信贷的理论动向 ……………………… 76
3.3　小微信贷的主要组织类型和特点 ………………………………… 79
　　3.3.1　小微信贷主要类型的划分依据 ……………………………… 79
　　3.3.2　扶贫开发项目 ………………………………………………… 81
　　3.3.3　中小金融机构小微信贷 ……………………………………… 81
　　3.3.4　互联网小微信贷 ……………………………………………… 82
3.4　各种小微信贷组织的信用风险管理 ……………………………… 86
　　3.4.1　第一阶段——扶贫开发项目的信用风险管理 ……………… 86
　　3.4.2　第二阶段——中小金融机构小微信贷的信用风险
　　　　　管理 …………………………………………………………… 89
　　3.4.3　第三阶段——互联网小微信贷的信用风险管理 …………… 94
3.5　不同阶段小微信贷信用风险管理机制的评述 …………………… 106
　　3.5.1　小微信贷市场中的信用风险来源——信息不对称 ………… 106
　　3.5.2　不同阶段小微信贷信用风险管理技术的对比分析 ………… 108

3.5.3 不同阶段小微信贷信用风险管理机制的简单评述 …… 111
参考文献 …… 115

第4章 P2P网贷平台的"标签"分析
——产权和组织结构的绩效 …… 119
4.1 P2P网贷"背景"标签的起底 …… 119
4.1.1 银行系 …… 119
4.1.2 国资系 …… 124
4.1.3 上市系 …… 126
4.1.4 风投系 …… 129
4.2 按平台"背景"分类的交易数据描述性统计 …… 131
4.2.1 平台数量 …… 131
4.2.2 成交额和贷款余额 …… 133
4.2.3 利率 …… 134
4.2.4 贷款期限 …… 136
4.2.5 人气 …… 138
4.3 按"背景"分类的问题平台分析 …… 139
4.3.1 银行系问题平台 …… 140
4.3.2 国资系问题平台 …… 141
4.3.3 上市系问题平台 …… 142
4.4 P2P网贷平台的"银行存管"标签 …… 144
4.4.1 "银行存管"现状分析 …… 144
4.4.2 为什么要进行银行存管 …… 147
4.4.3 银行存管就安全吗 …… 149
4.5 P2P网贷平台的"中国互金协会"标签 …… 152

参考文献 ··· 153

第5章 基于产业周期理论的P2P网贷问题平台分析 ············· 154
5.1 产业生命周期理论及关于淘汰的研究 ····················· 154
5.1.1 产业生命周期理论 ······································· 154
5.1.2 P2P网贷平台的进入和退出分析 ····················· 158
5.2 P2P网贷问题平台的概括 ······································· 160
5.2.1 P2P网贷问题平台概述 ································ 160
5.2.2 问题平台的发展状况 ···································· 162
5.2.3 问题平台的情况 ··· 164
5.3 P2P网贷问题平台的特征及其演变 ························· 166
5.3.1 问题平台的特征 ··· 166
5.3.2 问题平台特征的演变过程 ····························· 170
5.4 P2P网贷行业发展预测与建议 ······························· 172
5.4.1 P2P网贷行业发展预测 ································ 172
5.4.2 对P2P网贷平台的发展建议 ························· 173
5.4.3 结语 ··· 175
参考文献 ··· 175

第6章 P2P网络借贷的交易成本 ································· 178
6.1 交易成本的测度方法综述 ···································· 178
6.1.1 关于交易费用的定义 ···································· 178
6.1.2 交易成本的宏观测度方法综述 ······················· 181
6.1.3 行业交易成本的测度方法综述 ······················· 183
6.2 P2P网贷交易成本的构成与测度 ···························· 185
6.2.1 P2P网贷交易成本的构成 ···························· 185

6.2.2 宜人贷交易成本的测度 …………………………………………… 186
6.3 宜人贷交易成本与传统金融交易成本的比较 ………………………… 189
6.3.1 宜人贷与 IPO 融资的交易费用比较 …………………………… 189
6.3.2 宜人贷与银行借款的交易成本比较 …………………………… 191
6.4 P2P 网络借贷交易成本进一步讨论 …………………………………… 192
6.4.1 政策制定和维护成本 …………………………………………… 192
6.4.2 非市场化交易成本 ……………………………………………… 193
参考文献 ………………………………………………………………………… 194

第二篇　P2P 网贷组织结构与投资者行为研究

第 7 章　P2P 网贷平台的本息保障模式对投资者行为的影响 ……… 201
7.1 P2P 网贷平台的本息保障模式 ………………………………………… 201
7.1.1 五种常见风险保障模式 ………………………………………… 201
7.1.2 "去担保"趋势分析 …………………………………………… 208
7.1.3 关于取缔或整改风险准备金 …………………………………… 209
7.2 本息保障模式对投资者决策的影响 …………………………………… 218
7.2.1 引言 ……………………………………………………………… 218
7.2.2 文献回顾与研究假设 …………………………………………… 220
7.2.3 研究设计与描述性统计 ………………………………………… 224
7.2.4 实证分析结果 …………………………………………………… 227
7.2.5 稳健性检验 ……………………………………………………… 231
7.3 本息保障模式对投资者羊群行为的影响 ……………………………… 232
7.3.1 投资者羊群行为的理论分析和研究假设 ……………………… 232

7.3.2　网贷投资者羊群行为的检验模型 233
　　7.3.3　网络借贷平台是否存在羊群效应的结果 236
　　7.3.4　稳健性检验 237
7.4　关于平台保障模式的进一步探讨 239
　　7.4.1　从实证结论出发的探讨 239
　　7.4.2　平台保障模式对风险转移与分散的影响 240
　　7.4.3　关于平台保障模式的政策建议 242
参考文献 243

第8章　中国 P2P 网贷投资者信任模型
　　——基于跨平台横截面数据的利率决定实证研究 247
8.1　网贷利率的决定因素概述 247
8.2　P2P 网贷投资者信任理论和研究假设 251
　　8.2.1　平台因素及其对利率的影响分析 253
　　8.2.2　借款项目因素及其对利率的影响分析 255
8.3　基于跨平台横截面数据的利率决定实证研究 256
　　8.3.1　数据获取和模型构建 256
　　8.3.2　实证结果 259
　　8.3.3　实证研究结论 263
8.4　为什么取缔集合标 265
　　8.4.1　网贷平台采用集合标的现状 265
　　8.4.2　集合标的风险 266
　　8.4.3　集合标的整改 268
参考文献 268

第三篇　传统金融与互联网金融

第9章　第三方支付与网银的竞合关系 ·················· 273

9.1　第三方支付与网银的竞合关系概述 ·················· 273
- 9.1.1　研究背景和意义 ·················· 273
- 9.1.2　相关文献综述 ·················· 274

9.2　第三方支付和网上银行发展简介及比较 ·················· 280
- 9.2.1　第三方支付的概念和发展 ·················· 280
- 9.2.2　我国商业银行网上银行业务的现状分析 ·················· 290
- 9.2.3　第三方支付在网上支付的优劣势分析 ·················· 292
- 9.2.4　商业银行在网上支付中的优劣势分析 ·················· 295

9.3　第三方支付及商业银行的竞争合作分析 ·················· 297
- 9.3.1　第三方支付企业与商业银行的竞争分析 ·················· 297
- 9.3.2　第三方支付及商业银行的合作分析 ·················· 305
- 9.3.3　案例分析——支付宝与银行的合作 ·················· 309

9.4　第三方支付和商业银行竞合关系实证检验 ·················· 312
- 9.4.1　第三方支付企业和网上银行用户之争的原理及实证检验 ·················· 312
- 9.4.2　合作基础——第三方支付企业的交易规模对商业银行的影响实证检验 ·················· 318

参考文献 ·················· 322

第10章　商业银行互联网金融及其绩效 ·················· 328

10.1　我国商业银行互联网金融发展的历程与现状 ·················· 328

10.1.1 银行互联网金融的概念 ………………………………… 328
10.1.2 我国商业银行互联网金融发展的历程 …………………… 332
10.1.3 我国商业银行互联网金融发展的现状 …………………… 333
10.2 我国商业银行互联网金融发展的原因分析 ………………… 337
10.2.1 我国商业银行经营发展面临的挑战与竞争 ……………… 337
10.2.2 我国商业银行互联网金融发展的环境支持 ……………… 340
10.2.3 案例分析：工商银行的互联网化发展 …………………… 344
10.3 我国商业银行互联网金融发展对于银行绩效的影响 ……… 349
10.3.1 商业银行互联网金融的相关研究 ………………………… 349
10.3.2 理论和典型事实分析 ……………………………………… 353
10.3.3 我国商业银行互联网金融与银行经营绩效的实证分析 ………………………………………………………… 358
10.3.4 商业银行互联网金融的财务绩效 ………………………… 368
参考文献 ………………………………………………………………… 374

第 11 章 大数据征信 ……………………………………………… 378

11.1 我国大数据征信概述 …………………………………………… 378
11.1.1 我国大数据征信发展现状 ………………………………… 378
11.1.2 我国大数据征信模式分析 ………………………………… 381
11.1.3 大数据征信和人民银行传统征信模式的对比分析 ……… 388
11.2 国外大数据征信的发展情况 …………………………………… 391
11.2.1 德国：小微贷款与大数据征信评估 ……………………… 392
11.2.2 美国：互联网大数据征信系统 …………………………… 394
11.2.3 国际大数据征信发展的对比分析 ………………………… 397
11.3 我国大数据征信体系的问题以及优化建议 ………………… 399

11.3.1　大数据征信的意义 …………………………………… 399
11.3.2　我国大数据征信面临的问题 …………………………… 400
11.3.3　我国大数据征信体系的优化建议 ……………………… 402

参考文献 …………………………………………………………… 403

后记 ………………………………………………………………… 404

第一篇

P2P 网络借贷平台

第一部

自分を理解する

第 1 章
P2P 网贷平台产业组织概述

1.1 绪论

1.1.1 P2P 网络借贷的概念

P2P（Peer–to–Peer）网络借贷是一种典型的互联网金融模式，在该模式下，贷款人与投资者之间通过网络借贷平台而不是金融机构产生的贷款（Linetal，2009；Bachmann，2011）。这种模式起源于英国，是一种互联网科技与小额借贷的创新型借贷模式，凭借第三方网络平台，以信用贷款的形式将资金贷给有借款需求的人。它为个人与个人之间提供了公开透明的小额信用交易的可能（廖理，2014）。资金供需信息直接在网上发布并匹配，供需双方不需要经过银行、券商或交易所等传统的金融中介，可直接联系和交易（谢平，2012）。

P2P 网贷行业是互联网金融行业中的子类，自 2007 年登陆中国以来，P2P 网贷始终是互联网金融中最热门也是最具争议的细分领域。尽管目前国家鼓励传统金融机构更多地服务于中小企业，但传统金融机构的风控手段和业务模式的僵化，使得传统金融机构的服务短时间内无法快速进入这个市场。传统金融的缺位再加上大数据与现代金融的结合，使得 P2P 网贷可以更好地服务中小企业发展，给了该行业高速发展的机会（陈伟，2015）。

P2P 网贷平台在 2012 年之后呈爆发式增长。究其原因，从客户方面来看，因为其提供了低门槛、相对高收益的理财方式，被越来越多的人熟知。从监管方面来看，2015 年以前的监管非常宽松，所以平台数量急剧增加，到 2015 年底已增加至接近 3000 家。P2P 平台呈现"野蛮生长"的状态，但其风险控制手段却没有随之增长。每年跑路问题平台案例众多，2014—2016 年，每年约有三分之一的平台跑路。有些平台设立直接就是为了诈骗而来。如何规范 P2P 网贷平台的发展，是监管部门主要关心的问题。

我国发展 P2P 网贷的时间相对于国外较晚，起初国内的 P2P 平台是通过模仿国外平台模式和技术设立的，例如拍拍贷，但是随后我国发展 P2P 网贷走出了具有鲜明中国特色的发展道路，国内中小企业和个人征信信息缺失以及理财市场刚性兑付这两大国情决定很难完全模仿国外平台模式，所以大部分 P2P 网贷平台引入了线上和线下相结合的运营模式，以及有担保的安全保障模式。在这个过程中，普通投资者对 P2P 网贷概念有了一定的了解，每年都吸引了大量投资者的投资热情，加上中国巨大的人口数量和网民规模也是 P2P 用户规模快速增长的主要推动力量。

1.1.2　P2P 网贷模式的分类

国外较早成立的几家大平台都各自代表着一种经典的运营模式，例如 Prosper, Lending Club, Zopa, Kiva 等平台，它们各不相同，且有代表性。Bachmann（2011）将 P2P 网络借贷平台的运营模式分为两种，商业型的网贷平台（以 Prosper、Lending Club 和 Zopa 为代表）与非商业型的网贷平台（以 Kiva 为代表）。

Prosper 的模式类似于拍卖模式，贷款者寻求以最低利率出借的投资人；而投资人则更想要支付更高利率的贷款者。Prosper 作为一家单纯的中介型 P2P 网贷平台，平台需要做的工作就是保证借贷双方交易的公平性，以及安全可靠地发布借贷信息。网站靠收取手续费盈利。

Zopa 是"可达成协议的空间（Zone of Possible Agreement）"的缩写。Zopa 的投资者与借款者的利率都是由 Zopa 平台自己制定。原先投资者是自行决定利率，但是发展到现在，已经是由平台来决定利率。在资金端，Zopa 将资产打包成风险较低和风险稍高的两款产品出售，所以投资者在投标时并不知道投资的钱去向何处，都是由平台负责把钱贷出去。借贷双方均需缴纳一定费用。

Kiva 是一家非营利性的网贷平台。非营利性的 Kiva 为发展中国家的创业者提供小额贷款，解决它们融资难的问题，更加促进了发展中国家的经济发展。Kiva 利用互联网技术及时和准确地让更多人了解 Kiva 上发布的借款信息。

我国的 P2P 平台可分为纯线上（典型代表：拍拍贷）、线下（典型代表：爱投资）和线上线下结合的 O2O 模式（典型代表：人人贷）。目前我国的征信体系不完善，金融制度也不健全，因此像国外纯中介平台的模式在中国发展较慢。而通过线下与线上结合的模式，为投资者的本息提供保障，是中国大部分平台的模式。

拍拍贷于 2007 年 6 月成立于上海，是国内首家纯中介网贷平台。拍拍贷的最大特点在于采用纯线上模式运作，类似于美国的 Prosper。平台利用互联网大数据技术，实施借贷双方信息匹配，为借贷双方的交易安全提供保障。

爱投资于 2013 年 3 月成立。其模式是 P2C 的互联网金融交易模式，其最大特点是项目获取和项目审核及担保全部来自线下。爱投资与全国各地的包括融资性担保公司、融资租赁公司等众多专业机构建立合作关系，平台所有项目均由这些担保方提供全额本息担保。

人人贷于2010年4月成立。平台旨在释放用户借款和理财的自主权利，借款人通过个人信用提交借款申请，而投资人会通过平台发布的借款信息来选择哪一个产品进行投资。平台的模式属于线上和线下相结合的模式，网贷平台既是借款信息的中介平台，又要通过线下进行风险控制，从而保障投资者的利益。

关于平台模式的分类，还有一些学术观点。张国文（2014）根据P2P网络借贷平台是否涉及借贷双方的资金，将其分为两大类：第一大类是不涉及借贷双方资金的模式，平台仅涉及信息流，不涉及资金流，即"信息服务模式"。第二大类是涉及借贷双方资金的模式，既涉及信息流又涉及资金流。李晓圆（2014）归纳了国内P2P网络借贷平台的四种运作模式：担保机构担保模式、大型金融集团推出的互联网服务平台、"多对多"模式、以交易参数为基点并结合O2O的综合交易模式。巴曙松（2014）认为，我国P2P网络借贷平台运营模式存在较大差异，体现为贷款行业的集中度、贷款期限等。形成的差异主要源于成立的背景各异，例如，金融企业设立、互联网企业设立以及行业外企业转行设立等。

1.1.3 P2P网贷平台组织的优劣势

P2P网络借贷平台为借贷双方都带来了一定的福利改进，今后随着技术进步和制度进步还存在着巨大的改进空间。P2P网络借贷平台的主要优势是使得借贷双方突破了时间和空间的约束，能够借由平台的信息发布和交易功能达成交易。从定价方面来看，借款者无须担保就可以较低的利率获得贷款,投资者可以获得相对较高的投资回报(Magee,2011)。加上投资者对股票市场的回报以及银行很低的利率感到失望,因此 P2P 网络借贷以高额回报吸引了大量的投资者(Brennan,2009)。2012 年以前,《华尔街日报》的报道显示,领先的 P2P 网贷平台在历史低利率下也为投资者每年提 10% 或者以上的投资回报(Haewon 等,2012)。尽管 P2P 网贷的回报率在随后的几年有所下降,但仍远高于银行存款收益率。随着互联网技术快速发展与进步,基于互联网海量的用户数据,平台的效率将得以提高,P2P 平台的运营成本和客户的交易成本会逐渐减少(Slavin,2007;谢平,2012)。

  P2P 借贷市场的初衷是通过绕开金融中介来降低交易成本,但是信息不对称成为了严重的问题。大多数个人投资者缺乏金融专业的相关知识,借款经历都是发生在网上匿名的环境中(Klafft,2008)。在这种情况下,社会网络被寄予厚望,预期可以减轻逆向选择问题(Lin 等,2011),多项实证研究也证明了这一点。这与早期乡村银行借款中人与人之间的社会关系对还款的约束有相同之处,但也有不同之处。相同之处在于两者都利用借款人的社会关系网络来作为授信依据,与传统金融机构所采用的征信体系有区别,但不同之处在于乡村银行的授信对象是一个地域上相对狭窄范围的群体,人与人之间在现实生活中比较熟悉,而 P2P 网贷对社会关系网络的利用打破了地域界限,利用脸书(Facebook)、微博等网上社交平台的社会关系网络来进行授信,这是互联网科技带来的突破。但社会关系网络不能完全解决信息不对称问题。而且如果大量借款人蓄意伪造社交平台上的社会关系网络,则可能导致网上社会关系网络的作用失效。

  网络投资者面对信息不对称等投资风险时,往往会出现羊群效应。羊群效应是描绘了很多社会和经济现象,个人的决策受到他人决策的高度影响。Duan 等（2009）认为有两个原因，第一个原因是信息过载。互联网上有过多的信息，因此用户难以理解和使用所有信息，做别人做的事可能是一种有效和合理的决策方式。第二个原因是人们可以很容易地观察他人在网上业务的选择，这就是为什么大多数在线电子商务网站按照以前的销售业绩排序他们的产品。Iyer 等（2009）认为，Prosper 给借款者的信用评分与基本信用有关，并且可以预测违约率。

1.2 P2P 网贷产业组织演变的基本理论

进一步研究 P2P 网贷产业组织演变的规律必须明确 P2P 网贷发展的基本理论，包括 P2P 网贷的起源、特征、平台化组织，以及 P2P 网贷发展的内涵。

1.2.1 P2P 网贷产业组织的起源

P2P 网贷起源于民间借贷。民间借贷是指公民之间、公民与法人之间、公民与其他组织之间的借贷。P2P 网贷又起源于小额贷款，来源于孟加拉格莱珉银行。1979 年，穆罕默德·尤努斯创立了格莱珉分行，旨在为贫困的孟加拉妇女提供小额贷款业务。小额贷款模式的出现造福了当地的贫困人口，相当多的借款人脱离了贫穷的状况。这个成功的模式，被推广到了其他发展中国家，使更多的发展中国家的贫困人口摆脱贫困。

世界上第一家 P2P 平台是英国的 Zopa。Zopa 于 2005 年 3 月在英国伦敦成立。而美国第一家 P2P 网贷平台是 Prosper，成立于 2006 年，其后 Lending Club 于 2007 年成立，在严格的监管和信息披露制度下，占比美国 P2P 网贷市场绝大多数份额的就是这两家平台。中国的第一家 P2P 网贷平台为"拍拍贷"，成立于 2007 年。中国 P2P 网贷行业在行业发展初期规模小，没有受到各界的关注。2012年以后得益于互联网技术的发展，P2P网络借贷平台数和网贷规模均呈井喷式增长。

钱金叶（2012）认为P2P网贷起源于民间的"标会"模式，这个"标会"模式是亲友间通过契约组成的经济互助团体，依靠信息技术，逐渐做到线上模式，最后发展为现在的P2P网络借贷。互联网技术的发展促进了P2P网贷的发展，徐伟新（2013）认为，正是由于互联网科技的飞速发展，P2P网络借贷逐渐由单一的线下模式转变为线下与线上并行，结合中国自己的具体发展特征，成为我国P2P网络借贷的主要形式。国外文献也表明P2P网贷起源于民间借贷，同时互联网的普及降低了P2P网贷的参与门槛，活跃网民的增加为P2P网络借贷培养了巨大的潜在用户群（Johnson，2010）。

1.2.2　P2P网贷平台组织的功能特征

随着互联网的兴起，各类型企业开始通过建立新的组织形态来调动员工的创造力和释放企业的活力。平台化组织顺应这一潮流而出现。这一形态是否能预示下一阶段的组织变革方向？这一形态能否在复杂多变的外部环境中为企业带来竞争优势？这一形态对身处其中的个人和组织分别意味着什么？BCG波士顿咨询联合阿里研究院开展的一项研究认为，平台化组织的兴起，预示着组织变革进入新实践轨道，"未来平台化组织"是以"大平台+小前端+富生态+共治理"的原型，建立的新型组织形态。组织能最大限度地适应变化的商业环境，在快速创新的同时，实现快速发展。尽管不断有新的管理学理念和组织变革设想提出，形成了许多新兴的理论；但在实践中，却长时间缺乏对新型组织形态的探索。这种状况在平台化组织兴起之后或许会得以改变，平台化组织可能成为组织变革过程中的重要实践。

1. P2P 网贷的普惠性特征

传统金融业务提供融资的覆盖范围有限，而 P2P 网贷基于互联网技术，可以为更广大的融资主体提供更便捷的借款方式。P2P 网贷的用户群体从借款人一方来看，主要服务于中小企业和个人，满足生产或消费用途的小额资金需求。这在一定程度上填补了传统金融服务无法渗透的领域的空白。我国中小企业（含个体工商户）占企业总数的 94.15%，创造的最终产品和服务价值相当于国内生产总值总量的 60%，纳税占国家税收总额的 50%，完成了 65% 的发明专利和 80% 以上的新产品开发（吕劲松，2015）。由此可以看出整个经济增长模式的转变、经济的可持续发展，都离不开中小企业的全面参与和健康发展。但在我国经济发展过程中，中小企业往往缺少资金，由于规模的限制，中小企业很难有足够的抵押资产和信用历史以及规范合法的财务报告和信息披露，这使得融资难成为了中小企业所要面临的主要难题。作为一种金融创新模式，其贷款额度小、融资效率高的贷款模式——P2P 网络借贷打破了传统金融机构对于融资渠道、融资对象、融资来源的垄断，覆盖了传统商业银行无法惠及的众多中小企业，便利了中小企业的融资。目前我国有近半的网络借贷资金流向了小微企业，支持了生产经营活动（李朝晖，2015）。P2P 网贷也以其收益高、低门槛、操作简便的特点，极大地撼动了传统金融机构的理财市场，为更广泛的群体提供理财服务。

2. P2P 网贷的创新性特征

P2P 网贷是传统金融业务——民间借贷与互联网的创新结合，它们不是简单的结合，而是互联网、移动互联网、云计算、大数据等新兴技术结合传统金融产生出的新的金融业态，有提升效率、降低成本并进一步走向普惠金融的特征。其创新性的特征有利于推动利率市场化。P2P

网贷依托着海量的数据以及快速发展的趋势，正一步步推动着中国利率市场化的脚步。然而，P2P网贷只是一个刚起步的行业，其影响力还远不能对市场化利率形成重要影响，其对实体经济的融资功能还需一定的发展和积淀。可是P2P网贷行业还处在"野蛮生长"阶段，市场疑惑的根源又来自P2P网贷自身的理念混乱、运营透明度差、监管宽松。

因此要做到市场化和规范化是其主要任务之一，同时又要解决民间借贷中信息不对称严重的难题。公开化、透明化使得借贷双方有保障。民间金融的主要代表利率就是P2P网贷利率。规范的网贷有助于推动利率的市场化，其改革意义非凡。

3. P2P网贷的经济功能特征

P2P网贷的诞生缓解了个人与小微企业融资难的问题，弥补了相当大的资金缺口。P2P网贷通过联系个人投资者，为之前不为人知或者难以从传统金融机构获得资金的投资项目提供了大量的资金，创造了额外的价值。个人投资者在短期内赚取了可观的收益；小微企业又能得到急需的资金来加快业务发展。P2P网贷行业虽然近年来负面消息不断，但也备受资本追捧。P2P网贷行业的发展也与其他行业具有很强的外部效应和产业关联性，使P2P网贷行业的规模和竞争力提高。如P2P网贷行业的发展，推动小微企业的发展。发展P2P网贷还可以促进就业，由于平台数量众多与行业规模逐年增加，需要既懂互联网知识又懂金融相关知识的大量人才。

P2P网贷的发展对经济发展起促进作用，是P2P网贷自身互联网属性与金融属性决定的。P2P网贷金融服务于普通投资者与中小企业，促进了中小企业发展，更是带动了整个经济的发展。发展P2P网络借贷行业与其他行业紧密相连，一环扣一环，只有这一个环节是不能带动整个经济发展的。所以相互促进，可以使得P2P网贷发展得更好。

1.3 P2P 网贷的现状

国内的 P2P 行业仍处于成长期,在创新与发展主旋律下前行。2014 年以来,随着拥有强大背景的平台加入,监管部门的确立和监管规章制度的相继出台,P2P 行业迎来了一个分化整合时期。

1.3.1 平台数量与成交量

P2P 网贷行业运营平台数量自 2011 年以来先快速增长,到 2015 年达到峰值,随后,由于退出平台的数量大大超过新增平台数量,运营平台的数量开始减少。这一方面是由于行业发展的自然淘汰规律,另一方面是监管自 2014 年以后开始逐渐严苛,许多平台达不到合规要求而不得不解散或转型。

但 P2P 网贷行业的成交量一直保持高速增长率,尚未有减缓的趋势。这说明自 2014 年以来,运营平台之间分化严重,弱小的平台被淘汰不影响整个行业的成交量快速增长(见图 1-1)。

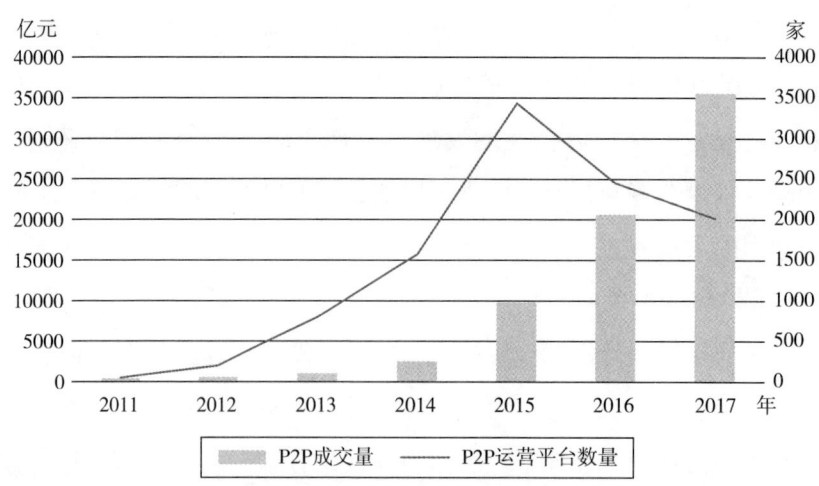

图 1-1 P2P 网贷平台发展状况

1.3.2 P2P 网贷地域分布

P2P 网贷平台的地域分布不均,主要分布在广东、北京、上海、浙江等长三角和珠江三角区域的城市内,从成交量来看,网贷凸显出很强的地域性差异。Wind 数据显示,2011 年 1 月—2018 年 4 月,累计成交量居前四名的广东、北京、上海、浙江的成交量总和占比全国达85%。虽然 P2P 网贷平台的投资端主要是线上的,超越了地域限制,但从投资者活跃的地区来看,投资者最活跃的地区与平台成交量最活跃的地区高度吻合。差异主要表现为北京的投资者人数比平台成交量的占比还要高出一些,但挤占的是不活跃地区的份额。因此,投资者人数更向最活跃的四个地区集中,前四名占比高达92%(见图 1-2、图 1-3)。

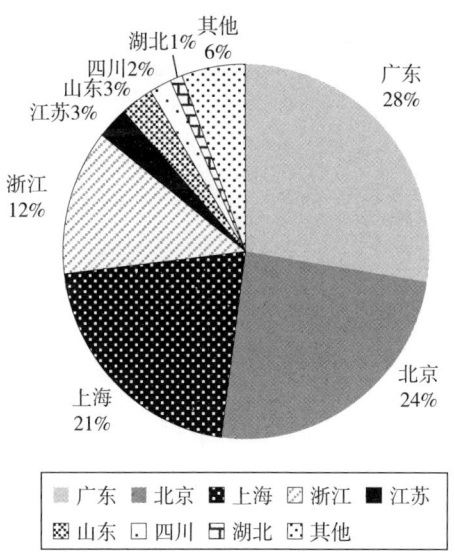

图 1-2　2011 年 1 月—2018 年 4 月各地区累计成交量

14 | 互联网金融产业组织研究

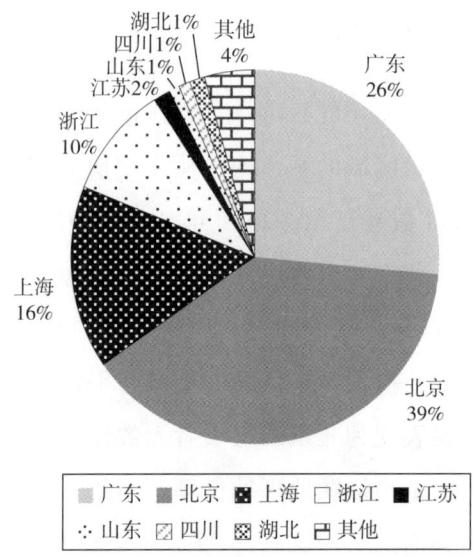

图 1-3　2011 年 1 月—2018 年 4 月各地区投资者人数均值

1.3.3　网贷余额

网贷之家统计数据显示，截至 2018 年 2 月底，P2P 网贷行业贷款余额约为 1.3 万亿元，与 A 股同期总市值 57 万亿元尚有巨大差距，与 2017 年末金融机构人民币各项贷款余额 120.1 万亿元的规模更是相差甚远。不过，这对于一个新兴的行业来说已是不错的成绩。

贷款余额和成交量均排名首位的上海陆金所互联网金融信息服务有限公司（以下简称陆金服）占逾 10%。贷款余额排名前五位的网贷平台的占比约 22%。网贷平台贷款余额在某种程度上反映了该平台在未来一段时间的盈利能力。这是因为网贷行业具有固定成本高、可变成本低、毛利高的特点。其成本费用主要是获客成本和技术开发费用，没有与收入对应的直接成本。P2P 平台的收入主要来自向借款人收取的不同名目的服务费,与平台发放的贷款金额直接相关。在获客成本方面,以往P2P网贷平台的借款人主要来自线下渠道的获客,随着消费类的小额信贷成为主流,在线信贷已成为标配。出借人方面,单个注册用户的成本普遍在百元以上,考虑转化率后的单个出借人获客成本超过千元也有可能(见图1-4)。

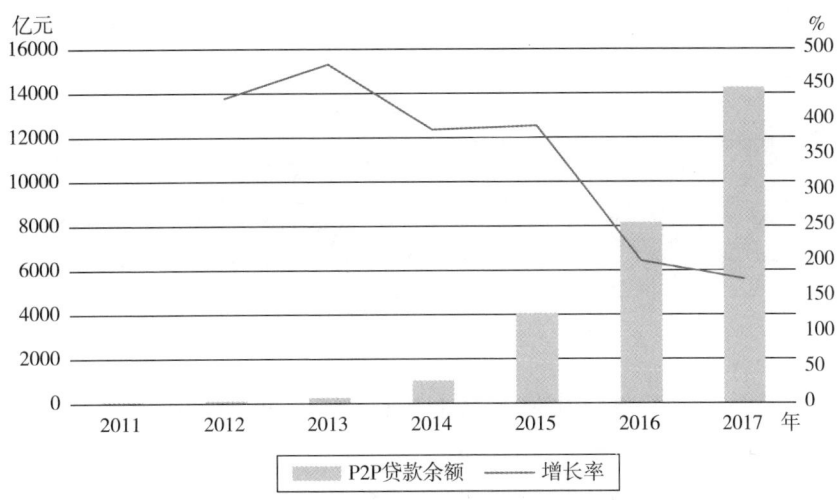

图1-4　2011—2017年贷款余额

1.3.4　网贷收益利率

2014—2017年初,上海银行间同业拆借利率(Shibor)整体呈下行趋势,P2P网贷和温州民间借贷综合利率变动方向与之相同。但值得注意的是,P2P网贷的综合利率比温州民间综合借贷利率下降更快。2014年初二者利率水平几乎无差异,但到2017年初二者差距明显拉大,P2P网贷综合利率下降到了10%以下,而温州民间借贷的利率在15%以上。

值得注意的另一个现象是,2017年初至年中,银行间市场利率有所上行，但温州民间借贷综合利率和 P2P 网贷综合利率未同步上升。后两者相比于前者是否有滞后效应或因果关系尚待研究（见图 1-5）。

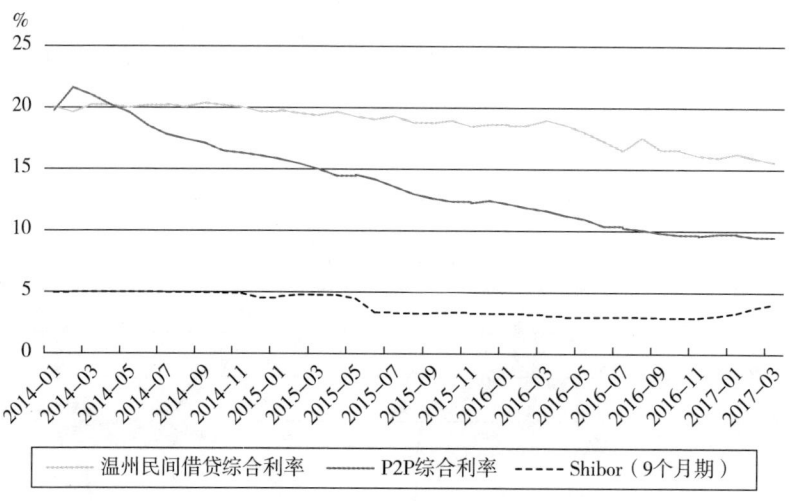

图 1-5　P2P 网贷综合利率与温州贷和 Shibor 对比

1.4　现阶段 P2P 平台的潜在风险

1.4.1　网贷软件的技术风险

大量的 P2P 网站都曾遭遇黑客袭击，攻击形式之一是黑客以天量访问导致网站塞车，从而网页难以访问，人人贷等一些知名度非常高的平台也受到了攻击，甚至网贷第三方网站网贷之家也曾遭遇攻击。攻击的目的之一可能是敲诈，比如黑客通知平台运营方打钱在其账上才允许网站被访问。除敲诈钱财之外，还有可能是遭遇同行的恶性竞争。也许有人会说，如果仅仅是网页遭到攻击，而数据库没有受到影响的话并不可怕，但实际可能造成网站倒闭的严重影响。一些小的平台，一旦被攻击，就切断了网站和用户之间的纽带，用户登录不了，自然非常着急，原本对网站的信心就不足，只是冲着高收益去的，再遇到不能登录，用户就迅速撤资了。P2P一旦发生挤兑，资金链就断裂了。事实上，已经有过好几次因为被攻击而造成网站倒闭的情况了。2013年的网赢天下、及时雨等P2P平台发生倒闭的事件都是在被黑客攻击之后不久网站就倒闭了。

如果遭遇黑客攻击引起系统瘫痪、数据丢失，损失就更惨重了。国内大部分的网贷平台都存在着技术漏洞，可谓安全性十分脆弱，其系统亟待升级和加强。作为互联网上的金融创新产品，互联网行业本身存在着信息安全问题，而网络借贷所依靠的就是互联网这个平台，网络金融这类平台自初始就受到网络诈骗、黑客等不法分子的威胁，所以互联网安全技术风险就是网络借贷风险的重中之重。从现阶段的业内工作人员来看，既非来自金融机构也非来自互联网行业，P2P公司的普遍做法是从外界第三方购买外包软件，都是非自己人员开发的产品，从业人员对此毫无经验，公司本身也缺乏核心技术，这两项构成了一个天然的技术力量短板，使得平台本身更易遭受不法分子的攻击。即便发现系统软件漏洞，应急反应也很慢，不能及时高效地采取弥补措施。

1.4.2　平台自身的运营风险

平台运营风险也是导致平台倒闭、跑路的主要原因之一。大致可以分为如下五种运营风险。

1. 平台恶意违法、欺诈

首先，有些平台自有资本金不足，采取拆借注册资本金的方式来完成工商注册验资，验完资之后将资本金抽逃，平台变为空壳公司；其次，平台机构可能随意操作资金账户，在不透明的情况下随意挪用投资人的资金，演变为吸收存款、发放贷款的非法金融机构，甚至变成非法集资；再次，P2P平台在平时的业务中会有大量往来现金流，而借贷资金的到账不及时，造成部分的在途资金；同时，由于资金的周转率不高，并不是所有的资金都能得到有效利用，有部分资金沉淀下来，平台公司又掌握所有资金调配权，使平台的骗贷欺诈、卷款跑路成为可能；最后，当收取的服务费或佣金没有行业规范与充分的市场化的时候，收取利息和手续费存在着演化为高利贷的嫌疑。随着资金银行存管等合规性要求的落实，平台负责人携款潜逃的现象会有所减少。

2. 贷款分散度不够

平台所发布的借款标假如全部是小额借款，那么一旦发生逾期，它们的风险准备金比较容易覆盖。但有些平台单笔借款额度过大，部分单笔借款额度在几百万元，乃至上千万元以上。一旦出现坏账必然会引起投资人恐慌，平台很容易出现挤兑。类似杭州的中联乐银，它倒闭的一个很大因素是一个4000万元的船舶抵押出现问题，且回款难，无力承担风险。

3. 拆标盛行

许多平台都存在拆标的迹象，只不过所占比例不同而已。所谓的拆标，有两种方法：一种是金额大小的拆分，即把大额的借款标拆为小额资金；另一种是期限错配，将长期标拆分短期标，比如融资需求是12个月，平台为增加标的流动性，把该项标的分为多期，如6个月、3个月等多个标的，对于投资于这些标的的投资者，到期后提现实际上就是从其他地方挪用过来的。这两种拆标方式，抓住投资者想要避免资金站岗，对短期标的偏好的心理，在一定程度上提高了人气，流入了大量的资金。对于拆标的态度，有些平台比较明显，看借款项目的标题描述即可知，信息相对比较透明；有的则蓄意隐瞒，采取比较隐晦的方式。但无论哪种情况，拆标都使资金发生了一定程度的错配，提高了运营风险，对于运营者的计算能力要求高，尤其是期限错配，破坏力更大。总而言之，拆标的平台越到后期越容易出事，因为一拆标难免会发生借新还旧，随着雪球越滚越大，等到资金提现积累到一定量时，平台没有充足的资金来维持滚动，最终走向倒闭。

4. 平台公司治理问题

有些平台没有市场、风控、催收、技术等团队，平台老板身兼市场、风控、催收数职。放贷只是凭借老板自身的经验来判断，倾向将资金贷给身边的熟人，运营极不规范。一旦借款出现逾期，平台缺乏强有力的催收能力，直接导致平台出现挤兑。例如，早期的绍兴非诚勿扰贷款出事后，投资者去平台才发现整个公司管理极不规范，借贷合同简单草率，公司财务记账混乱不堪。

团队对于标的审核鉴别能力弱，审核流程专业性缺乏，不清楚不同行业需要不同的标准审核，导致对关键审核点无法掌控。这样一来，风控把握上不严，容易出现坏账。目前，风控的问题也是制约网贷规模化发展的主要原因。

5. P2P 网贷平台快速发展导致标准降低

一些平台前期运营良好，业务也比较平稳，积累了一定的信誉。随着投资者资金的不断涌入，平台开始积极拓展业务，满足更多投资者的投资需求。然而在此过程中，平台老板容易被欲望冲昏头脑，没坚守原有的放贷原则，审核标准被降低，风控流程被简化，出现了随意放贷的情况，最终坏账率不断升高，风险积聚，平台无力偿还。

当然，还有其他很多因素导致平台出事，在此就不一一列举了。对于倒闭甚至跑路的平台，如果是因为经营不善倒闭，是因为缺乏竞争力倒闭，这些我们都能够容忍，毕竟优胜劣汰是商业规律，新公司被淘汰很正常。但对于网贷骗子，确实无法原谅，他们破坏了整个行业的规则，他们的做法殃及了其他正规的同行者，给这个行业抹了黑。

1.4.3　P2P 网贷平台的信任风险分析

P2P 网贷行业的信任危机起源于投资者被欺骗，如果有解除的那一天，应该是行业接受金融监管、合规带来的。在监管真空期，某些 P2P 平台大肆欺诈投资者，它们只需花几万元就可以买下一套软件，注册之后便可开张，通过欺骗广告夸大投资收益和平台背景，以方便吸引持投机态度的借款者，由于缺乏现金流的监管，在非法聚集大量资金后，经常发生跑路现象，对行业造成了严重的信任危机。

信任危机还与 P2P 网贷平台审核项目的能力有关。P2P 公司无法通过银行业的征信中心对借款人进行综合的信用评级，只能凭借各自的审核方式进行偿债能力评估。同时由于网络借贷双方的匿名性质，交易无签名与水印痕迹，无疑增加了平台对双方身份与信用的评级风险，很难对借款人信用和财务状况进行真实评估，信贷审核一般通过网络，线上审核材料的扫描件，很难保证送审材料的真实性。网贷平台数据目前尚不能进入征信系统，同时各平台也未实现信息共享，可能出现一人多贷现象，即利用相同的信息在多个网贷公司进行多次骗贷，严重影响贷款的质量和效率。即使部分网络借贷公司通过线下送审信贷资料的方式进行评估，也会由于公司缺乏相应的专业能力和水平，难以保证审核的规范性与高质量性。

网络借贷审核质量不高导致违约率高，而违约率高又导致较高的借贷利率，进而信用评级高的顾客可能放弃 P2P 平台通过其他渠道获得融资，这样留下的就是信用较差或者风险比较高的企业与个人。这些客户群体对于贷款的要求又往往较为急迫，所以产生了逆向选择，形成一个柠檬市场（the "Lemons" Market，次品市场），从而加大了平台的风险。

1.4.4　监管的缺乏引发的法律与业务风险

虽然国内官方尚且界定 P2P 公司业务为互联网借贷中介业务，由于是创新产物且身份模糊，其一般注册为金融信息咨询服务、电子商务类的公司。政府对于行业的定义、准入以及业务限制都还处于立法的空白地带，在行业内也并未形成统一、细致的操作规范，导致对网站平台的经营范围与运作方式没有具体的规定，这使得平台的业务和拓展范围比较广泛，对于民间金融的安全造成威胁。

网赢天下事件是缺乏资金流监管的典型例子。2013 年 7 月，深圳华润通实际控制人钟文钦旗下的 P2P 平台网赢天下，在以高回报吸引众多投资者之后，突然开始出现偿付危机；同年 8 月，该 P2P 平台宣布无法继续偿还投资者的借款；9 月，网赢天下正式宣布停止服务，实际控制人钟文钦出逃。此后，网赢天下涉嫌集资诈骗案，于 2014 年 10 月在深圳市中级人民法院开庭。网赢天下被称作 P2P 野蛮生长时期的代表之一。被害人多达 1009 名，被骗金额 1.67 亿元。在其成为行业的大规模事件之前，就有投资者对其表示怀疑，质疑网赢天下连续四天发千万秒标不正常，认为这是在建平台为公司融资，有投资者开始警告大家远离这种平台。其后，果不其然，公司出现了资金链断裂。所以，2016 年以来，以风险准备金和客户资金必须进行银行存管为合规要求的制度出台后，类似现象有所缓解。平台清算、转型等良性退出比例有所增加。

1.5　P2P 网贷的国内外比较

中国和美国是两个 P2P 网贷发展较为典型的国家，美国发展 P2P

网贷起步较早，有着先进的技术与平台经营经验，国内金融体制、征信体系都比较完善；中国有着占比全球最大的 P2P 网贷规模，且平台数量众多，行业规范以及征信体系不健全。通过中国与美国进行比较，认识中国 P2P 网贷行业发展现状与问题。

1.5.1 发展现状对比

英国的 Zopa 和美国的 Lending Club、Prosper 是 P2P 网贷的鼻祖和代表。在美国，其 P2P 网贷发展较为平稳，远远不如中国 P2P 网贷发展火爆。Prosper 是美国的第一家 P2P 网贷公司，在 2008 年 Prosper 由于美国证券交易委员会（SEC）的严格监管，还被迫暂停业务长达半年之久。而全球第一家上市的 P2P 网贷平台公司是美国的 Lending Club，它和 Prosper 共同占据着美国大部分的 P2P 网贷市场份额，未来市场也将长期呈现出两者共存的双寡头格局。我国发展 P2P 网贷已有 10 年左右时间，最近几年发展势头迅速。从数量上看，我国网贷平台数量达数千家，但由于缺乏有效合规的监管，行业风险加剧，仅 2015 年，出现跑路、诈骗等问题平台就有 1000 多家，行业发展良莠不齐，既受到关注又受到争议。

1.5.2 市场环境对比

在美国，P2P 网贷行业受到美国证券交易委员会的严格监管，平台要执行严格复杂的信息披露制度，这也是 Zopa 退出美国市场的原因。在发展初期，Prosper、Lending Club 均认为自身出售的收益权凭证不属于传统证券，不应受 SEC 监管。但 SEC 和各州监管部门认为两者出售的凭证属于证券，要求平台必须提交有效的注册申请，之后两个平台暂停营业，经过整改注册后重新开始营业。Prosper、Lending Club 需要在发行说明书的附属材料中不断更新每一笔出售的收益权凭证的信息。而且对于营利性的 P2P 网贷平台，美国监管体制呈现出多头、严格、证券化监管的特点。主要由证券交易委员会（SEC）、联邦贸易委员会（FTC）和消费者金融保护局（CFPB）等机构对 P2P 行业进行职能监管，其中 SEC 是监管核心。SEC 和州证券监管部门主要通过证券法律中信息披露要求来保护投资人，FDIC 和各州监管机构则主要保护借款人，根据《多德—弗兰克华尔街改革与消费者保护法案》建立的 CFPB 主要从金融消费者保护角度开展必要保护。而在中国，行业发展早期由于监管宽松、无行业准入门槛和标准，导致中国 P2P 网贷平台众多。有些没有什么金融知识和互联网知识的企业都可以来 P2P 网贷市场分得一杯羹，所以这也导致跑路事件频发，整个行业亟须监管落地。

1.5.3　风险机制对比

在美国，由于有完善的征信体系，投资者可以很简单地识别出借款者的信用级别，这可以作为投资者是否投资的主要依据。所以美国的 P2P 网贷平台只是作为纯信息中介平台。而在中国，征信体系不完善，投资者无法利用信用评级分数来甄别借款者。平台为了吸引更多的投资者，大都会对投资者的投资回报做担保，依据平台自身的风险备用金、小贷公司担保和引入保险机制等来对投资者的本息进行担保。网贷平台既是信息平台又是信用平台，虽然受到了很多的争议，也悖逆了最初单纯中介平台的性质，但这是基于我国的具体国情来考虑的。

1.5.4　经营内容对比

在美国，由于金融体系的成熟化，可以提供全方位的金融产品和服务，所以美国 P2P 网贷大都涉及了消费贷。而在中国，金融市场存在诸多客观因素（对外保护、对内垄断），使得国内传统金融机构无法快速有效地覆盖到个人及中小企业上，而P2P网贷行业作为互联网金融行业中的一个子行业，具有普惠性、便捷性等特征，凭借着国内庞大的人口基数和数千万中小企业的融资需求，发展前景十分广阔。

1.5.5　发展互联网技术环境对比

美国20世纪90年代互联网技术不发达，为"web 1.0，c/s模式"，不能实行点对点互动等。美国是互联网的发源地，1990年民用互联网技术发展，并迅速商用。不过那时为"web 1.0模式"，也就是上网用户只能被动地读取网站的信息。自20世纪90年代以来，美国成立了许多互联网金融公司。例如，美国第一家互联网经纪商E-trade成立于1992年，其推动了传统证券经纪商的信息化与网络化。1995年成立的全球第一家互联网银行——美国安全第一网络银行（SFNB）。同年也成立了网络保险电子商务公司——InsWeb。其后Prosper于2005年成立，Lending Club于2007年成立，彼时互联网技术已达到web 2.0，可以通过网络进行点对点的交流。美国两大P2P网贷平台也正是赶上了web 2.0的兴起和2008年金融危机，P2P网贷平台迅速发展。

中国兴起互联网金融潮是从2013年开始，如今互联网技术已十分发达，上网人数和手机普及率高，互联网和移动互联网覆盖广。这些条件促成了中国接下来的互联网金融热。中国的大环境下人们更愿意利用互联网来做事情。在中国，人们更愿意上网购物，互联网销售渠道成本更低、更快捷。不过这也说明了中国的零售实体店没美国发达，相比美国人更愿意去家附近的超市购物。再有一点就是中国的手机普及率很高，中国网名和手机上网用户众多，而相比于附近实体店的个数少，有些大型的超市甚至要花很长时间到达，因此网上购物在中国就显示出优势。一是网上商店很多，足可以满足消费者各种需求；二是拿手机上网购物更方便，在地铁上、公交车上都可以购物。在支付方面，美国的信用卡很普及，美国在支付上不太依赖网上支付，他们会通过信用卡或者开支票的形式进行支付，原因在于美国有成熟的个人信用体系，也配套有完善的基础设施，再加上发达的互联网和金融监管，使得美国对网上支付的需求没有中国这么大。以后移动互联网更普及的时候，人们会越来越依赖互联网，"互联网+金融"的模式将会有巨大的发展潜力。

1.6 P2P网贷行业的发展机理

1.6.1 P2P网贷行业发展的内涵与衡量

《辞海》对"发展"的定义是："事物由小到大，由简到繁，由低级到高级，由旧质到新质的发展过程。"发展具有质与量的内涵，是数量的增加和质的提高。

P2P网贷行业特征使P2P网贷行业发展具有广泛的内涵。P2P网贷行业发展不仅包括P2P网贷行业自身的发展，如P2P网贷行业成交量、投资人数、贷款人数等的规模增长，P2P网贷行业在其资源配置、行业结构方面不断优化，风险控制手段不断提高，而且还包括P2P网贷发展对生活方式不断改善、社会和谐和进步、行业体制机制完善等方面的贡献。P2P网贷行业发展与其他产业一样，也是一个动态的过程，具有过程性、阶段性、目标性。因此，P2P网贷行业发展是在P2P网贷行业内外因素的作用下，不断增加、向上提高的动态演进的过程。按照产业生命周期理论，P2P网贷行业演进过程可分为形成阶段、成长阶段、发展阶段、成熟阶段和衰退阶段。P2P网贷行业产生于2005年的英国Zopa平台的成立，时间不长。从当今各国发展状况看，各国P2P网贷行业发展不平衡，少部分发达国家处于领先阶段，还有一部分发达国家和新兴发展中国家处于萌芽或萌芽前阶段。总体上，全世界的P2P网贷行业有着广阔和深远的发展空间。

衡量P2P网贷行业发展的总标准是其价值是否成长提高。发展P2P网贷行业要注重P2P网贷行业的经济价值，没有经济效益的P2P网贷行业不可能有发展，这是P2P网贷行业的市场经济规律所决定的；发展P2P网贷行业具有诸多的价值，从国家角度衡量P2P网贷行业发展，就取决于国家对发展P2P网贷行业的价值取向。

衡量P2P网贷行业发展的具体标准包括：（1）政治方面：P2P网贷行业是否维护和促进了政治稳定和进步；（2）经济方面：经济是否稳定，互联网金融经济是否增长，P2P网贷行业结构乃至整个国民经济结构是否改善，资源配置效率是否提高，P2P网贷行业国际竞争力是否提高，是否促进就业；（3）社会方面：社会是否和谐稳定，是否促进社会文明进步；（4）行业风险：是否风险加大，平台是否可靠安全。

与其他行业或者产业一样，P2P网贷行业在诸多因素的影响作用下，存在着不断变化的发展过程，通过行业发展外部环境的完善与健全、市场需求发展、行业风险控制技术提高和行业布局合理水平提高而发展。其中，市场经济规律、一般产业运动和发展规律、金融行业的发展规律支配着P2P网贷行业发展变化。

1.6.2 影响P2P网贷行业发展的因素分析

1. 影响P2P网贷行业的技术因素

技术因素是影响P2P网贷行业发展的重要因素。随着科学技术的发展，技术进步速度加快，导致产品更新速度加快。每一次技术进步与革命，都会使行业迅速发展，进而改变传统行业，甚至导致传统行业的衰败。

我国在发展 P2P 网贷上属于后发国家，英国美国是最先发展 P2P 网贷的国家，它们有着先进的技术。按照格申克龙的后发优势理论，直接引进技术是正在进入工业化国家获得快速发展的首要保障要素[①]。其后阿伯拉莫维茨提出的后发优势理论观点[②]，指出落后国家与先进国家之间存在着技术水平的差距，它是经济追赶的重要外在因素，但也正是因为技术差距的存在，后发国家才会为了消除这种落后的地位而努力发展。研究技术条件因素，可分为以下两个方面研究。

其一，技术的引进与模仿。美国先进的 P2P 网贷平台风险控制技术和相关专业人才对于刚刚起步的中国 P2P 网贷具有很大的溢出效应，这种溢出效应正是技术的后发优势。中国在发展 P2P 网贷初期，也都是通过引进国外先进的平台技术来降低平台成立成本。在节省了大量的开发成本和时间的前提下，加上我国巨大的潜在融资需求，我国 P2P 网贷规模在短时间内迅速加大，这也构成了我国发展 P2P 网贷的技术后发优势。我国发展 P2P 网贷行业不久，由于 P2P 是新兴事物，没有相关的理论对 P2P 网贷进行研究，更不用说有什么成熟的技术。我国初期成立的 P2P 网贷平台的技术都是引进和模仿国外的。正因为有了技术上的优势，我国才在发展 P2P 网贷上具有了能追赶美国的优势。

其二，技术的自主创新。日本学者南亮进提出的"后进利益说"，

---

① Alexander Ggerschenkron: Economic Backwardnessorical Perspective [J]. The Belknap Press of Harvard University Press, 1962, 18 (2): 383 – 385.

② Abramovitz, M. Catching Up, Forging Ahead, and Falling Behind [J]. Journal of Economic History, 1986, 46 (2): 385 – 40.

探讨了日本的后发优势从产生到消亡的过程,提出是因为没有从根本上将引进模仿能力转变为自主创新能力①。我国 P2P 网贷行业也正面临这个问题,正是由于政府监管松、门槛低,技术又一味地模仿国外,导致中国 P2P 平台众多,达到了"野蛮生长"的状态,因此跑路、诈骗和问题平台众多。

综上所述,中国在发展 P2P 网贷上是后发国家,这是相对于先发国家(如美国和英国)而言的固有特征,是不会改变的。所以这就造成了中国在发展 P2P 网贷上具有技术条件上的后发优势。后发优势使中国,这个后发国家,有追赶美国的潜力与动力。

2. 政府因素

政府对与国民经济密切相关的行业,一般会规定进入行业的准入门槛,控制进入行业的企业质量。这些行业一般被认为是垄断性行业,比如金融行业里的银行业、保险业等,政府对这些行业的管理措施可以影响行业的经营范围、增长速度,利润等。

政府还会对公共事业进行控制。公共事业由于是基础设施,投资大且建设周期长,政府会授权某些厂商来经营某项公共事业。这些厂商被认为是合法的垄断者,不过政府会对它们的定价进行管制,一般只允许获得合理的利润率。例如,交通运输业关系着普通大众出行,服务范围广,所以必须由政府统一管理,规范行业标准。金融业也是如此,为了保证经济的长期稳定和社会的和谐发展,金融行业是政府的重点管理对象。

2007 年 P2P 网贷第一次进入中国,拍拍贷是中国第一家 P2P 网贷平台,由于是起步期,平台从业人数较少且只有几家。在 2010 年以后,

---

① 南亮进. 日本的经济发展 [M]. 北京:经济管理出版社,1992.

由于利率市场化，民间借贷的火爆，P2P 平台增多。再加上国内还没有相关的法律法规出台，相关的约束也仅限于基本法律的部分条文，而 P2P 平台的准入门槛又不高，大量的 P2P 平台出现。网贷之家的数据显示，2015 年正常运营平台为 2595 家。目前我国还没有可以经营小贷中介业务的经营牌照，P2P 网络借贷平台在注册时，还都是以电子商务和投资咨询为名目，没有相关的立法监管（胡超，2015）。这也就可以解释为什么在我国 P2P 平台数量如此之多了，不过长久来看，平台数量之多一定是个不正常的现象，这也是我国发展 P2P 网贷政府要极力解决的问题。

政府既要促进新事物的发展，也要进一步出台法规把行业引向健康的道路。P2P 网贷属于新兴事物，很多政策的发布也许都跟不上行业的发展步伐。所以说政府层面因素也是行业能否健康、持续、稳定增长的一个关键因素。

3. 需求因素

需求是行业发展的动力。新行业的形成就是对社会潜在的需求的满足。需求是行业生存的基础。需求的增长使行业进入快速发展期，需求的稳定使行业生命周期进入成熟期，需求的饱和使行业生命周期进入衰退期。所以需求的多少可以决定一个行业的发展规模。

P2P 行业的发展来源于千千万万小微企业与普通大众的融资需求，这些主体在传统借贷无法满足其需求时，借助于互联网科技的发展，P2P 网贷行业应运而生，满足了这些处于"尾巴末端"的客户群。这种"长尾效应"使 P2P 网贷行业从中受益。近年来，P2P 网贷平台在借款端，主要是面向小微企业的借款，这也使得小微企业的成长速度很快。而在投资端，有许多普普通通的老百姓有资金闲余而传统投资方式门槛高，P2P 网贷具有普惠性特点，可以很好地满足普通大众的需求。

4. 社会习惯因素

现代人追求的生活可以总结为一个字：快。任何事情都追求快，工作节奏要快，否则就跟不上迅速变化的市场。餐饮服务追求快，快餐业如雨后春笋般涌现；出行便利追求快，近些年中国在公共交通上的发展令人惊叹，在民用航空普遍化的同时，大力发展高速动车，同时私有小轿车的数量急速上涨；信息化的时代也让普通老百姓的生活发生了翻天覆地的变化，一通电话、一个视频会议、一条短信息，都能让人与人之间即刻拉近距离。工业化与信息高速发展的社会现状，让人们也开始注重精神层面的提升。环保和人文关怀也被融入人们日常生活中的方方面面。整体社会和习惯的变化，也在一定程度上改变着人们的消费理念和方式。互联网金融现在已是大街小巷随处可见的标志，随便走进一家门店，即可接触互联网金融，这也是金融行业的一个历史性变革。

互联网金融的发展也改变了传统观念。在 2013 年余额宝出现之后，人们意识到短期的小额资金也可以参与投资理财。P2P 网贷行业也改变了传统的借贷方式，从原来只有银行借款到现在网上借款，人们开始逐渐了解 P2P 网贷，一部分投资者也愿意投资于 P2P 网贷。根据网贷天眼数据，2010 年网贷投资人数只有 3000 人左右，从 2013 年至 2015 年底单月参与投资人数，分别是 17 万人、90 万人和 300 万人，2016—2018 年维持在单月参与人数 400 万人左右。

1.6.3　P2P 网贷行业外部环境与行业发展

小微企业在申请银行贷款上有很多阻力。P2P 网贷由于普惠性、便捷性以及门槛低，在很大程度上解决了小微企业融资难的问题。根据长尾效应，千千万万的小微企业虽然没有大企业的资金雄厚，但基于其数量众多，P2P 网贷正是解决了这一"长尾"，使其规模近年来不断壮大，截至 2018 年初，网贷余额已超过银行贷款余额的 1%。

近几年来，中国经济发展迅速，人民生活水平提高，人们也有很强烈的理财意愿。银行存款利率低，跟不上 CPI 的步伐，导致老百姓越来越不愿意把钱用来储蓄了。2013 年余额宝等"宝"类货币基金的上线，使老百姓的传统观念改变并意识到，原来互联网金融是这么低门槛又方便的事物。而"宝"类货币基金只要一元就可以投，人们就越来越关注互联网金融，P2P 网贷因其利率高而备受投资者青睐，其平均 10% 左右的回报率相比于银行存款对风险承受能力稍强的投资者具有吸引力。

P2P 网贷的发展还依赖于互联网的发展。P2P 网贷是发生在网络上的借贷，没有互联网就没有办法撮合借方与贷方。互联网的普及在我国近几年来越来越普及，由原来的 web 1.0 到现在的 web 2.0，现在正往 web 3.0 发展。不过更突出的贡献是移动终端的普及。每个人都可以不仅仅局限于在家里上网，如在地铁上、餐馆里等地方，都可以拿出手机来上网。手机的网络由原来 2G 数据网发展到现在的 4G 网络，上网速度提升得非常快。正是由于这些技术的发展，才使得 P2P 网贷可以借着互联网有更好的发展。

1.6.4　P2P 网贷行业的规模与行业发展

P2P 网贷行业的成交量就是"平台在某一时间段内，吸收投资者的投资总额"，是行业发展的主体力量，反映了 P2P 平台配置资金的能力。P2P 网贷发展表现为 P2P 网贷行业的成交量增加、增长率提高、产出结构升级等特点，是一种规模、效率和结构螺旋向上的发展。贷款余额也能体现平台发展的规模。贷款余额是平台已经贷出去的，还没有还款的本金。在供求规律支配下，供求平衡也是 P2P 网贷行业发展的条件。P2P 借款人需求通过 P2P 投资人的供给来得到满足，P2P 网贷行业制造了P2P的需求，引导投资人投资，才能有效地配给，推动借贷的完成。

由于中国国情特殊，中国P2P平台众多。平台数量的增加虽然促进了中国P2P网贷行业发展规模的增长，但行业内企业数量越多并不代表行业发展程度越高。行业由初级阶段向高级阶段发展的过程中，往往会经历行业内企业数量先增加后减少的过程。我国网贷平台异常众多的行业格局与早期中国网贷行业监管宽松、建立平台成本低有关。随着监管规范，在合规的硬性要求下，网贷平台数量还会进一步减少，成交量和贷款余额的增速将会放缓。

1.6.5　P2P网贷行业的风险与行业发展

我国发展P2P网贷仍然处于初级阶段，作为一种创新型的网络借贷模式，不同于传统的金融中介，由于定义模糊，往往存在着许多问题，例如非法集资、提供虚假信息和高额回报率等。国家已将P2P网贷平台定义为网络借贷信息中介，是不被允许自身作为借贷的一方的，但是有些平台脱离纯中介平台性质，涉嫌非法集资和吸收公共资金，因此平台面临着巨大法律风险。

屡次发生的P2P网贷平台延期兑付的问题，暴露出了P2P网贷平台面临的流动性风险。网贷行业的平均借款期限越长，平台要面临的风险越大。因为借款期限越长，平台资金流动性差，不能在很短的时间内变现。如果平台人气不足，会面临筹资困难，这也是平台要面对的流动性风险问题，即流动性不足，会导致平台跑路和倒闭。

所以，法律风险、流动性风险是P2P网贷平台短期内面临的主要风险。长期来看，平台进行合规化整改，达到备案所需条件，以纯信息中介的身份，为多对小额借贷提供匹配信息，将可大大降低风险，使行业进入良性可持续发展。

参考文献

[1] 曹凤岐. 互联网金融对传统金融的挑战 [J]. 金融论坛, 2015 (1): 3 - 6.

[2] 陈志武. 互联网金融到底有多新 [N]. 经济观察报, 2014 - 01 - 06.

[3] 范文仲. 互联网对金融的革命性影响 [J]. 中国金融, 2014 (24): 96.

[4] 郭阳. 中国 P2P 小额贷款发展现状研究 [J]. 上海金融. 2012 (12).

[5] 雷舰. 我国 P2P 网贷行业发展现状、问题及监管对策 [J]. 国际金融, 2014 (8): 71 - 76.

[6] 李鹏飞. 浅析国内 P2P 网贷平台现状 [J]. 新经济, 2015 (2): 21 - 22.

[7] 罗俊, 宋良荣. 美国 P2P 网络借贷的发展现状与监管研究 [J]. 电子商务, 2014 (1): 18 - 20.

[8] 潘庄晨, 邢博. 我国 P2P 网络借贷模式的发展现状及风险揭示研究 [J]. 未来与发展, 2014 (6).

[9] 田国强. 互联网金融创新与中国经济发展驱动切换 [J]. 探索与争鸣, 2014 (12): 17 - 19.

[10] 田俊领. 我国 P2P 网络借贷发展现状及其监管思考. 金融理论与实践, 2014 (12): 104 - 108.

[11] 王达. 美国互联网金融的发展及其影响 [J]. 世界经济研究, 2014 (12): 41 - 46.

[12] 王达. 美国互联网金融的发展及中美互联网金融的比较——基于网络经济学视角的研究与思考 [J]. 国际金融研究, 2014 (12): 47 - 57.

[13] 王国刚. 从互联网金融看我国金融体系改革新趋势 [J]. 红旗文

稿，2014（8）：9-13.

［14］王会娟，廖理. 中国 P2P 网络借贷平台信用认证机制研究——来自"人人贷"的经验证据［J］. 中国工业经济. 2014（4）：136-147.

［15］王亮平. P2P 网络借贷环境下我国小微企业融资需求分析［J］. 商场现代化，2015（1）：138.

［16］王朋月，李钧. 美国 P2P 借贷平台发展：历史、现状与展望［J］. 金融监管研究，2013（7）：26-39.

［17］吴晓求. 互联网金融的逻辑［J］. 中国金融，2014b（3）：22-22.

［18］吴晓求. 中国金融的深度变革与互联网金融［J］. 财贸经济，2014a（1）：14-23.

［19］谢平，邹传伟，刘海二. 互联网金融手册［M］. 北京：中国人民大学出版社，2014a.

［20］谢 平，邹传伟. 互联网金融模式研究［J］. 金融研究，2012（12）：11-22.

［21］杨凯生. 关于互联网金融的几点看法［N］. 第一财经日报，2013-10-10.

［22］殷剑峰. "互联网金融"的神话和现实［N］. 上海证券报，2014-04-22.

［23］张晓朴，朱太辉. 互联网金融将推动金融理论发展创新［D］. 中国金融四十人论坛内部交流论文，2014.

［24］周应恒. 互联网金融的后发优势——国际经验与引申［J］. 改革，2016（2）：56-68.

［25］南亮进. 日本的经济发展［M］. 北京：经济管理出版社，1992.

［26］BODIE, ZVI, ROBERT MERTON. Finance［M］. Prentice - Hall Inc, 2000.

［27］BREZIS, PAULKRUMAN, TSIDDON. Leap - Frogging in International

Competition: a Theory of Cycles in National Technological Leadership [J]. American Economic Review, 1993.

[28] DUAN W., GU, B., WHINSTON, A. Informational Cascades and Software Adoption on the Internet: An Empirical Investigation [J]. MIS Quarterly, 2009.

[29] HAEWON, Y., BYUNGTAE, L., MYUNGSIN, CH. From the Wisdom of Crowds to My Own Judgment in Microfinance through Online Peer-to-Peer Lending Platforms [J]. Electronic Commerce Research and Applications, 2012, 11 (5): 469-483.

[30] IYER, R., KHWAJA, A. I., LUTTMER, E. F., SHUE, K. Screening in New Credit Markets: Can Individual Lenders Infer Borrower Creditworthiness in Peer-to-Peer-Lending? [J] Working paper, SSRN, 2009.

[31] LIN, M., PRABHALA, N., VISWANATHAN, S. Judging Borrowers by the Company They Keep: Friendship Networks and Information Asymmetry in Online Peer-to-Peer Lending [J]. Working Paper, SSRN, 2011.

[32] MAGEE, J. Peer-to-Peer Lending in the United States: Surviving After Dodd-Frank [J]. North Carolina Banking Institute Journal, 2011: 139-174.

[33] MiILD, A., WAITZ, M., WOECKL, J. How Low Can You Go?——Overcoming the Inability of Lenders to Set Proper Interest Rates on Unsecured Peer-to-Peer Lending Markets [J]. Journal of Business Research, 2015, 68: 1291-1305.

[34] VANELKAN, R. Catching Up and Slowing Down: Learning and Growth Patterns in an Open Economy [J]. Journal of International Economics, 1996, 41.

第 2 章
我国 P2P 网贷行业发展的评价

本章以 P2P 网贷行业发展的影响因素为切入点,借鉴行业发展理论和有关文献研究,再结合 P2P 网贷行业本身发展的特点分析了 P2P 网贷行业发展的影响因子,并构建了多维度的分析框架,在此基础上构建了多维度分析 P2P 网贷行业发展程度的指标体系。

2.1 评价指标体系的构建

2.1.1 指标的选取原则

1. 科学系统性原则

影响 P2P 网贷行业发展的因素是复杂的,只有建立在行业一般性分析的理论基础上,对评价对象进行科学系统地分析并量化,才能准确全面地反映 P2P 网贷行业的发展情况。所以,指标都是采用定量指标,具有客观性与科学性。

2. 可比性原则

评价要具有可比性,如果无法进行比较将失去建立评价指标体系的意义。因此根据可比性原则,各个指标的统计口径要一致。本章中指标大都单位和量级不统一,所以进行标准化处理是必要的,用来消除指标的量纲,这样各个指标之间就可以进行比较分析。

3. 可操作性原则

可操作性原则要求指标既要反映行业的发展特征,又可以从相关资料中找到指标数据。指标的个数不宜过多,也要考虑体系设计实际操作的可能性,以保证评价结果的可信度。

2.1.2 三维度影响因子模型的构建和分析方法

相关研究从多个角度和层次对产业发展及其影响因素进行了讨论,有研究考虑行业发展的内在因素,包括发展规模、产品成本、风险等,也有研究涉及发展的外部因素,包括经济环境、制度等。但对于P2P网贷行业进行分析的文献较少,研究更多的是其他传统行业,比如旅游行业、绿色产业、网络游戏产业等。P2P网贷行业由于是新兴行业,对其整体行业发展没能从系统、科学的角度来研究,也没有考虑P2P网贷行业发展影响因素的结构性以及内在的关联。我国研究P2P网贷行业发展程度多以定性角度分析,例如研究行业的概念、平台模式和监管细则等,很少能有定量研究P2P网贷行业的发展水平。所以在借鉴上述文献研究和行业发展的相关理论的基础上,研究P2P网贷行业的发展特点,系统分析影响行业发展的关键因素和彼此之间的相关联系,梳理清晰构建P2P网贷行业发展分析框架的来源依据,为下文通过构建三个方面影响因素来对P2P网贷行业进行分析提供依据。将P2P网贷行业发展影响因素分为三个层面,分别为行业发展环境层面、行业发展规模层面和行业风险评价层面。

首先采用因子分析法对二级指标进行赋权,用熵值法对一级指标进行客观赋权。用因子分析法求出各个层次因子的综合得分,再用熵值法求出各个层次之间的权重,最后可以得出行业发展的总得分。熵值法是通过计算指标的信息熵，相对变化程度较大的指标赋予较大的权重，反之亦然。在行业发展环境层面、行业发展规模层面和行业风险层面这三类指标体系中，如果某类指标差异较大，说明这类指标对P2P网贷行业发展的贡献较大，所以占总体贡献度比例越高；若是某类指标差别较小，表明该类指标对P2P网贷行业发展的贡献不太显著，贡献度占比就越少。

1. 二级指标评价：因子分析模型

针对二级指标综合评价，本章采用因子分析法分别对P2P网贷行业的发展环境层面、发展规模层面和发展风险层面的指标进行分析。因子分析的数学模型如下：

$$\begin{cases} Z_1 = \alpha_{11} F_1 + \alpha_{12} F_2 + \cdots + \alpha_{1r} F_r + \varepsilon_1 \\ Z_2 = \alpha_{21} F_1 + \alpha_{22} F_2 + \cdots + \alpha_{2r} F_r + \varepsilon_2 \\ \cdots\cdots \\ Z_n = \alpha_{n1} F_1 + \alpha_{n2} F_2 + \cdots + \alpha_{nr} F_r + \varepsilon_n \end{cases}$$

其中，$Z = (Z_1, Z_2, \cdots, Z_n)'$ 表示 n 个原始指标变量，$\varepsilon = (\varepsilon_1, \varepsilon_2, \cdots, \varepsilon_n)'$ 表示 n 个原始指标变量对应的特殊因子变量，$F = (F_1, F_2, \cdots, F_r)'$ 表示 r 个相互独立且不可预测的公因子变量。用 $A = (\alpha_{hk})nr$ 表示因子载荷矩阵，α_{hk} 的绝对值越大，表明原始变量 $Z_h(h = 1,2,3,\cdots,n)$ 和公因子 $F_k(k = 1,2,3,\cdots,n)$ 的相依程度越大。

因子分析法有如下分析步骤：

（1）确定原始指标数据是否适合因子分析。检验标准主要有KMO（Kaiser – Meyer – Olkin）统计量和Bartlett's球形检验统计量。KMO值的大小在0至1之间，越大表示变量间的共同因素越多，就越适合做因子分析。如果KMO<0.5则不适合开展因子分析，当KM0>0.5则可以开展因子分析，当KMO>0.7则相当适合开展因子分析。Bartlett's球形检验统计量也是用来检验数据是否适合因子分析,当显著性水平小于 0.05 时,拒绝原假设,适合做因子分析。

(2) 构造公共因子变量。主成分包含了大部分原始数据的信息,所以主成分的提取是从相关矩阵或协方差矩阵中提取。提取的各个主成分要相互独立、彼此正交。原始数据要进行标准化处理,求出相关矩阵和相关矩阵的特征值和特征向量,根据方差贡献率确定特征根的个数和相应的特征向量,一般 SPSS 软件默认提取特征值大于 1 的主成分。

(3) 对原始成分矩阵进行旋转。对原始成分矩阵的旋转方式有很多,本章用一般的处理方法——方差极大法(Varimax 法)。初始因子解释模糊,使用旋转会使得因子解释更清晰,也能更好地定义因子的经济学含义。

(4) 计算因子变量得分。本章采用回归法确定因子得分。SPSS 统计软件会得出最后的成分得分系数矩阵,用来计算最后的因子得分。

因此,本章将运用上述因子分析法对 2014 年主要省份 P2P 网贷行业发展以及 2010 年至 2017 年全国 P2P 网贷行业发展水平进行分层次因子分析,比较区域差异以及近几年全国的 P2P 网贷行业的发展情况。

2. 一级指标评价:熵值法模型

熵值法是用来判断离散程度的数学方法。二级指标综合评价得出的发展环境、发展规模人气和安全度因子得分进行权重的确定,有如下四个步骤:

(1) 指标标准化处理

设初始矩阵为 $X = (x_{ij})m \times 3$,其中 $i = 1, 2, \cdots, m, j = 1, 2, 3$,由于计算得到的发展环境因子得分和发展规模人气因子是正向指标,而网贷行业发展风险评价是负向指标(本章的处理是把原始得分均取负号,就可以把负向指标变为正向指标),然后对初始矩阵进行标准化处理,处理后的评价系统矩阵设为 $Y = (y_{ij})m \times 3$，使得 $0 \leq y_{ij} \leq 1$，$\sum_{i=0}^{m} y_{ij} = 1$，标准化过程如下：

$$y_{ij} = \frac{a + x_{ij}/[\max(x_{ij}) - \min(x_{ij})]}{\sum_{i=1}^{m}\{a + x_{ij}/[\max(x_{ij}) - \min(x_{ij})]\}}$$

由于要把标准化的值设置在 0 到 1 之间，所以用公式 $\frac{a + \min(x_{ij})}{\max(x_{ij}) - \min(x_{ij})} = 1$ 来确定待定系数 a。

（2）熵值的计算

根据熵值法理论，第 j 项指标的熵值表示为

$$e_j = -k \sum_{i}^{m} y_{ij} \ln y_{ij}$$

假设第 j 项指标值在各个评级样本中相等，那么 $y_{ij} = \frac{1}{m}$，此时熵值取极大值，即 $e_j = 1$，则存在

$$e_j^{max} = -k \sum_{i=1}^{m} \frac{1}{m} \ln \frac{1}{m} = k \ln m = 1$$

根据公式，计算出 $k = \frac{1}{\ln m}$，所以计算的熵值 $0 \leq e_j \leq 1$，由此得到熵值 e_j。

（3）指标的权重确定

根据第 j 项指标值在各个评级样本中的差异，数值越小，所得到的熵值越大，该指标对总体所起的作用就越小，贡献度就越低；相反，该指标值在总体中表现的差异越大，则指标的熵值越小，该指标对总体所起的作用就越大，贡献度就越高。所以将第 j 项指标的权重定义为

$$\alpha_j = \frac{(1 - e_j)}{\sum_{j}^{n}(1 - e_j)}$$

(4)成本差异系数合成

按照各个指标所确定的权重和计算得到的因子得分,可以计算出第 i 个评价样本的综合评价值:

$$\theta_i = \alpha_j \times x_{ij}$$

2.1.3 指标的选取

1. P2P 网贷行业发展环境维度

由于互联网金融既有金融属性,也有互联网属性。根据行业发展理论分析,选取指标包括金融相关率、金融产业比重、人均 GDP,再加入互联网相关指标,包括互联网普及程度。指标选取依据如下:

(1)金融相关率(FIR):指某一时期一国全部金融资产价值与该国经济活动总量的比值衡量,用金融资产规模①与经济活动总量的比值来表示。衡量一国金融发展水平。

(2)金融产业比重:衡量一国金融产业占经济总量的比重。

(3)人均 GDP:一国的投资活动与该国的收入有关,衡量一国的收入水平。

(4)互联网普及度:由于 P2P 是网上借贷平台,互联网的普及与发展是促进 P2P 网贷发展很好的土壤。

2. P2P 网贷行业规模维度

P2P 网贷行业的发展规模可以用 P2P 网贷行业的成交量、运营平台数量、贷款余额、网贷投资人数来体现。

(1)成交量:P2P 平台成交量是指平台在某一段时间内,吸收的投资者的投资总额。

---

① 一般选择用存贷款总和这个指标来表示。

（2）运营平台数量：指某一段时间内，正在运营的平台数量。

（3）贷款余额：网贷平台贷出去，但是还没有还款的本金。这是衡量平台规模以及安全度的重要指标。

（4）网贷投资人数：指一定时间内，在平台进行投资借款的总人数，可以反映平台的人气指数。

3. P2P 网贷行业风险维度

以 2010 年至 2017 年中国 P2P 行业风险指标为研究对象。

（1）综合利率：体现供需双方对风险的评估，一般利率与风险正相关，利率越高，风险越大。

（2）平均借款期限：也与风险正相关，借款期限越长，不确定性越大，相应的风险也就越大。

（3）问题平台数量，累计问题平台数量和累计平台数量，三个与 P2P 网贷行业平台个数有关的指标：问题平台以及累计问题平台越多，相应的行业风险越大。中国 P2P 平台近几年野蛮生长，累计平台数量也反映了行业的风险。

2.2 P2P 网贷行业的分层次发展评价

2.2.1 主要区域 P2P 网贷行业的评价

1. 数据来源

根据上述三个维度的指标体系，本章从《中国统计年鉴》（2017）以及上海、北京、广东、江苏、浙江、四川、湖北、山东八个省份以及直辖市 2017 年的统计年鉴，获得了全国、全国八个省份（直辖市）和其他方面的发展环境数据。

2. 因子分析结果

(1) 发展环境层面因子分析

运用 SPSS 统计软件对八个主要区域的 2014 年数据进行因子分析。根据表 2-1 KMO 和 Bartlett 的检验得出，KMO 值为 0.625，KMO 值 > 0.5，基本适合做因子分析。Bartlett 的球形近似卡方值为 24.658，检验统计量的概率为 0，小于显著性水平 0.05，因而拒绝原假设，也说明适合做因子分析。

表 2-1　　　　　　　　KMO 和 Bartlett 的检验

取样足够度的 Kaiser – Meyer – Olkin 度量		0.625
Bartlett 的球形度检验	近似卡方	24.658
	df	6
	Sig.	0

表 2-2 显示的是提取公共因子前后各变量的共同度，该指标是衡量提取出的公共因子相对重要程度的指标，提取值越接近 1.000，表明越多的信息被提取出。如表 2-2 中第一行给出了指标人均 GDP 的提取度为 0.846，获知原始数据有 84.6% 的信息被提取出来。其他三个指标的提取值都在 0.800 以上，说明提取良好。

表 2-2　　　　　　　　公因子方差

指标	初始	提取
人均 GDP	1.000	0.846
金融相关率	1.000	0.865
金融产业比重	1.000	0.905
互联网普及率	1.000	0.821

表 2-3 为解释总方差表格，SPSS 软件默认提取特征值为 1 以上的成分，共提取了一个成分，这个成分的方差累积贡献率在 85.921%，一般地，累计方差在 85% 以上就可以很好地解释。从表 2-3 中可以很

好地看出第一个成分的特征值很大,为3.391,所以提取一个主成分较好地解释了原始数据信息。

表2-3 解释的总方差

成分	初始特征值			提取平方和载入		
	合计	方差贡献(%)	累计方差贡献率(%)	合计	方差贡献(%)	累计方差贡献率(%)
1	3.437	85.921	85.921	3.437	85.921	85.921
2	0.370	9.257	95.178	—	—	—
3	0.164	4.091	99.269	—	—	—
4	0.029	0.731	100.000	—	—	—

由于只提取了一个成分,所以没有必要进行成分旋转,也就没有旋转后的成分矩阵。根据表2-4最初的成分矩阵对主成分进行解释以确定公共因子。载荷值越接近1.000,说明原始指标与该因子的相关程度越高,所涉及的相关内容也就越多。在只提取的一个主成分中,四个指标的载荷值都在0.900以上,相关程度很高。人均GDP反映了人民的生活水平;金融相关率和金融产业比重反映的是各地区区域的金融发展程度;互联网普及度反映互联网的发展程度。把以上四个指标命名为P2P网贷行业发展的环境因子。

表2-4 成分矩阵

指标	成分
	1
人均GDP	0.920
金融相关率	0.930
金融产业比重	0.951
互联网普及率	0.906

根据表2-5成分得分系数矩阵,计算环境因子的得分,$A_1 =$

0.267×人均GDP+0.274×金融相关率+0.276×金融产业比重+0.269×互联网普及率,其中人均GDP的处理方式是将样本数据除以最大值得到比值。得出A_1的得分,八个主要区域的A_1得分如表2-6所示。

表2-5　　　　　　　　　成分得分系数矩阵

指标	成分
	1
人均GDP	0.268
金融相关率	0.271
金融产业比重	0.277
互联网普及率	0.264

表2-6　　　　　　　　　发展环境因子得分

	上海	北京	广东	浙江	山东	江苏	四川	湖北
A_1	1.444656	1.751562	0.68232	0.754158	0.23814	0.6198	0.11538	0.15402

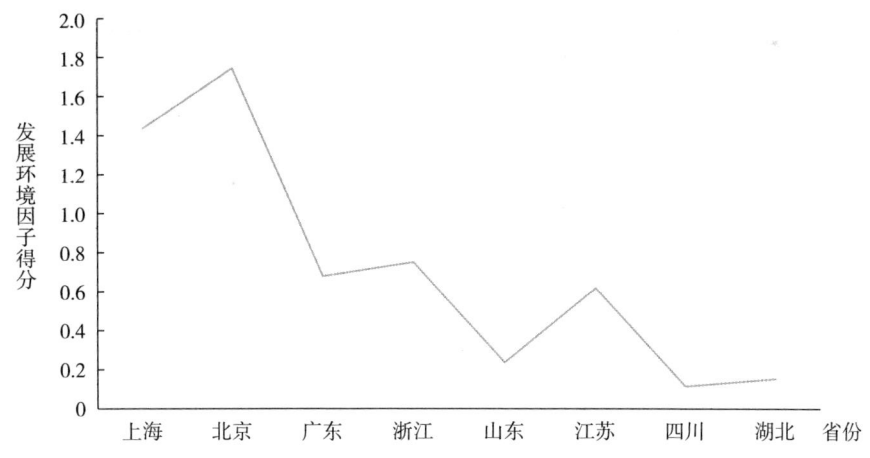

图2-1　各省份发展环境因子得分

根据表2-6发展环境因子得分表格数据绘制图2-1,从图2-1发展环境因子得分中可以简单清晰地看出,北京、上海、浙江、广东在环境因子得分上比较高,这些区域正是中国经济发达的区域,有着良好的金融水平以及较高的互联网普及度。相比于这些区域,湖北、四川、山东排名靠后,有待加强这些地区的经济水平以及互联网普及程度。

(2) 发展规模层面的因子分析

运用 SPSS 软件对 2014 年八个区域的发展规模层面的数据进行因子分析。表 2-7 KMO 和 Bartlett 的检验的 KMO 值为 0.648,大于 0.500,适合做因子分析。Bartlett 的球形检验近似卡方值为 27.802,统计量的概率为 0,小于显著性水平 0.05,因而拒绝原假设,也说明适合做因子分析。

表 2-7　　　　　　　　　　KMO 和 Bartlett 的检验

取样足够度的 Kaiser – Meyer – Olkin 度量		0.648
Bartlett 的球形度检验	近似卡方	27.80
	df	6
	Sig.	0

表 2-8 公因子方差显示的是提取公共因子前后各变量的共同度,该指标是衡量提取出的公共因子相对重要程度的指标,越接近 1.000 说明提取的信息越多。表 2-8 中第一行给出了指标成交量的共同度为 0.915,可以得知原始数据约有 91.5% 的信息被提取出来。

表 2-8　　　　　　　　　　公因子方差

指标	初始	提取
成交量	1.000	0.915
运营平台数量	1.000	0.808
贷款余额	1.000	0.853
当年投资人数	1.000	0.871

根据表 2-9 解释总方差可以看出,SPSS 软件默认提取特征值为 1 以上的成分,只提取了一个成分,这个成分的特征值很大,为 3.447,

其他的特征值都在 1.000 以下。方差累计贡献率在 86.175%，一般地，累计在 85% 以上就可以很好地解释，所以提取一个成分可以很好地解释原始四个指标变量。

表 2–9　　　　　　　　解释的总方差

成分	初始特征值			提取平方和载入		
	合计	方差贡献（%）	累计方差贡献率（%）	合计	方差贡献（%）	累计方差贡献率（%）
1	3.447	86.175	86.175	3.447	86.175	86.175
2	0.453	11.324	97.499	—	—	—
3	0.072	1.792	99.291	—	—	—
4	0.028	0.709	100.000	—	—	—

由于只提取了一个成分，所以没有旋转后的成分矩阵。根据表 2–10 初始成分矩阵中的载荷值大小，以确定公共因子。载荷值越接近 1.000，说明原始指标与该因子的相关程度越高，所涉及的相关内容也就越多。在只提取的一个成分中，四个指标的载荷值都在约 0.900 以上，相关程度很高。成交量反映了在某一时间段内，投资者的投资总额；运营平台数量反映了在中国特殊的发展环境下的平台数量，也在一定程度上体现了行业的发展规模；贷款余额是衡量平台经营规模的重要指标。当年投资人数反映了行业的人气。把以上四个指标定义为 P2P 网贷行业的发展规模人气因子。

表 2–10　　　　　　　　初始成分矩阵

指标	成分
	1
成交量	0.957
运营平台数量	0.899
贷款余额	0.923
当年投资人数	0.933

根据表 2-11 的得分系数矩阵，计算环境因子的得分：$A_2 = 0.254 \times$ 成交量 $+ 0.251 \times$ 运营平台数量 $+ 0.254 \times$ 贷款余额 $+ 0.252 \times$ 当年投资人数。首先将样本数据除以该指标的最大值得到标准化的样本值。计算得出 A_2 的得分，如表 2-12 所示。

表 2-11　　　　　　　　成分得分系数矩阵

指标	成分
	1
成交量	0.278
运营平台数量	0.261
贷款余额	0.268
当年投资人数	0.271

表 2-12　　　　　　　　发展规模人气因子得分

	上海	北京	广东	浙江	山东	江苏	四川	湖北
A_2	0.6314	0.8734	0.9566	0.7145	0.3512	0.3113	0.2871	0.1897

根据表 2-12 发展规模人气因子得分，绘制图 2-2。从图 2-2 中可以清晰地看出发展规模人气因子得分排名。排名前三的为广东、北京和浙江，江苏、四川和湖北位列最后三位。从发展规模人气因子得分可以看出，发展规模大的区域还是集中在广东、北京和浙江，其中也是因为中国是发展 P2P 网贷行业的起步期，一些落后的区域由于其基础条件不是很优秀，没有 P2P 网贷可以迅速发展的先天条件。P2P 网贷又是一种创新的金融借贷模式，有着互联网科技和金融水平发达的地区就更有 P2P 网贷的发展条件，平台数量和行业规模也就越大。在北上广和浙江地区，投资者也更有意愿和资金来接受新兴的网络借贷。

（3）P2P 网贷行业风险层面的因子分析

运用 SPSS 软件对 2014 年八个区域的数据进行因子分析得知 KMO 值为 0.502，大于 0.5，勉强适合因子分析。Bartlett 的球形检验的近似

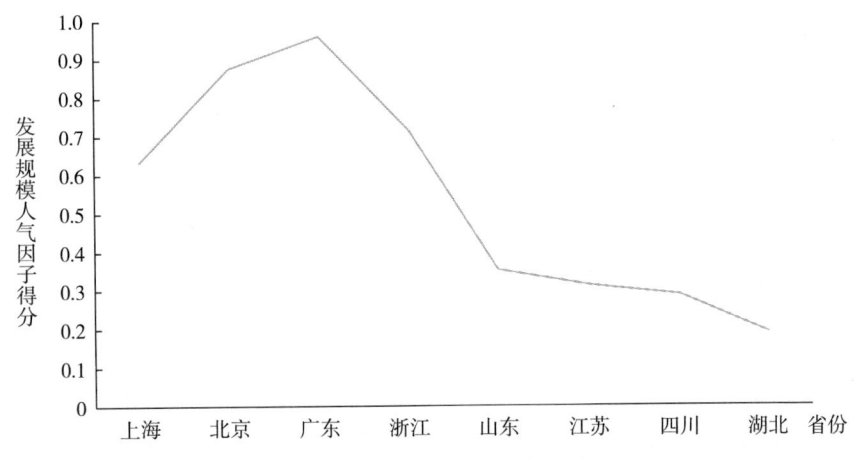

图 2-2 发展规模人气因子得分

卡方值为 15.082，统计量的概率为 0.002，小于显著性水平 0.05，因而拒绝原假设，也说明适合做因子分析。

表 2-13 公因子方差显示的是提取公共因子前后各变量的共同度，该指标是衡量提取出的公共因子相对重要程度的指标，越接近 1.000 说明提取的信息越多。表 2-13 中第一行给出了指标当年问题平台的提取度为 0.986，可以得知原始数据约有 98.6% 的信息被提取出来。

表 2-13　　　　　　　　　公因子方差

指标	初始	提取
当年问题平台	1.000	0.986
累计问题平台	1.000	0.985
平均借款期限	1.000	1.000

根据表 2-14 解释的总方差表格可以看出，SPSS 软件默认提取特征值为 1 以上的成分，第一个成分的特征值很大，为 2.080，第二个特征值为 0.891，接近于 1，且第一个累计方差贡献率为 65.124%，不足 85%，所以提取两个成分，累计方差贡献率在 99.029%，一般地，累

计贡献率在 85% 以上就可以很好地解释原始指标数据。

表 2-14　　　　　　　　　解释的总方差

成分	初始特征值			提取平方和载入			旋转平方和载入		
	合计	方差贡献（%）	累计方差贡献率（%）	合计	方差贡献（%）	累计方差贡献率（%）	合计	方差贡献（%）	累计方差贡献率（%）
1	2.080	69.341	69.341	2.080	69.341	69.341	1.954	65.124	65.124
2	0.891	29.688	99.029	0.891	29.688	99.029	1.017	33.905	99.029
3	0.029	0.971	100.000						

由于提取了两个主成分，根据成分旋转矩阵中的载荷值大小以确定公共因子。载荷值越接近 1.000，说明原始指标与该因子的相关程度越高，所涉及的相关内容越多。在只提取的两个成分中，三个指标的载荷值都在 0.9 以上，相关程度很高。把当年问题平台数量和累计问题平台数量归为一个因子，解释为平台的问题平台规模因子；平均借款期限解释为平台流动性规模因子。问题平台越多，表明区域的风险越大；区域 P2P 网贷行业的平均借款期限越长，表明流动性风险越大（见表 2-15、表 2-16）。由 SPSS 软件可以得出旋转空间的成分图，由图 2-3 可以直观地看出两个成分的空间分布图，指标当年问题平台和累计问题平台在空间直角坐标系的一侧，而指标平局借款期限在另外一侧。

表 2-15　　　　　　　　　成分矩阵

指标	成分	
	1	2
当年问题平台	0.965	0.234
累计问题平台	0.977	0.174
平均借款期限	-0.441	0.898

表2-16 旋转成分矩阵ᵃ

指标	成分	
	1	2
当年问题平台	0.988	-0.094
累计问题平台	0.981	-0.154
平均借款期限	-0.124	0.992

表2-17 成分转换矩阵

成分	1	2
1	0.945	-0.326
2	0.326	0.945

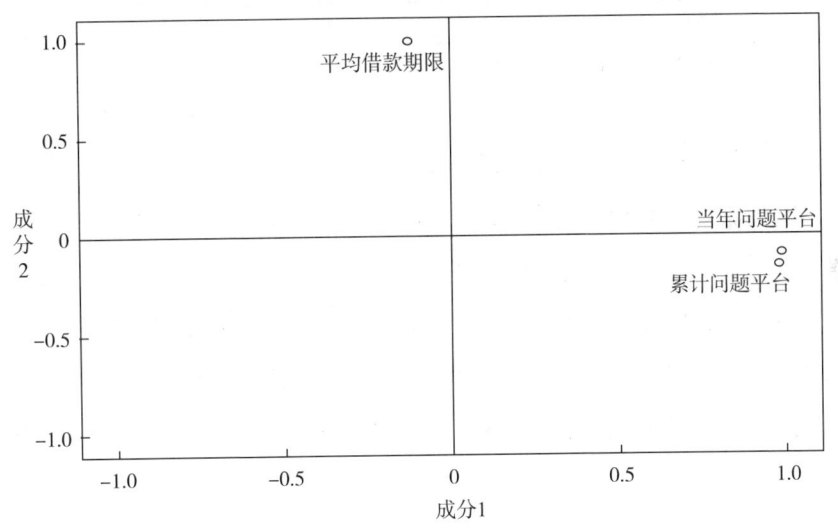

图2-3 旋转空间中的成分

根据表2-18成分得分系数矩阵，计算风险评价因子的得分：风险规模因子得分 $A_{31}=0.501\times$ 当年问题平台数量 $+0.500\times$ 累计问题平台数量 $+0.018\times$ 平均借款期限，流动性风险因子得分 $A_{32}=0.014\times$ 当年问题平台数量 $+0.004\times$ 累计问题平台数量 $+1.000\times$ 平均借款期限，再根据累计方差占比，得出 A_3 的得分，$A_3 = 0.65124 \times A_{31} + 0.33905 \times A_{32}$。将样本数据除以该指标的最大值得到标准化的样本值之后计算的 A_3 的得分如表 2-19 所示。

表 2-18　　　　　　　　成分得分系数矩阵

指标	成分	
	1	2
当年问题平台	0.524	0.097
累计问题平台	0.508	0.031
平均借款期限	0.128	1.022

表 2-19　　　　　　　　风险评价因子得分

	上海	北京	广东	浙江	山东	江苏	四川	湖北
A_{31}	0.3769	0.5125	0.1088	0.2305	0.2828	0.5024	0.72135	0.693
A_{32}	0.0675	0.2188	0.3095	0.5582	0.3866	0.4026	0.4861	0.5355
A_3	0.2098	0.3759	0.1287	0.2783	0.3419	0.46825	0.6408	0.6392

根据表 2-19 风险评价因子得分，绘制图 2-4 风险评价因子总得分，由图 2-4 可以直观地看出各个区域的排名情况。广东、上海、浙江位列前三，广东省 2014 年运营的平台数量在全国排名第一，同样，问题平台数量也是居高不下。上海的问题平台数量位列八个区域的中游位置，但是其平均借款期限很长，流动性风险很大。排在末尾的是江苏、湖北和四川。

（4）熵值法求解最后的综合得分

将测算得到各个发展因子得分进行相应的指标标准化处理，由于发展环境因子和发展规模因子都是正向指标，风险评价因子是负向指标，所以先对各个因子进行标准化处理，把负向指标正向化处理。按照熵值法计算公式，求出发展环境因子得分的熵值为 0.998008、发展规模因子的熵值为 0.998247 和风险评价因子得分对应的熵值为 0.99821，分别

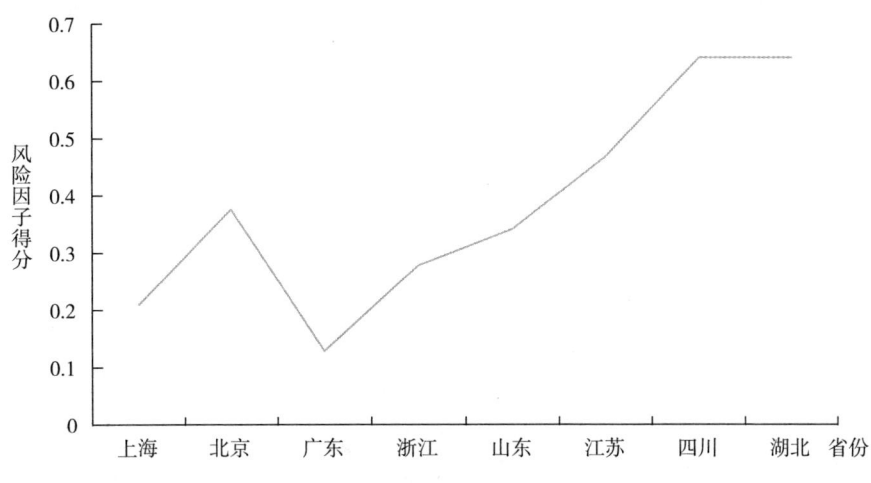

图 2-4 风险评价因子总得分

计算出各个层次因子得分的权重分别为 35.99%、31.67% 和 32.33%，以此用来加权发展环境因子、发展规模因子和风险评价因子得分，得到各地区发展水平差异的综合得分。

由图 2-5 可知，北京、上海、广东三地发展得分居前三位，北京

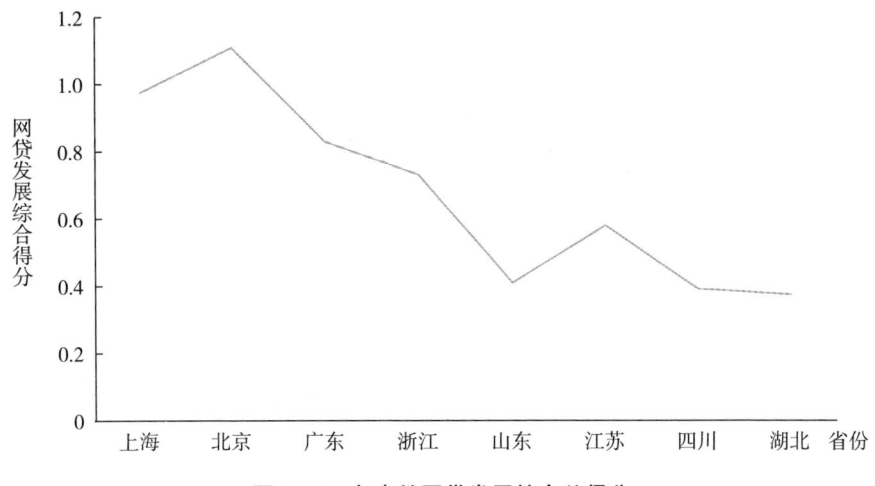

图 2-5 各省份网贷发展综合总得分

由于有良好的外部发展环境、运营平台众多、发展规模庞大，但相对于问题平台较少，行业风险得分也较低，所以总体得分居首。上海、广东、江苏、浙江的发展处于地区的中间水平，四川、湖北、山东居末尾。行业发展得分反映了行业发展状况，也体现了我国发展 P2P 网贷行业的区域不平衡性，地区差异较大。

2.2.2　全国时间序列数据的 P2P 网贷行业的评价

1. 数据来源

根据前文所建 P2P 网贷行业发展评价指标体系，从《中国统计年鉴》（2017）以及上海、北京、广东、江苏、浙江、四川、湖北、山东八个省以及直辖市 2017 年的统计年鉴，获得了全国、全国八个省（直辖市）和其他方面的发展环境数据。

2. 因子分析结果

（1）发展环境层面因子分析

运用 SPSS 软件对所包含的 2010—2017 年全国数据进行因子分析可知 KMO 值为 0.494，接近 0.5，勉强适合因子分析。Bartlett 的球形检验的近似卡方值为 38.414，统计量的概率为 0，小于显著性水平 0.05，因而拒绝原假设，也说明适合做因子分析。

表 2 - 20 显示的是提取公共因子前后各变量的共同度，该指标是衡量提取出的公共因子相对重要程度的指标，提取值越接近 1.000，表明越多的信息被提取出来。如表 2 - 20 中第一行给出了指标人均 GDP 的提取度为 0.914，获知原始数据有 91.4% 的信息被提取出来。其他三个指标的提取值都在 0.800 以上，说明提取度良好。

表 2-20　　　　　　　　　公因子方差

指标	初始	提取
人均 GDP	1.000	0.914
金融产业比重	1.000	0.967
金融相关率	1.000	0.815
互联网普及度	1.000	0.910

根据表 2-21 解释总方差，SPSS 软件默认提取特征值为 1 以上的成分，提取了一个成分，数据累计方差贡献率在 90.157%，一般地，累计在 85% 以上就可以很好地解释。从表中可以很好地看出第一个成分的特征值很大，为 3.606，所以提取一个主成分较好地解释了原始数据信息。

表 2-21　　　　　　　　　解释的总方差

成分	初始特征值			提取平方和载入		
	合计	方差贡献（%）	累计方差贡献率（%）	合计	方差贡献（%）	累计方差贡献率（%）
1	3.606	90.157	90.157	3.606	90.157	90.157
2	0.390	9.750	99.907	—	—	—
3	0.003	0.086	99.993	—	—	—
4	0	0.007	100.000	—	—	—

由于只提取了一个成分，所以没有旋转后的成分矩阵。根据表 2-22 成分矩阵的载荷值大小，来确定公共因子。载荷值越接近 1.000，说明原始指标与该因子的相关程度越高，所涉及的原始指标数据越多。在只提取的一个成分中，四个指标的载荷值都在 0.900 以上，相关程度很高。人均 GDP、金融产业比重、金融相关率和互联网普及程度归为一个公共因子，命名为发展环境因子。

表 2-22　　　　　　　　　　成分矩阵

指标	成分
	1
人均 GDP	0.956
金融产业比重	0.983
金融相关率	0.903
互联网普及度	0.954

根据表 2-23 成分得分系数矩阵，计算环境因子的得分，计算公式为 $A_1 = 0.267 \times$ 人均 GDP $+ 0.274 \times$ 金融相关率 $+ 0.276 \times$ 金融产业比重 $+ 0.269 \times$ 互联网普及率。得出 A_1 的得分，如表 2-24 所示。

表 2-23　　　　　　　　　成分得分系数矩阵

指标	成分
	1
人均 GDP	0.265
金融产业比重	0.273
金融相关率	0.250
互联网普及率	0.264

表 2-24　　　　　　　　　发展环境因子得分

	2010 年	2011 年	2012 年	2013 年	2014 年	2015 年	2016 年	2017 年
A_1	0.3826	0.4376	0.6152	0.8811	1.0787	1.4024	1.5992	1.6296

根据表 2-24 发展环境因子得分绘制图 2-6，从图 2-6 发展环境因子得分中可以简单清晰地看出，2010 年至 2015 年得分逐年上升，且 2014 年至 2015 年的得分上升较快。我国在最近几年经济发展迅速，互联网普及度也是一年高过一年，移动设备的普及和移动上网速度的加快也促进了中国互联网科技的发展。P2P 网贷凭着这些良好的"基础条件"，为 P2P 网贷快速地发展提供了良好的发展环境，P2P 网贷在良好的发展环境下快速发展。

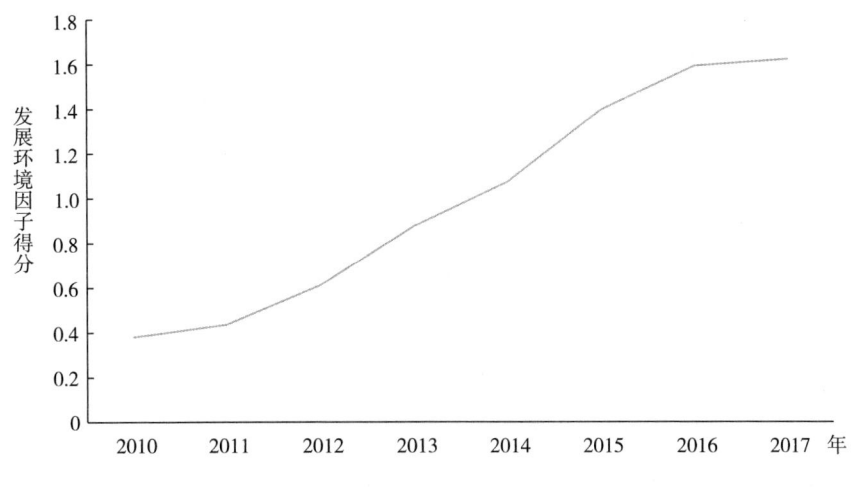

图 2-6　发展环境因子得分

（2）发展规模因子分析

运用 SPSS 软件对全国 2010 年至 2015 年的数据进行因子分析得到的 KMO 值为 0.534，大于 0.5，勉强适合因子分析。Bartlett 的球形检验近似卡方值为 70.878，统计量的概率为 0，小于显著性水平 0.05，因而拒绝原假设，也说明适合做因子分析。

表 2-25 公因子方差显示的是提取公共因子前后各变量的共同度，衡量的是提取出的公共因子的相对重要程度，越接近 1.000 说明提取的信息越多。表 2-25 中第一行给出了指标成交量的共同度为 0.999，可以得知原始数据约有 99.9% 的信息被提取出来。

表 2-25　　　　　　　　　公因子方差

指标	初始	提取
成交量	1.000	0.999
投资人数	1.000	0.966
运营平台数量	1.000	0.960
贷款余额	1.000	0.998

根据表2-26解释总方差表格可以看出，SPSS软件默认提取特征值为1以上的成分，提取了一个成分，这个成分的特征值很大，为3.923，其他的特征值都在0.010以下。累计方差贡献率在98.077%，一般地，累计在85%以上就可以很好地解释。所以一个主成分较好地解释了原始四个指标的数据信息。

表2-26　　　　　　　　　　解释的总方差

成分	初始特征值			提取平方和载入		
	合计	方差贡献（%）	累计方差贡献率（%）	合计	方差贡献（%）	累计方差贡献率（%）
1	3.923	98.077	98.077	3.923	98.077	98.077
2	0.077	1.922	99.999	—	—	—
3	2.732E-5	0.001	100.000	—	—	—
4	1.658E-6	4.146E-5	100.000	—	—	—

由于只提取了一个成分，所以没有旋转后的成分矩阵。根据表2-27成分矩阵中的载荷值大小，以确定公共因子。载荷值越接近1.000，原始指标与该公共因子的相关程度越高，所涉及的原始信息也就越多。在只提取的一个成分中，四个指标的载荷值都在0.900以上，相关程度很高。以上四个指标正是P2P网贷规模人气因子。

表2-27　　　　　　　　　　成分矩阵

指标	成分
	1
成交量	1.000
投资人数	0.983
运营平台数量	0.980
贷款余额	0.999

根据表2-28成分得分系数矩阵，计算环境因子的得分：$A_2 =$

0.255×成交量+0.250×投资人数+0.250×运营平台数量+0.255×贷款余额。得出 A_2 的得分,如表 2-29 所示。

表 2-28　　　　　　　成分得分系数矩阵

指标	成分
	1
成交量	0.255
投资人数	0.250
运营平台数量	0.250
贷款余额	0.255

表 2-29　　　　　　　发展规模人气因子得分

	2010 年	2011 年	2012 年	2013 年	2014 年	2015 年	2016 年	2017 年
A_2	0.0012	0.0074	0.0190	0.0781	0.2855	0.6672	0.8754	0.9183

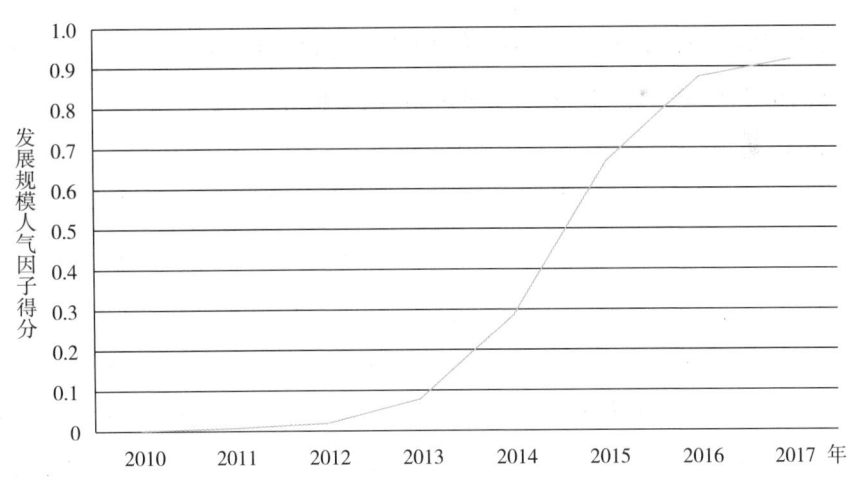

图 2-7　发展规模人气因子得分

根据表 2-29 发展规模人气因子得分,绘制图 2-7。从图 2-7 中可以清晰地看出发展规模人气因子得分排名。从 2010 年至 2012 年得分还没有显著上升,在 2012 年之后,P2P 网贷规模人气得到了爆发式的增长,到 2017 年增速有所放缓。我国在 2012 年达到了互联网金融的火爆发展,P2P 网贷也同样一起受到了很大的关注。余额宝等互联网理财产品的出现,让人们意识到普惠金融给人们带来的好处,普通老百姓的理财投资需求也得到了满足。但随着监管和合规要求的提升,大量平台将退出网贷行业。

(3)发展风险评价因子分析

运用 SPSS 软件对全国 2010 年至 2017 年的数据进行因子分析得到的 KMO 值为 0.559,大于 0.5,勉强适合因子分析。Bartlett 的球形检验近似卡方值为 24.992,统计量的概率为 0,小于显著性水平 0.05,因而拒绝原假设,也说明适合做因子分析。

如表 2-30 公因子方差表中第一行给出了指标问题平台数量的共同度为 1.000,可以得知原始数据有 100% 的信息被提取出来。公因子提取度的值在 0 至 1 之间,越大说明提取程度越好。

表 2-30 　　　　　　　　公因子方差

指标	初始	提取
问题平台数量	1.000	1.000
累计问题平台	1.000	1.000
平均借款期限	1.000	1.000

根据表 2-31 解释总方差可以看出,SPSS 软件默认提取特征值为 1 以上的成分,提取了一个成分。第一个成分的特征值很大,为 2.249,第二个特征值为 0.750,接近于 1,且第一个累计方差贡献率为 65.304%,不足 85%,所以提取两个成分。累计方差贡献率在 99.993%,一般地,累计贡献率在 85% 以上就可以很好地解释原始数据。

表 2-31　　　　　　　　　解释的总方差

成分	初始特征值			提取平方和载入			旋转平方和载入		
	合计	方差贡献（%）	累计方差贡献率（%）	合计	方差贡献（%）	累计方差贡献率（%）	合计	方差贡献（%）	累计方差贡献率（%）
1	2.249	74.982	74.982	2.249	74.982	74.982	1.959	65.304	65.304
2	0.750	25.011	99.993	0.750	25.011	99.993	1.041	34.688	99.993
3	0	0.007	100.000						

由于提取了两个成分，所以根据成分旋转矩阵对主成分进行解释以确定公共因子。载荷值越接近 1.000，说明原始指标与该因子的相关程度越高，包含这个指标的信息量就越多。在只提取的两个成分中，指标问题平台数量和累计问题平台数量在成分 1 以上的载荷值都为 0.900 以上，相关程度很高，指标平均借款期限在成分 2 以上的载荷值较高。把当年问题平台数量和累计问题平台数量归为一个因子，解释为平台的问题平台规模因子；平均借款期限解释为平台流动性规模因子。问题平台越多，表明区域的风险越大；P2P 网贷行业的平均借款期限越长，表明流动性风险越大。由 SPSS 软件可以得出旋转空间的成分图，由图 2-8 可以直观地看出两个成分的空间分布图，指标当年问题平台和累计问题平台在空间直角坐标系的一侧，而指标平局借款期限在另外一侧。

表 2-32　　　　　　　　　成分矩阵

指标	成分	
	1	2
问题平台数量	0.969	-0.249
累计问题平台	0.968	-0.251
平均借款期限	0.612	0.791

表 2-33　　　　　　　　　旋转成分矩阵

指标	成分	
	1	2
问题平台数量	0.979	0.203
累计问题平台	0.980	0.200
平均借款期限	0.202	0.979

表 2-34　　　　　　　　　成分转换矩阵

成分	1	2
1	0.898	0.440
2	-0.440	0.898

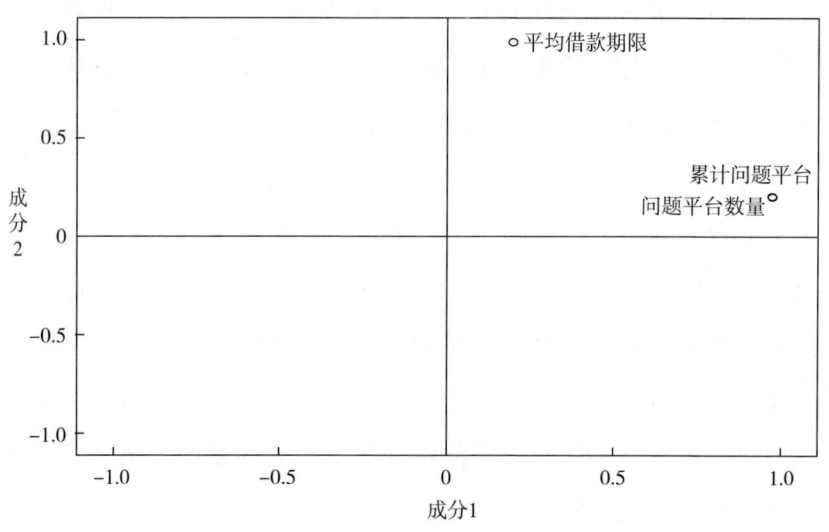

图 2-8　旋转空间的成分

根据表 2-35 成分得分系数矩阵，计算 P2P 网贷行业发展风险评价因子的得分。计算公式为 $A_{31}=0.532\times$ 当年问题平台数量 $+0.534\times$ 累计问题平台数量 $-0.219\times$ 平均借款期限，$A_{32}=-0.108\times$ 当年问题平台数量 $-0.111\times$ 累计问题平台数量 $+1.066\times$ 平均借款期限，再根据累计方差占比，得出 A_3 的综合得分，$A_3 = 0.65304 \times A_{31} + 0.34688 \times A_{32}$。将指标数据除以该指标的最大值后代入式中计算，得到 A_3 的得分如表 2-36 所示。

表 2-35 成分得分系数矩阵

指标	成分	
	1	2
问题平台数量	0.532	-0.108
累计问题平台	0.534	-0.111
平均借款期限	-0.219	1.066

表 2-36 风险因子得分

	2010年	2011年	2012年	2013年	2014年	2015年	2016年	2017年
A_3	0.0830	0.0902	0.1349	0.1498	0.3471	0.5964	0.6242	0.5959

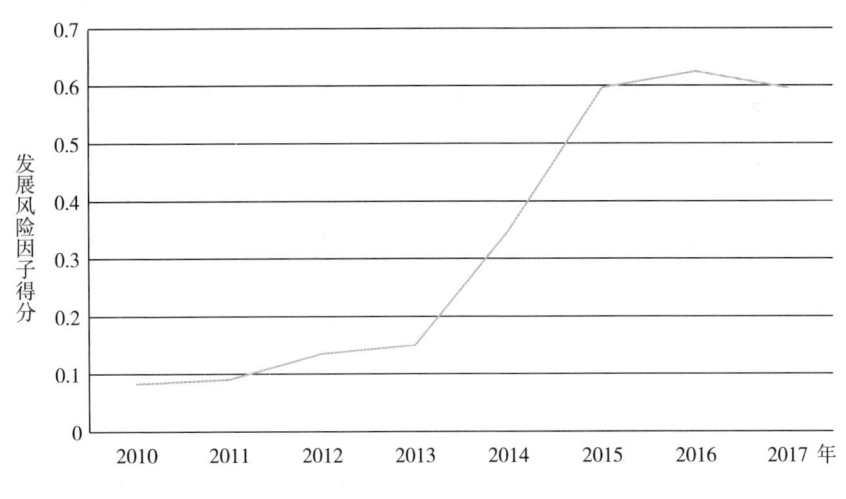

图 2-9 发展风险因子得分

根据表 2-36 风险评价因子得分，绘制图 2-9 风险评价因子总得分，由图 2-9 可以直观地看出从 2010 年至 2017 年的变化情况。从 2010 年至 2013 年行业风险评价因子得分较平稳，从 2013 年到 2015 年，风险评价因子得分迅速上升。这与业界的整体感受一致,我国 P2P 网贷行业风险变大是从 2013 年开始的,也正是互联网金融呈现井喷式增长的一年。行业火爆发展的背后是行业的风险也慢慢浮出水面,所以在发展的同时,不得不面对的就是要控制 P2P 网贷行业风险这个问题,只有控制好了行业风险,行业才会更加健康迅速地发展。2016 年开始监管趋严,网贷平台合规的要求提高,行业风险得到有效控制。

(4)熵值法求解最后的综合得分

将测算得到的各个发展因子得分进行相应的指标标准化处理,由于发展环境因子、发展规模因子都是正向指标,风险评价因子是负向指标,所以先对各个因子进行标准化处理,把负向指标正向化。根据熵值法计算公式,求出发展环境因子得分的熵值为 0.997906,发展规模因子得分的熵值为 0.996562 以及风险评价因子得分对应的熵值为 0.998377,可以求出各类发展因子得分的权重分别为 29.27%、48.05% 和 22.68%,以此用来加权发展环境因子、发展规模因子和风险评价因子得分,得到从 2010 年至 2017 年的发展水平的综合得分(如表 2-37 所示)。

表 2-37   熵值法求出的最后得分

2010 年	2011 年	2012 年	2013 年	2014 年	2015 年	2016 年	2017 年
0.1314	0.1521	0.2198	0.3294	0.5316	0.8663	1.0303	1.0534

由图 2-10 可知,2010 年至 2017 年全国 P2P 网贷行业综合得分呈上升趋势,从 2012 年开始,综合得分加速上升。互联网技术的普及和我国经济与金融的发展,为我国发展 P2P 网贷行业提供了良好的环境。自 2012 年以来,行业规模逐年上升,运营平台也呈几何数增长。但是发展的同时,问题平台也屡屡暴露,成为了我国在发展 P2P 网贷行业上亟待解决的问题。

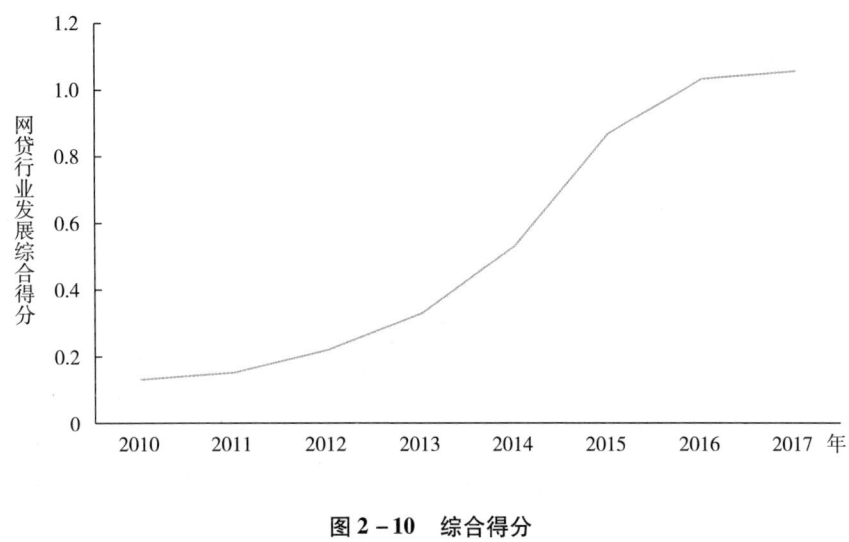

图 2-10 综合得分

2.3 探讨影响 P2P 网贷行业发展的因素

2.3.1 未来 P2P 行业发展趋势

P2P 网贷是互联网金融行业中最火热的子行业，已经从机构投资者那里得到了积极的回应。由于有较高的收益率，对冲基金、养老基金和其他一些大型的公司都迅速地涉及这个领域。自 2007 年以来，很多年轻的中国投资者都表示了他们在 P2P 网络借贷上的浓厚兴趣和爱好。

实证结果显示，我国自 2010 年以来，发展规模因子得分逐年提高，这有赖于平台数量的增多。平台数量居高不下，是中国发展 P2P 网贷的特有国情。平台数量增多，P2P 网贷行业内的竞争加大，2015 年以来监管细则陆续出台和实施是促进行业良性发展的关键。中国的绝大多数平台都是规模很小的平台，这些小平台没有雄厚的资金，平台风险控制实力不足，所以平台缺乏竞争力，很难进一步做大做强，难免会面临倒闭，甚至跑路。一些上市公司、大企业收购 P2P 网贷平台，以及各种中小平台兼并重组的现象均为行业整合进入成熟期的常规过程。而一些大型的 P2P 网贷平台已陆续上市，这也会改变 P2P 网贷行业的格局。

P2P 网贷平台经营的业务类型会多样化。P2P 网贷平台的垂直类业务（如消费贷、车贷、房贷等）会成为主要趋势，不过将来更多的平台会拓展到更多的业务类别。越来越多的机构投资者参与 P2P 网络借贷业务可能最终会改变 P2P 平台的特征与性质。较大的投资者或者机构投资者需求大量的贷款，平台可以将它们捆绑成证券化债券，这将有助于卖给更多的投资者。这可能会使 P2P 网贷平台回到传统银行系统。机构投资者可以比个人投资者更快、更方便地放贷，因为机构投资者通过协议有可能直接连入 P2P 网贷平台。随着移动互联网的广泛使用，利用移动设备上网的人数增长，未来的移动互联网将成为获取资金的主要入口。

我国 P2P 网贷行业发展不久，受到的争议也不少，学习和借鉴是必须要经历的。虽然说我国在发展 P2P 网贷上存在着许多的不足，监管细则和征信体系还不够完善，行业未来一定会面临巨大的挑战以及重大的洗礼，但相信经过几年的摸索发展，我国 P2P 网贷实现适合中国国情的创新发展。相信将来 P2P 网贷会朝更为健康、更为合规化的方向发展，真正体现普惠金融的本质，造福更多的普通老百姓。

参考文献

[1] 唐嘉悦，郝蒙. 基于 AHP 的 P2P 风险综合评价及控制 [J]. 经济研究导刊，2014（32）：184 - 185.

[2] 张昭. 我国 P2P 网贷行业综合评价体系研究 [J]. 海南金融，2015（3）：44 - 47 + 57.

[3] 张巧良,张黎. P2P 网贷平台风险评价指标研究——基于层次分析法[J]. 南京审计学院学报,2015(6):85-94.

[4] 第一财经新金融研究中心. 中国 P2P 借贷服务行业白皮书 2013[M]. 北京:中国经济出版社,2013.

[5] 郭海凤,陈霄. P2P 网贷平台综合竞争力评价研究[J]. 金融论坛,2015(2):12-23.

[6] 陈霄,丁晓裕,王贝芬. 民间借贷逾期行为研究——基于 P2P 网络借贷的实证分析[J]. 金融论坛,2013(11):65-72.

[7] 宋文. P2P 网络借贷行为的实证研究[D]. 上海:上海交通大学,2013.

[8] 孙柏,张锐. P2P:成长加速度[J]. 金融博览(财富),2014(6):38-40.

[9] 奚尊夏,王立平,张江,等. 民间融资的模式、规模及评判——台州民间融资新情况调查[J]. 上海金融,2012(2):104-108.

[10] 钱金叶,杨飞. 中国 P2P 网络借贷的发展现状及前景[J]. 金融论坛,2012(1):46-51.

[11] 徐伟新. 谈 P2P 网络借贷模式与非法集资犯罪[J]. 电子商务,2013(2):51-52.

[12] 莫易娴. 国内 P2P 网络借贷平台发展模式比较分析[J]. 开发研究,2014(3):126-130.

[13] 陈伟. 大数据引领 P2P 信贷行业发展[J]. 时代报告:学术版,2015(1):217.

[14] 刘峙廷. 我国 P2P 网络信贷风险评估研究[D]. 广西:广西大学,2013.

[15] 张国文. 论 P2P 网络借贷平台的风险防范与监管[J]. 武汉金融,2014(4):9-11.

［16］吕劲松. 关于中小企业融资难、融资贵问题的思考［J］. 金融研究, 2015（11）: 115 – 123.

［17］李朝晖. 我国 P2P 网络借贷与小微企业融资关系的实证研究［J］. 现代经济探讨, 2015（2）: 43 – 47.

［18］王馨. 互联网金融助解"长尾"小微企业融资难问题研究［J］. 金融研究, 2015（9）: 128 – 139.

［19］杨光. 国内 P2P 网贷面临三大风险［J］. 计算机与网络, 2015, 41（Z1）: 16.

第 3 章
小微信贷产业组织形式
——从扶贫贷款到 P2P 网贷

3.1 小微信贷的发展背景

长期以来,城市低收入群体和农户、个体工商户、微型企业、小型企业,由于缺乏系统完整的财务报表,有的甚至没有基本的财务信息和信用记录,缺乏合格的抵押品,单笔贷款的需求额度小等因素长期被正规金融机构排斥在外,这部分人无法从正规金融机构获得融资,只能转而求助于非正规金融,小微信贷正是在这种背景下产生的。

什么是小微信贷?依字面意思,它是一种金额比较小的贷款。早期的研究中,论述小微信贷更多的是使用小额信贷[①]。被誉为"中国小额信贷之父"的杜晓山(2000)最早给出了小额信贷的定义,小额信贷(Microfinance)是指专向低收入阶层提供小额度的持续的信贷服务活动。在后来的研究中,杜晓山(2004)将小额信贷的服务人群扩大到中低收入人群,并指出,小额信贷以贫困或中低收入群体为特定目标客

---

① 早期在研究小微信贷时,使用的多是小额信贷,其实它们的英文对应的都是 microfinance,二者本质上并无差别,在此我们借用小额信贷的定义来理解小微信贷。

户并提供合适的金融产品服务，是区别于正规金融机构的常规金融服务以及传统扶贫项目的本质特征。

小额信贷主要是面向中、低收入者开展信贷业务，所以，刘锡良和洪政（2005）指出，在我国小额信贷这一概念被扩大化了，对其更主要的是从贷款金额较小这一特性来界定，并且小额也是一个相对综合的概念，并不仅限于小额度的含义，各地仍可以根据各地的经济发展状况，将贷款金额确定在几百元到几万元。

随着小微信贷理论和实践的发展，小微信贷的服务对象也不再局限于贫困或中低收入阶层。焦瑾璞（2013）将小微信贷定义为一种特殊的金融服务，它能够在借款人无法提供担保（或抵押品）的情况下，以不同于传统商业银行的信用风险管理技术，向那些"被正规金融忽略了的"借款人提供额度较小的贷款服务。

小微信贷的目标群体是小微企业、个体工商户、农户以及城市中低收入者，这些客户正是被正规金融机构排斥在外的那部分资源。小微信贷为这些客户提供贷款服务，并采用不同于传统商业银行的贷款技术，实现了信用风险的优良控制和服务群体的大大扩展，具有良好的社会效益和经济效益，以至于有学者不无激动地感慨到，小微信贷不仅是一种崭新的金融产品，而且是一种有别于传统银行信贷的技术手段创新，业务服务创新以及制度机制创新。

小微信贷在促进实体经济发展和提高社会福利水平方面的作用已成为一种社会共识，其在发展过程中展现出了旺盛的生机和活力，并产生了一种崭新的形式——互联网小微信贷（互联网供应链金融和P2P网贷）。然而，我们不可否认的是，互联网小微信贷，尤其是P2P网贷，一方面是平台数和成交额的爆发式增长；另一方面却是监管缺乏和一波又一波的倒闭潮，牵涉金额、人数触目惊心。如何管理这种新形式的小微信贷，使其更好地为经济服务，已成为一个重大的时代议题。

在国内外的小微信贷实践的发展历程中，先后形成了四种影响深远的小微信贷类型：早期的扶贫开发项目、中小金融机构小微信贷，以及最新的互联网供应链金融和 P2P 网络贷款。这些不同类型的小微信贷类型在信用风险管理上或继承发展，或独辟蹊径，因此对小微信贷的信用风险管理的梳理与深化将变得非常有必要。

P2P 网络贷款作为一种全新的小微信贷模式，必然有不同于其他时代小微信贷类型的特征，那么哪些传统的信用风险管理方法已经失效，哪些传统的信用风险管理方法仍在使用，它又有哪些自身特有的信用风险管理方法呢？

商业银行一般偏好发放担保贷款，以解决信息不对称问题。这是因为信贷交易存在着很大的不确定性，银行为了降低不确定性，有两种解决方法：商业银行加强筛选、监督和审查借款人的活动，以获取企业的信息和监督企业贷后行为；或者商业银行依靠担保或抵押品，以节约筛选成本、监督成本和审查成本。而有限理性的商业银行当然会选择后者。

小微信贷一般不存在合格的抵押品，但同样需要解决信息不对称问题。可以看到，国内外已经有几种形式的小微信贷取得了一定的发展，包括国内外的扶贫开发项目，中小金融机构小微信贷，以及蓬勃发展的 P2P 网络借贷，以京东和阿里巴巴为代表的互联网供应链金融等。那么，以上几种小微信贷形式是否成功解决了信息不对称问题。如果在一定程度上成功解决了，那么它们是如何实现的？对不同类型小微信贷信用风险管理方式的研究梳理，以及对 P2P 网络借贷的理论与实证分析，将非常有助于小微信贷理论与实践的继承和发扬，并对最新的互联网小微信贷实践的健康发展具有非常重要的理论和现实意义。

3.2 小微信贷的理论研究综述

早期对小微信贷的研究集中在农村信贷市场上,在论述小微信贷时多用的是小额信贷这一词汇,随着普惠金融体系概念的提出和互联网金融的飞速发展,小微信贷的研究范围得到了大大拓展。

3.2.1 农村信贷市场失灵的机理研究

1. 农业信贷补贴理论

在著名的哈罗德—多马模型中,资本积累被看作经济增长的决定因素。在资本积累是经济增长的发动机这一古典假设下,发展经济学家刘易斯和莱本斯坦得出结论,发展中国家的农民所需要的资本远远超过他们能够进行的储蓄。他们认为,为了克服正规商业性金融机构不愿意向农村贫困群体发放贷款这一问题,发展中国家应向农村提供贴息贷款,以缓解农村地区资金紧张的局面,改善农户特别是农村贫困群体的信贷可得性。

2. 农村金融市场理论

McKinnon(1973)和Shaw(1973)针对当时发展中国家中普遍存在的金融市场不完全,资本市场严重扭曲和政府对经济的过分干预和管制而影响经济发展的状况,几乎同时提出了"金融抑制"和"金融深化"理论。国内学者龚明华(2002)在其基础上提出,在现有的发展中国家的金融制度与银行体系下,低息政策无法有效鼓励人们存款,从而限制了存款总量的扩张和结构优化,抑制了金融发展。杜晓山(2006)认为,由于农村信贷市场上的资金具有较高的机会成本和风险溢价,因此非正规金融的高利率具有一定的合理性。农村金融市场理论反对政府干预农村信贷市场,认为垄断的市场无法有效分散风险,更无法合理配置信贷资源。

3. 不完全竞争市场

Stiglitz 和 Weiss（1981）从信息经济学角度指出，利率这一参数不能揭示完整而有效的信息，逆向选择的作用可能导致市场萎缩。Stiglitz 和 Hoff（1993）指出，"发展中国家的农村信贷市场是一个典型的二元市场，在正规金融市场上，金融机构充当存款人（或者政府）和借款人之间的中介，通常向借款人收取较低的政府补贴利率；在非正规金融市场上，职业放贷人、买卖人、交易机构、地主、亲戚朋友等用自己的钱进行私人放贷"。周立（2010）认为农村金融市场存在的信息高度不对称、抵押担保缺乏、高成本与高风险等特征，导致了农村金融市场"市场失灵"和"负外部性"；而政府为克服"市场失灵"和"负外部性"的介入结果是以正规金融安排取代非正规金融安排，然而正规金融安排也没有解决农村金融市场的基本问题，从而导致了"政府失灵"。由于农村金融市场并非是一个完全竞争市场，借贷双方之间存在着严重的信息不对称问题，据此 Stiglitz（1990）指出，有必要采取诸如政府适当介入以及借款人的组织化等非市场要素方式来改善农村金融市场普遍存在的信息不对称、市场不完全、合约不完备等缺陷，弥补市场的失灵。

3.2.2　不完全市场竞争下小微信贷的理论发展

随着世界各国对上述三种经济理论实践和亚洲金融危机后人们对金融深化的反思，现行的金融实践主要是建立在不完全竞争市场理论上的，即通过政府干预农村金融市场，促进市场机制的发挥上。理论界相继也对小微信贷的不完全竞争市场进行了更加深入的研究。

1. 将博弈论引入农村信贷市场

Armendariz de Aghion（1999）建立包含连带责任、停贷威胁、横向监督、社会制裁的偿还动态博弈来分析借款人的蓄意逃债的策略拖欠行为；Ghatak（1999，2000）研究小微贷款逆向选择问题时，将静态博弈引入连带责任、横向选择、横向匹配的分析中。博弈论的引入丰富了小微信贷领域的研究手段，对贷款契约的设计和完善，提高贷款机构贷款回收率等方面也有重要的指导意义。

2. 小微信贷市场的均衡研究

在这方面的研究发展出了关于市场竞争完善程度的分离均衡、混合均衡及准分离均衡。其中，准分离均衡则是介于分离均衡与混合均衡之间的一种状态。

在我国，提供小微信贷的机构主要分为三类：传统商业银行、政府机构和非政府组织，依其宗旨和经营理念，分别针对农村的高收入群体、中低收入群体和低收入群体。刘锡良和洪正（2005）在研究这三类机构共存情形下的小额信贷市场时指出，信息不对称会使得机构无法区分借款人风险类型，从而导致农村信贷市场运行的低效率。他们提出的解决办法是设计不同的贷款契约以甄别借款人风险情况，从而实现不同类型借款人的分离均衡和帕累托效率的改进：利用抵押物和低利率的契约组合，将高收入者与中低收入者、低收入者分离；然后，借助能使机构可持续性发展的较高的利率，将中低收入者与低收入者分离，从而通过这三种契约设计（有抵押物的低利率、无抵押的较高利率以及无抵押的高利率）最终实现农村小额信贷市场的分离均衡。

Guttman（2008）和 Zhangwei（2009）在连带责任和停贷威胁假设下建立多期重复博弈模型研究团体贷款契约，研究得出：在抵押物缺乏情况下，当借款人彼此之间具有完全信息时，通过组内成员之间私下订立补偿契约,即风险型借款人向安全性借款人进行补偿,信贷市场仍可以达到混合均衡。并且在贷款人零利润、借款人激励相容以及借款人参与约束成立的特定条件下,市场中将只存在所有借款人都参与的混合均衡。此时,贷款人无法通过分离贷款契约来区分不同风险类型借款人。

3. 小微信贷的激励机制与惩罚机制

关于这方面,小微信贷机构有着丰富的实践经验,较为所知的是尤努斯教授 1976 年在孟加拉国开始的格莱珉银行模式。其主要措施有:小组连带责任和停贷威胁,分步贷款,频繁分期贷款,组内次序贷款,针对妇女,信贷附加方法等。

对于小组连带责任和停贷威胁,张伟(2011)认为,将小组连带责任和停贷威胁二者结合在一起,可以在小组组建时,将潜在的高风险客户排除在小组外,并且已成立的小组会加强对小组成员的监督,降低道德风险。另外,停贷威胁也增加了违约的机会成本。

关于分步贷款,Hulme 和 Mosley(1996)指出,分步贷款设计下的贷款额度随着时间的延续而逐步增加的安排提高了借款人的违约机会成本,对借款人及时还贷有着重要的正向激励作用。

在频繁分期还款方面,Armendariz de Aghion 和 Morduch(2005)认为,频繁分期还款创造了贷款机构工作人员与客户直接见面的机会,从而可以对即将发生的违约风险产生早期预警,并筛选出潜在的违约客户。

对于组内次序贷款,Morduch(1999)指出,组内次序贷款提高了未获得贷款成员对已获得贷款成员的监督强度,并在项目实施过程中充分协助。

关于针对妇女的原因,Khandker、Khalily 和 Kahn(1995)认为,妇女的投资决策相比男性更加谨慎,资金的使用也更有效;另外,妇女的流动性小，贷款机构容易监督其贷后行为和项目收益情况。

关于信贷附加方法，张伟（2011）指出，信贷附加方法，如教育、医疗和培训等，其作用在于提高贷款人自身素质，增强他们摆脱贫困的信心，从而间接提高他们的还贷能力。

此外，江能（2012）在团体贷款机制研究中得出，连带责任、次序贷款、风险基金三要素是团体贷款机制高效运行的制度基础；动态激励、法律机制、担保替代等手段为借款人及时履约还款提供了足够动力。

4. 农村信贷市场贷款技术的分析

孟卫东（2011）从匹配效应角度比较个人贷款契约与团体贷款契约得出，在一定的村庄成员结构和项目收益下，团体贷款可使小额信贷机构支付较少的信息租金即可规避逆向选择和道德风险问题，并可使更多农户从信贷活动中获益。田国强（2003）在研究经济机制设计时指出，激励相容、信息有效利用和资源合理配置这三条是一个好的经济机制的必要条件。在此基础上，陈建新（2008）对传统农业信贷补贴技术、小额贷款技术和农村土地抵押技术进行系统比较，得出从资源配置效率角度分析，当市场环境处于中等完善的情况下，小额信贷模式可能是最优的；当市场比较完善的情况下，农村土地抵押可能是最优的；而当市场十分不完善的情况下，传统的农业信贷补贴模式可能是最优的。

3.2.3　互联网金融下的小微信贷的理论动向

在互联网金融蓬勃发展与普惠金融建设背景下，小微信贷的研究范围大大拓展，包括互联网金融小微信贷的监管与风险管理问题，P2P网络信贷的模式，小微信贷与普惠金融的关系，互联网金融征信等前沿问题。

由于互联网监管的空白和行业内频现的集体倒闭风潮，李有星和陈飞（2014）建议，应以地方为监管主体，运用原则导向监管方式，建立互联网金融的"安全港"制度，如采用资金第三方托管，加强信息披露等。央行征信中心与金融研究所联合课题组（2014）认为，当前我国P2P网贷平台面临的最主要挑战是信用风险管理，而信用风险管理的一个主要手段是征信，所以必须提升征信服务在互联网信贷中的应用，进而他们提出建议"依托全国统一的个人和企业征信系统，进一步丰富数据类型，并适时向互联网信贷平台提供在线支持服务，以增强其信用风险管理能力，降低违约风险"。

在P2P网络借款融资成本研究方面，李金阳和朱钧（2013）以拍拍贷平台数据为基础，利用多元线性回归模型研究借款利率的影响因素。实证结果显示：借款人的信用等级、借款金额对借款利率为反向作用，历史流标次数对借款利率为正向作用，而是否加入优先计划、历史借贷成功次数、是否具有视频认证等的影响则不显著。

李佳伟和封思贤（2015）在研究降低小微企业在P2P网贷市场上的融资成本的途径时指出，当前P2P网贷市场上融资成本高的现状在短期内还难以根本扭转，建议从两个方面降低交易成本：第一，尽快完善我国的个人征信体系；第二，探索P2P平台"标准化"，实现接口一致，信息资源共享。彭佳和朱巧玲（2013）实证对比分析了中小企业银行融资渠道和网络融资渠道的交易成本，并得出结论，互联网技术在信贷市场的运用降低了单笔交易的成本，但同时也增加了借贷市场的交易费用总量。

关于小微信贷利率与风险匹配方面，廖理和李梦然（2014）以拍拍贷平台数据为基础，从我国利率非完全市场化实际情况出发，研究

P2P 网络借贷中风险收益的匹配问题，得出结论：在非完全竞争市场条件下，利率只是部分反映了借贷中的违约风险，但投资者足够理性，他们会从借款人的公开信息中甄别相同借款利率背后所包含的不同违约风险，具体表现为，对风险较高的成功借款标，参与人数会增加，完成标的所需的时间会变长。

综合上述国内外研究进展，我们发现，早期的小微信贷的研究主要集中在农村信贷市场上，并先后形成了信贷补贴理论、农村金融市场理论和不完全竞争市场理论。随着小微信贷在世界范围内的实践发展和亚洲金融危机后人们对金融深化的反思，现行的小微信贷实践主要是建立在不完全竞争市场理论上的，即通过政府干预农村金融市场，促进市场机制的发挥上。同时，理论界也对不完全竞争市场条件下的小微信贷进行了更加深入的研究。近年来，随着互联网金融的蓬勃发展，小微信贷的范围扩大，表现形式增多，理论界也对这些小微信贷的新形式给予了极大的热情。但同时我们也应看到，目前对新形式的小微信贷的研究还较为分散孤立，没有注意到这种新形式的小微信贷与早期小微信贷理论及实践的一脉相承性，尚未有研究将它们纳入小微信贷理论中，并且运用经典的信息不对称理论对其运行效果进行研究。例如，它们真的解决了困扰信贷市场的信息不对称问题了吗？抑或他们仅仅是提高了审查强度，付出了巨大的筛选成本？这些问题对小微信贷的理论和实践都有着重要意义。

本章将从小微信贷内涵出发，分析其发展过程中产生的具有广泛影响的小微信贷类型及其信用风险管理手段，以期为最新的小微信贷实践发展提供一定的参考。

3.3 小微信贷的主要组织类型和特点

3.3.1 小微信贷主要类型的划分依据

我国第一个独立的小微信贷项目是中国社科院农村发展研究所于1994年在河北易县开展的扶贫合作社项目。此后,小微信贷(Micro-credit)作为专门的扶贫方式在我国开始了试验和推广。各种相关的实践和理论研究也在学界慢慢开始受到重视。从2005年起,监管层开始全面放松小微信贷准入门槛管理,民营资本大量涌入,小微信贷行业得到加速发展。这一时期的小微信贷主体包含农村信用社、村镇银行、城市商业银行、邮政储蓄银行、小额贷款公司、典当行等形式,这些机构均以商业化运作为原则,更加强调机构的可持续性,利息通常比较高。其中银行金融机构除了放贷,还可以吸纳存款,并提供其他金融服务,非银行金融机构则不能吸收存款,只有贷款业务。

根据资金来源和组织结构,张伟(2011)在总结这一时期我国小微信贷实践时,将我国1994年之后出现的小微信贷大致划分为四类:(1)非政府组织开展的小额信贷实验,包括国内非政府组织开展的项目和国际双边和多边组织以及国际非政府组织资助、由国内半政府机构开展的项目;(2)以国家财政资金和扶贫贴息贷款为资金来源、政府主导的政策性小额信贷项目;(3)农村信用社小额信贷业务;(4)小额贷款公司、村镇银行、农村资金互助社、邮政储蓄银行等开展的商业性小额信贷服务。

这种分类方法给我们提供了较好的分类思路,并且从当时的背景来看,这种分类基本覆盖了小微信贷的主要形式,对不同小微信贷主体的差别也作了较细致的说明,但也应看到它仅仅涵盖了2005年后监管部门放开小额信贷行业准入标准，民间资本大量成立小贷公司、典当行等机构的时期，并没有对最近兴起的新形式小微信贷的总结。尤其是在互联网迅猛发展的带动下，小微信贷这一传统金融工具迸发出了新的生机和活力，如互联网供应链金融和 P2P 网络贷款，这些都需要我们进行理论的更新，以适应新变化。

互联网金融模式在我国最早是由谢平（2012）提出的，他认为，传统的融资方式可分为两类：商业银行作为中介的间接融资和资本市场里的直接融资，这两类融资方式分别由商业银行和资本市场进行资金的风险收益的匹配。以移动支付、云计算和社交网络等互联网技术创新，将对现有的金融模式产生革命性的影响，可能孕育出不同于传统直接或间接融资方式的第三种模式，他将其称为"互联网金融模式"，并指出当前的代表为手机银行和 P2P 融资。

而综观小微信贷在国外的发展，也体现了这种趋势：小微信贷始于政府、非政府的扶贫开发项目；在实现了初期的经济、社会目标后，资金来源制约了其可持续性，于是这些早期项目和新成立的小微信贷机构开始谋求独立运作并需寻找多元的资金渠道，从而产生了各种制度化运作的中小金融机构；此后，互联网的发展给小微信贷带来了创新活力，2005 年世界上第一家 P2P 网贷平台 Zopa 在英国诞生，2006 年美国的第一家 P2P 平台 Prosper 成立。

综合以上分析，将小微信贷分为以下三个阶段四种类型来比较分析其共同点、差异和继承、发展的关系：（1）第一阶段——扶贫开发项目；（2）第二阶段——中小金融机构小微信贷；（3）第三阶段——互联网小微信贷，包括互联网供应链金融和 P2P 网络贷款。

3.3.2 扶贫开发项目

扶贫开发项目是小微信贷的第一个阶段，它是指由政府或非政府组织开展的，以民间或半民半官形式为运作机构开展的小微信贷项目。运作机构以项目的形式开展小微信贷，不接受存款，项目结束后，小微信贷活动也就停止了。这种小微信贷强调其扶贫性质和福利性质，对借款人收取低于市场的利率或刚刚覆盖其成本的利率。

扶贫开发项目以农业信贷补贴理论为基础，通过向贫困群体外部注入资金，提升他们的信贷可得性，为其改善经济面貌提供动力。依它的运作主体，可分为政府主导型和非政府组织主导型。

政府主导型扶贫开发项目以国家或地方政府为主导，资金来源多为财政计划资金，向贫困地区或贫困人口提供低息贷款。这类实践于20世纪80年代到90年代在世界范围内都大规模出现过。

非政府组织主导型是由非政府组织来主导项目的实施运作，资金来源多为国际机构或政府的软贷款及捐赠，这些组织多为特定社会目的而设立，如针对妇女和儿童、自我救助等，国际上比较著名的有ROSCA、香港乐施会等组织。

3.3.3 中小金融机构小微信贷

中小金融机构小微信贷为小微信贷的第二个发展阶段，在这一阶段，农村正规金融机构开始介入小微信贷领域。此外，一些原有的非营利性公益扶贫组织也经过发展壮大，成功转型为今天业务多样、牌照多元的中小金融机构，小微信贷行业得到快速发展。

国际上，中小金融机构小微信贷是从非营利性公益扶贫项目发展而来。这些公益扶贫项目以向穷人提供信贷支持和保证穷人还款能力为核心目标。后来这些小微信贷机构在达成初期目标后，开始关注自身的可持续性。因为即便是合理的客户风险识别技术和高还贷率减少了小微信贷的成本，但很小的贷款额度仍然使得成本显得过大。于是，其中的一些机构或组织便开始探索收取较高的利率，以项目收入覆盖借贷成本。在取得初步成功后，资本金和融资限制开始阻碍其业务扩张，然后这些小微信贷机构或组织开始谋求银行牌照，以吸收存储或获得商业贷款来扩大业务规模，从而形成了今天的中小金融机构。

小微信贷在我国的实践发展也能够看出这种转变的痕迹。我国最早开展小微信贷为政府和非政府主导型的扶贫开发项目，1999 年后中国人民银行开展农村信用合作社的小微信贷试点并逐步推广，2005 年后，监管部门放开小微信贷领域的行业标准，民间资本大量涌入并成立了担保公司、小额贷款公司、典当行等机构。

3.3.4　互联网小微信贷

在第三阶段的互联网小微信贷时期，借助于快捷高效的互联网技术，特别是移动支付、云计算、大数据等，大大拓展了小微信贷的服务群体，给小微信贷这一传统的金融工具带来了生机和活力，并先后产生了两种新形式的小微信贷：互联网供应链金融和 P2P 网络贷款。

1. 互联网供应链金融

互联网供应链金融，按其字面意思，就是传统的供应链金融在互联网上的延伸，它是供应链金融与互联网结合的产物。由于学界对供应链金融的研究较早，而互联网金融是一个新兴事物，学界对其的认识仍在不断深入之中。所以，在对其进行研究时，我们按由浅到深的原则对互联网供应链金融进行归纳分析。

供应链金融是基于对核心企业资信评级的供应链上下游企业的融资服务。从定义上来看，供应链金融的资金仍旧来源于商业银行，它仍然属于银行的借贷业务，它的两大核心要素是供应链上"交易的真实性"和"核心企业的资信状况"。在供应链金融业务中，银行通过对核心企业的信用评估，为其上、下游中小企业的存货或应收账款进行质押融资，提升存货周转与资金使用效率，实现银行、企业和商品供应链相互促进、持续发展的产业生态。

相比供应链金融，互联网供应链金融在其基础上，至少有以下两点创新。

（1）信息技术运用效率

在供应链金融模式下，信息技术更多地发挥着整合物流、信息流、资金流的管理功能，以求实现基于供应链的全面解决方案更为合理、高效和便利。而在互联网供应链金融模式下，利用互联网信息技术建立起来的 B2B 和 B2C 电子商务交易平台则是发挥着搜集、存储、处理和整合平台上小微企业在线交易的信用数据，并借此建立平台范围内的个人、企业诚信体系。在依托海量交易数据积累的前提下，平台运用大数据、云计算等技术，对企业信用风险的识别更为精确，并且可以灵活地对供应链上的企业提供个性化的服务。所以，在互联网金融模式下，信息的使用效率和深度都达到一个新的层次。

（2）信用风险控制手段

在传统的供应链金融模式下，供应链上主导企业的信用风险状况是核心要素，银行借助于对主导企业的资信水平以及供应链的整体实力进行评估，构建以主导企业为核心的供应链信用体系，对供应链成员进行融资准入评价，向主导企业上游供货商、下游经销商提供量身定制的金融解决方案。而在互联网供应链金融模式下，B2C 和 B2C 电子商务平台积累了大量信用数据并在其基础上建立起电子商务诚信体系,通过综合运用这些数据,平台或银行(合作方)就能掌握融资方的信用情况,并且充分发挥"诚信奖励,失信惩戒"的机制作用。在这种模式下,平台或资金贷出者不再需要对核心企业进行信用风险评估,融资环节简单高效。

这两点创新使得互联网供应链金融融资决策更为迅速,如京东推出的三分钟资金快速到账的融资业务。另外,由于在供应链融资中不要求有核心企业(通常是大型国企)参与,所以它的服务群体也更为广泛。

目前,国内互联网供应链金融的实践中,有以下三种模式。

(1) 合作模式的互联网供应链金融

商业银行与电商平台以合作形式,融合银行资金优势与电商平台的信息优势,向供应链企业提供金融服务,如阿里巴巴与工商银行在2007年共同推出的电商平台小微企业无抵押贷款业务。

(2) 电商主导的互联网供应链金融

电商平台运用自有资金和平台上积累的海量交易数据,向其平台上的小微企业提供信用贷款,代表如2010年创立的"阿里小贷公司"。

(3) 商业银行主导的互联网供应链金融

商业银行自主建立的 B2B 和 B2C 电子商务平台,同时兼具了电商和资金贷出者的身份,一方面为中小企业或小微企业提供交易信息发布、在线交易的电子商务平台;另一方面在全方位掌握企业在线交易信用数据的基础上,建立电子商务诚信体系,向企业提供支付、结算、贷款和资金托管等全方位的专业服务。如建设银行在2012年推出的"善融商务企业/个人商城"。

2. P2P 网络贷款

P2P(Peer – to – Peer)网络贷款是一种个人对个人的借款,一般金额也比较小。资金需求方向P2P网络贷款平台申请融资,平台在完成审核后,将符合条件的标的在平台上发布,出借人在平台上按借款利率、借款期限、有无担保等条件,并结合其他的公开信息,将资金投向选择符合自己需求的借款标。简单来说,就是资金供需双方在P2P网络贷款平台的撮合下,直接完成个人对个人的资金借贷。它最大的特点是"网络化"和"去金融中介化"特性,如图3-1所示。

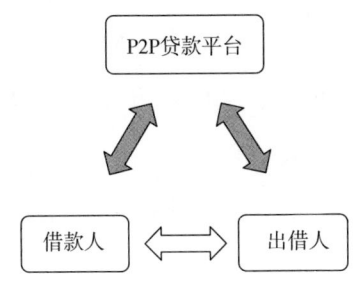

图3-1　P2P网贷流程

　　P2P网络贷款是一个舶来品,它起源于国外。在中国,P2P借贷发生、发展的大背景是国内小微企业融资难,个人信用价值没有得到有效释放,而P2P借贷采用了以互联网为技术平台的新模式,降低了借贷双方的信息不对称程度和交易费用,实现了借贷过程不需要借助传统资金中介的参与,满足了小微企业融资和个人信用价值释放的市场需求,从而获得了与国外一样充满活力且显示出鲜明中国特色的发展。从2007年7月我国首家线上纯信用交易P2P借贷平台——拍拍贷成立以来,短短几年时间,P2P借贷模式在国内迅速发展。

3.4 各种小微信贷组织的信用风险管理[①]

3.4.1 第一阶段——扶贫开发项目的信用风险管理

在世界的扶贫开发史上，不能绕过去的一个国家就是中国。在中国30余年大规模扶贫开发实践中，成功让6.6亿人摆脱了贫困，以至于全球贫困人口数量减少的成就大部分来自中国。此外，在中国的扶贫开发项目实践中，政府主导和非政府主导的扶贫开发项目都曾大范围实践过，但是如今，政府主导的扶贫开发项目已经消失了，非政府主导的项目也在逐年减少。这些实践为我们今天研究小微信贷的信用风险管理提供了非常宝贵的材料。本章接下来将关注中国的扶贫开发项目，总结其中信用风险管理的成功的经验或失败的教训。

1. 政府主导型扶贫开发项目的信用风险管理

从1986年起，政府投入大量财政资金扶贫，开启了政府主导的农村小微信贷扶贫发展时期。政府运作扶贫开发项目，资金来源于扶贫贴息贷款和中央财政专项资金，由中国农业银行负责资金账户管理，中国农业银行—扶贫办—扶贫社的三位一体的管理制度。在操作具体贷款项目时，鉴于中国农业银行缺乏基层发放扶贫资金的人力资源和营业网络，地方政府和农业银行共同确定扶贫贷款项目后，当地政府扶贫办成立扶贫合作社（站），负责贷款小组组建、发放贷款、回收资金并偿还给农业银行（见表3-1）。

[①] 本章主要解释特殊的、属于小微信贷领域的信用风险管理方法，对一般的商业银行信贷管理方法不作或较少提及。

表 3-1　　　　　　我国政府主导的小微信贷运作方式

目标群体	贫困地区的贫困人口
项目的选择	我国农业银行应主要在与扶贫部门共同确定的贷款项目库范围内挑选项目。发放贷款前，要征得当地财政部门和扶贫部门的认可
利率	执行 2.88% ~3% 的政府补贴利率信贷，这一利率仅仅相当于农村信用社常规利率的 1/3
运作机构	中国农业银行、地方扶贫办和农村扶贫社
项目监督机构	中国农业银行负责监督贷款的使用

从表 3-1 中的管理制度可以看出，政府运作的小微信贷在管理上没有严格区分职能和建立防火墙制度，比如地方扶贫办既是项目的筛选者，也是项目资金的发放和回收者；农业银行作为商业化运作的银行，却承担扶贫性小微信贷的发放和收回的责任；在银行商业化改革大潮中，农业银行大面积撤销农村基层营业机构，使其缺乏足够的基层分支机构和管理人员来管理贷款发放，跟踪监督贷款使用和贷款回收。

实际运作中的情况也正是如此，监管不力，低于市场利率导致的信贷配给，地方政府促进当地经济增长的效率导向原则等因素，不可避免地使扶贫贴息贷款项目"目标漂移"和回收率低下，资金主要流向工业企业和富裕农户而非贫困人群。

2. 非政府主导型扶贫开发项目的信用风险管理

在国际小额信贷运动的鼓舞下和国外机构的资金技术支持下，中国社科院农村发展研究所在 1994 年 5 月展开了名为"扶贫合作社"的非政府组织形式小微信贷项目的试点工作。扶贫合作社的建立在我国小微信贷发展史上具有里程碑意义，它代表着我国开始引进独立的与国际规范接轨的真正意义上的非政府小微信贷。此后，非政府小微信贷进入了一个较快的发展时期。

非政府组织主导的小微信贷项目，往往是为某个特定的目标设立，如削减贫苦、支持妇女发展等，以国际捐赠、软贷款以及社会捐赠为项目资金来源，运用孟加拉格莱珉银行和国际上其他小额信贷的技术，在中国边远地区开展小微信贷项目。在资金运用上，此项目强调资金的贫困覆盖深度，利率较低，而且向最贫困的那部分人提供信贷支持。

中国非政府模式小微信贷项目大量借鉴格莱珉银行的经验：

（1）目标群体定位为贫困地区的贫困家庭，妇女是重点针对目标群体。

（2）采用格莱珉银行模式的团体贷款机制，为农户提供小额、短期的生产性贷款。

（3）贷款额度较小，一般是500~3000元；贷款期限较短，一般是一年。

（4）早期的项目借鉴了格莱珉银行分期还款的做法，同时考虑到农业生产的实际，先后产生了每周、两周、每月、每季度和半年等形式。

（5）组内实行次序贷款，比如2—2—1的顺序，即先由两家农户借款，如果他们在起初的几周内能够偿还分期还款部分的话，后面的两家农户才能借款，最后是担当小组组长的农户借款。

（6）小组全体成员在按时还清所有借款之后，可以获得更大额度的后续贷款。

（7）项目还提供诸如农业技能培训、商业和管理技能培训、市场信息、金融和法律及卫生知识教育等非金融服务。

这些措施保障了项目的高入户率和高还贷率。经过十余年的发展之后，一些非政府模式小微信贷项目已经实现了90%以上的还贷率，与

20世纪80年代后半期的扶贫贴息贷款在30%～65%（Bislev，2001）的还贷率相比，非政府模式小微信贷项目还贷率是非常令人关注的。但是非政府小微信贷一个根本性的缺陷在于它们的可持续性差，离开了项目资金的支持后，它们也随之消失，资金来源制约了非政府小微信贷的发展。

3.4.2 第二阶段——中小金融机构小微信贷的信用风险管理

在这一时期，国际上出现了两个采用不同制度的典型代表：孟加拉国乡村银行——格莱珉银行（Grameen Bank）和玻利维亚阳光银行（Banscol）。这两个组织走过了截然不同的发展道路，但都取得了非凡的成就。其中，格莱珉银行按福利主义原则运作，以扶贫为宗旨，向最穷的人提供低息贷款，而玻利维亚阳光银行按制度主义原则运作，以机构可持续发展为首要任务，为中上层的穷人提供高利率的贷款。

我们知道，按一般经济学原理，以低于市场利率提供贷款必然导致信贷配给、寻租和腐败，最终会导致这个市场萎缩；而以高于市场利率贷款，必然导致需求不足、规模受限，而且会面临严重的逆向选择问题，最终会因为成本高企而走向失败。

但是格莱珉银行却在服务穷人的同时实现了高还贷率，而玻利维亚阳光银行也在收取高利率的条件下实现了业务规模的快速增长。那么，它们是如何做这些"高风险"的穷人的信用风险管理呢？在本章中，笔者将深入探讨它们的信用风险管理方法。

1. 孟加拉国格莱珉银行的信用风险管理

格莱珉银行是现代小额信贷的先驱，也是福利主义微型金融的代表，对世界小额信贷的发展有着特殊的贡献。1976年，格莱珉银行开始于其创始人穆罕默德·尤努斯教授的 27 美元①，如今发展成为遍布孟加拉全国的金融机构和世界上规模最大、效益最好的微型金融机构之一。由于其在运营管理中的经验和取得的成就，在世界范围内产生了巨大的影响，并迅速地被复制推广、广泛传播。

后来学者在总结格莱珉银行的实践经验时，归纳得出了影响其成功的几个重要信用风险管理技术：团体贷款、递增贷款、频繁分期还款、组内次序贷款、针对妇女和信贷附加方法等。

（1）团体贷款

团体贷款是微型金融机构广泛采用的机制，在这种机制下，无法提供合格担保或抵押物的借款人组成小组，贷款契约由与个人签订转为与整个小组签订，小组整体承担违约损失：一旦某个成员违约，若没有其他组员替违约者还贷，那么整个小组均失去再次借款的机会。

在团体贷款中，小组连带责任这个静态激励是与停贷结合在一起的，在这样的机制下，借款人在组成小组的时候，就会把风险较高的潜在借款人排除在小组之外，并且小组成员会加强对同伴的监督，从而有助于降低借款人选择和执行投资项目时的道德风险。这种制度安排下，贷款机构实际上把个人贷款模式下本应由自己承担的筛选、监督借款人的交易成本和责任，转嫁给了整个小组。

（2）递增贷款

递增贷款是指在借款人的还贷记录良好的情况下，借款的额度会随着时间而逐步增加。递增贷款是与停贷威胁机制联系在一起的，它们共

---

① 1976 年，尤努斯碰到了一名制作竹凳的赤贫妇女，因为受到放贷人的盘剥，她一天连两美分都挣不到。尤努斯于是掏出 27 美元，分别借给 42 个有同样境遇的女人。他希望这些人能借助这笔贷款摆脱廉价出卖劳动力的命运。当年，以此为目的的"格莱珉银行"成立了。1983 年，当局允许其正式注册。这被普遍认为是全球第一家小额贷款组织。

同形成了小额贷款中的一个动态激励制度：借款人守信下次可以获得更大额度的借款，相应地，若不守信，违约的机会成本会增加。

(3) 频繁分期还款

频繁分期还款是指贷款机构在贷款发放之初便拟定定期还款时间表，还款的频率一般至少每周一次。格莱珉银行的贷款期限一般为1年（52周），实行"整借零还"制度，要求从第二周开始还款，根据适当的利息每周偿还本金的1/50，50周内还清。

此外，定期还款还有早期预警作用，贷款机构的工作人员定期与客户的会面创造了直接监督的机会，使机构在前期就可以识别将要发生的违约情况，从而采取相应的防范措施。除此以外，通过频繁分期还款的机制，贷款机构可以将还款能力强的优质客户与还贷能力较差的客户区分开来。

(4) 组内次序贷款

在组内次序贷款下，贷款最初发放给小组内的一个或多个组员，只有他们及时（定期频繁）还款，剩余的组员方能依次得到贷款。乡村银行采取的是5人小组贷款方式，组内按2—2—1的顺序发放贷款，后面的组员只有在前面的组员按时还款的情况下才能获得贷款，并且，在贷款发放过程中，若小组内任何一个组员违约，其他组员就无法得到贷款。

从中可以看出，停贷威胁是设计组内次序借款机制背后的重要考虑因素；另一个重要因素被称为"社会担保抵押"，小组内成员受到其他成员的横向选择、横向监督和社会制裁，即在小组成立前，相似还款能力的人倾向于组成小组，小组成立后得到贷款的成员会受到来自其他成员的监督，若小组内成员恶意违约则会受到小组内其他成员或者其他小组的排斥，以后若要再次借款就会很难。

(5) 提供低成本资金

格莱珉银行的目标客户绝大多数是处于贫困线以下的妇女，因此它向借款客户提供的是其能承受得起的低成本资金。另外，为了避免低息贷款产生的寻租行为，其利率较一般的正规金融机构贷款利率高些，但低于政府开展小额信贷项目的利率，更低于私人借贷的利率。

(6) 设立小组基金和风险基金

格莱珉银行要求借款者必须每周存款作为小组基金和风险基金，小组基金和风险基金归小组成员所有，小组基金可以用来满足小组成员的临时急需的消费贷款需求，如婚丧嫁娶、子女教育等；风险基金的作用则主要是风险储备，作为组员的违约、死亡和灾害的保险。

(7) 鼓励储蓄

除强制储蓄以外，格莱珉银行还鼓励借款人储蓄，增强其积累财富的能力。格莱珉银行创始人尤努斯教授指出：小额贷款机构如果要自负盈亏，必须能吸收存款，否则，一旦社会捐赠用尽或者来源受阻，机构就会面临破产，把借款人变为储户，我们便像河流般不断有活水（辽宁省财政学会和辽宁省财政科学研究所，2006）。目前格莱珉银行贷款资金全部来源于其吸收的储蓄，存款总额是贷款余额的150%。

(8) 实行层级管理

格莱珉银行的管理层级分为银行层级和借款人自治层级。从银行组织结构来看，分为总行—分行—支行—中心。支行是格莱珉银行的基层组织，在财务上自负盈亏。从借款人本身的自治组织来看，分为中心—小组—会员，一般由同一个村子5个不存在亲戚关系的借款人自愿组成联保小组，6个小组构成一个中心，小组长和中心主任都由借款人民主选出。格莱珉银行采用组织管理中常用的等级制度，但它的创新之处在于，采用扁平化管理结构，并且有足够的分权（如格莱珉银行的支行在财务上独立运作），基层组织运作公开透明。这种层级结构既便于乡村银行统一管理，又有效地节约了运营和监督成本。

(9) 针对妇女

在客户的选择方面它们认为，女性比男性在资金的使用和偿还方面更加可靠，原因是妇女的投资决策更加谨慎，可以比男性更为有效地运用资金；另外，因为妇女的流动性较小，银行对借款人的贷后监管和项目收益情况的观察比较容易。

(10) 信贷附加方法

信贷附加方法是指微型金融机构除提供金融服务外，还向客户提供诸如技能培训、企业经营和营销培训、市场信息、健康教育、初级卫生、成人教育和儿童教育等社会支持服务。严格意义上来讲，信贷附加方法算不上是信贷风险控制方法，而且金融机构也并无义务提供这些社会支持服务，但是与只注重提供基本金融服务的方式相比，它可以提升穷人的劳动技能，对于增强其身体素质等方面有重要作用，间接提高了穷人的还贷能力。

2. 玻利维亚团结互助银行（BancoSol）的信用风险管理

玻利维亚团结互助银行（BancoSol）是非政府组织微型金融商业化运作的代表，也是商业性或制度主义微型金融的代表，BancoSol 是世界上第一家专门为微型企业服务的商业银行。BancoSol 已具有全部银行业务的许可证，可以根据市场需求提供金融产品和金融服务，并成为第一家可以通过国际资本市场融资的小微信贷银行。到 1999 年时，BancoSol 的客户已经达到 81503 名，占到玻利维亚整个银行系统客户总数的 40%，成为玻利维亚银行系统中占据关键地位的微型金融机构。

BancoSol 模式小微信贷信用风险管理特点：

(1) 和格莱珉银行一样，BancoSol 也实行团体贷款制度，但比较灵活，贷款期限为 4~12 个月，平均贷款额度约为 800 美元，成员 3~7 名，成员可以同时获得贷款等（谢欣，2008）。除团体贷款外，BancoSol 也直接向个人提供贷款。客户可以每周还款，也可以每月还款。

（2）和格莱珉银行不同，BancoSol 具有商业化经营理念，首要关注盈利和可持续发展等商业银行任务，而不是社会发展和社会福利的提高等社会使命。BancoSol 主要针对城市地区的小微企业主的融资需求展开服务，典型客户是"穷人中的富人"或者"贫困线以上"的非贫困人口。在业务中要求高达 47.5%~50.5% 的贷款利率，从而在不依赖补贴的情况下实现财务上的可持续性。

（3）BancoSol 具有比较完善的现代公司治理机制，由国家银行监管部监管，其资本金要求和报告制度与传统商业银行相似，但是被批准允许采取十分简单的贷款手续，并且不需要将其无担保贷款列为高风险业务（辽宁省财政学会和辽宁省财政科学研究所，2006）。

3.4.3 第三阶段——互联网小微信贷的信用风险管理

1. 互联网供应链金融信用风险管理——以京东供应链金融为例

（1）京东供应链金融信贷流程

京东供应链金融平台进入的门槛并不高，只需与京东有三个月以上贸易关系即可申请。通过与京东的结算体系、票据处理系统、评价系统、网上银行及银企互连等电子渠道对接，供应商可以在采购、入库、结算、扩大融资四个主要环节中，根据实际情况选择诸如利用银行信用的应收账款和订单融资，同时具有投融资功能的协同投资或信托计划等服务，以盘活库存并加快资金周转。

在京东供应链金融业务中，"应收账款融资"是一款基于银行授信的核心产品，当供应商完成送货后与京东对账，确认无误后，京东将向银行发出指令可以将贷款金额提前结清，在到期还款日，京东将贷款还给银行，并向供应商收取手续费。手续费按日收取，从贷款日开始计算到还款日为止，相当于利息，但费用大约为年化百分之七，远低于阿里小贷，更远低于同类互联网金融企业接近20%的年化利率。京东平台应收账款融资具体流程如图3-2所示。

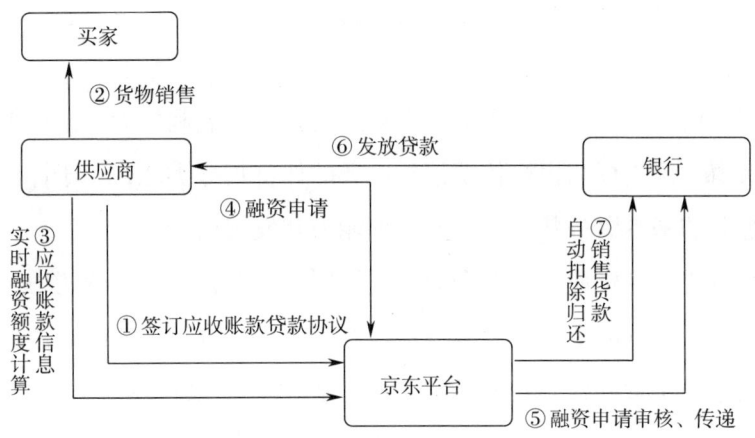

图3-2　京东平台应收账款融资

（2）信用风险管理方法

在传统信贷方式下，银行对企业的信用风险评估是以财务指标为主，如中国银行，其客户信用等级测评指标为基本指标，即偿债能力状况、财务效益状况、资产营运状况、发展能力状况；评议指标，即信誉状况、管理水平、经营状况、市场竞争力以及发展前景等，但由于中小企业财务制度普遍不健全，又无法提供合格的担保或抵押资产，所以银行将这部分客户视为高风险客户而将其排除在外。在这种模式下，银行无法识别优质的小微企业借款人，信贷资源不能有效配置。

相对于传统的授信方式，供应链金融模式下银行的评价指标不再局限于对目标贷款企业的财务分析，转而对以主导企业风险评估为核心的整条供应链进行综合评价，从而规避了中小企业在信息披露和财务制度等方面普遍存在的融资约束。在风险评估中，除了考察目标企业财务状况，同时还考察核心企业的资信、交易标的价格稳定性、交易流程的掌控能力、企业间历史交易情况及整条供应链运营状况等，在信用风险管理制度上发生了根本性的转变。

熊熊等（2009）指出，供应链金融评价指标体系主要包含下列4个维度：

①申请人资质：包含企业素质、经营能力、盈利能力、偿债能力和发展潜力。该指标与银行传统信贷业务的评价指标类似，用于评估申请贷款企业的基本财务状况、企业管理能力和发展前景。

②核心企业资质：包含企业信用级别、行业特征、经营能力、偿债能力。由于在供应链金融中银行是针对单笔交易进行授信的，而直接影响该笔交易质量的核心企业的信用状况就决定了银行授信与否。因此，核心企业实际上对其上下游中小企业起着反担保的作用。

③融资项下资产情况：包含质物特征、应收账款特征。这部分内容是银行考察的重点，原因在于银行是对交易资产进行价值评估，依据评估结果给予授信，一旦出现违约，银行可以强制执行抵押物以降低风险。

④供应链运营状况：包含行业状况、合作的密切程度、以往交易履约情况三个方面。它是银行对拟授信企业交易质量的总体上的评价。银行在供应链整体上综合考查企业的业务能力、履约状况、与核心企业的合作状况，使得评价范围更广，从而缓解了信息不对称导致的评估质量降低。

整个指标体系如图3-3所示。

互联网供应链金融吸收了传统的供应链金融模式的优势，并在其基

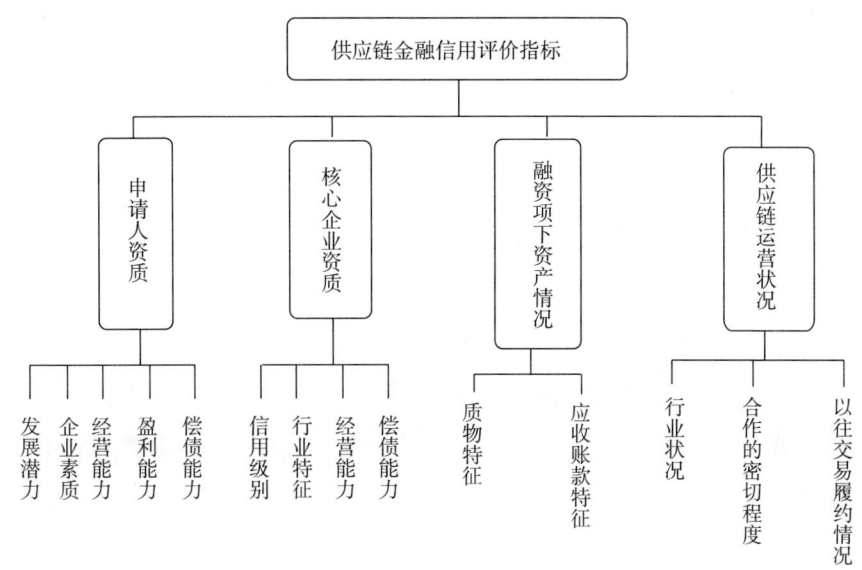

图 3-3 供应链金融的信用风险控制指标

础上弱化了依赖核心企业作为风险控制的要求,将服务对象扩大为平台上所有的企业。相比传统的银行和供应链金融模式,互联网供应链金融的融资企业和购货方均为平台用户,所以它能控制交易的真实性,并且能实时掌握资金流向,从而大大降低了信息不对称,再加上平台上积累起来的海量真实交易数据建立起的电子商务诚信体系和风控决策指标体系,可以实时地作出融资决策,并发挥诚信奖励、失信惩戒的动态激励功能,大大降低互联网供应链金融的违约风险。

2. P2P 网络贷款信用风险管理

(1) P2P 网络贷款平台类型

虽然 P2P 网络贷款在我国的发展时间不长,但与中国小微企业融资难的现实相结合,在短时间内也获得了巨大的发展,形成了多种多样的模式。

P2P网络贷款平台按不同的划分标准，有不同类型。目前，主要有以下几种划分方式：按互联网化程度划分，有纯线上平台（如拍拍贷）和线上线下平台（如宜信）；按股东背景划分，有银行背景、国资背景、上市公司背景、VC/PE背景以及民营背景五种类型；按平台保障方式划分，有平台风险准备金保障模式、第三方机构（包括银行、保险、小贷公司、担保公司）保障模式以及其他模式；按担保抵押模式划分为纯信用交易平台（如人人贷），非纯信用交易平台（如陆金所引入第三方融资性担保公司对借款标的担保，宜信依托线下平台现场认证和审核来筛选借款人）；按营利性划分为商业化平台和公益性平台。

①按互联网化程度

按互联网化程度，P2P网络贷款平台可分为纯线上平台和线上线下平台。纯线上平台是指在借贷中，贷款的申请、资金的投标、信用风险的审核以及贷款的发放和收回都在线上进行，平台只提供一个资金的交易市场。在纯线上平台上，出借人依据借款人的个人信息、借款用途、信用等级、借款金额和利率等信息决定是否投标以及投标的额度。代表性的平台有拍拍贷和人人贷。

线上线下平台是指平台依托线下业务部分，完成借款人的筛选、资信审核，以及之后的贷款发放、贷后监督、贷款收回和催收等环节，依托线上部分将合格的借款标发布到平台上，供有意向的投资人选择，这类平台一般要求借款人提供抵押品。目前，绝大多数P2P网络贷款平台均为这类模式，代表性平台有宜信、红岭创投。

②按股东背景

根据股东背景，P2P网络贷款平台可分为五种类型：银行背景、国资背景、上市公司背景、VC/PE背景以及民营背景。我国银行背景的

P2P 平台较少，只有不到 10 家，国资背景、上市公司背景、VC/PE 背景的平台数量也不多，仅有几十家，绝大多数平台为民营平台。

③按平台保障方式

平台风险准备金保障模式下，平台对每笔借贷资金向借款人收取一定比例的风险准备金归集到平台的专用账户，当出现借款人违约后，平台启动本息保障计划，从债权人手中买入债权并负责违约后的追偿。第三方机构保障模式是指平台引入第三方机构对平台的借款标担保，当出现标的违约后，第三方机构从投资人手中买入债权或者回购初始融资工具。这里的第三方机构主要为小贷公司和担保公司，也有银行、保险、典当行等机构参与其中。

④按担保抵押模式

按照有无担保抵押可以划分为无担保无抵押、有担保无抵押以及抵押品担保三种类型。无担保无抵押的平台为纯信用交易平台，平台只起撮合交易的作用，仅对出借人的简单资料做线上审核，如身份证在线认证、央行的征信报告、学历认证等资料，风险完全由借款人把控和承担。有担保无抵押的 P2P 网络贷款平台一般会在资金出借前对借款人进行严格的审核，并对借款人的信用等级和利率等级进行评定，筛选出信用情况良好的优质借款人并对其提供担保。这类 P2P 平台会对资金进行贷后监管，回收逾期标的，对坏账催收等。这类公司扮演了信用审核人、利率制定者、联合追讨人、担保人等复合中介的角色。

要求抵押品的 P2P 网贷平台一般由传统的民间借贷公司发展而来，借款人的筛选、审核等流程都在线下进行。这一类公司一般要求融资人提供抵押品，所以这类标的贷款质量相对较好，风险比较低。

⑤按营利性

按营利性划分，P2P 网络贷款平台可以分为商业化平台和公益性平台。商业性 P2P 网贷平台以商业化原则运作，通过撮合信贷交易营利，目前绝大多数的 P2P 网贷平台为商业化平台；公益性 P2P 网贷平台不以营利为目的，主要以公益性目标，如助农、助学等，通过提供小额贷款提升社会效益，如国外的 Kiva 以及国内的齐放网等。

（2）P2P 网贷平台信用风险控制

我国大多数的 P2P 网贷平台为线上线下平台，纯线上平台较少，这也是受我国信用体系不发达、征信业发展落后的实际制约的客观选择。纯线上平台，如拍拍贷，主要参考美国 Prosper 信用评分方法，对借款人进行信用分级，制定不同的利率区间，另外一点是平台只提供中介服务，对借款人的约束较差。线上线下平台更多地依托传统的信用风险控制方法，对借款人进行实地认证考核，要求抵押担保品，贷后监管等。一般而言，所有的 P2P 网贷平台的信用风险控制分为两个层次：平台层次和借款标层次。

平台层次的信用风险控制是平台风控的总的把控方式，它是平台的最后一道"防火墙"，涉及平台总的战略规划范畴。平台层次的信用风险控制主要包含：项目类型、本息保障方式、注册地、目标客户群体。

①项目类型

项目类型是指平台的业务类型，它可以分为房贷、车贷、个人信用贷、中小企业贷和票据抵押等类型。房贷、车贷和票据抵押要求有相应的抵押物来控制风险，中小企业贷有的平台要求有抵押物，有的不作要求。个人信用贷为纯信用贷款，相应的风险也较高，所以一般是事业单位的个人相对容易获得个人信用贷款，但额度也较低，一般在 10 万元以内。

②本息保障方式

它主要有平台风险准备金和第三方机构担保两种方式。平台风险准备金实际上是按照保险的风险分散原理建立起来的风险管理，它的成功与否受到两个方面因素的制约：一是客户群体规模，规模太小资金来源窄，而在收取的风险准备金比例受限制的条件下，平台标的存在一定的风险暴露，所以只有足够大的客户群体才可能做到风险分散；另一个制约因素就是在风险准备金比例一定的情况下控制借款人质量，将高风险的客户排除在外。

第三方机构担保，即第三方机构对借款标进行保障，这些第三方机构多为平台的合作机构，它们归集有融资需求的项目推荐给平台并对该项目进行担保，平台将其挂在网站上供投资人选择。这种方式对平台而言信用风险较小。这种第三方机构有小贷公司、担保公司、大型企业、融资租赁公司以及部分保险和银行等。以"花果金融"为例，它就在引入第三方机构的过程中，形成了四种业务模式，如图3-4至图3-7所示。

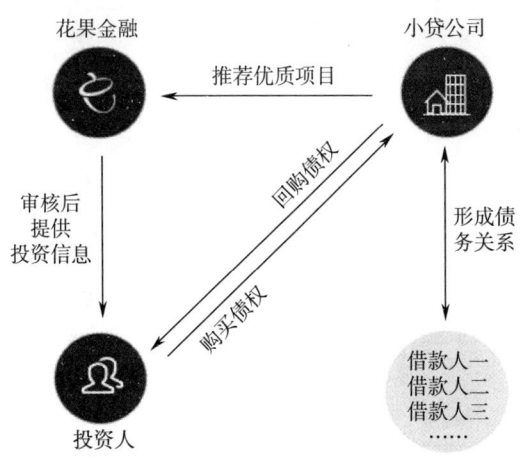

图3-4　小贷公司为第三方的小微贷款

图 3-5 大型集团为第三方的供应链贷款

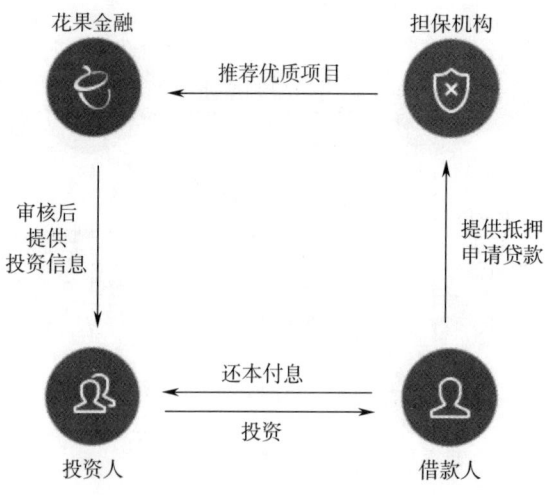

图 3-6 担保机构为第三方的担保借款

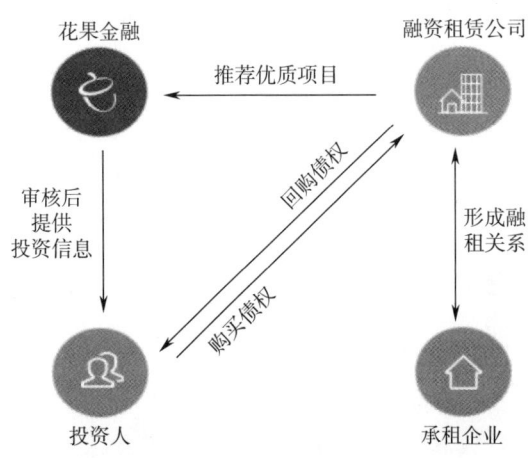

图 3-7　融资租赁公司为第三方的债权转让

③注册地

由于不同地区间问题平台数量差异较大，从 2015 年的数据可知，山东不管是绝对数量还是相对数量都排在地区风险水平的前三名，而北京、新疆、黑龙江等地区的风险程度较低，所以它们所代表的风险程度是不同的。注册地主要影响有线下业务的平台，对纯线上平台来说影响较小。由于不少 P2P 网贷公司是由传统的民间借贷公司转化而来，其业务主要在注册地开展，如果当地的破产平台较多说明该地区存在较大的系统性风险。

④目标客户群体

小微信贷的目标客户主要包括中小企业、个体工商户、城市工薪阶层和农民，中小企业可以提供抵押品，相对而言是比较优质的借款人，但他们的融资需求也较大，对平台的资本实力有较高的要求；个体工商户经营灵活，但项目的风险也较大，他们一般缺乏较好的抵押品，融资规模在几十万元左右；城市工薪阶层和农民是小微信贷的底层客户，缺乏抵押品，没有稳定的还款来源，是传统金融业认为的高风险客户，但几十年的实践中证明他们也拥有高质量的信用条件，他们借款金额较小，主要用于个人消费。

借款标层次主要体现在借款标产品设计方面，主要包括担保抵押、额度、期限、贷后监督以及逾期处理方式等内容。

一般而言，有担保或抵押物的借贷风险较小，出现违约可以向法院申请强制执行抵押物。额度和期限是借款标的两个核心指标，借款额度越大融资时间越久，另外也为了提高资金的使用效率，平台会对借款额度做一些限制，对数额较大的借款标安排分期集资。互联网信贷的高风险性使得借款标的期限不可能很长，在实证分析中得出，75%以上的借款标集中在12个月以内。贷后监督以及逾期处理主要是线上线下平台提供的服务，这部分标的也是抵押贷款标。

（3）国外P2P网络贷款平台的信用风险控制

欧美国家以互联网技术推动金融产业创新发展了互联网信贷产业。同时，发达的社会信用体系为其P2P网贷平台的风险控制奠定了坚实的基础。

①美国Prosper公司信用风险指数

美国Prosper公司是最早进入P2P网络贷款领域的商业机构之一。平台的注册用户只要具备美国合法公民身份，拥有社保账号、个人税号以及银行账号，同时个人信用评分（FICO评分）达到640分以上，均可以在平台进行借贷。Prosper借助对借款人身份识别信息和个人信用记录的信用审查，拒绝潜在高风险客户的贷款申请；此外，对不同信用评分和信用记录的借款人，给予不同的贷款利率标准。在信用风险评估方面，Prosper公司开发了一个"Prosper指数"，这个指数由信用分值和Prosper等级决定：信用分值以FICO分值为依据，只有FICO分值在

640 分以上的借款人才能通过初步审核；Prosper 等级分为风险逐步增加的 AA、A、B、C、D、E、HR 七个级别，每个风险等级对应的借款利率也不相同，由公司内部根据用户的历史数据制定。

②德国 Smava 信用风险管理

Smava 诞生于 2007 年，目前已发展为德国最大的网络借贷平台。在信用风险管理方面，Smava 利用德国邮政身份识别系统验证借款人身份，并借助德国最大的信用局 Schufa 出具的信用报告对借款人进行初步审核，只有信用等级在 F 以上的借款人才有资格借款。此外，Smava 公司还采用贷款项目分组的方式，将可能出现的违约损失分摊给组内每个投资人，从而实现分散风险的目的。

通过考察发达国家 P2P 网贷平台信用风险管理的经验，可以发现其社会信用体系为整个互联网信贷行业的良好发展提供了保障，这些 P2P 网贷平台运用信用评级机构出具的信用评分或报告服务，便可事前把握借款人的信用风险程度，从而根据信用状况，设计不同的利率水平，以达到风险与收益的匹配。

（4）国内与国外实践的对比分析

通过国内 P2P 平台与国外 P2P 平台的对比，我们可以清楚地看出，依托发达的社会信用体系，P2P 网络借款平台利用积累的交易数据，通过开发相应的模型或指数即可对借款人的违约风险进行量化，将潜在的高风险客户提前识别出来，从而降低平台的整体信用风险水平，此外，其严格的失信惩罚制度也提升了违约成本，降低潜在的违约收益，这也是国外 P2P 平台的一大优势。这种信用风险管理方法的交易成本也很低，不需要付出显著的人力成本和线下实体的经营成本。而国内的 P2P 网贷平台受到我国信用体系建设落后、征信市场分割严重、法律监管空白等因素的制约，无法仅仅依托社会信用对个人和企业进行甄别。所以，结合我国的国情，国内的 P2P 平台更多地走的是线上线下相结合的道路，依托线下部分对借款人进行实地考察，并要求借款人采取提供担保，贷后进行监督等措施控制信用风险，其线上部分负责推广借贷项目。这种方法能有效地控制大部分风险，当然付出的成本也是相当高昂的。

3.5 不同阶段小微信贷信用风险管理机制的评述

在本章节，我们将首先对小微信贷中的信贷风险做理论分析，深入研究其产生根源、对信贷活动的影响，在此基础上分析不同类型小微信贷的解决之道，并借鉴机制设计理论的评价指标分析其效率，最终形成本章对 P2P 网贷信用风险管理的实践和建议的理论基础。

3.5.1 小微信贷市场中的信用风险来源——信息不对称

信息不对称是小微信贷面临的最核心的问题之一，信息不对称会导致两个问题，一个是逆向选择，另一个是道德风险，道德风险又可分为事前道德风险和事后道德风险。逆向选择发生在信贷发放前的阶段。在借贷契约达成前，由于信息不对称，贷款人缺乏可靠的信息来源来识别借款人风险类型，即他们是有高质量的项目和高还贷可能性的类型，还是有着低质量的项目和低还贷可能性的类型。如果贷款人具备关于借款人风险类型的完全信息，那么贷款人可以提供要求利率不同的两种贷款契约；当贷款人不具备关于借款人风险类型的完全信息时，贷款人只能对所有的借款人要求同样的名义利率，借此来补偿客户群体中含有危险客户的风险，结果是安全客户被排斥出信贷市场。这一类由信息不对称引致的市场低效率就是逆向选择问题（Stiglitz 和 Weiss，1981）。在信息不对称严重时，所引起的逆向选择会导致小微信贷市场的逐步萎缩甚至消失。

　　事前道德风险发生在贷款发放之后、项目收益实现之前的阶段。其产生是由于信息高度不对称，贷款人无法观察到借款人在获得贷款后的私人行为，包括投资项目的风险、资金的使用情况，以及在项目执行过程中的努力程度。借款人可能选择对自己有利的行为，如可能将资金投向更高风险的项目，将资金挪作他用，或者在执行项目过程中少付出或不付出努力。在只承担有限责任的情况下，借款人的事前道德风险难以避免，在这种情况下，借款人的私人行为并不是帕累托最优的。此外，结合发展中国家的实际，Bond 和 Rai（2009）认为，虽然担保或抵押的存在可以降低借款人的事前道德风险，但是在很多发展中国家，"有限财富、有限产权和不完善、运行低效的法律系统结合在一起，减少了可抵押资产的占有性"。因此，事前道德风险成为农村信贷市场发展的一个主要约束。

　　事后道德风险发生在项目收益实现之后的阶段，通常又被称为"强制执行问题"，或者"策略拖欠"问题，即在项目成功、借款人有能力还款的情况下，借款人却不愿意还款。当贷款人无法得知借款人的真实投资收益时，借款人很容易隐瞒信息或者转移投资收益，却向银行宣称投资失败；或者即便贷款人知晓借款人的真实收益，却因没有担保或抵押品，而无法强制借款人还款。在发生事后道德风险的时候，借款机构将面临贷款的损失（见图 3-8）。

　　在小微信贷市场上，信息不对称问题非常严重，小微信贷借款人缺乏系统而完整的财务报表，甚至没有基本的财务信息和信用记录，根据传统的信贷审核方法，银行很难判断客户的风险类型；他们没有或缺乏合格的抵押品，缺乏稳定的收入来源，一旦高风险的项目失败，银行就面临极高的违约成本；他们大多居住于交通不便的地区，这使得银行很

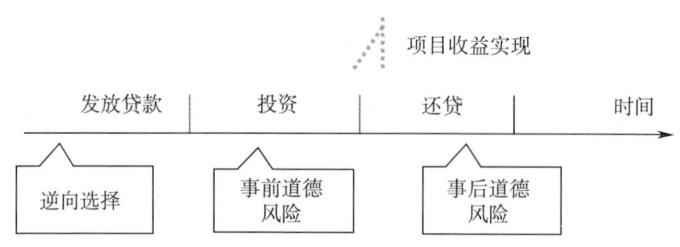

图 3-8　信息不对称问题发生的时间阶段

难监督贷款人的资金使用情况,甚至贷款的催收都变得极为困难。

所以,依据传统的信贷方法筛选客户易使得风险高的项目得到资金,安全性高的借款人被排除在外,另外,担保物的缺失也使小微信贷客户难以进入借贷市场,从而不可避免地导致小微信贷市场萎缩直至消失。这也是世界上很多国家的农村金融市场建设项目失败的原因。因此小微信贷市场的发展,迫切要解决的一大难题就是如何改进信用风险管理方法。

3.5.2　不同阶段小微信贷信用风险管理技术的对比分析

1. 扶贫开发项目

世界上最早的小微信贷是从扶贫性的项目开始的,它们创造的一些方法在今天仍被广泛使用,并被认为是解决农村信贷市场信息不对称的重要方法,团体贷款技术和信用的动态激励制度是其中最核心的两个技术。团体贷款使用了社会资本替代担保抵押的创新,实现了在无担保的情况下,小微信贷放得出、收得回,机构可持续发展的奇迹。信用的动态激励制度发挥了诚信奖励、失信惩戒的功能,促进团体贷款技术的正常运作。

2. 中小金融机构小微信贷

中小金融机构小微信贷也广泛采用的早期扶贫开发项目,尤其是非政府主导的小微信贷经验，运用团体贷款技术筛选借款人，并且在运用上更为灵活，可以是多人，也可以是单个人借款，借款期限可以是1个月、3个月、1年等，还款方式也可以按照借款人的需要定制。另外，它们收取较高的利率，以覆盖经营成本和信用风险。所以中小金融机构小微信贷控制信用风险两个要素：灵活的团体贷款技术和较高的利率。

3. 互联网供应链金融

互联网供应链金融的信用风险管理有三个核心要素：第一，贸易交易的真实性可查；第二，基于海量交易记录的大数据决策模型；第三，平台的诚信体系和"诚信奖励、失信惩戒"的动态激励制度。具体来说，互联网供应链金融基于真实的贸易交易数据，且供货方与购买方均为平台客户，平台可以实时高效地监督物流、资金流和信息流，信息不对称程度非常低；另外，在海量真实交易的支持下，平台可以利用这些历史信用数据构建模型进行实时的融资决策；平台积累的信用数据另一个优势是可以构建平台上企业的诚信体系，建立企业信用评级制度，对守信的企业可以提高其贷款额度以示鼓励，对失信的企业予以平台曝光或者信用降级，甚至不予以贷款，创造鼓励诚信的良性环境。所以，这三个要素使得互联网供应链金融中的信息不对称程度很低，违约风险很小。

4. P2P网络贷款

P2P网络贷款的信用风险管理有两个特色，一是平台上借款人的信息公开透明，每个投资人都可以实时查看；二是出借人将资金投资多个借款标，以实现风险分散。另外，对于有抵押或担保的平台，它们一般要求借款人提供抵押品并由担保公司或者小贷公司担保，一旦违约，投资人可以获得本息保障，所以平台投资人承担的信用风险很小。而对于纯信用平台，它们借鉴美国 Prosper 和 Lending Club 的经验对借款人进行信用分级，也能区分不同风险的借款人，同时它们建立风险准备金制度，对逾期借款进行偿付，化解信用风险。公开透明的信息环境，分散投资技术以及担保抵押或风险准备金制度形成了P2P网络贷款平台管理信用风险的主要手段。

从这四种类型小微信贷类型的信用风险管理分析中可以看出：在第一阶段，扶贫开发项目更多的是将小微信贷作为减贫的手段，具有福利性质。在贷款契约设计方面，注重社会关系资本的运用并结合相应的激励机制来降低信用风险。在第二阶段，中小金融机构更加注重机构的可持续性，采用商业化运作原则，并在借鉴扶贫开发项目实践经验基础上，灵活运用小额贷款技术，同时收取较高的利率以覆盖信用风险和放贷成本。在第三阶段，互联网供应链金融和P2P网络贷款也是采用商业化运作，并充分利用互联网技术的高效便捷和信息公开透明的网络环境，拓展信用信息获取渠道和合格抵押品范围，建立守信奖励失信惩戒的互联网信贷生态，以此来缓解信息不对称，降低信用风险。

此外，与传统的信贷方法相比，可以发现现行的小微信贷形式是在以下方面作出的创新：让出借人有适当的抵押品，如电子仓单、交易单、应收账款等；抵押替代办法，如团体贷款使社会关系资本化；建立局部信用征信体系，如京东的供应链金融采用大数据征信，P2P网络贷款平台的信用评级制度。这些创新提高了信息的利用效率，实现了借款人信用风险的有效识别，使"高风险"客户的高还贷率和机构的可持续发展成为可能。并且在借款人的合格抵押品范围扩大后，小微信贷的客户群体大大拓展，为这一市场未来的飞跃式发展奠定了广泛的客户基础。

3.5.3 不同阶段小微信贷信用风险管理机制的简单评述

在本小节中,我们借鉴机制设计理论的研究成果,对三个阶段四种小微信贷类型的信用风险管理的机制做一个简单的评述,以分析其效率。机制设计理论最早由美国经济学家哈维茨(Hurwicz)完整提出,这一理论后来被广泛用来研究和探讨各种经济问题,特别是在信息不完全情况下研究各种激励机制的设计,以实现既定的目标。在此基础上,田国强(2003)在论述经济机制设计问题时指出,激励相容、信息有效利用和资源合理配置这三点是一个好的经济机制的必要条件。

激励相容是指,在市场经济中,每个理性"经济人"都按照个人效用最大化原则行事,但我们用一种制度安排,能使个人在实现自己利益的同时,使集体的利益也趋向最大化。也就是说,在激励相容下,没有人能通过损害集体或交易对手的利益来实现个人利益的最大化。反映在小微信贷领域,就是制度的安排要使借款人与投资者、贷款机构等的利益一致,否则就会产生委托代理问题。显然,在小微信贷的机制安排中,必须贯彻激励相容原则,以保证整个市场合理规范地发展。

信息的有效利用有两层含义,一是信息的充分利用,二是获取信息的成本足够低。信息的充分利用是克服信息不对称的有效手段,扩大信息的利用范围,建立跨行业、跨区域甚至全国性的信息共享查询体系,以促进整个社会信用信息的资本化,防范和化解金融风险;获取信息的成本,包括信息的收集、整理和提纯等,它是信息利用的可行性条件,只有足够低地获取和使用成本,才能使信息收集活动有经济价值,利用规模效应来使平均成本下降是一个有效途径。

资源的合理配置是指依靠经济系统结构合理分配生产要素,以实现产业合理分布,经济持续发展和资源永续利用。反映在小微信贷市场上,就是要求风险与收益的匹配，小微信贷服务群体不断扩大，小微信贷机构可持续发展。资源合理配置是实现激励相容和信息有效利用后的自然结果，其作用在于向我们提供一种方法，对所设计的机制的优劣做直观评价。

正如前面所讲的，在小微信贷市场中，信息严重不对称，委托代理问题普遍，那么相较传统的信贷方法，本章中的四种小微信贷是否符合激励相容、信息有效利用和资源合理配置这三条良好经济机制的原则呢？在接下来的部分，结合前面对小微信贷信用风险来源和信用风险管理技术的分析，我们将从激励相容、信息有效利用和资源合理配置这三个角度对本章中三个阶段四种小微信贷的信用风险管理制度作简要评述。

（1）扶贫开发项目

对于扶贫开发项目，这里主要是指非政府主导的，在其采用的信用风险管理技术中，递增贷款和停贷威胁分别发挥着正激励和负激励的作用，二者结合提升了借款人违约的机会成本，防止借款人的事前、事后道德风险行为，促使借款人按照贷款机构的愿望使用贷款，符合激励相容原则。另外，小组连带责任的存在使小组成立之初便排除信用风险较高的潜在借款人，也缓解了逆向选择问题。

在信用有效利用方面，非政府扶贫开发项目中的团体贷款扩大了信息的使用范围，使得农村的社会关系资本化，同时，贷款机构把在个人贷款模式下本应由自己承担的筛选、监督借款人的交易成本，转嫁给了整个小组。所以它在实现信息充分利用的同时付出较低的信息成本，符合信息有效性原则。

在资源合理性配置方面，团体贷款、小组连带责任和停贷威胁将潜在的高风险借款人排除在外，并且在违约发生后，高风险的借款人被识别出来，并在以后的借贷中设置障碍将其排除在外。此外，小组内的其他成员也有动力帮助该借款人完成还贷以减少贷款机构的违约损失。然而，他们在将高风险的借款人识别出来，却只是对所有的借款人要求相同的利率，项目的风险收益匹配性不强，信贷资源的配置有改进余地。

基于以上分析可以得出，非政府主导的扶贫开发项目中的递增贷款、停贷威胁和团体贷款等机制，实现了激励相容和信息的有效利用，但在资源合理配置方面还有改进的余地。

（2）中小金融机构小微信贷

对于中小金融机构小微信贷主要采用了灵活的团体贷款技术和采用市场化运作，收取与风险相匹配的利率。所以在激励相容方面，它有非政府扶贫开发项目的优点，对借款人正负激励相结合，使借款人利益和贷款人利益一致，从而满足激励相容要求。

在信息合理利用方面，它同样利用了团体贷款中社会关系资本化的手段，提高了社会信用信息的价值，并且付出的信息成本很小。因此，中小金融机构小微信贷满足信息合理利用原则。

在资源合理配置方面，中小金融机构小微信贷通过市场化运作，收取与风险相匹配的利率。由于小微信贷市场中的高风险性，这一利率通常非常高以至于富有争议，但不管怎样，通过这种方式，小微信贷机构实现了机构的可持续性。所以，中小金融机构小微信贷也满足资源合理配置的要求。

（3）互联网供应链金融

在激励相容方面，互联网供应链金融基于真实的贸易交易数据，且供货方与购买方均为平台客户，使得信息不对称程度非常低。此外，配合平台的融资激励和惩戒制度，使融资方有足够的动力按照贷款人的要求使用资金，从而满足激励相容的要求。

在信息合理利用方面，互联网供应链金融平台整合了有关贸易的物流、资金流和信息流数据，信息利用率非常高，同时基于平台交易数据建立起的信用风险评估模型可以实时地作出融资决策。此外，基于历史履约数据的平台诚信体系则发挥了守信激励作用，所以互联网供应链金融中的信息利用效率非常之高，并且在满足规模化后，平均的信息成本非常低。所以，互联网供应链金融满足信息的合理利用。

在资源合理配置方面，互联网供应链金融在设置初步融资准入后（如必须为平台供货商或经销商），借助于对借款人历史交易数据和履约情况等的分析，以识别借款人信用风险，然后制定与之相匹配的利率。所以，互联网供应链金融满足资源有效性配置原则。

（4）P2P 网络贷款

在激励相容方面，担保抵押缓解了信息不对称导致的道德风险问题，减少贷款机构的违约损失，同时它也起到了筛选的功能，将资信较差的借款人排除在外；借助于公开透明的信息环境，投资人可以清楚地掌握借款人以往的守信情况，对多次违约的借款人用脚投票，从而对借款人的行为产生内在约束，满足激励相容的原则。

在信息合理利用方面，P2P 网络贷款除提供借款人年龄、性别、身份、央行个人征信报告等基本信息外，还存储了借款人在平台上的交易行为数据，其中逾期次数、借款成功次数和待还款金额等数据对投资人的投资决策有重要参考作用，并且借助于信息技术和规模化效应，这种成本可以降得很低，所以 P2P 网络贷款满足信息有效利用原则。

在资源合理配置方面，P2P 网络贷款投资人可以借助公开信息甄别借款人的风险类型，而平台也对不同信用等级的借款人设定不同的利率区间，二者共同作用使借款标的风险与收益相匹配，所以 P2P 网络贷款也满足资源合理配置的原则。

综合以上分析，非政府主导的扶贫开发项目、中小金融机构小微信贷、互联网供应链金融和 P2P 网络贷款较好地解决了激励相容、信息有效利用和资源合理配置问题,满足一个良好经济机制的基本原则。这些其他类型的小微信贷形式的信用风险管理手段具有向 P2P 网络贷款领域拓展的基础,P2P 网贷也应积极借鉴,以丰富和完善自身的信用风险管理方法。

参考文献

[1] 贝琪兹·阿芒达利兹,乔纳森·默多克. 微型金融经济学 [M]. 沈阳:万卷出版社,2013.

[2] 陈建新. 三种农户信贷技术的绩效比较研究 [J]. 金融研究,2008 (6):144 – 157.

[3] 程恩江. 中国非政府组织扶贫:小额信贷案例分析 [R]. 中国国际扶贫中心,2010 (3).

[4] 杜晓山,刘文璞. 小额信贷原理及运作 [M]. 上海:上海财经大学出版社,2001.

[5] 杜晓山,孙若梅. 中国小额信贷的实践和政策思考 [J]. 财贸经济,2000 (7):32 – 37.

[6] 杜晓山. 中国农村小额信贷的实践尝试 [J]. 中国农村经济,2004 (8):12 – 19.

[7] 胡士华,卢满生. 信息、借贷交易成本与借贷匹配——来自农村中小企业的经验证据 [J]. 金融研究,2011 (10):100 – 111.

[8] 胡跃飞,黄少卿. 供应链金融:背景、创新与概念界定 [J]. 金融研究,2009 (8):1 – 19.

[9] 焦瑾璞. 微型金融学 [M]. 北京:中国金融出版社,2013.

[10] 李佳伟,封思贤. 降低 P2P 网贷市场上小微企业融资成本的思路研究 [J]. 经济问题探索,2015 (2):147 – 150.

[11] 李金阳,朱钧. 影响 P2P 网络借贷市场借贷利率的因素分析 [J].

广东商学院学报,2013(5):34-40.

[12] 李伟军. 我国 P2P 网络借贷的羊群行为研究[D]. 成都:西南财经大学,2013.

[13] 李有星,陈飞,金幼芳. 互联网金融监管的探析[J]. 浙江大学学报(人文社会科学版),2014(4):87-97.

[14] 廖理,李梦然,王正位. 聪明的投资者:非完全市场化利率与风险识别——来自 P2P 网络借贷的证据[J]. 经济研究,2014(7):125-137.

[15] 刘锡良,洪正. 多机构共存下的小额信贷市场均衡[J]. 金融研究,2005(3):68-79.

[16] 刘芸,朱瑞博. 互联网金融、小微企业融资与征信体系深化[J]. 征信,2014(2):31-35.

[17] 孟卫东. 农村小额团体贷款防合谋机制设计[J]. 科研管理,2011(6):124-132.

[18] 穆罕默德·尤努斯. 穷人的银行家[M]. 北京:生活·读书·新知三联书店,2006.

[19] 倪晓芬. 基于 P2P 网络借贷平台的中小企业联保贷款模式研究[D]. 泉州:华侨大学,2012.

[20] 彭佳,朱巧玲. P2P 网络信贷与银行信贷交易费用对比分析[J]. 创新,2013(6):74-78.

[21] 史金召,郭菊娥. 互联网视角下的供应链金融模式发展与国内实践研究[J]. 西安交通大学学报,2015(4):10-16.

[22] 田国强. 经济机制理论:信息效率与激励机制设计[J]. 经济学,2003(2):271-308.

[23] 吴国宝. 扶贫贴息贷款政策讨论[J]. 中国农村观察,1997(4):7-13.

[24] 谢平,邹传伟. 互联网金融模式研究[J]. 金融研究,2012(12):

11-22.

[25] 谢欣. 玻利维亚阳光银行的草根金融 [J]. 银行家, 2008 (6): 110-113.

[26] 熊熊, 马佳, 等. 供应链金融模式下的信用风险评价 [J]. 南开管理评论, 2009 (4): 92-98.

[27] 袁昌劲. 互联网供应链金融的识别及概念构建 [J]. 北方经贸, 2014 (3): 135-136.

[28] 张伟. 微型金融理论研究 [M]. 北京: 中国金融出版社, 2011.

[29] 中国人民银行征信中心与金融研究所联合课题组. 互联网信贷、信用风险管理与征信 [J]. 金融研究, 2014 (10): 133-147.

[30] 周立. 中国农村金融: 市场体系与实践调查 [M]. 北京: 中国农业出版社, 2010.

[31] ANUGYA SARAP. Success and Constraints of Group Lending Programs: Evidence from the Working of Micro-Credit Institutions in Odisha [J]. South Asian Journal of Management, 2014, 12 (1): 65-83.

[32] ARMENDARIZ de AGHION, B.. On the Design of a Credit Agreement with Peer Monitoring [J]. Journal of Development Economics, 1999, 60 (1): 79-104.

[33] BOND, RAI, et al. Collateral Substitutes in Micro-finance [EB/OL]. Manuscript, 2000. http://www.cid.harvard.edu/cidpublications/limits-july2.pdf.

[34] BISLEV, A.. Microfinance in China—an Introduction to the Use of Microfinance for the Poverty Alleviation in China [R]. Nordic Association for China Studies, South Jutland, Denmark, 2001.

[35] GHATAK, M.. Group Lending, Local Information and Peer Selection [J]. Journal of Development Economics, 1999, 60 (1): 27-50.

[36] GHATAK, M.. Screening by the Company You Keep: Joint Liability

Lending and the Peer Selection Effect [J]. Economic Journal, 2000, 110 (4): 601 – 631.

[37] GUTTMAN, J. M.. Assortative Matching Adverse Selection, and Group Lending [J]. Journal of Development Economics, 2008, 87: 51 – 56.

[38] LEDGERWOOD, J., WHITE. Transforming Microfinance Institutions – proving Full Ffinancial Service to the Poor [R]. World Bank, 2006.

[39] SABAN CELIK. Micro Credit Risk Metrics: A Comprehensive Review [J]. Intelligent Systems In Accounting, Financeand Management, 2013 (20): 233 – 272.

[40] STIGLITZ, J. E., WEISS. Credit Rationing in Markets with Imperfect Information [J]. American Economic Reviw, 1981 (71): 393 – 410.

[41] STIGLITZ, J. E.. Peer Monitoring and Credit Markets [J]. World Bank Review, 1990 (4): 351 – 366.

[42] ZHANG WEI. Group Lending with Adverse Selection [J]. International Economics and Finance Journal, 2009 (4): 33 – 58.

第 4 章
P2P 网贷平台的"标签"分析
——产权和组织结构的绩效

几乎每个 P2P 网贷的出借人都是带着好奇与怀疑的态度开始理财的,而理财的第一步是平台的筛选。什么样的平台靠谱?这是出借人问得最多的问题。为了方便投资者识别,众多平台主动或被动地打上了各类标签,其中最典型的是股东背景标签,例如银行背景、国资背景、上市公司背景、风投背景,等等。没有特殊背景的就是普通民营平台。关于靠谱平台的标签,除了网贷平台的股东背景,还出现了是否进行资金银行存管等合规性标签,以及是否加入中国互联网金融协会等资格标签。本章将介绍各类标签下平台发展情况并分析各类标签对投资者信任形成的影响。

4.1 P2P 网贷"背景"标签的起底

4.1.1 银行系

实际上,银行系 P2P 的定义比较宽泛,平台与银行的关系有紧有松。银行自建平台、由银行子公司投资入股新建独立的 P2P 公司、银行所在集团设立的独立 P2P 公司，都被算进了银行系。不少银行都有国资背景，所以银行系与国资系 P2P 有交叉。2014 年银行系平台只有 5 家，分别是民生易贷、开鑫贷、陆金所、"小马 bank"和招商银行"小企业 e 家"，陆续推出各类互联网金融服务平台的还包括宁波银行、兰州银行、青岛银行等。据不完全统计，2018 年初具有银行背景的互联网金融平台超过 10 家。银行系平台在发展过程中也经历了变故。股东撤资方面，民贷天下逐渐自谋出路，平安集团对陆金所持股减少。业务调整方面，招商银行"小企业 e 家"在数月调整后重新定位；原"小马 bank"经过 1 年多停摆，重新整合升级为有氧金融；陆金所正在升级大陆金所；开鑫贷升级为开鑫金服，由原先 P2P 业务为主转型为定期理财和基金理财为主。参考成功的银行系 P2P 运营经验，都是选择与银行分开管理，线上项目基本上来自合作单位或者线上贷款。而如果只是将原有的理财业务搬到互联网上，将互联网作为一个销售渠道，则很难作出运营成绩。银行系平台的设立具有特殊性。网络借贷信息中介机构业务活动管理暂行办法第四十二条规定，银行业金融机构及国务院银行业监督管理机构批准设立的其他金融机构和省级人民政府批准设立的融资性担保公司、小额贷款公司等投资设立具有独立法人资格的网络借贷信息中介机构，设立办法另行制定。

银行系平台按银行与平台的股权关系可以分为如下四类：

1. 银行直接设立的 P2P 平台

这类平台很难与直销银行进行区分。目前，有数十家银行上线直销银行业务。但平台上线初期被认为是 P2P 平台的有 5 家（据不完全统计），分别是"小企业 e 家"、有氧金融、小苏帮客、"齐乐融融 e"和"e 融 e 贷"。

"小企业 e 家"是招商银行于 2013 年 4 月正式推出的互联网金融服

务平台，而且是国内首家银行自主搭建的互联网投资和融资撮合平台，致力于为小企业的融资需求与社会资金的理财需求搭建一个低成本的快速交互平台。

有氧金融于 2015 年 8 月 28 日正式上线，由包商银行设立并运营的数字化银行，其前身是原"小马 bank"平台。原"小马 bank"已实名认证用户的账户余额将自动转移至包商银行有氧金融的氧气账户。早期的"小马 bank"可能更多地被认为是一个 P2P 网贷平台，而今有氧金融定位为数字化银行，属于传统银行向互联网金融转型的商业模式。所提供的氧气账号、氧乐存等产品属于活期和定期储蓄，是商业银行存款业务。而月月盈、双月盈等则是银行理财产品。所以，有氧金融更接近于直销银行而非 P2P 网贷。这是银行系 P2P 进行"去 P2P"转型的一个例子。

小苏帮客为苏州银行设立并运营的平台，2015 年 7 月 13 日上线，标志着苏州银行发力互联网金融 P2P 业务。

"齐乐融融 e"隶属于齐商银行股份有限公司，由齐商银行见证融资项目及融资人的信息真实性，并由安硕信息提供技术支持、上海易一代信息技术有限公司提供平台运营。

"e 融 e 贷"是兰州银行旗下的互联网金融服务平台，平台基于 P2B 和 P2P 业务模式，由兰州银行委托第三方互联网公司（盈行金融信息技术（上海）有限公司）运营。

2. 银行间接投资的 P2P 平台

此类平台有 2 家，分别是开鑫贷、超银网贷。

开鑫贷由国家开发银行全资子公司——国开金融有限责任公司（以下简称"国开金融"）和江苏省内国有大型企业共同投资设立。它在合规方面，已进行用户资金存管，存管机构为江苏银行，并于 2016

年 3 月 25 日加入中国互联网金融协会任理事单位。

超银网贷是亚洲金融合作联盟（AFCA）旗下的亚联超银（北京）信息服务有限公司打造的银行联盟互联网金融共享平台。而亚洲金融合作联盟是由中国民生银行、包商银行、哈尔滨银行、华安保险共同倡导发起的。亚洲国家中小银行及非银行金融机构组成的区域性金融合作组织，是全球首创的由非政府机构发起的跨地区非政府金融合作组织，也是全球首家设立风险互助基金的金融合作组织。2015 年 7 月，超银网贷因业务调整，停止了线上理财业务，原借款人还款及投资人可访问亚联超银网站（http：//www.x9bank.com）进行提现，后者是专注于协助银行等金融机构实践普惠金融的资产服务平台，不再属于 P2P 网贷平台。

3. P2P 平台与银行同属于一个集团

此类的平台有 5 家，分别是陆金所、自金网、华润银行资产交易平台、民生转赚和民生易贷。

陆金所与平安银行属于平安集团。不过，陆金所在 2016 年 1 月获得 B 轮 12.16 亿美元融资，民生商银国际控股有限公司参与投资。民生商银国际控股有限公司属于中国民生银行股份有限公司的控股子公司，它进一步强化了陆金所的银行系身份。

自金网隶属于上海华瑞金融科技有限公司，而上海华瑞金融科技有限公司（自金网）与上海华瑞银行股份有限公司（华瑞银行）无直接关系，同属于上海均瑶（集团）有限公司。

华润银行资产交易平台与华润银行同属于华润集团。平台的安全保障方面由华润银行对项目履行见证职责，此模式与招商银行"小企业 e 家"的模式相同。银行的见证职责主要是对融资人的基本资料、财务状况、银行账户信息等资信进行见证服务，并向投资人全部或者部分披露上述见证信息。此外，为确保投资人资金的安全性，平台还通过华润银行对平台资金进行监管，从交易、资金、隐私、风险四个方面全方位实时监控，为用户资金保驾护航。

民生转赚和民生易贷均为民生电子商务有限责任公司旗下的互联网金融平台。民生电商的股东除了包括民生银行七家非国有股东，还有民生加银资产管理有限公司，该公司是由民生加银基金管理有限公司发起成立的，从事特定客户资产管理业务的资产管理公司。由于民生加银基金是民生银行控股的子公司，民生加银资管又可看作民生银行的孙公司。但民生加银资管是通过设立资产管理计划出资入股，所以民生电商以及民生转赚与民生银行没有直接股权关系。

4. 银行与 P2P 平台无关联关系

这类平台有金开贷、民贷天下和网交所三家。严格来说，这类平台不算银行系 P2P 平台。

金开贷由陕西金融控股集团有限公司在 2013 年 4 月 15 日实缴出资额 1000 万元发起成立。国家开发银行陕西分行是金开贷设立的牵头单位之一，但并未出资。金开贷官网的合作伙伴中没有出现国家开发银行陕西分行，也没有在安全保障栏目提到国家开发银行陕西分行。

民贷天下平台设立时，民生银行通过民生加银资产管理有限公司间接持有股份。2015 年 12 月 2 日，公告显示北京景华博雅信息技术有限公司正式收购公司原第二大股东民生加银资产管理有限公司所持有的民加科风信息技术有限公司（以下简称民贷天下）35% 的股份。民贷天下股东变更为广州科技金融创新投资控股有限公司（占股 40%）、北京景华博雅信息技术有限公司（占股 35%）、九合金控投资股份有限公司（占股 25%）。

2015 年 3 月，网交所与中原银行签订《中原银行股份有限公司与上海直融信息服务有限公司战略合作协议》，双方进行项目搜寻、风险控制等各方面合作，确保项目质量，但中原银行并未投资入股网交所。

4.1.2 国资系

国资系是指带有国资股东成分的网络借贷平台。一般企业根据市场需要进行生产经营；而国资系公司除根据市场需要组织生产经营外，还要根据国家的产业政策和社会公益性事业需要组织生产经营，是特殊的一类机构，在市场上受到投资人不同的对待。对平台来说，国资入股可能给平台带来更多、更优质的资产、资源及信用背书等；对投资人来说，国资入股增加了平台的违约成本，投资人资金安全保障性更高。

从股份占比来看，国资系 P2P 平台一般可分为国有独资平台（纯国资股东）、国有控股平台（国资股东占控股股份）及国有参股平台（国资股东仅占部分股份）三种。

1. 国有独资设立的 P2P 平台

全国的国资系的 P2P 网贷平台有很多，但是纯国资股东的平台却寥寥无几。全国企业信用信息公示系统已公布股权结构的国有控股的 P2P 网贷平台有：开鑫贷（江苏金农股份有限公司，100%）、金开贷（陕西金融控股集团有限公司，100%）、老母鸡（湖北长江产业投资集团有限公司，100%）、金投行（杭州市金融投资集团有限公司，100%）、盐城贷（盐城市国有资产投资集团有限公司，100%）、东方汇（东方证券资产管理有限公司，100%）。

2. 国有控股设立的 P2P 平台

国有控股的平台也不多。据不完全统计，汇泉贷（青岛城投金融控股集团有限公司等，84%）、贷贷兴隆（重庆兴农融资担保集团有限公司，70%）、金宝保（重庆三峡担保集团股份有限公司，51%）、紫金所（南京市紫金科技小额贷款有限公司等，51%以上）、麻袋理财（中信产业投资基金管理有限公司，持股比例不详）。

3. 国有参股设立的P2P平台

从数量上来看，国有参股设立的P2P平台是国资系的主力军。但国资控股或全资设立的子公司综合发展指数普遍较高。图4-1是2017年2月网贷之家公布的网贷平台发展指数评级百强榜单中国资系前十名子榜单。可见，有六家是国资控股或全资设立的。进一步研究发现，上榜的另外四家平台有国资参股之外的优势。

国资系（持股比例）
开鑫贷（国开金融等：100%）
麻袋理财（中信产业基金：—）
民贷天下（广州产业投资基金：40%）
东方汇（东方资管：100%）
金宝保（重庆三峡担保：51%）
e路同心（广东粤科投资：30%）
金开袋（陕西金控：56.25%）
博金贷（江西省投资集团等：16.39%）
道口贷（清华大学：50%）
可溯金融（华鼎国学研究基金会：20%）

注："—"表示数据不详。

图4-1　2017年国资系前十大平台国资占比

民贷天下是由广州科技金融创新投资控股有限公司发起设立，并与中青昱诚（北京）科技有限公司、明德创新（北京）科技开发有限公司各持股20%，所以，实际国资持股比例达60%，注册资金为2亿元人民币（实缴）。

"e路同心"由深圳市同心投资基金股份公司和广东省粤科金融集团于2014年8月共同发起成立，注册资金2亿元人民币。更重要的是，在风控方面，发起人的同品牌国有担保公司广东省粤科融资担保股份有限公为平台提供100%本息保障。

博金贷成立于2014年，是由民营企业博能集团控股，江西省投、大成国资、南治资产三大国资参股（16.39%）的平台，属于国资参股平台中发展较快的平台。除国资标签外，该平台还曾获得多轮非专业风投企业的投资（不计入风投系），它在合规性方面，已经上线用户资金银行存管。

可溯金融是一家深耕于"三农"领域的综合性消费金融服务提供商。目前平台产品包括：优农企融贷、优企供应通、优企供应贷、优企保理通、优抵速融贷、正大项目集、惠农项目集、融资租赁通和农村助力贷等。其快速发展与成功的战略合作分不开，该公司与正大集团、51公积金中心、信雅达泛泰科技、同盾科技等数个国内外知名企业达成战略合作，并通过了公安部"信息系统安全等级保护三级备案"。此外，还具有其他"成功标签"，例如已完成了A轮1.5亿元融资，北京银行存管系统正式上线等。

从国资股东背景上来看，又可分为国家层面、省和直辖市层面、市级层面、地区层面的国资股东等，股东背景越强大，相应对平台的增信效果也会更好。不同的平台其国资比例、结构和背景等都不尽相同，投资人在遇到"国资系P2P"平台时，还需仔细甄选，认真判断平台宣传中是否含有"水分"，切不可盲目轻信平台的宣传。

4.1.3 上市系

上市系是指在平台股权结构中，有上市公司直接或间接投资的网络借贷平台。由于上市公司在股票市场中已经有了较高的知名度，与上市公司合作必然会受到整个P2P网贷行业甚至整个金融行业的关注，这无疑会使得平台本身日后获得更多的发展机会。P2P 网贷平台与上市公司展开合作，无疑会提高平台的公信度。

平台与上市的关系，根据投资主体的不同，可以分为五种情况：(1) 直接上市，(2) 上市公司直接参股，(3) 上市公司全资子公司参股，(4) 上市公司参股公司投资，(5) 上市公司相关公司（兄弟公司、母公司）投资，属于间接关联。一般而言，上市公司对平台的股权层级越多，对平台的股权比例越低，控制性越弱。

1. 直接上市

宜人贷是国内 P2P 网贷平台海外上市的第一股，于 2015 年 12 月 18 日在美国纽交所成功上市。从 2017 年下半年开始，互金行业迎来了一次上市潮，截至 2018 年 3 月，中国境内共有 11 家互金公司直接在美股和港股上市，这 11 家公司中有 8 家为 P2P 网贷平台。

2. 上市公司直接参股

对于这一类型的平台，上市公司"背书"的力量还要看具体占有的股份比例。比如，100% 控股，在一定意义上表示上市公司也会 100% "兜底"。如果上市公司持股达到 50% 以上，那么上市公司就拥有对平台的绝对控制权，比例越低上市公司对于平台管理决策权越弱。

3. 上市公司全资子公司参股

上市公司的全资子公司参股，相对于上市公司直接参股，中间隔了一层"纱"，上市公司的控制力有所减弱，"兜底"能力也会减弱很多。而且，同样也需要看上市公司子公司的参股比例。

4. 上市公司参股公司参股

这一形式指的是上市公司持有某公司的一部分股份，后者又是 P2P 平台的股东之一。

5. 上市公司相关公司（兄弟公司、母公司）投资

这一形式属于间接关联，上市公司和平台没有直接股权关系，是与上市公司的相关公司进行投资。

从平台与上市公司的业务关系来看，可以分为以下三类。

第一类，平台业务与上市公司的主营业务关系密切，依赖度高。这些平台的市场化运作程度不高，要么是针对细分市场。若能在细分市场做成龙头平台的话，也不失为一条好路子。但界面新闻发现，这些平台的业务多依赖上市公司，公司对平台的定位也只是上市公司主营业务的补充。这些平台发展空间有限，仅仅局限于公司产业链相关业务。

农产品（000061.SZ）旗下的海吉星金融网、新希望（000048.SZ）旗下的希望金融、康达尔（000876.SZ）旗下的丰收贷等就是此类。巧合的是，这三家上市公司都是农业相关板块，这三家公司的 P2P 平台也定位为与农产品、农村金融相关。

第二类，平台与上市公司主业既相关又相对独立。这类平台较前一类平台的空间要大，但目前暂未有形成有效的竞争力和差异化。

第三类，已具一定规格的独立发展平台，如陆金所、银湖网和友金所这三家平台。这些平台已发展到一定规格，对上市公司的业绩将形成正向帮助。

与其他背景平台不同的是，上市系平台的综合发展指数与上市公司参股比例没有任何正相关关系。2017 年 2 月，网贷之间根据综合发展指数选出的前十大上市系 P2P 平台依次为：陆金所（中国平安：未公布）、宜人贷（纽交所直接上市）、微贷网（汉鼎股份：5%）、搜易贷（搜狐集团：35%）、投哪网（大金重工：11.76%）、翼龙贷（联想控股：33.33%）、凤凰金融（凤凰网：5%）、口袋理财（报喜鸟：10%）、杉易贷（杉杉股份：31.2%）、信融财富（凯瑞德股份：5%）。

多数情况下上市公司参股比例都不高。

可见实力强大的上市公司能给平台带来良好的信用背书,但在挑选平台时仍须注意其业务模式、上市公司参股方式、在整治期是否合规等,应全面分析平台综合实力、平台的业务模式、资金保障方式,理性看待各种背书形式,不可脱离基本的挑选注意事项,不可轻易降低风险意识。

4.1.4 风投系

风投系 P2P 是指接受过风险投资的 P2P 平台。由于风险投资一般会有专业投资人对投资公司进行分析与研究。接受过风投的平台无论在财务上,还是在公司治理上,都等于是被第三方审核过一遍。因为有了这层作用,风投系 P2P 平台也成为行业内与国资系 P2P、银行系、上市系类似的一种分类。

企业获得风投到了哪一个轮次在一定程度上可以看出企业的发展阶段。天使轮标志着产品原型阶段,即从零到一的阶段,通过规模不大的资金和行业经验和行业资源等来获得帮助,大概就是一两年的时间,能继续下去就可以进入下一轮。AB 轮是调整产品丰富完善产品的阶段,C 轮就是商业化的阶段,是要建立明确的营收模式的阶段。后面就是在营收模式逐渐成熟的条件下,进一步扩张市场,营收最大化的过程。

截至 2017 年 5 月末,风投系平台共有 155 家。其中,已获得 D 轮融资的仅乐信集团一家,旗下子品牌有三个分期乐、桔子理财和提钱乐。已获得 C 轮融资的有 13 家,其中银客集团旗下有银客网和简理财两个平台。已获得 B 轮融资的平台共 25 家。所以获得 B 轮以上风投的总共才 39 家。风投背景可以为平台增信,但不同的风投机构增信程度不一。

达到 D 轮融资的 P2P 平台的乐信，是主打互联网消费金融服务的品牌，集团旗下有资产端分期乐、提钱乐和资金端桔子理财三个子品牌。成立于 2016 年 2 月的资产管理公司鼎盛资产是三个子品牌之间的纽带。乐信起步于 2013 年 8 月成立的分期乐，分期乐是中国互联网小微消费金融商业模式的开创者。2014 年 6 月成立第二个子品牌桔子理财，主打真实、小微、安全的互联网理财，债权主要来自乐信旗下的互联网消费金融业务，为用户提供年化收益率 5%～11% 的理财产品。2015 年底上线运营提钱乐，作为乐信旗下面向 5 亿普惠人群提供互联网消费金融的子品牌。

乐信的发展始终伴随着风险投资，于 2013 年 8 月获险峰华兴天使轮融资；2014 年 3 月，获经纬中国领投的数千万美元 A 轮融资；2014 年 12 月，获得由 DST（Digital Sky Technologies）领投，贝塔斯曼等跟投的 1 亿美元 B 轮融资；2015 年 3 月，获京东集团 C 轮战略投资。2016 年 6 月，获得由华晟资本、共建创投（Co-Builder Partners）和一家国内大型保险机构领投的 D 轮融资 2.35 亿美元。

达到 C 轮融资的 13 家 P2P 网贷平台，C 轮融资额在 1 亿至 2 亿美元之间。达到 B 轮融资的 25 家 P2P 网贷平台，其 B 轮融资额除上述几家在 4000 万美元这个级别，绝大多数的融资额都在亿元以上，个别融资额在 10 亿美元以上，差别不小。

可见，同样是风投系背景的平台，融资轮次的差别是巨大的，获得多轮融资的仅仅是少数。但从与平台发展状况的关系来看，融资轮次的标志意义并不准确。在风投系中，网贷之家发布发展指数排名前十的平台中已获得 C 轮融资的平台和已获得 A 轮融资的平台各占相当大比例。不过从比例上来看，已获得 C 轮融资的平台发展程度高的概率远远高于其他。

平台的融资轮次有一定的参考意义,但不是金标准。何况多数融资信息来自于平台公布的融资信息,公众尚无法完全识别出虚假融资的情况。

虚假融资宣传主要有两种情况:一是夸大融资额。夸大融资额可以对企业增信,还能引起业界关注,对投资方和融资方都有好处,而且网贷平台的信息披露规制尚不及上市公司规范,所以,风投资金很难被外界查清,平台夸大融资额的可能性不小。从博弈论的角度来看,如果虚报融资额不被发现,而且还有正的收益,那么其中必有参与者会这么做,出于竞争压力,那些原本更谨慎的参与者也会跟着采用同样的方式。二是捏造投资方。有公司会自己成立另一家基金来投资自己,自导自演。更有冒充著名投资公司的,例如 IDG 资本曾在官方网站发表声明称有实体及个人冒充 IDG 资本的名义或私自盗用 IDG 的名称,在互联网上或通过微信发布虚假信息进行融资、理财、资本募集等活动。

4.2 按平台"背景"分类的交易数据描述性统计

4.2.1 平台数量

从平台数量上来看,P2P 网贷以无特殊背景的普通民营系平台为主。但从图 4-2 中可见,民营系平台的数量经历了快速上升到下降的过程。2016 年被称为互联网金融合规元年,正是在 2016 年初,网贷平台数量达到了历史最高,之后逐步下降。这一现象与 Gort 和 Klepper(1982)早期提出的 G-K 产业生命周期理论大致相符。G-K 在对 46 个产品(窄产业)的每种产品的整个或部分生命周期内的销售、价格和产量时间序列数据进行分析的基础上,按产业中的厂商数目(净进入数)对产品生命周期进行划分,得到引入、大量进入、稳定、大量退出（淘汰）和成熟五个阶段。P2P 网贷从 2007 年引入我国，到 2013 年呈爆发式增长，再到 2016 年进入淘汰期，时间不足 10 年，超越了以往绝大部分产业的发展速度。而且，中国 P2P 网贷在大量退出（淘汰）之前没有出现一个相对稳定的时期，足见中国 P2P 网贷过去十年是飞跃式高速发展的。

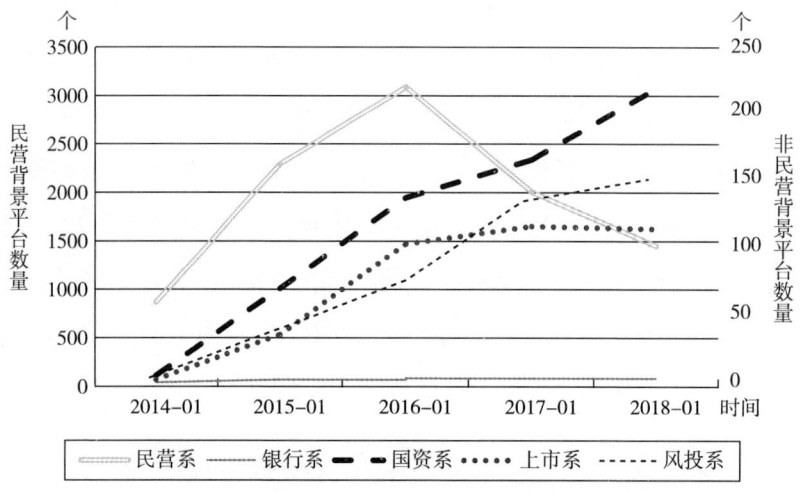

图 4-2　2014—2018 年各类平台数量变化

图 4-2 中，由于民营系平台数量过大，对应左侧纵轴显示，除民营系以外的其他平台数量对应右侧纵轴。国资系、上市系和风投系平台数量均稳步增长，只有银行系平台的数量增长缓慢。后者增长缓慢的原因从前面银行系平台的具体分析可见一斑。银行直投的平台与银行内部上线的直销银行平台具有相似功能。而在 2014—2016 年间，国内银行共开设了 60 个网上直销平台。进一步深层的背景是 P2P 网贷由于"跑路"多一直具有争议，作为传统金融机构的代表，许多银行不愿意将其互联网金融平台冠以 P2P 的头衔。而且，从业务类型来看，多家银行系 P2P 平台的业务也已向"去 P2P 化"转型。例如，陆金所改名为

陆金服，向财富管理转型，原经典产品"稳盈—安e贷"发标已非常稀少。开鑫贷已改名开鑫金服，过去的主要理财产品是以苏鑫贷为代表的P2P借款项目，而现在主要是鑫财富为代表的定期理财。

4.2.2 成交额和贷款余额

从成交额来看，各类背景平台的成交额在2016年下半年达到高峰，随后的两年里有一定幅度的下降。其中，银行系平台2016年前几个月上升很快，随后快速下降，回到了2016年初的水平。可见，监管加强对银行系平台影响较大。2015年下半年至2016年上升最快，但随后下降幅度不大的是风投系平台，截止到2018年，风投系平台的成交额已超过民营系平台，成为成交额最高的平台背景类别。上市系平台的成交额居中，银行系和国资系平台的成交额明显较少（如图4-3所示）。

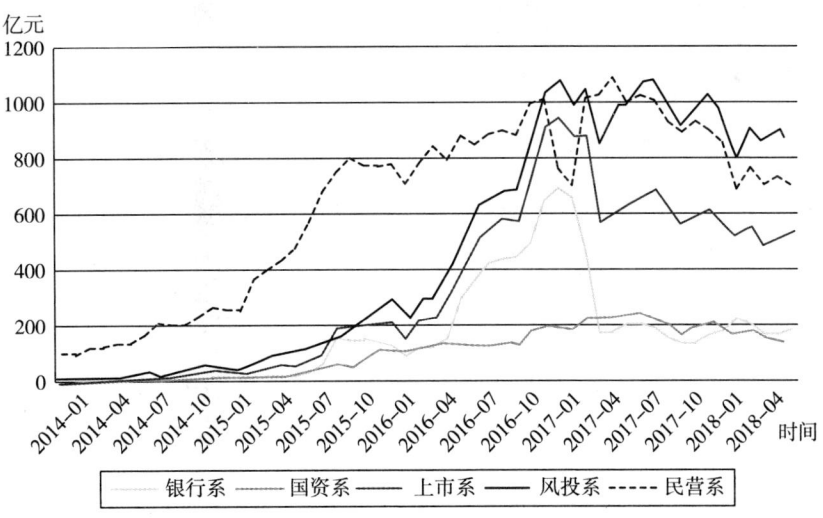

图4-3　2014—2018年各类平台月成交额

由于P2P网贷平台的平均投资期限在20个月左右，所以P2P网贷余额的数据较成交额的数据有所不同，而且大致上是贷款余额的数据较成交额数据的变化有所延迟。截至 2018 年 6 月底，各类平台的贷款余额表现为持续增长，尚未出现明显下降趋势。与成交额表现类似的是，风投系平台的贷款余额也已超过民营系平台。银行系平台贷款余额增速稳健。国资系平台数量虽超过银行系平台，但贷款余额却落后（如图 4-4 所示）。

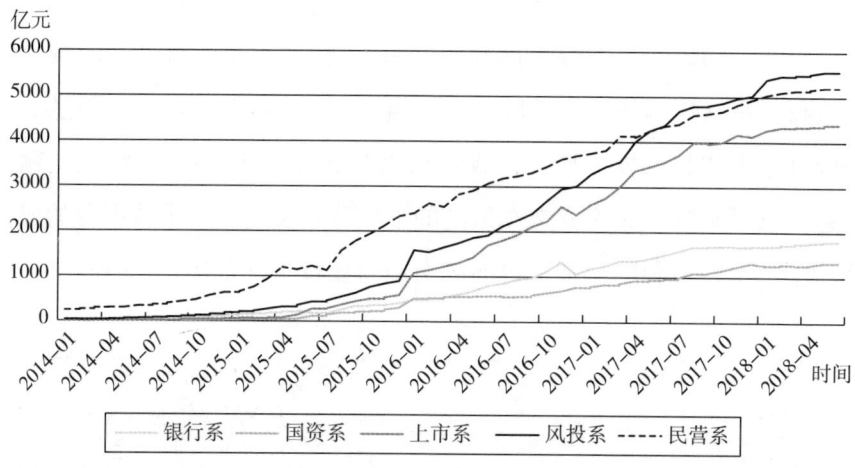

图 4-4　2014—2018 年各类平台贷款余额

4.2.3　利率

如图 4-5 所示，2014 年 1 月以来，P2P 网贷利率整体呈下降趋势。比较来看，银行系利率持续最低，而民营系利率持续最高。其余三种类型的利率交织，没有明显差异。

钱金保（2015）分析了 2014 年至 2015 年六次货币政策调整对于 P2P 网贷成交量和平均利率的影响。结果显示：（1）货币政策在 P2P 市场的作用有限，在六次积极的货币政策调整中，能够显著地影响 P2P

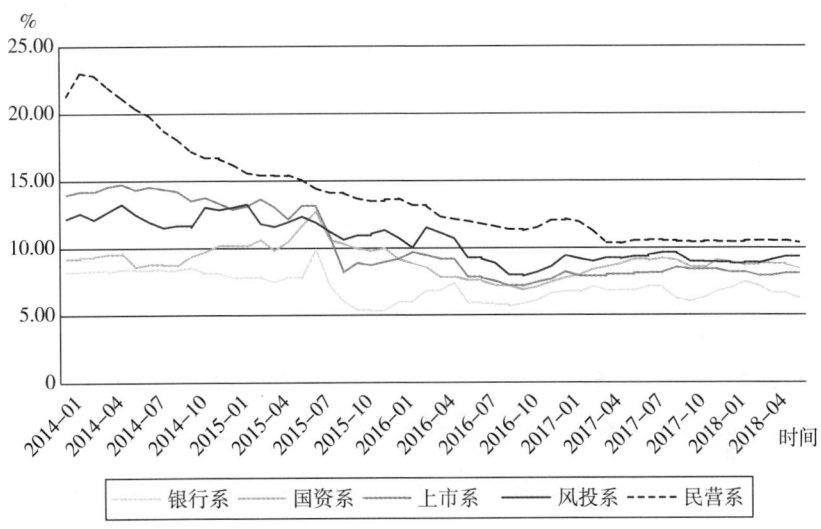

图 4-5 2014—2018 年各类平台贷款利率

市场利率和成交量均不超过两次;(2)利率政策和准备金率政策的影响没有规律性差异。

陈霄、叶德珠(2016)使用 2012 年 3 月至 2014 年 5 月底交易数据研究发现,当滞后阶数为 1~4 时,Shibor 是网贷利率的格兰杰原因,但网贷利率不是 Shibor 的格兰杰原因。他们认为 Shibor 隔夜拆借利率与网贷市场利率之间存在着单向格兰杰因果关系,即 Shibor 隔夜拆借利率对网贷市场利率具有一种单向的溢出效应。

浙江温州作为中国民间借贷的经典样本,是民间投融资最为活跃的地区之一。前期研究认为,温州的民间借贷已经超出了传统意义上民间借贷的范围(张雪春,2013),因此,该地区的利率水平具有重大参考价值。而 P2P 网络借贷在一定程度上可视为互联网渠道的民间借贷,这两者之间利率的变动可能会存在传染性。陈霄、叶德珠(2016)使用温州民间借贷综合利率 2013 年 1 月 1 日至 2014 年 5 月 21 日的每日数据与网贷市场利率数据进行了对比，发现温州民间借贷综合利率的波幅相对较窄，范围在 20%~22%，温州民间借贷市场经历了长期的发展，相比 P2P 网贷市场而言更为规范，因此利率波动较为平稳。格兰杰因果关系检验结果表明：温州民间借贷综合利率与网贷市场利率并不存在显著的格兰杰因果关系。由于非正规金融机构的信息优势具有一定的局限性，但这些机构通常都有相对固定的客户群体，进而造成非正规金融市场之间的高度割裂（Timberg，1984；Siamwalla，1990）。温州民间借贷市场具有局部垄断性，而 P2P 网贷市场则相对覆盖面较广，导致了两个市场之间的利率运行呈双向分割的状态。

何启志、彭明生（2016）通过运用单元和多元 GARCH 类模型对 P2P 网贷利率的典型特征以及与传统金融市场利率的互动关系进行研究。研究结果表明：第一，网贷利率波动具有集聚性、风险累积效应，同时不具备杠杆效应，对利好、利空信息反应大体一致，这意味着网贷市场风险性强而市场参与者风险意识不强。第二，验证了 Shibor 的基准利率地位，其对网贷利率、中债国债利率都有波动溢出效应，中债国债利率对网贷利率没有波动溢出效应。第三，网贷利率尚处于发展初期，对其他利率的影响作用有限，对 Shibor 和中债国债利率都没有波动溢出效应。

4.2.4 贷款期限

早期，陆金所、开鑫贷等银行系平台的 P2P 贷款期限都较长，之后由于转型以及活期产品的推出，理财的期限有所缩短。民营系和国资系平台的贷款期限一直较低，维持在 5 个月左右。银行系平台的理财期限一直是最长的，基本在 15 个月以上；其次是风投系和上市系。2016 年以来，风投系和上市系平台的贷款期限趋同（如图 4-6 所示）。

第 4 章　P2P 网贷平台的"标签"分析

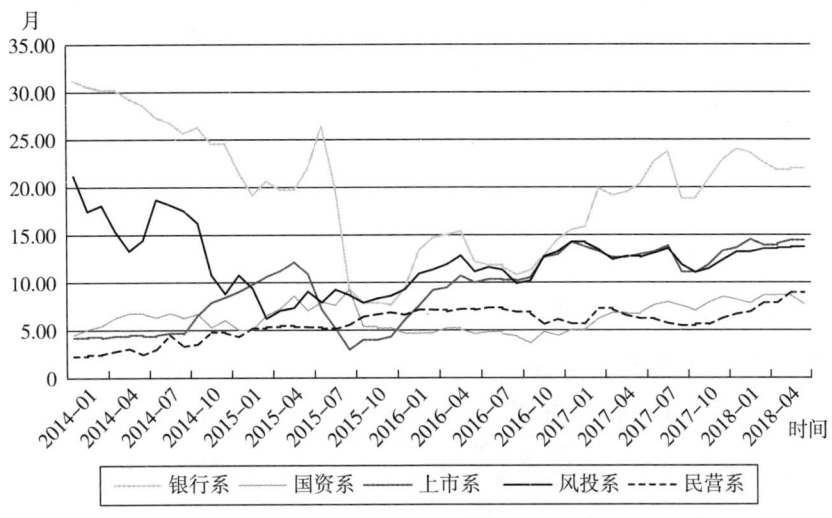

图 4-6　2014—2018 年各类平台贷款期限

那么是什么原因使得交易额占大多数的三类平台贷款期限在 2015—2017 年有所增加呢？

首先，网贷行业新政严格性不断加码带来行业日趋规范。近两年来，北京、上海、广东等地不断发布规范性文件，部分省市网贷行业规范性已逐步趋于成熟，制度约束性不断加深。2016 年初，北京市网贷行业协会正式上线网络借贷平台产品登记和信息披露系统。系统通过产品登记及信息披露，对网贷平台的金融产品进行第三方登记。这一制度将大大降低北京 P2P 平台出现诈骗、自融、拆标、发布虚假标等情况的概率，在严格的政策环境下，P2P 平台整改步伐加快，投资人对网贷行业更加看好，选择长期项目的投资者日益增多。

其次，行业利率下降促使期变长。网贷利率在 2015—2017 年下降较其他类型的贷款明显，综合利率已降至 10% 以内。网贷行业利率的不断下降有利于吸引更多借款期限较长的优质资产进入网贷行业，融资成本降低，借款企业在 P2P 领域的长期性资金需求增加，平台推出更多长线理财产品，对行业平均借款期限的增加起到推动作用。此良性趋势得以延续的情况下，未来 P2P 网贷将逐步成为各中小企业的重要融资渠道。

4.2.5 人气

从当月投资者人数和借款人数的统计可以看出各类平台的人气变化情况。2014 年初至 2017 年初的三年间，风投系、上市系和银行系的人气上升最多，达到甚至超过了民营系平台。与前述当月成交量的统计数据基本一致。可见，无论是投资者还是借款人，都在这三类平台上开始集聚，形成了马太效应。特别是银行系平台，虽然平台数量明显较少，但成交量和人气却向高处看齐。从背景类别之间的分化可以推测各网贷平台个体之间的分化亦非常明显。借贷双方的散场将进一步加速一部分普通民营平台的转型或被淘汰（如图 4-7、图 4-8 所示）。

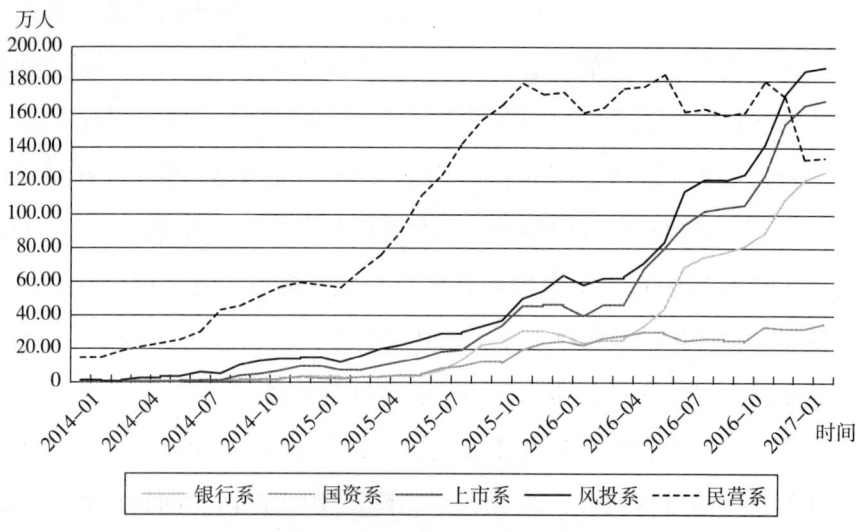

图 4-7　2014—2017 年各类平台当月投资人数

第4章 P2P网贷平台的"标签"分析

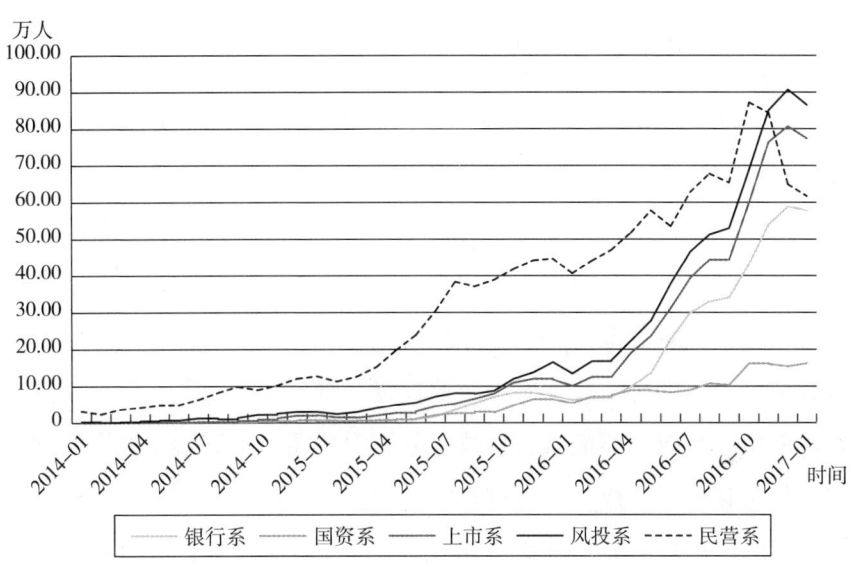

图4-8 各类平台当月借款人数

4.3 按"背景"分类的问题平台分析

单从数据面来看,民营系出现问题的平台数量最大,出现问题平台数量2022家,占比也最高,为现存平台数的143.10%;国资系排第二位,出现问题平台26家,占比110.56%;上市系排第三位,出现问题平台9家,占比8.04%;风投系排第四位,出现问题平台1家,占比0.65%,银行系则为0(如表4-1所示)。

表4-1 截至2018年5月底按背景分类的P2P累计问题平台数量

银行系	国资系	上市系	风投系	民营系
0	26	9	1	2022
6	225	112	155	1413

数据来源:Wind。

4.3.1 银行系问题平台

目前尚无严格意义上的银行系问题平台。2016 年关闭的网交所等曾经宣传的银行系问题平台并非真正意义上的银行系平台。

工商信息显示，网交所注册成立于 2014 年 12 月 1 日，是上海直荣金融信息服务有限公司旗下的互联网金融平台，公司 CEO 及法人代表均为刘洋，注册资金为 1800 万元，股东方包括自然人刘洋和 5 家企业，这五家企业分别为：北京博海金控投资有限公司、郑州贝耶斯信息科技有限公司、河南中原鼎盛云科技服务有限公司、上海瑞基投资管理咨询有限公司和河南邦成资产管理有限公司。

从股东信息来看，网交所和银行系并无任何关系。其之所以贴银行系的标签，原因是在 2015 年 8 月初网交所和中原银行签订了战略合作协议，协议规定双方的合作范围主要包括：（1）客户资源共享；（2）业务合作；（3）共同研发风控模式，共享知识产权；（4）资金监管及支付通道；（5）资产转换通道等。

综上所述，网交所公司股东中并不存在任何国有金融机构背景。同样，其宣称的所谓银行系并非是一般意义上的由银行设立并运营的 P2P 平台，而是仅仅与银行有合作关系，与银行共同开发风控模式，银行不会参与到平台业务和管理中来。

值得注意的是，这家顶着"银行系"名头的网交所虽然与中原银行达成了战略合作关系，但是平台并没有与任何一家银行签订存管协议。

无论银行系也好，国资系也罢，有关 P2P 网贷行业的种种标签并不能成为其业务优劣的评判标准，主要还是要看平台自身是否形成核心竞争力、是否合规、是否拥有持续的资产运营能力、是否有风控能力、是否有品牌实力。

4.3.2 国资系问题平台

国资系平台频繁暴雷使整个国资系平台都受到质疑。如前文对国资系平台的股权结构分析可知,一些所谓的"国资系"平台和国资仅有一丝联系,却有意刻画平台国资背景雄厚的形象,以误导投资人。国资占比较大的平台尚不容易出现提现困难等问题。而当前我国 P2P 网贷平台已经进入了"优胜劣汰"的阶段,滥用"国资系"标签的 P2P 网贷平台也将逐渐被曝光。对于投资人而言,需要主动识别国资背景的真伪,仔细进行甄选,切不可盲目相信平台的宣传。

国资系问题平台以停业为主,良性退出率较高。出现停业及其他问题的国资系平台中,停业的国资系平台数量最多,占半数以上。特别是从 2016 年下半年开始,主动退出 P2P 网贷行业的平台越来越多,这对行业来说是件好事。平台在宣布停业后,能否兑现投资人本息实现良性退出则是关键,国资系平台中良性退出的平台有多家,如联保通。2016 年第 2 季度联保通停止发行 P2P 网贷项目,到 2017 年 3 月 15 日,联保通完成了全部 323 个项目的本息兑付。停业并不代表平台就一定无法兑付,很多投资人受舆论的影响很容易将良性退出的平台也认定为"国资系"平台出问题。

国资平台出问题以后,国资股东是否兜底是投资人最为关心的问题,不同问题平台的国资股东表现各不相同。即使是同一国资股东,对旗下不同问题平台也存在差异,以农信国投和浙联储为例。2016 年 12 月,上海和平影业企业公司发布公告"和平影业系统所有未经本公司批准同意建立的三级及以下子公司(包括控股、参股企业),本公司均不承认。未经总部批准的下属机构一律禁止参与经营互联网金融平台及线下理财业务"，根据平台公告，上海和平影业对农信国投是承认的，浙联储则不被承认。和平影业对农信国投的态度明显与对浙联储不同，2017年4月1日，和平影业发布公告针对农信国投提现困难"由中和兰贸发展中心在2017年4月15日前，处理完农信国投的投资人逾期款项及利息的兑付情况"。从上海和平影业对于旗下的P2P网贷平台频繁出问题发表的声明可以看出，多层级"国资系"平台的"国资"背书非常有限，而不被国资企业承认的平台其实与"民营系"没有任何的差别，国资股东并不会为不予承认的问题国资平台买单。甚至可以进一步推断，那些假借"国资"背景的伪国资平台并不及一个普通"民营系"值得信赖，因为伪造国资背景已经表明这是一家不诚实的企业。

投资人应区别对待国资平台。如前所述，国资系平台分为很多种，挂靠的"国资系"平台安全性值得考量，而没有得到国资股东认可、层级较多的国资平台，这种平台的国资背书其实是相当有限的。此外，央属、省属、区属、县属需要区别对待，国资股东背景为事业单位的投资需要谨慎。对于国有企业子公司或孙公司投资的平台，需要注意国有企业对平台的注册资金是否为实缴，实缴金额的大小也需要注意，还需要注意子公司或者孙公司的国资比例。此外，还应该关注国有股东是否为平台提供了资源，国资股东对平台投入的资源越多，从侧面反映了国资股东对平台的重视程度越高。

4.3.3 上市系问题平台

Wind数据库显示，截止到2018年5月末，上市系问题平台数为9家。但各数据源对问题平台的定义可能略有差异。网贷天眼列举了11家问题平台（见表4-2）。

表4-2　　　　　　　　　　　上市系问题平台详情

平台名称	最终股东背景	占股比例（%）	上线时间	问题类型	所在地区	持股方式
绿能宝	绿能宝SPI	100	2014年10月	提现困难	北京	控股
合拍贷	运盛医疗（二级）	10	2014年9月	提现困难	上海	参股
金蝶金链	金蝶集团	99	2015年10月	转型	深圳	控股
家金所	红星美凯龙	100	2015年9月	转型	上海	控股
随时融	智慧能源	20	2014年8月	停业	北京	参股
长金保	瀚华金控	100	2015年4月	停业	重庆	控股
点理财	智城控股全资子公司	100	2016年7月	停业	上海	控股
东方金钰	东方金钰	70	2015年6月	停业	深圳	控股
第一房贷	中新控股	未披露	2014年11月	停业	北京	控股
天加利	拓日新能	100	2014年12月	停业	湖北	控股
誉金所	誉衡药业	100	2015年6月	停业	深圳	控股

1. 绿能宝、合拍贷提现困难

这两家平台应该是拥有上市背景的网贷平台里的两个大雷。合拍贷，公司名称为上海哲珲金融信息服务有限公司，注册资本5000万元。截至暴雷前，待收金额1.9亿元，待收投资人在2000人左右，人均借款673万元。合拍贷有一家国资背景公司：中国少数民族经济文化开发总公司，认缴1500万元；另外还有一家上市公司背景系运盛（上海）医疗科技股份有限公司，认缴500万元，且这两家公司都是全额实缴。然而，运盛医疗对合拍贷的持股比例仅占10%，纯属财务投资，对平台日常运营状况并不了解。

另外，与合拍贷几乎同一时间出问题的绿能宝，母公司SPI已经连续3年亏损。绿能宝兑付危机于2017年4月10日前后，4月17日，绿能宝官网发布公告称，因为光伏补贴延迟，承租人不能按期兑付提现金额，投资人从4月10日起提现出现逾期。绿能宝兑付负责人曾承诺30

年完成兑付。绿能宝的兑付危机与平台期限错配不无关系。平台上发布的借款标多是 90~180 天的短期标的，而借款项目的投资取向是投资回收期为几年甚至几十年的光伏电站项目，所以在新增投资者不足的情况下出现兑付危机是必然的。

2. 多数上市系 P2P 平台良性退出

红星美凯龙 100% 控股的家金所平台于 2016 年 10 月 30 日起不再提供借贷撮合服务。通过网贷天眼梳理发现，网贷平台长金宝、点理财的上市背景公司持股比例也占 100%，虽然最终的命运没有逃脱掉退出网贷行业，但它们仍然保持了上市系平台最后的尊严，把所有该兑付的资金全部兑付完毕。可见上市公司占股比例越高，平台即便出现问题，也会选择良性退出，这一点值得国资背景的问题平台学习。

还有一类平台退出上市系是因为上市公司出售 P2P 资产，如匹凸匹公司于 2016 年 8 月发布公告称，拟将持有的控股公司匹凸匹金融信息服务（深圳）有限公司 100% 股权进行转让；另外，2015 年 6 月被盛达矿业（000603）收购的和信贷，4 个月后宣布退出 P2P 行业，至此，盛达矿业清空了和信贷的股权。

4.4　P2P 网贷平台的"银行存管"标签

4.4.1　"银行存管"现状分析

自 2015 年 12 月《网络借贷信息中介机构业务活动管理暂行办法（征求意见稿）》发布后，上线存管系统便成为各大网贷平台忙碌的头等大事。2017 年 2 月 23 日，原银监会下发了《网络借贷资金存管业务指引》，明确指出网贷机构应指定唯一一家商业银行作为资金存管机构，并进一步细化了各大网贷平台对上线银行存管系统的要求，行业合规化细则也愈发清晰。

截至 2018 年 7 月底，网贷天眼数据显示，全国有 768 家网贷平台与 56 家银行签订了银行存管协议，因此，签约银行存管的平台已达 40%。与一年前的仅 10% 的数据已大有提高。

但原本要求的网贷平台的备案截止时间是 2018 年 6 月底，所以若不是备案被延迟，则至少有 60% 的平台不能达到备案条件，其中比较硬性的一个条件就是签约银行存管。

《网络借贷资金存管业务指引》（以下简称《存管指引》）下发前，银行资金存管业务主要有直接存管、联合存管和银行直连三种模式。但《存管指引》的下发宣告了银行联合存管模式的出局，此前选择了这一模式的部分平台不得不重新进行存管，合规化步伐受阻。

《存管指引》原文措辞是：存管人应对网络借贷资金存管专用账户内的资金履行安全保管责任，不应外包或委托其他机构代理进行资金账户开立、交易信息处理、交易密码验证等操作。《存管指引》答记者问中明确，第三方支付机构作为非银行支付机构，也不具备开展资金存管业务的基本条件，但《存管指引》并不禁止存管人与第三方支付机构开展支付业务合作。

于是有了第四种银行存管模式，即直接存管模式，或称第三方通道模式。下面分别介绍这四种银行存管模式[①]。

1. 银行直连：指 P2P 网贷平台直接与银行开通支付结算通道，不需要充值和提现。在交易过程中，投资人直接通过银行在线交易，回款的时候，资金直接返还投资人的投资账户。

2. 大账户模式：也就是被监管部门所否定的存管模式——联合存

---

① 资料来源：网贷之家。小彬彬，原文标题《P2P 平台洽谈银行存管的四种方式》。

管。签署的是三方协议，即银行、支付公司、平台，该种模式中第三方支付公司帮平台在银行多开了一个企业的对公账户，平台的存管账户的调配权并不在银行，依然在第三方支付，银行起不到"存管"作用，这也就是为什么此种模式会在《暂行办法》中被否定的原因。该种模式属于政策要求下的初期产物，一方面支付公司顺应政策要求与银行实施该存管业务，另一方面又不希望自己掌握的用户数据及资金账户直接交给银行，毕竟也是付出颇多才攻下的早期的第三方托管业务，再加上后期维护优化，才有了优于银行系统的产品体验。在银行方面，除技术问题外，政策尚未完全明朗的时候也不希望过多承担其中风险，再者，平台数量也多，单靠一己之力，存管推进相对麻烦不少。

目前，上线银行存管的平台有少部分是该种存管模式，区别联合存管与其他存管方式比较直接的一个方式就是可以看看充值过程，短信的发送方是第三方支付还是存管银行。不过此类均为《暂行办法》出台之前接入的，银行及第三方也在对该种模式进行优化与调整，相信很快就有符合政策要求的改进。

3. 嵌入式模式：也属于第三方与银行的合作，但与联合存管模式存在比较大的区别。首先该模式签署的是双方协议，即银行与平台、第三方与平台之间单独签署，且不是开一个总的对公账户那么简单，属于专人专户、投资人与借款人都开立了专属的个人银行账户（站岗享受银行活期收益），这就规避了大账户模式中，万一平台出现了大问题，账户被冻结，投资人到期资金无法调出的问题。银行给到个别支付接口到第三方支付，由其进行资金的结算及接受银行指令调配的资金划拨，这种方式结合了第三方的优势，体验感、灵活性会比直接存管要好上许多，如支持债权转让、自动投标等操作（很多直接存管的银行并不支持）。在此种模式的充值、提现过程中，验证码的发送方来自银行，而非第三方，银行能起到监控的作用。不过，关于这种模式，是否完全符合监管的要求存在一些争议。

4. 直接存管模式：又称第三方通道模式。此种模式算是银行直连的升级版，开户方（一类电子账户）、资金账目记录方均为银行，而第三方支付相比嵌入式存管参与度较低，仅作为一个充值通道，相当于多了一个充值渠道（如银联、中金、宝付、融宝支付等），但也因此体验感得到很好地改善。目前平台接入的往往是这种模式，且基本都会有多个充值渠道，保证资金充值的便利性及满足每个用户的不同充值需求。平台与银行直接发生关系，双方签署协议。

90%以上的平台上线银行存管系统主要集中在2016年4月之后的政策明朗阶段。

4.4.2 为什么要进行银行存管

截至2018年5月末，全国累计成立的网贷平台超过5500家，其中问题平台占到了60%多，这个比例是非常大的。正常运营平台数仅2000余家。从2013年开始，新成立的平台数量一直在增加，到2015年达到了一个高峰，然后再逐渐下降。但是，问题平台的数量一直在增加，跑路的脚步从没停止过，不得不对行业实施严格监管。

平台出问题的原因可以分成三类：经营不善、涉嫌诈骗和涉嫌自融。

第一类是经营不善。这类平台经营动机不存在问题，但是由于风控没有做好、运营没有做好，平台出现问题了。但出问题的平台中大量的是第二类和第三类，分别是涉嫌诈骗和涉嫌自融。后两类平台在2016年以前占比极高，随着监管原则和具体指南的出台，因经营不善而清算或转型的平台在问题平台中的占比有所上升。

所以，银行存管主要是防止平台涉嫌自融和诈骗的，银行存管是指由银行为 P2P 网络借贷平台开设资金存管账户，让平台投资人和借款者的资金不经过平台账户而完成借贷过程，从而避免平台自设资金池的风险，防止平台卷款跑路。自设资金池，对于 P2P 平台来讲，其标准定义就是资金流动是否先于信息流动，简单来说就是投资者资金先流出到平台指定的账户，然后再去匹配项目。这两个动作之间的时间差里，资金停留在平台账户上，资金池就形成了。当投资人充值投资时，资金先由投资人的银行账户转向了银行的投资人存管账户，如果借款成功，则由银行将投资人的资金转入借款者的银行账户，若借款失败则由 P2P 平台资金存管银行返还给投资者；当借款者归还本金和利息时，资金先由借款者的银行账户转入银行的借款人存管账户，再由银行汇款给投资者，P2P 网络借贷平台只收取部分手续费（如图 4-9 所示）。

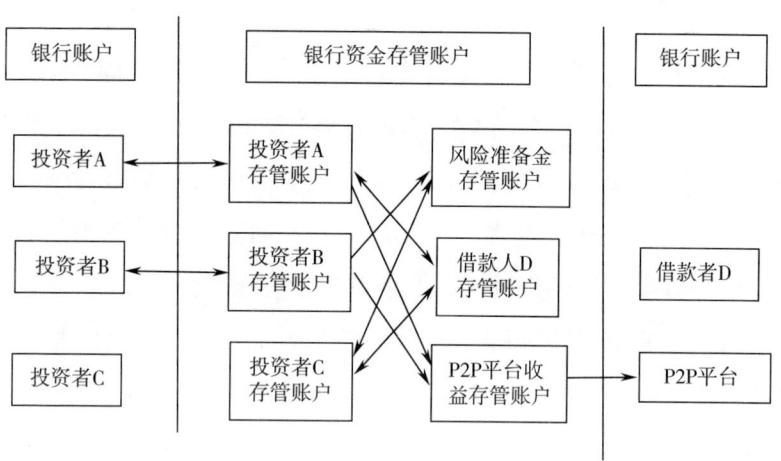

资料来源：零壹财经．阿星，原文标题《平台资金银行存管、第三方托管操作干货详解》。

图 4-9　P2P 平台资金银行存管流程

从图 4-9 可见，所有资金都不经过 P2P 平台，由于所有款项都是在银行存管账户中流转，资金始终是在银行存管账户里，从而使 P2P 网络借贷平台与投资人的资金"隔离"，也杜绝了平台私设"资金池"及非法集资的政策风险。从操作层面上我们可以看出银行存管能够防止 P2P 网络借贷平台挪用资金、卷款跑路，保障投资者的资金安全，理论上也应该能够吸引投资者，提高 P2P 网络借贷平台的人气和成交量。

第三方托管和银行存管都可以使 P2P 网络借贷平台与资金隔离，作用是一样的，为什么国家还要说银行存管？

名为托管，实为第三方支付通道。部分 P2P 网络借贷平台对外声称其平台上的资金都由第三方支付机构进行托管，但真实的情况是第三方资金托管机构仅仅提供了第三方支付功能并没有提供第三方资金托管功能。第三方支付仅作为支付通道使用与第三方资金托管具有本质区别。如图 4-10 所示，投资者进行网上充值后，资金进入第三方支付公司账户，随后第三方支付公司将充值资金结算至 P2P 对公银行账户，P2P 网络借贷平台根据实际借款情况，将资金划拨到借款者银行账户。在这种操作模式下，资金将分别经过投资者银行账户、第三方支付公司备付金账户、P2P 网络借贷平台对公账户、借款者银行账户。其中，在 P2P 网络借贷平台对公银行账户时间最长，资金缺乏第三方有效监管。第三方支付仅作为支付通道，对资金流动无实质监管，容易造成 P2P 网络借贷平台方挪用资金他用，甚至卷款潜逃。真正的资金托管是为借贷双方设置独立的个人虚拟账户，实现点对点的资金流动监控，使 P2P 网络借贷平台无法触碰用户资金。

4.4.3 银行存管就安全吗

即使 P2P 网络借贷平台使用了规范的第三方资金托管流程和银行

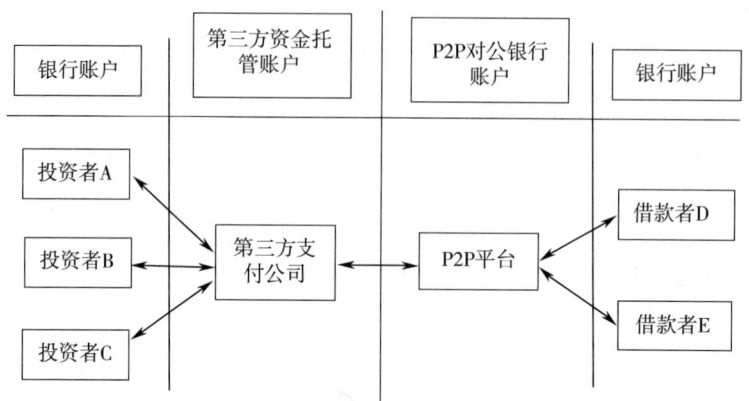

资料来源:零壹财经.阿星,原文标题《平台资金银行存管、第三方托管操作干货详解》。

图4-10 名为托管实为第三方支付通道(假托管)

存管,P2P平台运营者仍可以通过伪造借款人和借款项目,在符合第三方资金托管流程规范的前提下套走资金,第三方资金托管只是增加了作假的复杂程度和成本,但不能解决平台挪用资金的问题。第三方资金托管机构只能发挥托管作用,并没有监管职能,银行存管也一样。这意味着在相关法律不完善、缺乏监管的情况下,第三方资金托管并不能保障P2P网络借贷投资者的资金安全,也不能杜绝平台欺诈、跑路的风险,目前各大第三方资金托管的P2P平台都出现了部分"跑路"的案例也证明了这一点。随着银行存管的普及,银行存管保安全的神话也很快会破灭。

汇付天下官方介绍中对此进行了说明:"汇付天下P2P账户系统托管,是汇付天下为P2P行业量身定制的账户系统与支付服务系统。一方面,为P2P网络借贷平台开发定制账户系统,提供系统外包运营服务;另一方面,为P2P网络借贷平台提供支付和结算服务,帮助平台和用户实现充值、取现、资金划拨等服务；投资人资金划入虚拟账户后，平台无法触碰资金，避免了资金池模式。但是，我们对投资风险（包括但不限于平台或其他借款人违约）不承担任何责任，投资需谨慎。"这说明第三方资金托管机构只是对平台的资金进行托管并不对其资金来源和去向进行审核与监管，更不会对平台的业务真实性和运营情况进行监管。第三方托管、银行存管主要是防止诈骗和自融平台，对经营不善，因为坏账和亏损倒闭的平台并不起作用。实际上，若平台通过发布假标，仍然可能达到诈骗和自融的目的。

随着大平台逐渐接入银行存管，中小平台对接银行存管或只是时间问题。目前是资金银行存管合规的初期，属于第一批次的存管对接阶段，银行存管的对接要求还是比较高的，毕竟高峰期是三四千家平台寻求银行存管，银行自然可以慢慢筛选优质的平台进行对接，等第一批次筛选完成，再进行第二批次的选择，所以体量小一些的正规平台业务也是完全有机会接入的，只是时间的先后问题。但对于一些非正规运营的资金池平台或许是没有机会了，所以有不正规运营的还是尽快转型正规化运营，或许还有一线生机得到银行认可；实在掉不了头的，宜早做打算，逐步清盘线上项目，把投资人的钱都按时归还了，否则将面临严重刑罚。

短期看来，已上线资金银行存管的平台普遍较优质、规模雄厚，但后期接入的平台势必会多起来，那时候上线资金存管的"标签"作用就完全不明显了。上线资金银行存管将只是达到了最基本的合规性要求的标志。所以，将来正规性、透明度只是底线，而真正优质的平台需要依靠真真切切的优质资产。

4.5　P2P 网贷平台的"中国互金协会"标签

2017 年 3 月 18 日，中国互联网金融协会首次公布了会员单位名单，共 408 位，其中包括 2016 年入会的 395 位会员和 2017 年新入会的 13 位会员。据网贷之家不完全统计，在此次公布的中国互联网金融协会成员名单中，为 P2P 平台或关联公司涉及网贷业务的平台，共 104 家平台。

截至 2018 年 4 月末，根据网贷之家公布的平台档案统计可得，加入互联网金融协会的网贷平台，平均投资期限比未加入协会的平台的平均投资期限长，前者为 8.24 个月，后者仅 4.2 个月，但前者平均收益较后者更低，分别是 9.35% 和 11.27%。该统计数据是在剔除一些一周内没有成交量的不活跃平台之后的统计数据，若考虑交易不活跃平台，则未加入互联网金融协会的网贷平台在 2018 年 4 月的平均预期收益率为 14.29%。可见，加入中国互联网金融协会的网贷平台信用利差较小。

这并不是加入协会带来的"标签效应"，因为是否加入协会具有较强的内生性。实际上，互联网金融协会会员是在众多申请者中遴选出来的，其中银行、保险、证券、基金、期货公司占据了较多席位，而能够成为理事单位的网贷平台则少之又少。第一届共 142 家理事单位，P2P 网贷企业占 19 席。48 家常务理事单位仅有陆金所、宜信、网信集团和点融网等上榜，与它们并肩的是中国银行、工商银行、浦发银行等大机构。由此可见，P2P 网贷平台在互联网金融中的地位并非人们想象得那么重要，传统金融机构的金融科技步伐强劲，它们的创新很自然地会包括互联网化。互联网理财、互联网支付只是金融科技进步的一个过程。今后的金融科技肯定会大量应用互联网，但绝不止步于互联网的应用。

参考文献

[1] 钱金保. 货币政策在民间借贷市场有效性研究 [J]. 南方经济, 2015 (11): 53-69.

[2] 陈霄, 叶德珠. 中国 P2P 网络借贷利率波动研究 [J]. 国际金融研究, 2016 (1): 83-96.

[3] 何启志, 彭明生. 基于互联网金融的网贷利率特征研究 [J]. 金融研究, 2016 (10): 95-110.

第 5 章
基于产业周期理论的 P2P 网贷问题平台分析

5.1 产业生命周期理论及关于淘汰的研究

5.1.1 产业生命周期理论

产业生命周期理论是在产品生命周期理论基础上发展而来的。1966 年 Vernon 提出了产品生命周期理论，随后 William J. Abernathy 和 James M. Utterback 等以产品的主导设计为主线将产品的发展划分成流动、过渡和确定三个阶段，进一步发展了产品生命周期理论。在此基础之上，1982 年，Gort 和 Klepper 通过对 46 个产品最多长达 73 年的时间序列数据进行分析，按产业中的厂商数目进行划分，建立了产业经济学意义上第一个产业生命周期模型。

Gort 和 Klepper (1982) 重点研究了市场中厂商数目的变化，按产业中的厂商数目（净进入数）对产品生命周期进行划分，得到引入、大量进入、稳定、大量退出（淘汰）和成熟 5 个阶段（如图 5-1 所示），从而建立了产业经济学意义上第一个产业生命周期模型。他们认为，厂商在阶段2大量进入是源于来自外部的(产品)创新,在阶段4大量退出则是由于价格战、外部创新减少和通过"干中学"方式(过程创新)所建立的效率竞争,阶段5为产业成熟期,直至有重大技术变动或重大需求变动产生,开始新一轮生命周期。

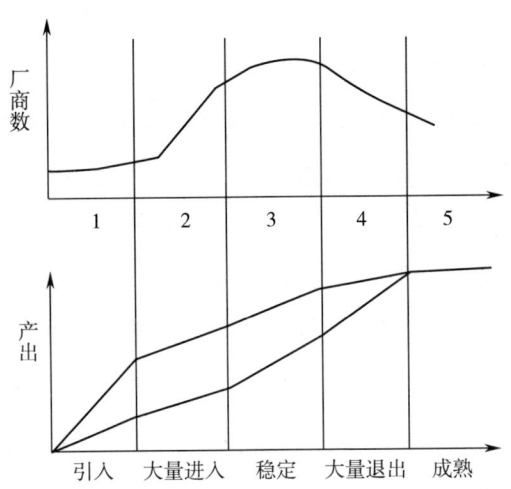

图5-1 G-K产业组织理论

该模型的突出贡献在于,强调了产业生命周期阶段的重要影响,即其对创新的特征、重要性和来源的重大影响,首次指出厂商数目存在"淘汰"(Shake-out)现象,并建立了创新方式与进入率的正式联系。

1. Klepper和Graddy产业生命周期理论

他们按厂商数目改变将产业生命周期重新划分为成长、淘汰和稳定三个阶段。出乎意料的是,数据分析表明在大量厂商被淘汰的阶段产业产出仍有较大的增长。为解释这个新发现,Klepper和Graddy提出了技术内生化的新的产业生命周期解说。该理论假定潜在进入者数量由边际成本决定。又假定整个竞争过程中由于边际成本呈递减,从而价格递减,潜在进入者数量和进入亦呈递减趋势。这样,起源于重大技术创新的产业会吸引众多潜在进入者，由于起初的技术尚不完善，进入者会携带产品创新或过程创新进入产业，随着创新的扩散，成本将快速下降。而且，过程创新更有利于在位厂商和大规模厂商，所以进入者会越来越少，而退出会越来越多。整个产业发展过程就会呈现厂商数量下降而产出上升的现象，所以淘汰并不一定是需求下降引起的。

2. Agarwal 和 Gort 的产业生命周期理论

1996 年，Agarwal 和 Gort 通过引入危险率对 G－K 模型进行了发展，研究了产业生命周期的阶段性对厂商进入与退出的综合影响。结论指出，随着产业进入淘汰阶段，由于市场成长停滞，厂商危险率水平开始上升，但危险率与厂商"年龄"成反比。与 Klepper 和 Graddy（1990）不同，该理论着重强调了产业生命周期阶段和厂商"年龄"对厂商存活的影响，而上述不同阶段进入厂商群的当期存活情况组合，就构成了厂商分布（包括规模和年龄）。这是一条深入市场结构内部的现代产业组织研究思路（the Law of Proportionate Effect）。沿着这一路径，还有多项成果产生。

3. Klepper 寡头进化理论

Klepper（1999）通过对 4 个产业发展重点案例的研究，提出了技术效率存活的寡头进化理论。假设不区分创新形式、创新机会递增，该理论建立在创新回报动态递增的基础上，一方面，创新主要产生成本降低和质量提高效果，这更有利于大厂商；另一方面，厂商进入前的相关经历也会对进入后的绩效产生重大影响。在早期，进入和产业产出同步上升，最终导致单位质量价格下降，获利减少。这导致对进入者创新能力的要求不断提升，直至无厂商愿意进入。这样，最早的进入者具有最大的创新效率，成长为最大的厂商，进行着最多的创新，从而具有最强的竞争优势。甚至在进入停止后，其不断的成长也会挤出无效者和后进入者（以不同的存活率模式表示），这样不但引起淘汰，并且导致寡头市场形态的出现。

Klepper 的寡头进化理论在思想上仍强调技术的市场内生性，在方法上回到早期的案例研究法，但运用了最新的厂商分布和厂商存活分析技术，并将对象锁定为寡头市场的形成，更具有现实性和实用性。它代表了实证产业组织学研究的新视角，即对创新型理论的技术外生性弱点进行置疑和批判的自由竞争化倾向，以及市场结构研究手段从集中度到进入、退出率，再到厂商分布的细化、深化过程。类似的研究还有 Klepper 和 Simons（2000）等。

在 G-K 模型的基础上，Klepper 和 Graddy（1990）在回复到简单阶段分类时，源于淘汰期产出增长仍较高这一意外发现，一方面建立了以"创新增加—成本下降—收益降低—进入减少"为分析主线的技术内生化产业生命周期理论；而沿着另一方面，则应用现代产业组织厂商分布理论，运用存活率函数，将阶段变量独立出来，再结合企业因素，得到了一个进退分布的内在解析。

Klepper 和 Graddy（1990）的研究引发了大量有关淘汰的研究文献，如持外在事件触发观点的 Utterback 和 Suarez（1993），Suarez 和 Utterback（1995），Christensen、Suarez 和 Utterback（1998）等，以及属内在竞争优势派的 Klepper 和 Miller（1995），Klepper 和 Simons（1997）等。而 Agarwal 和 Gort（1996）的工作则有淡化技术影响的倾向，并偏向于厂商流动与分布（Turnover and Molility）的分析思路，其后继研究还有 Agarwal（1998）等。最近，Klepper（1999）在 Klepper 和 Graddy（1990）技术内生思想的基础上，吸收了 Agarwal 和 Gort（1996）的厂商分布研究方法，得到了自己对寡头进化的新解释。总的演变路径如图 5-2 所示。但可以说，产业生命周期理论的演变还远远没有完成，在各个分支的纷争和融合中，该理论将逐步走向成熟。

5.1.2 P2P网贷平台的进入和退出分析

如图5-2所示，从2014年初开始，P2P平台进入G-K产业生命周期理论的第二阶段，大量的平台进入导致现存平台数量迅猛增长。但从2015年中期开始，进入和退出的平台数量变得旗鼓相当，现存平台数目进入稳定期，即G-K产业生命周期理论的第二阶段。随后，退出平台数保持在高位，截止到2018年第一季度末，该趋势仍在延续，与此同时，新进入数量已降到生命周期的低位。此阶段对应G-K产业生命周期理论的第四阶段。预计该阶段将还会持续一段时间。随着监管变得严厉，一部分平台将面临不合规的制裁，还有一部分平台经营管理不善，平台的退出将至少在接下来一年内持续保持高位。合规要求的提高将导致行业进入壁垒的上升，进入者数量也将持续保持低位。

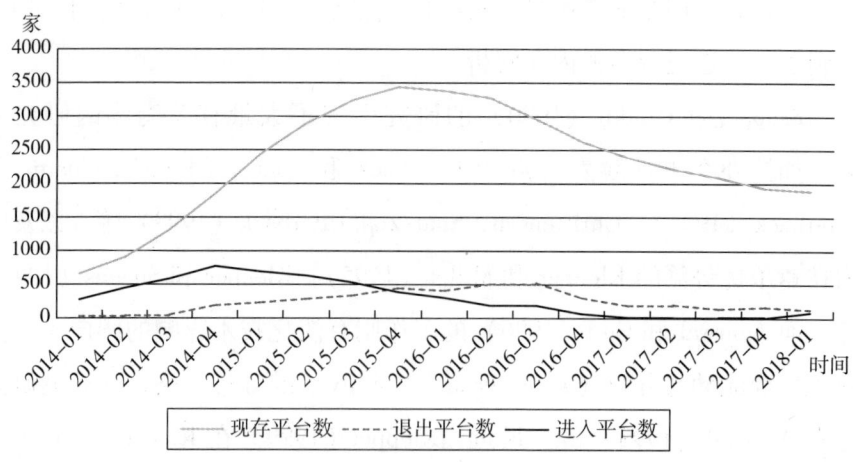

图5-2　2014—2018年各季度平台数量以及进入和退出数量

P2P网贷行业和其他行业一样，经历第四阶段——大量退出阶段，必将导致市场集中度的进一步提升。

2017年2月,成交规模超10亿元的平台28家,这些平台成交额之和超过1312.3亿元。在行业整体2043.41亿元成交规模的中国,占比接近65%。也就是说,28家平台所占的市场份额,超过了其他正在运营的2000余家平台成交总规模的1.7倍。成交规模超过50亿元的平台6家,累计成交额余额900亿元,占全国成交额的44%。

根据 Klepper（1999）的观点,最早的进入者具有最大的创新效率,成长为最大的厂商,进行着最多的创新,从而具有最强的竞争优势。甚至在进入停止后,其不断的成长也会挤出无效者和后进入者,这样不但引起淘汰,并且导致寡头市场形态的出现。这个规律在P2P网贷行业有迹可循。行业于2014年下半年开始进入分化阶段,而〈网贷之家〉综合排名靠前的平台绝大多数成立于2015年以前。

2016年被称为互联网金融行业的监管元年。2017年至2018年,对网贷平台来说,最紧迫的是满足《存管指引》的合规要求。网贷天眼数据显示,截至2018年3月末,已有607家正常运营平台宣布与45家银行签订直接存管协议（含已完成资金存管系统对接并上线平台),约占正常运营平台数的三分之一。

在监管层制定相关法律法规的同时,互联网金融机构也开始紧锣密鼓地制定自家的规章制度。2016年3月25日,中国互联网金融协会成立,后续发布了《互联网金融统计制度》《信用信息共享标准》《自律惩戒管理办法》等一系列行业规范。随后,数十省市地区也陆续成立了各自的互联网金融协会,加强行业的规范整治。从网贷档案的资料查询可知,加入全国或地方互金协会的P2P网贷平台也以老牌平台为主。

5.2 P2P 网贷问题平台的概括

5.2.1 P2P 网贷问题平台概述

《网络借贷信息中介机构业务活动管理暂行办法》明确指出：网络借贷是指个体和个体之间通过互联网平台实现的直接借贷。个体包含自然人、法人及其他组织。网络借贷信息中介机构是指依法设立，专门从事网络借贷信息中介业务活动的金融信息中介公司。该类机构以互联网为主要渠道，为借款人与出借人（即贷款人）实现直接借贷提供信息搜集、信息公布、资信评估、信息交互、借贷撮合等服务。[①] P2P 网贷平台是指以互联网作为技术背景，在网上发布借款者与贷款者的信息，将大众手中的闲散资金集中起来进行合理配置的一种具有信息中介性质的平台。P2P 网贷问题平台相应地则是在运营过程中出现各种问题的平台，包括已经不再运行的平台以及出现问题后仍在运行中的平台。

根据网贷之家的数据，2014 年 P2P 网贷平台累计数目达到了 1575 个，其中问题平台有 277 个；2015 年 P2P 网贷平台累计数目有 5121 个，其中问题平台有 1207 个；而到了 2015 年 P2P 网贷平台累计数量有 5877 个，其中问题平台有 1855 个。从 2011 年至 2016 年底问题平台累计共有 3430 个，占所有累计平台的比例为 58%。国内互联网金融方面立法的缺失和监管宽松的情况以及亡羊才补牢的态势，造成 P2P 网贷平台的从业准入门槛低、运营随意化、责任无指向的现象，问题平台的数量巨多，给行业带来了严重的负面影响，阻碍了行业的良性化成长，也给投资者带来了严重的损失。目前出现的 P2P 网贷问题平台主要有这几

---

① 摘自 2016 年 8 月发布的《网络借贷信息中介机构业务活动管理暂行办法》。

第 5 章　基于产业周期理论的 P2P 网贷问题平台分析

种表现形式：提现困难、停业（包括转型）、跑路、经侦介入与刑侦介入。问题平台中不乏诈骗性质的平台，也有众多的经营不善的平台，其主要原因是因为经营管理出现问题，使得资金周转不灵而导致资金链断裂进而无法持续经营。

1. 国外 P2P 网贷问题平台

国外 P2P 网贷行业发展较为成熟，而且由于存在较好的信用体系以及监管体系和机构，出现问题平台的数量较少。在美国，严格的监管体系使得行业门槛比较高，取得执业资格的成本也很高。一方面给 P2P 网贷行业的发展带来了制约效果，但是另一方面也非常有效地阻止了问题平台的出现。Lending Club 和 Prosper 按照有关法律，相继在美国 SEC 注册登记，接受了审核和监督，随后逐渐占据了美国绝大部分的市场。这两个平台都属于中介性质，投资者和出借者资金由第三方 Web Bank 进行处理，并且采取了 FICO 的权威征信数据，降低了贷款的风险。英国的 Zopa 也属于中介性质的 P2P 网贷平台，平台的借贷资金存于苏格兰皇家银行，与此同时也与第三方征信机构 Equifax 进行合作，保证了交易的安全性。在 2015 年 10 月，瑞典平台 Trust Buddy 公司的经营无法持续，投资人也不能进行提现与充值行为，平台处于瘫痪状态。造成这种现象的原因则是 Trust Buddy 因挪用了客户资金等违法行为，而被执法机关关闭。国外问题平台鲜有出现，主要得益于国外信用体系的成熟和监管法律体系的完整。

2. 国内 P2P 网贷问题平台

国内的 P2P 网贷平台体量大，而且越来越受到企业家的青睐，平台增长的速度一直维持在较高水平。国内的网贷平台分为五种类型：民营系、国资系、银行系、上市系和风投系。2016 年 12 月，民营系的成交量为 1011.24 亿元，银行系的成交额为 646.38 亿元，上市系的成交额为 914.46 亿元，国资系的成交额为 191.73 亿元，风投系的成交额则为 1019.33 亿元。民营系中出现问题的平台一共有 3420 家，占所有问题平台的数量为 99.7%，但是根据 2016 年平台的待还金额数据，民营系的业务总量大致占据所有平台总量的 30%，2016 年 12 月民营系待还金额为 3687.83 亿元，可见其金额还是比较大的。问题平台中失联跑路的问题平台占比八成，这说明以诈骗为目的建立 P2P 网贷平台的有许多，这些平台多以建立虚标和一些理财产品来骗取投资者的资金来设立资金池，进行非法集资，没有被监管机构发现并最终跑路。还有一些平台由于经营不善出现问题，其中最主要的原因就是资金链的断裂，很多平台为了吸引借贷双方，采取拆标等经营方式，承诺投资方较短的期限但是提供给投资方较长的还款期限，这就容易导致资金链的断裂；还有一些原因是这些问题平台的风控体系和流程不完善，借贷审核不严格、贷后管理差、对借款人的还款跟踪不及时，使得平台口碑较差，难以生存，而且若平台的推广效果不佳缺乏相应的投资者，无强大的资金支持也容易造成高成本运营而惨遭出局。

5.2.2　问题平台的发展状况

1. 问题平台的数量及规模

从 2011 年开始，P2P 网贷问题平台的数量为 10 个，2012 年和 2013 年分别为 6 个和 74 个，2014 年底网贷问题平台的数量开始增加达到了 394 个，2015 年底网贷问题平台则急剧增加到了 1688 个，为 2014 年的四倍之多，2016 年网贷问题平台数再次翻倍，当年底达到了 3429 个之多。2017 年以后问题平台的增长速度有所放缓。截至 2018 年 2 月末，累计问题平台数达 4164 家（如图 5-3 所示）。

第 5 章　基于产业周期理论的 P2P 网贷问题平台分析

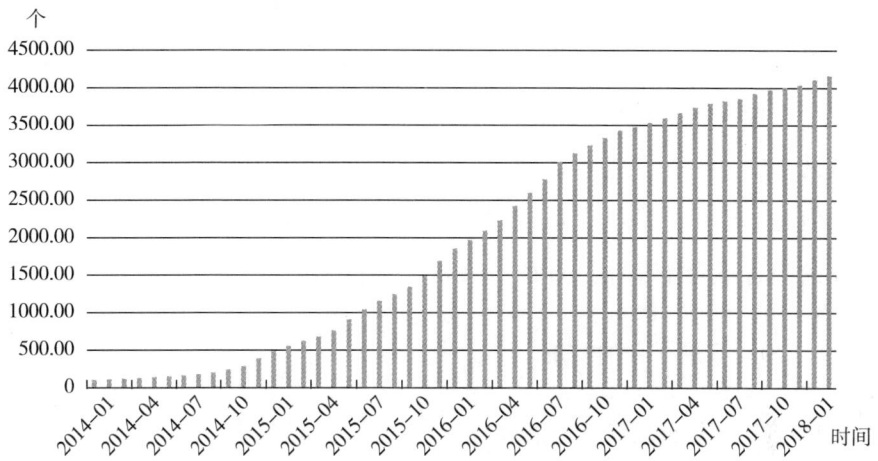

注：根据网贷之家数据整理，网址：http://www.wdzj.com/。

图 5-3　问题平台的数量

2. 问题平台造成的影响

国内 P2P 网贷行业诞生至今，有了 10 余年的历史。随着时间的推移，P2P 网贷行业从默默无闻到逐渐进入了大众视野进而成为舆论热点。行业在发展中出现了跑路诈骗等问题，由此也出现了许多的负面新闻，令人担忧的是负面新闻给 P2P 网贷行业造成了严重的不良影响，并给大众带来了 P2P 网贷平台不安全、不可靠的印象。成立于北京的"e 租宝"，注册资金 1 亿元，曾经被称为安全高收益的平台。"e 租宝"在其成立和运营过程中进行了大量的广告宣传与包装，不少投资者都是通过央视的广告而知晓该平台，认为其比较安全，便放心地投入了大量资金。但是在 2015 年 12 月"e 租宝"平台遭警方调查，涉嫌非法集资，涉案金额 750 亿元，波及的投资者有 14 万人。这一案件的发生使得众多投资者开始怀疑整个行业的安全性，也有一些人将资金撤出了 P2P 网贷平台，造成了巨大的舆论压力，严重地打击了从业人员的信心，也波及了众多无辜的平台，使整个行业受挫，加上获客成本的上升，给行业带来了巨大的损失。网贷平台的跨地域性，使得受害者分布于全国各地，这就使得维权变得极为艰难。当然，大量的负面新闻也有有利的一面，立法机构和监管部门加紧相关立法的步伐，加大监管的力度。但是对整个互联网金融行业来说，牵一发而动全身，P2P 网贷行业存在的隐患也会给整个行业的发展带来不良的影响。

5.2.3 问题平台的情况

1. P2P 网贷出现问题的表现

网贷天眼数据显示，截至 2018 年 2 月底，4000 余家问题平台中平台失联占比 64.62%，提现困难占比 19.27，终止运营占比 7.74%，平台诈骗 4.23%，警方介入 1.4%，良性退出 0.93%，暂停发标 0.28%，跑路平台 1.53%（如图 5-4 所示）。

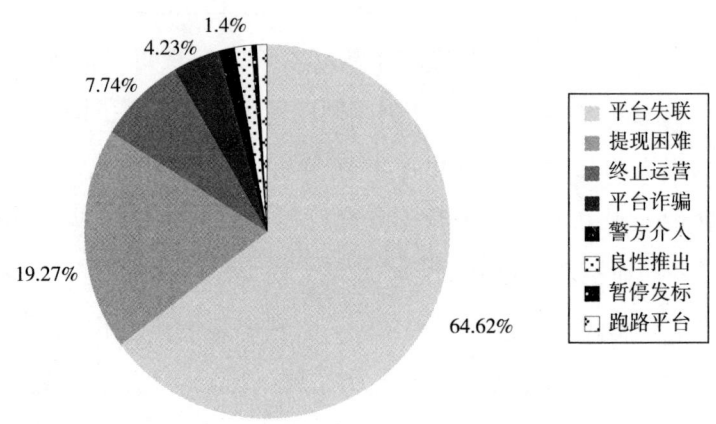

图 5-4 P2P 网贷出现问题的表现分布情况

大多数问题平台最初都会出现提现困难、限制提现、延迟提现的情况，跑路平台则出现平台网页打不开的情况。绝大多数的平台管理者会将公司的处理情况告知投资者,希望取得投资者的谅解和继续的认可,待解决好资金的流转问题后再进行业务操作,但是也有相当一部分直接打出平台高层卷款逃跑的通告,甚至还有极少一部分猖狂的诈骗平台在平台上公开声明平台自身的诈骗行为。根据案件的情况来看,绝大多数的平台高管和相关负责人都被抓捕归案,并且根据相关法律以合同诈骗罪、非法集资罪来进行量刑处理,也有一部分平台高管逃逸且不知去向,因为平台和相关负责人信息的虚假给公安机关带来了抓捕上的困难。诈骗平台所获的资金用于平台负责人的高额消费以及私下转移,具有自融性质的平台将投资者的资金投入一些投资项目,与自身利益密切相关的企业,甚至是房地产行业,一旦该投资失败或者资金链断裂就会导致平台出现问题。

2. 投资者追回资金情况

2013年有70多家平台倒闭,涉案金额约12亿元,2014年的P2P网络借贷平台涉嫌非法集资的案件数、涉案金额、涉及的人数增多,分别是2013年的11倍、16倍、39倍,涉案金额约60亿元。2015年出现的问题平台有1207个,2016年则有1855个,随着问题平台的剧增,涉案人数和金额也大幅增加,据统计2016年底涉案人数达到了20万人之多,涉案金额达到了千亿元之多。这些出现问题的平台涉案金额最低从几十万元到最高几百亿元,平台的投资者横跨了27个省市,每个问题平台波及的投资者从十几人到百万人。平台出现问题后投资者资金是否能追回成为了每个投资者最关心的问题,但是实际情况不容乐观:跑路和诈骗的平台投资者追回资金的希望尤其渺茫,异地投资、虚假的办公场所、打不开的网页、缺少相关的有效证据都给投资者维权带来了极大的困难。2016年底不到百分之五的案件立案,仅有22个案例得到了审讯,涉及的金额为10亿元。一些案件显示有关投资人追回资金的比例在20%左右，极少部分能达到80%，全额返还的情况几乎没有，也有相关问题平台承诺兑付，但是兑付的期限和金额却不容乐观。对于小额投资人来说，追索资金基本无望，所投入的精力和成本也较为巨大，于是他们采取消极的态度不采取维权行为。人民币随着监管的严格和公安部门打击力度的增大，在2016年也有一些平台负责人在未跑路前就被抓捕归案，投资者也将按照比例和先后顺序来依次取得了之前的投资金额。但是总体来说，投资者在问题平台上追回资金的难度极大。

5.3 P2P网贷问题平台的特征及其演变

5.3.1 问题平台的特征

1. 问题平台规模方面的特征

问题平台的规模较大。现有P2P网贷平台有五种不同的背景类型，截至2018年5月末，问题平台中民营系的数量为2022个，国资系的数量为26个，上市系的数量为9个，风投系的数量为1个，银行系的数量为0。一般来说，有一定背景的平台的运营资金较为雄厚，在平台布局和规模方面都比较大，而且与正常的平台相比，出现问题的平台办公场所较为偏僻并且较小，办公人员的数量和质量也明显要低。

问题平台的经营时间普遍较短。根据统计数据，运营时间不足一个月的平台占比3%，不足一年的平台占比50%，运营一年到两年的平台占比39%，两年以上的平台占比8%，可以看出问题平台的运营时间普遍较短，问题平台运营的时间段大多集中在一年左右。

问题平台的成交额一般较小。由表5-1可知，民营系平台的平均投资人数和贷款余额都较小。民营系平台的成交额占市场成交额的30%，且民营平台数量多，绝大多数问题平台都出自民营系，每个平台的平均成交额相对较小,所以与正常运营的平台相比大多数的问题平台的成交额和成交量的规模一般不大,但是近两年也有少数几个大平台被依法封查。

2014 年前的问题平台的注册资金较低。网贷平台的注册资金从零到几亿元不止,问题平台的注册资金平均金额在 3000 万元左右,对于 2014 年以前,出现问题的平台的注册金额都较低,但是从 2014 年开始法律规定注册资金已经从实缴变为认缴,对于诈骗性质的问题平台,它们可以使注册金额虚高来吸引投资者,所以注册资金作为平台实力大小指标的评估效率下降了。

表 5-1　　不同类型问题平台的运营状况

截至 2018 年 5 月底(累计)	银行系	国资系	上市系	风投系	民营系	累计
运营平台数量(个)	6	225	112	155	1413	1950
问题平台数量(个)	0	26	9	1	2022	2059
贷款余额(亿元)	1684.67	1307.39	4124.24	5024.28	4934.55	17075.13
投资者人数(万人)	32.35	40.24	121.25	204.44	176.62	574.90
借款人数(万人)	34.94	43.45	130.92	220.74	190.71	620.76
平台综合收益率(%)	7.12	8.37	7.88	8.98	11.26	—

资料来源:Wind 数据库。

2. 问题平台信息传达方面的特征

问题平台对自身过度宣传和包装。平台为了吸引投资者的注意,会通过一定的广告和宣传来提高自身的知名度,而且竭力宣传平台的可靠性和安全性。现有的 P2P 网贷平台有五种背景,很多出现问题的民营系平台都喜欢打着国资系或者银行系的幌子来迷惑投资者,在前期的推广上不惜花费重金打造广泛的知名度,利用央视的商业广告、百度认证和新浪财经等的知名宣传途径来进行市场推广,有时候也会利用名人的效应来进行宣传;平台高收益,承诺保本保息,这几个标题在宣传的过程中尤为醒目。

问题平台在信息披露中存在严重的问题。对问题平台的观察可以看出绝大多数诈骗平台的网站粗制滥造甚至还有错别字，此外注册公司的办公地点和注册资金都是虚假信息，对于外地的投资者来说也很难实地考证。而且大多数问题平台没有按照标准公布借贷者的信息和资金去向，也没有公布经过审计的财务报表等有关信息。除此之外，有些平台设立有第三方资金支付和第三方担保，但是这些第三方机构并不可靠，有一些甚至与平台有十分密切的关联关系，但是这些平台并没有加以告知。

3. 问题平台经营管理方面的特征

问题平台高管的金融从业资质不够。平台拥有的人才对于平台的发展也极为重要，网贷问题平台中高管从事金融行业的期限较短，金融知识的缺乏以及对金融行业理解不深刻都会给管理带来困难。诈骗跑路平台的高管多见于初、高中学历，无金融背景甚至不了解金融行业的高管较多。

问题平台存在比较高的收益率。由表 5 - 1 可知，2018 年民营系平台的综合收益率为 11.26%，高于其他类型。而其中问题平台的收益率更高，在早期大部分问题平台的收益率达 30% 以上，如此高的收益率蒙蔽了投资者的双眼。高收益伴随着高风险，但是收益率过高甚至远离正常区间就一定不是高风险这么简单了，可能涉及诈骗和非法集资等犯罪行为，一些跑路的问题平台多见此特征。

问题平台的风控意识和管理环节把握不够严格。具体表现在平台对借款人和贷款人的信用审核不够到位，对贷款后的钱款去向不关注。因为目前国内信用体系还未成熟，平台对借款人的选取只依据他们所提交的资料，降低了借款人的违约成本，资金逾期和高的坏账率都是审核出

第 5 章 基于产业周期理论的 P2P 网贷问题平台分析

现问题的表现。另外,平台为了吸引投资者会采取秒标和拆标等高风险的经营活动,借贷期限不一致,造成资金紧张,一旦投资者刚兑就会带来提现困难等问题,而且诈骗平台多采取秒标等方式吸引大量的投资者后就跑路了。网贷平台依靠网络为载体,数据和资金的大量输入和输出、平台的维护、提前的安全防护,这些因素就要求平台有强大的技术和资金作为支持,很多问题平台只是简单安装第三方的软件,并没有设置安全保障和网络维护,这大大增加了用户信息被盗取、资金被窃取的危险性。

问题平台还有一个最重要的经营特征就是自建资金池。出现问题的平台中有 90% 都是因为出现了建立资金池的行为。资金池模式是指投资者在执行投资决策支付现金时,这些现金并不会直接进入借款者的账户,而是先进入了平台的账户中。有一些平台伪装成借款人,而直接将投资者的资产据为己用,这就是诈骗和非法集资平台。而且由于目前网络信息数据开放程度有限,借款者留下的信息不足,投资者所了解到的信息不全面。有一些平台便趁此机会非法融资,投资者要获取多方面的信息,可能涉及的要素有:借款者个人征信数据、个人资产证明(证书和产证的真实和有效性)、借款的目的和用途、是否能提供借款后的资金去向情况等。有些平台设置了第三方作为资金池的担保等,但是第三方机构的可靠性有待商榷。有些平台打着资金托管的名号,在接受投资者资金的时候,一种情况是欺骗投资者,是投资者将钱打入自身的银行账户;还有一种情况是转入名义上的第三方账户,该名义上的第三方与自身存在密切关联关系,该行为实质上就是非法集资和诈骗。要鉴别问题平台的这一特征就需要投资者具备一定的识别能力,到权威的官方网站上查询经营许可证和公司的认证等。

5.3.2 问题平台特征的演变过程

1. 问题平台在经营过程中的特征演变

早期以平台的规模小为主要特征，平台的注册资本较低，平台的人气和成交额不高，而早期因为平台建设不完善，有相当一部分的平台因为安全技术问题而遭遇损失。

随着网贷行业的发展，问题平台开始以扩大宣传作为突破点。很多人看到了网贷行业的巨大潜力都想分一杯羹，进而导致了大量的网贷平台出现，为了争夺市场份额，吸引投资者，网贷平台纷纷转战宣传战术，而竞争的加剧造成问题平台在传达信息上的特征较为明显，高收益和承诺保本付息成为了这些问题平台的卖点，而巨额的宣传费用和少量的成交手续费也使经营状况变得岌岌可危。

网贷行业的进一步发展也吸引了资金雄厚的国企、银行和风投公司，这些大背景企业会自己建立平台或者与一些已经具有一定运营资质的平台合作。在监管加紧后，平台的背景则成为投资者看重的一个特征，但是这时就出现了一些问题平台虚构和夸大事实，把自身伪装成有具有一定背景的平台，而存在相当一部分投资者上当受骗的现象。

根据整个网贷行业的发展，我们可以看出资金提现困难是大多数问题平台的首要发生点，而资金的流动性在一定程度上反映了平台的运营能力，平台的人才背景、管理策略和风险控制都是重要的环节，风控不严格、经营项目不合理都是问题平台的特征，而对于非法集资等平台则是一定会出现问题的。由此可见，问题平台在经营管理方面的特征是贯穿了整个发展时期的。

2. 问题平台在退出过程中的特征演变

跑路平台占比问题平台的比率有所下降，停业平台逐渐增多。由表

5-2可知,2011年、2012年和2013年这三年出现问题的平台数量不多,其中跑路的平台的数量分别为:5个、4个和6个;而在2014年随着网贷平台的增多,问题平台的数量也相应地增多,跑路平台占比44%;2015年跑路的平台持续增加到了561个,占比2015年总问题平台为46%;2016年的跑路平台数量为421个,占比降低到了23%。2016年停业的平台有1222个,其中有29个转型的平台。

表5-2 问题平台的类型数量 单位:个

时间	经侦介入	跑路	提现困难	停业	停业(转型)
2011	0	5	0	5	0
2012	0	4	0	2	0
2013	0	6	62	6	0
2014	4	122	118	33	0
2015	12	561	284	350	0
2016	6	421	177	1222	29

资料来源:根据网贷之家数据整理。

问题平台从以往的诈骗跑路等退出形式开始往良性退出的方式靠近。从2011年到2016年,平台数量越来越多但是增长开始变慢,问题平台的数量也越来越多,这说明P2P网贷平台开始有了去伪存真的现象。2016年相应出现了一批停业转型的问题平台,目前的转型有几种方式:专注做某一领域的贷款,如消费贷、车贷等,转型为科技信息服务企业,进入互联网金融服务的领域;专注于P2P网贷平台等第三方服务企业,或者是兼并收购和重组等。竞争的加剧和监管的加紧,对于一些市场份额不大、经营能力不强的小平台来说,转型也许是最好的方式,P2P网贷问题平台的退出机制慢慢地也有了变化,在未来转型等一些良性的退出方式将会成为风潮(如图5-5所示)。

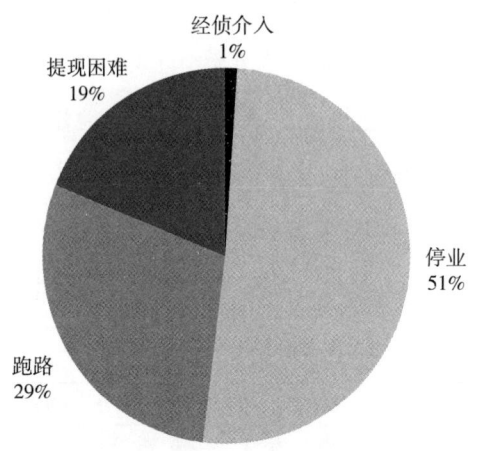

图 5-5　截至 2017 年底累计问题平台退出类型

5.4　P2P 网贷行业发展预测与建议

5.4.1　P2P 网贷行业发展预测

行业的竞争压力加大，经营成本高，客户的黏性不强使得 P2P 网贷行业整体的经营状况较差，有背景的网贷平台，如银行系、国资系等，获客成本较高，民营系平台的获客成本更高，高获客成本也加剧了经营风险。苏宁金融研究院互联网金融研究中心的数据显示，2017 年初盈利的网贷平台占比小于 1%。在这样的情况下，政府对网贷行业的关注和监督加强。从 2016 年开始，行业的自我清除机制开始运作，问题平台的数量有所增加，未来 P2P 网贷问题平台仍将大量出现，但是退出的方式将变得较为缓和，也会有较多的平台进行兼并重组；从监管细则来看，P2P 网贷平台的门槛开始变高，未来仍会有一些新的网贷平台出现，但是增长速度将会变慢。总体来说，P2P 网贷行业仍将从快速增长向稳定增长转变,业务规模与成交金额也将小幅稳定增长,大部分人气将会聚集于口碑较好、发展良好的平台,但是对于投资者来说仍要擦亮眼睛谨慎投资。

5.4.2 对 P2P 网贷平台的发展建议

1. 政府层面

政府一方面应该鼓励网贷行业的发展。根据近几年互联网金融发展状况与成交额可以看出互联网金融已经是大势所趋,互联网金融处于曲折上升的发展状态中,政府应该接纳互联网金融出现的新事物,鼓励互联网金融行业的发展并激励其创新。P2P 网贷平台本着惠普金融的原则在极大程度上给个人和小企业的投融资带来了便捷,应该予以鼓励,要推动网贷的良性发展。国家近两年出台的监管细则正是行业良性发展所急需的。2016 年 8 月国家出台了《网络借贷信息中介机构业务活动管理暂行办法》(以下简称《暂行办法》),10 月又出台了《互联网金融风险专项整治工作实施方案的通知》。《暂行办法》明确要求网贷机构不得吸收公众存款;禁止网贷机构发售金融理财产品;规定网贷机构具体金额应当以小额为主;要求银行金融机构对网贷客户资金实行第三方存管等。为避免《暂行办法》的出台对行业造成较大冲击,《暂行办法》作出了 12 个月过渡期的安排,在过渡期内通过采取自查自纠、清理整顿、分类处置等措施,进一步净化市场环境,促进机构规范发展。这些严格的政策表明了政府整治网贷行业的决心,也相应提高了网贷平台的门槛,避免了网贷平台建立资金池的风险。国外的 P2P 网贷平台出现问题的概率小,除国外征信制度的完善之外,另一个重要的原因就是政府针对网贷行业的政策一直处在行业发展的前端,在问题还未出现之前就做好了各种预防措施,极大地规避了出现问题的可能性。政府要针对行业准入方面、平台运作方面以及对出现问题平台的打击力度和对投资者的保障程度方面制定详细以及可执行性的政策制度，并积极落实和进行处理情况的反馈，不断摸索并更新现有的监管细则和法律等。

2. 行业层面

网贷行业已经建立了一些自律组织，但是各地网贷行业协会针对各地的情况制定的标准不同，在规章制度、组织结构、管理模式等方面有着较大的差别。各地自律组织和标准存在差异，自律体系尚不成熟，自律组织解决问题不积极，没有达到良好的自律效果。自律组织需要最终明确标准进行统一管理，负责行业的整体运行状况，负责从业人员的培训和继续学习。行业自律组织还应该及时监督各个网贷平台的发展状况与信息披露情况。自律组织也应该拥有信息共享系统，并根据要求建立有效的协调机制和办法，平台之间要经常交流学习，共享网贷黑名单，防止多个平台都遭到损失。平台更应该积极处理平台间的纠纷，处理好行业负面新闻，建立一个竞争有序和谐发展的网贷氛围，切实保护好投资者的权益，塑造良好的行业形象。

3. 平台层面

随着监管细则的出台，投资者投入P2P网贷平台的资金要统一交由银行存管，标的额度的设置也带来了经营上的挑战，这就会导致平台在未来要多谋求自身的业务突破口和经营管理特色。P2P网贷平台要提高自身的经营管理能力，提高风险控制的能力，加强流动性管理，通过制定风险准备金制度以及与保险公司合作等来切实保障投资者的利益，例如上海等地的"3+X科技贷"履约保证保险。P2P网贷平台要有前瞻性，掌握并分析市场情况，了解市场需求，学会创新，推出更为灵活的业务模式，吸引更多的投资者来降低经营成本，或者是通过转型、合并重组等方式来提高竞争性，降低经营风险。

5.4.3 结语

随着问题平台的退出,行业内兼并重组以及 P2P 网贷平台门槛的升高,未来 P2P 网点平台数量将会变少。一方面,政府加大了监管力度,提高了整个行业的洗牌速度,未来将会有大量不符合标准平台出局,但是良性退出率将继续增加;另一方面,随着大数据的发展和征信技术的不断成熟,我们也将迎来一个成熟的信用体系。良好的投资环境需要政府、行业和平台的共同努力,但是无论是哪种投资都有相应的风险,因此还需要投资者擦亮双眼,理性投资。

参考文献

[1] 何文茜. 101 家问题 P2P 网贷公司分析 [J]. 商业经济,2014 (13):88-89.

[2] 徐国栋. P2P 互联网金融平台运营模式、问题及治理对策研究 [J]. 开封教育学院学报,2016 (9).

[3] 张晓芳,戴道明. P2P 网贷问题平台特征成因及行业规范性研究 [J]. 鸡西大学学报(综合版),2015 (12):82-85.

[4] 孙宝文,牛超群,赵宣凯,等. 财务困境识别:中国 P2P 平台的风险特征研究 [J]. 中央财经大学学报,2016 (7):32-43.

[5] 霍伟东,王明彬. 互联网金融:平衡监管与创新——基于 P2P 网贷平台的视角 [J]. 西南金融,2015 (7):42-46.

[6] 王雪菲. 推进我国 P2P 网贷平台良性发展的思考 [J]. 产业与科技论坛,2016,15 (19).

[7] 刘江云. 网贷平台乱象治理探讨 [J]. 合作经济与科技,2016 (20).

[8] 梅安察. 问题 P2P 网贷平台特征及事发原因分析——基于百家问题

平台的调查 [J]. 财会月刊, 2014 (22): 40 - 43.

[9] 雷舰. 我国 P2P 网贷行业发展现状、问题及监管对策 [J]. 国际金融, 2014 (8): 71 - 76.

[10] 曹业奇. 我国 P2P 网贷行业规范发展程度测评与建议 [J]. 经济纵横, 2016 (8): 110 - 113.

[11] 张雄. 我国 P2P 网贷行业跑路问题研究 [J]. 智富时代, 2015 (8).

[12] 何虹. 我国 P2P 网贷平台风险控制创新存在的问题与建议 [J]. 中国信用卡, 2016 (8): 70 - 72.

[13] 武文杰, 肖旭. 我国 P2P 网贷平台问题及监管研究 [J]. 中国商论, 2016 (23): 68 - 71.

[14] 杜朝运, 黄智朗. 我国 P2P 问题平台的特征、成因及治理路径 [J]. 福建金融, 2016 (7): 57 - 62.

[15] 何剑, 王小康, 于淑利. 中国 P2P 网贷行业的风险评析——基于 126 家 P2P 网贷平台的实证 [J]. 嘉应学院学报, 2015, 33 (6): 34 - 39.

[16] 谷江波, 谭强. 我国 P2P 网贷平台的法律问题研究及风险防控对策 [J]. 企业导报, 2014 (23): 130 - 132.

[17] 顾贵敏, 黄珍珍. P2P 网贷行业面临洗牌的原因分析及对网贷平台的建议 [J]. 现代经济信息, 2016 (11).

[18] 赵玉平, 胡鹏, 马一菲. P2P 网贷平台内部评级的问题及对策分析——以人人贷和拍拍贷为例 [J]. 海南金融, 2016 (6): 65 - 69.

[19] 张家伟. 创新与产业组织演进: 产业生命周期理论综述 [J]. 产业经济研究, 2007 (5): 74 - 78.

[20] MORSE A. Peer - to - Peer Crowdfunding: Information and the Potential for Disruption in Consumer Lending [J]. Financial Economics, 2015, 7 (7): 463 - 482.

[21] JINGHUA W, RONG F. An Intelligent Agent System for Borrower's Rec-

第 5 章 基于产业周期理论的 P2P 网贷问题平台分析

ommendation in P2P Lending [C] // International Conference on Multimedia Communications. 2010: 179 – 182.

[22] CHEN J Z, NING X, BUSINESS S O, et al. Empirical Research on the Influence of Personal Information on P2P Lending's Success Rate——Evidence from Renrendai [J]. Accounting & Finance, 2013.

[23] LIN M, PRABHALA N R, VISWANATHAN S. Judging Borrowers by the Company They Keep: Friendship Networks and Information Asymmetry in Online Peer – to – Peer Lending [J]. Management Science, 2013, 59 (1): 17 – 35.

[24] BACHMANN A, BECKER A, BUERCKNER D, et al. Online Peer – to – Peer Lending – A LiteratuRe review [J]. Journal of Internet Banking & Commerce, 2011, 16 (2).

[25] WEISS G N F, PELGER K, HORSCH A. Mitigating Adverse Selection in P2P Lending – Empirical Evidence from Prosper. com [J]. Social Science Electronic Publishing, 2010.

[26] LIAN – YING M, CHEN J L. The Influence of Social Capitals on Borrower's Default Risk in P2P Network Lending——A Case Study of the Prosper [J]. Finance Forum, 2014.

[27] KLEPPER S. Entry, Exit, Growth, and Innovation over the Product Life Cycle [J]. American Economic Review, 1996, 86 (3): 562 – 583.

第 6 章
P2P 网络借贷的交易成本

6.1　交易成本的测度方法综述

6.1.1　关于交易费用的定义

对交易费用准确测度的前提是对交易费用范围的界定，自科斯（Coase）于 1937 年提出交易费用的思想以来，迄今为止，人们对交易费用的定义仍没有达成共识。

科斯在其经典论文《企业的性质》（1937）中指出使用价格机制是有代价的，这被称为交易费用思想的源头。其中，交易费用只是被看成是发现相对价格，特别是谈判、签约的成本。后来在《社会成本问题》（1960）中，科斯将这一思想具体化，指出为了进行一项市场交易，有必要找到谁是交易对手，告诉人们自己愿意交易以及交易条件是什么，要进行谈判、讨价还价、拟定契约、实施监督以保证契约的条款得以履行等。因此，科斯虽然最早发现交易费用，但仅指出了市场运行是有成本的，并没提出交易费用这个名词。后来，阿罗（Arrow，1969）在研究保险市场的逆向选择行为和市场经济运行的效率时，最早提出交易费用这个名词，将其定义为市场机制运行的费用，把交易费用的定义扩展到所有市场经济组织的范围，并认为由于市场机制的不完全，使交易运作产生了费用。随后，交易费用这一概念开始被广泛定义，学者们从合同签订与执行等角度对交易费用提出了微观层次较为具体的定义。如威廉姆森（Williamson，1985）从签订合同的事先和事后成本角度定义交易费用，并将其分为两部分：一是事先的交易费用，即为签订契约、规定交易双方的权利、责任等所花费的费用；二是签订契约后，为解决契约本身所存在的问题，从改变条款到退出契约所花费的费用。马修斯（Matthews，1986）也认为交易费用包括事前签订合同和事后实施合同的费用。埃格特森（Eggertsson，1990）指出，当个人交换经济资产所有权以及执行他们独有的权利时会产生交易费用。巴泽尔（Barzel，1997）则认为交易费用包括所有涉及转移、获得和保护权利的费用。

华盛顿大学交易学派将交易费用的定义扩展到整个人类制度的范围，其主要代表人物有张五常和诺斯（North）。在《新帕尔格雷夫经济学大辞典》中，张五常认为："在最广泛的意义上，交易费用包括所有那些不可能存在于没有产权、没有交易、没有任何一种经济组织的鲁宾逊·克鲁索（Robinson Crusoe）经济中的费用，简言之，包括一切不直接发生在物质生产过程的成本。"诺斯（1997）指出，在社会演变的大环境下，交易费用包括长期以来人际交往的所有费用。他在张五常的认识基础上，建立了完善的人类行为理论，从对人类社会分工的分析入手，把社会活动分成交易活动与转换活动两类，认为来自专业化和社会分工的收益必定来源于这两类活动，交易活动和生产转换活动都具有生产性功能。弗鲁博顿和芮切特（Furubotn 和 Richter，1997）也在康芒斯（Commons）对交易费用的定义基础上，将交易费用界定为人与人之间交往的一切费用，指出交易费用是源自建立、使用、维持和改变法律意义上的制度和权利意义上的制度所涉及的费用。可见，宏观层次的交易费用的内涵与外延经历了由窄到宽的不断变化，从最初科斯的价格机制费用，延伸到阿罗等的市场经济系统运行费用，到后来扩展到以张五常、诺斯为代表的制度运行费用。而微观层次对交易费用较为具体的定义又各具特色，呈现多样化的特点。因此，交易费用是个宽泛的概念，学者们对交易费用的定义从理论上来说仍尚未统一，由此从操作层面上来说也就更加无法广泛地运用于实证研究（Katzenstein，1996；Lipson，2002；Alexandra Benham 和 Lee Benham，1998，2001，2004）。

尽管现有研究从多样化角度来定义交易费用，但对交易费用分类研究相对较少。该领域代表性的观点主要有以下三类：

（1）诺斯（North，1986）认为，若不考虑建立制度的初始费用，交易费用可分为交易部门（Transaction Sectors）的交易费用和非市场交易费用（Non-market Transaction Costs）。在既定的制度环境下，交易部门的交易费用指的是流通于市场的那部分交易费用，或称为市场交易费用。非市场交易费用则指无法通过市场交易来衡量的费用，如获取信息、排队等候的时间、贿赂官员的支出以及由不完全监督和实施所导致的费用。

（2）弗鲁博顿和芮切特（1997）认为，交易费用的典型情形是使用市场的费用和企业内部发号施令的费用。并且在康芒斯（1934）对交易定义的基础上，将交易费用分为市场型交易费用（Market Transaction Costs）、管理型交易费用（Managerial Transaction Costs）以及政治型交易费用（Political Transaction Costs）。其中，市场型交易费用主要包括信息和谈判费用；管理型交易费用包括建立和维持或改变一个组织设计的费用以及组织运行的费用；而政治型交易费用则指提供正式和非正式组织以及与之有关的公共品的费用，它类似于管理型交易费用，具体包括建立、维持和改变一个体制的正式和非正式组织的费用和政体运行的费用。

（3）麦克卡恩等（McCann 等，2005）对交易费用的边界作了一个简单的分类（如图 6-1 所示），他们将交易费用分为与市场交易相关的费用（A）、维持市场发展的相关制度费用（B）、制度环境以及法律体制变动的费用（C）。他们认为，在不考虑制度和法律体制变动的情况下，经济体总体的交易费用应包括 A 和 B 两部分。其中，B 部分交易费用包括政府对产权界定、登记公共部门、监督和执行贸易等费用。仅仅度量 A 部分交易费用则会低估以市场为基础的经济体交易费用，若要考虑整体制度环境以及法律体制变动的情形，则经济体总体交易费用应包括 A、B、C 三部分，因为任何交易费用都依赖于一定的制度环境与法律体制（Easter 等，1998；Saleth 和 Dinar，2003）。

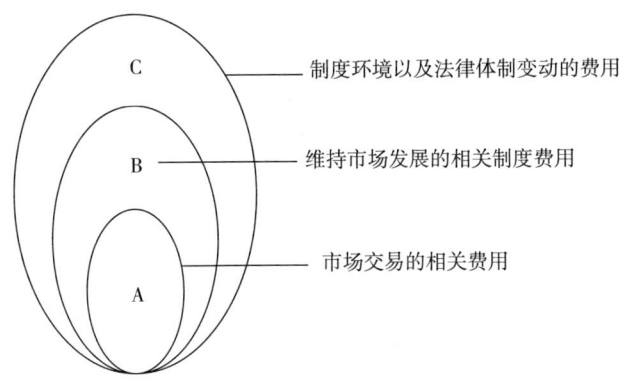

图 6-1　交 1 易费用的构成

6.1.2　交易成本的宏观测度方法综述

诺斯和威利斯（1986）在论文《美国经济中交易部门的测量：1870—1970》中对交易费用总量的测度进行了开创性的研究。他们忽略制度建立的初始成本，将经济中交易部门分为私人交易部门与公共交易部门，其中，私人交易部门包括交易行业和转换行业，公共交易部门则包括交易服务和转换服务。私人交易行业的交易费用是该行业利用的资源总价值，公共交易服务的交易费用是政府提供交易性服务的总开支，私人转换行业和公共转换服务则以该行业所雇用的交易性员工的劳动费用来度量其交易费用，最后将这些行业的交易费用加总即可得到经济体交易费用总量。得出结论，美国交易费用总量占 GNP 的比重从 1870 年的 25% 上升到 1970 年的 45%，这表明经济越发达，交易部门的比重会越大。

以 North 和 Wallis（1986）为代表的学者针对交易成本在宏观层面上进行了研究。他们在《美国经济中交易部门的测量：1870—1970》一文中对交易成本的测量进行了初步探究。测量了美国 1870—1970 年交易成本总量和其占 GDP 比例的变化情况。他们首先将社会经济中全部部门归为两类，一类是以保险业、金融业、批发零售业等为社会交易进行服务的中介部门，另一类是以第一、第二产业和部分第三产业（餐饮业等）为代表的交易部门。文章认为，整个国家总的交易成本是分别对社会经济中全部成本部门进行测度之后的总和，其中，交易部门的交易成本是采用部门员工人数乘以员工平均工资的办法进行测度的，而非交易部门的交易成本是采用从事非交易活动的人数乘以他们的平均工资进行测度的。这种方法测算的结果表明：社会经济总量交易成本随着社会经济的发达程度的提高，交易成本占国民生产总值的比例随着社会经济的发达程度的提高而减小。

甚至 Wallis 和 North（1986）也承认他们所度量的仅仅是交易部门的交易费用，即流通于市场的那部分交易费用，而忽略了非市场交易费用，因而直接采用经济中交易部门比重来度量交易费用总量有一定局限性，特别是对于欠发达国家而言，经济活动中正式的交易部门发展不完善，存在大量不可衡量的非市场交易费用（Dagnino 和 Farina's，1999）。因此，威利斯和诺斯（1986）方法低估了既定的制度环境下经济体的交易费用总量，仅仅度量了图 6-1 中 A 和 B 部分的市场交易费用，忽略了其中的非市场交易费用，而这部分交易费用在发展相对较落后的国家往往占有很大的份额，所以将其直接应用于发展中国家交易费用测度会存在很大的误差。然而，由于非市场交易费用的不可观测性和现有统计数据的局限性，直接度量其规模几乎不可能，故我们只能通过一些间接的方法对其进行计量（Cheung，2000）。

6.1.3 行业交易成本的测度方法综述

国外学者对行业层次交易费用的测度主要集中在证券市场。早期学者使用代理变量（Proxy Variables）和价差加佣金（Spread Plus Commission）两种方法来测度股票交易的交易费用。

Karpoff 和 Walkling（1988）和 Bhushan（1994）通过构造价格、交易额、公司规模、已发行股票额的代理变量，并假定这些变量与交易费用呈负相关，利用代理变量法测度证券市场交易费用。但学者普遍认为这种代理变量的方法无法直接估计交易费用，并且可能会把一些与交易费用无关的因素纳入其中（David A. Lesmond、Joseph P. Ogden 和 Charles A. Trzcinka，1999）。

斯托尔和惠利（Stoll 和 Whaley，1983）用价差加上佣金的方法测算了纽约证券交易所交易费用。研究发现，若按证券公司规模由大到小的降序排列，纽约证券交易所最大 10% 公司的交易费用占市场价值的 2.0%，而在最小 10% 公司占 9.0%。布达沃和布鲁克斯（Bhardwaj 和 Brooks，1992）使用同样方法得出交易费用在售价高于 20 美元的有价证券中占 2%，而在售价低于 5 美元的有价证券中则占 12.5% 的结论。这种价差加上佣金直接测算交易费用同样遭到了一些学者们的批评。主要体现在：首先，纽约及美国证券交易所的交易往往以买卖价差之间的某个中间价成交（Lee 和 Ready, 1991；Petersen 和 Fialkowski, 1994）。尽管罗尔（Roll, 1984）也提出了使用"有效价差"（Effective Spread）来测度交易费用，但是他的模型不能估计纽约证券交易所或美国证券交易所表单上超过半数以上的证券公司的交易费用（Harris, 1990）。其次，经纪人的佣金中只有一部分属于其执行交易的费用。譬如，约翰逊（Johnson, 1994）指出，执行成本常与经纪交易中常用的"软美元"（Soft Dollar）捆绑在一起，因而"价差加佣金"的方法实际上会夸大真实的交易费用。最后，"价差加佣金"的方法实际上只度量了流通于证券市场的市场交易费用，没有测度非市场交易费用。并且，莱斯蒙德等（Lesmond 等, 1999）认为要获得所有证券公司存在证券收益时连续时间序列的报价买卖差价数据是件很烦琐且困难的事。为了解决上述问题，他们仅利用 1963—1990 年纽约和美国证券交易所列出的所有公司每日证券收益的时间序列数据，使用托宾（Tobin, 1958）和罗斯特（Rosell, 1959）提出的 LDV（Limited Dependent Variable）模型内生估计证券市场的交易费用。结果显示，1963—1990 年纽约证券交易所最大 10% 公司和最小 10% 公司的平均交易费用分别占其市值的 1.2% 和 10.3%，并且与已有的"价差加佣金"方法所得出的结论相比，验证了"价差加佣金"方法确实存在夸大真实交易费用的情况。

Polski（2001）从 Wallis 和 North（1986）的研究方法中得到了启示，对 1934—1998 年的美国商业银行业中的交易成本进行了数值测度。在他的研究中，商业银行的交易成本包括商业银行利息支出和非利息支出。他的研究表明，在过去的 1934—1998 年，美国商业银行的交易成本状态先上升后下降的趋势，从 69% 到 85%，然后下降到 77%。

6.2　P2P 网贷交易成本的构成与测度

6.2.1　P2P 网贷交易成本的构成

由于借贷双方是通过网贷平台撮合而完成交易的，所以对借贷双方而言交易成本中的绝大部分是交给平台的中介费。而中介费的大部分用于撮合交易，即支付平台的运营成本，这部分是 Wallis 和 North（1986）所指的市场的交易成本。此外，借贷双方还有一些非市场的交易成本，例如出借方的搜寻平台和搜寻项目的搜寻成本，借款人提供验证材料的成本，这些没有产生市场交易，因此不能准确测度。

有了 P2P 网贷平台作为信息中介之后，借贷双方的交易成本仍然可以按网贷交易过程分为事前、事中和事后三部分，只不过，交易成本的产生都是由网贷平台在事前、事中和事后的中介服务中产生的，形成了网贷交易平台的运营成本，而最终由借贷双方来承担。

在 P2P 网贷模式下，网贷交易成本的产生及其构成如下。

首先，事前的交易成本。信息收集成本是事前交易成本中最重要的组成部分。P2P 网贷模式下，网贷平台作为中介降低了网贷双方搜寻对方的交易成本，但网贷平台的搜寻成本却是不可忽视的，后者成为事前交易成本的主要内容，包括"获客成本"、借款人征信调查成本、谈判及缔约成本。P2P 网络借贷是一个综合的信息技术服务平台，它以互联网资源为依托，借贷的全流程基本可以实现高效的无纸化操作，包括合约的邀约与签订、资金的流进与流出以及理财产品的销售、收益分配等都在互联网上完成。对比于传统的金融机构，这使得企业运转效率大大提高，经营成本也大幅降低，传统实体网点的优势将消失殆尽。同时，高效快捷的合约谈判充分地使谈判成本最小化，传统银行金融机构的窗口人员与营销人员的常规工作也将被网络信息技术的应用所取代。

其次,事中的交易成本。事中主要是监督成本,为提高交易的安全性,有些借贷平台在借款期限内,借款的流转与运作情况被后台人员定时定量跟踪,后台人员会有效催促低质量借款人按时还款,这就产生了一定的人工费用。

最后,事后的交易成本。P2P 网络借贷平台的事后交易成本主要有监督违约成本、第三方担保费用以及坏账垫付成本。监督违约成本是指在借款流转期间,为防止借款人违约,平台对其实施持续监督的成本。其中,在通过全面的贷前审核和贷中监督后,违约风险被借贷平台控制在可控的区间内,贷后监督违约成本的降低在一定程度上得益于较高的贷前交易成本。同时,P2P 网络借贷平台也会在我国法律监督的灰色地带中寻找机会,提取风险准备金,此举有逃避监管的嫌疑,但此举确实使得贷后交易成本被有效降低。贷后交易成本还有一大组成部分是第三方担保费用。担保制度在借贷行业内普遍存在,现在大多数的 P2P 网贷平台或是规范自身的担保制度,自身提供担保,或是与担保公司合作。为分散风险,也为吸引外界资金投资,多数平台引入担保机制。目前,在坏账先行垫付方面,实行会员制是我国很多 P2P 平台采取的措施,当借款人发生逾期还款的概率发生时,如果借款人为平台的注册会员用户,那么平台就会出资先行垫付,垫付比例根据情况不同相差较大,从垫付本金的 50% 到全额垫付不等,坏账垫付的成本由此产生。坏账出现的概率在现实过程中虽然不大,但是对于本身实力就很有限的 P2P 平台来说,一旦出现一次坏账,其损失就非常大。

6.2.2 宜人贷交易成本的测度

对于 P2P 网络借贷的交易成本,目前没有学者真正研究这一主题,所以本章就在前人研究传统金融行业交易成本的基础上,利用类比的方法来对新兴的 P2P 网贷交易成本进行类比计量。即采用第四章提到的方法——代理变量法来对宜人贷的交易成本进行测度。

对于一笔网络借贷交易而言,在没有交易成本的情况下,融资者由于借款而付出的代价(即支付的利息)即为投资者所获得的报酬(即获得的利息)。而事实往往这两者之间是不等的,融资者付出的利息往往高于投资者获得的利息,而高出的部分即为该笔贷款交易的交易成本。在利用 P2P 网贷进行贷款时,这部分高出的费用就被网贷平台所获取,即为网贷平台的收入。所以平台的收入是交易成本的一部分。另外,由于网贷的过程分为事前、事中和事后,每一部分的费用都是由于交易而产生的,也属于交易成本的一部分。从宜人贷公司的财务报表中可以看到,总的经营成本在报表中表现为总的运营成本和费用,它包括三部分:销售与市场营销费用;起源和服务费用;常规行政部门费用。正如前文所说,贷款分事前、事中和事后三个环节。事前产生的获客成本、搜索信息等成本,属于前期的销售费用,即为宜人贷的销售与市场营销费用。事中的制定交易合约的成本,为达成交易合约产生的讨价还价成本、合约修改成本等属于宜人贷的服务费用,事后的监督及违约成本即为宜人贷的行政部门费用。总的来说,交易成本三阶段的费用均被囊括入总的运营成本和费用中。通过查看宜人贷公司年报,我们可以找到 2013—2016 年宜人贷公司的相关数据(如表 6 - 1 所示)。

表 6 - 1　　　　宜人贷上市公司年报部分数据　　　　单位:千元

项目	2013 年	2014 年	2015 年	2016 年	
	RMB	RMB	RMB	RMB	USD
合并业务报表概要					
净营业收入	19247	196525	1313639	3237991	466368

续表

项目	2013年 RMB	2014年 RMB	2015年 RMB	2016年 RMB	2016年 USD
经营成本和费用					
销售与市场营销费用	32091	137746	679771	1571038	226277
起源和服务费用	18693	21820	86360	180076	25936
常规行政部门费用	30724	64637	137114	402111	57916
总的经营成本和费用	81508	224203	903245	2153225	310129
利息收入	—	—	4799	36843	5306
与合并资产支持融资实体有关的公允价值调整	—	—	11333	19735	2842
营业外收入			—	575	83
所得税前损失/收入	51283	27678	403860	1102449	158786
所得税费用/利润	—	30	-128521	13949	2009
净损失/收入	51283	27708	275339	1116398	160795

资料来源：宜人贷公司年报。

从表6-1中我们可以提炼出有价值的信息，汇总可得表6-2。

表6-2　　　　　　　　宜人贷交易费用率　　　　　单位：万元,%

年份	净收入	年总成交金额	交易费率
2014	19653	222856.2	8.82
2015	131364	955761.3	13.74
2016	323799	2027792.7	15.97
2017	55.43	414.06	13.39

数据来源：宜人贷2015年、2016年、2017年年报。

从表6-2中可以发现，宜人贷的年度净收入和费用是递增的，年总成交额也是递增的，交易成本占成交额的比例2014—2015年呈上升趋势，但2017年已降至相对较低水平。交易成本占成交额的比例在10%~20%。这个比例比一般民间借贷成本略低，但高于证券融资成本和银行融资成本。

根据宜人贷年报,不同信用等级的借款人交易成本占借款额的比重不同(如表6-3所示)。

表6-3　　　　宜人贷不同信用等级借款的交易成本占比

信用等级	交易成本占借款额之比(%)	
	2015年	2016年
A	5.6	5.6
B	18.5	17.3
C	26.4	24.8
D	28.2	27.6

6.3 宜人贷交易成本与传统金融交易成本的比较

6.3.1 宜人贷与IPO融资的交易费用比较

比较宜人贷和证券行业发行费用可见,总体而言,宜人贷与证券公司相比,前者提供的融资在成本与效率上都还相对处于劣势,但如果单就小额贷款而言,证券公司提供的融资则不占优势。

宜人贷与小微金融机构相比,其交易成本已大大降低。另外,宜人贷在借款类型和借款数量上的弹性,会使借款者倾向于从网络平台贷款,从而对小额贷款公司的发展造成一定的冲击(见表6-4)。

表6-4　　　　2017年证券行业发行费用按募资规模分布

单位:家,亿元,%

募集资金规模	上市企业	发行费用	最高发行费率	最低发行费率	平均发行费率	中介费用		
						承销保荐费	审计费	律师费
<5亿元	293	112.99	28.78	6.43	13.79	78.6	14.03	7.31

续表

募集资金规模	上市企业	发行费用	最高发行费率	最低发行费率	平均发行费率	中介费用		
						承销保荐费	审计费	律师费
5 亿~10 亿元	95	56.39	16.13	3.88	8.78	43.22	5.55	2.82
10 亿~20 亿元	37	29.49	11.13	2.95	6.45	23.79	2.29	1.27
>20 亿元	11	12.25	8.46	2.13	4.17	10.47	0.77	0.28

资料来源：Wind。

由表 6-4 可见，通过大型 P2P 网络借贷平台借贷的交易成本和募资规模小于 5 亿元的公司 IPO 募资的发行费率相当。不同的是，P2P 网贷的平均期限为 2~3 年。为满足中短期借款需求付出与 IPO 相当的费率是相对较高的。但通过 P2P 网络借贷融资的主体与 IPO 融资的主体是不同的，前者通常融资能力要弱得多，如果有其他成本更低的融资渠道，借款人就不会通过 P2P 网络借贷来进行融资。所以，将 P2P 网络借贷的交易成本与发行证券融资的成本进行比较的意义不大。但上文所计算出的宜人贷的交易成本费率略大于 10% 的这个参考数据对于评估 P2P 网贷借贷的效率还是有意义的。从表 6-5 可以算出宜人贷借贷交易成本率的年化值约为 6%，考虑到宜人贷 2017 年的综合利率为 11.25%，可以推算出宜人贷借款人的借款成本率约为 17%。这对于信用等级不高、融资难的中小企业来说，是在有好项目的情况下可以接受的一个融资成本。从表 6-3 宜人贷年报披露的分等级借款人交易成本的情况来看，A 等级借款人的交易成本只有 5.6% 左右，意味着交易成本引起的年化借款成本增加只有 2%，所以其借款成本负担比较轻，甚至可以与发行债券融资等融资方式相提并论了。加上 P2P 网贷融资速度快，所以可能成为一些高信用等级借款人的紧急融资备选方案。

若再考虑宜人贷的平均借款期限，则可以计算出借款人年化交易成本率。见表 6-5。可见平均而言，宜人贷的借款人年化借款交易成本率接近 6%。这个年化交易成本率高于传统融资渠道，但对于通过传统渠道融资困难的企业来说还是可以接受的。若再结合信用等级和借款期限来考虑，则信用等级高的借款人，其年化交易成本率是较低的。再次证实高信用等级借款人可以将 P2P 网贷融资作为快速融资的备选方案。

表 6-5　　　　　　　宜人贷年化交易成本　　　　　单位:%，年

年份	交易费率	平均借款期限	年化交易费率
2014	10.56	1.9	5.56
2015	14.37	2.5	5.75
2016	17.59	2.75	6.40
2017	13.39	2.5	5.36

6.3.2　宜人贷与银行借款的交易成本比较

宜人贷与银行相比较来看，虽然宜人贷的平均交易成本相比于银行而言稍微高了一些，但就小额贷款而言，其交易成本在人们可接受的范围之内。并且从其他方面而言，宜人贷小额贷款的门槛低，贷款方便，这大大有利于网贷的发展。

由于银行的主营业务即为存贷款业务，从整体来看，银行的贷款业务所收到的利息收入与存款业务所支付的利息支出的差额即为一笔存贷款业务中所产生的交易成本。所以以银行的净利息收入作为借贷业务中的交易成本的代理变量。交易成本除以总金额，得到交易成本的费率。

以工商银行为例，选取了工商银行近六年的数据进行分析，结果见表 6-6。

表 6 – 6　　　　　2011—2016 年工商银行各年份指标数据

年份	利息净收入（亿元）	发放贷款总额（亿元）	平均交易成本（％）
2011	3553.38	72466.27	4.90
2012	4091.31	81683.69	5.01
2013	4297.12	91694.46	4.69
2014	4774.11	101842.15	4.69
2015	4912.01	110264.76	4.45
2016	4718.46	127673.34	3.70

资料来源：工商银行历年年报。

由对工商银行交易成本的测度可知，在 2011—2016 年，商业银行的平均交易成本基本稳定并且略有下降。同期相比，宜人贷 A 级借款人 5.6% 左右的交易成本还是略高于商业银行 4% 左右的平均交易成本。因此，对于高等级借款人来说，通过银行借款的交易成本仍低于 P2P 网贷。而对于低等级借款人来说，因为其通常根本无法从银行借款，所以虽然其通过 P2P 网贷借款的交易成本更高，但也可能已经是其最佳融资途径。

6.4　P2P 网络借贷交易成本进一步讨论

6.4.1　政策制定和维护成本

麦克卡恩等（McCann 等，2005）将交易成本分为与市场交易相关的成本（A）、维持市场发展的相关制度成本（B）、制度环境以及法律体制变动的成本（C）。前文以宜人贷为例计算的交易成本只是"与市场交易相关的成本（A）"。

2016 年被称为互联网金融监管元年，监管体系和监管制度从无到有的创立，其成本属于麦克卡恩等（McCann 等，2005）所定义的"制度环境以及法律体制变动的成本（C）"。2016年3月25日，中国互联网金融协会成立。4月14日，国务院组织14部委宣布在全国范围内启动为期一年的互联网金融专项整治，并出台了《互联网金融风险专项整治工作实施方案》，分为摸底排查、清理整顿、评估、验收四个阶段，该方案的出台让全国陆续掀起了行业大排查。8月2日，互联网金融协会下发互联网金融行业信息披露规范，对网贷平台的信息披露作出了具体的要求和规定。8月24日，原银监会等四部委联合出台了《网络借贷信息中介机构业务活动管理暂行办法》，作出了12个月过渡期的安排。其规定网贷借贷金额应以小额为主，并明确划定了借款人的借款上限，明令禁止债权转让、设立资金池等行为。截至2018年底，网贷的监管体系建立和制度的建立仍在进行中，所以"制度环境以及法律体制变动的成本（C）"短期是非常巨大的。

随着监管体系逐步建立和完善，在不考虑制度和法律体制变动的情况下，经济体总体的交易费用应包括A和B两部分。其中，B部分交易成本包括政府对产权界定、登记、监督和执行等成本。

6.4.2 非市场化交易成本

根据诺斯（North，1986）对交易成本的分类，若不考虑建立制度的初始成本，交易成本可分为交易部门（Transaction Sectors）的交易成本和非市场交易成本（Non-market Transaction Costs）。在既定的制度环境下，交易部门的交易成本指的是流通于市场的那部分交易的交易成本，或称为市场交易成本。非市场交易成本则指无法通过市场交易来衡量的成本，如获取信息、排队等候的时间、贿赂官员的支出以及由不完全监督和实施所导致的成本。对于P2P网络借贷，由于网贷平台的非市场交易成本，例如获取信息、贿赂官员的支出以及由不完全监督和实施所导致的成本均已外化为市场交易成本,通过向借贷双方收取服务费的形式予以补偿。上文中以宜人贷为例所进行的交易成本的计算已将其涵盖进去了。对 P2P 网络借贷中存在的非市场交易成本政府部门维持制度的成本之外,主要还包括借贷双方的信息搜寻成本、排队成本等。这部分交易成本对借贷双方而言自古就有,在有了网络借贷平台之后,这部分交易成本大幅降低了,但仍然存在,无法准确测度。可以从各网贷平台用户对于排队或资金站岗状况的评论中见到这部分交易成本在各平台之间不均衡,对同一平台纵向比较有时也变化。随着监管趋严,网贷平台经过优胜劣汰、去伪存真,以及信息披露质量大幅提高之后,相信投资者对优秀平台的搜寻成本将会不断降低。

参考文献

[1] 科斯. 企业的性质. 论生产的制度结构 [M]. 上海: 三联书店, 1994.

[2] 奥利弗·E·威廉姆森. 治理机制 [M]. 北京: 中国社会科学出版社, 2001.

[3] 张五常. 经济组织与交易成本 [M]. 北京: 商务印书馆, 2000.

[4] 杨小凯, 张定胜, 等. 经济学: 新兴古典与新古典框架 [M]. 北京: 社会科学文献出版社, 2003.

[5] 杨青龙, 刘双. 交易成本变化对产业升级的影响: 文献综述 [J]. 经济问题探索, 2016 (1).

[6] 孙瑜. 交易成本测度研究综述 [J]. 商业时代, 2013 (6).

[7] 孟丽青. 交易成本的含义及其度量综述 [J]. 商场现代化, 2009 (6).

[8] 孙国锋. 交易成本的本质、原因和度量分析 [J]. 天津社会科学, 2003 (1).

[9] 笪凤媛, 张卫东. 交易成本的含义及测度: 研究综述及展望 [J]. 制度经济学研究, 2010 (1).

[10] 刘师媛. 我国 P2P 网络借贷与小微企业融资成本研究 [J]. 互联网金融, 2015.

[11] 胡凯, 周鹏. 非市场交易成本的测度及其应用: 研究综述和展望 [J]. 制度经济学研究, 2013 (2).

[12] 谢平, 邹传伟. 互联网金融模式研究 [J]. 金融研究, 2012 (12): 1-21.

[13] 零壹财经. 中国 P2P 借贷服务行业白皮书 2014 [M]. 中国经济出版社, 2014.

[14] 宋鹏程, 吴志国. 生存之道: P2P 借贷平台的业务模式研究 [J]. 新金融, 2013 (1).

[15] 李勇. 中小企业融资困境、民间借贷困境与制度改革 [J]. 当代经济管理, 2013 (2): 85-92.

[16] 潘超. 对 P2P 网贷助普惠金融体系发展的思考 [J]. 金融科技时代, 2013 (8): 101-103.

[17] 张春霞, 蔡炎宏, 刘淳. 竞争条件下的 P2P 网贷平台定价策略研究 [J]. 清华大学学报 (自然科学版), 2015 (4): 470-474.

[18] 郭海凤, 陈霄. P2P 网贷平台综合竞争力评价研究 [J]. 金融论坛, 2015 (2): 12-23.

[19] 曹飞燕. 互联网金融时代商业银行变革方向 [J]. 金融创新, 2013 (11): 2-4.

[20] 张子春, 张平. 互联网金融前景 [J]. 中国投资, 2013 (5): 2-3.

[21] 宫晓林. 互联网金融模式及对传统银行业的影响 [J]. 南方金融, 2013.

[22] 冯娟娟. 互联网金融背景下商业银行竞争策略研究 [J]. 现代金融, 2013 (4): 14-16.

[23] 何双喜. 股票交易成本与交易制度比较研究 [J]. 经济纵横, 2003.

[24] 钱津津, 谢明荣, 钱林枫, 等. 论互联网金融与传统金融营销思维的差异 [J]. 中国商论, 2017 (1).

[25] 张鹏程. 中小企业融资策略的转型: 从传统贷款到供应链金融 [J]. 上海管理科学, 2016 (6).

[26] 熊洎. 浅析互联网金融对银行传统贷款业务的影响 [J]. 现代经济信息, 2014 (8).

[27] 杨素娟, 卢爱珍. 互联网金融对资金配置的影响研究——基于 P2P 与传统银行业贷款比较 [J]. 当代经济, 2015 (8).

[28] 王钰娜, 雷禹. 从宜人贷看 P2P 公司的上市之路 [J]. 互联网金融, 2016 (3).

[29] 谢平, 陈超, 陈晓文. 中国 P2P 网络借贷: 市场、机构与模式 [M]. 北京: 中国金融出版社, 2015.

[30] 伍山林. 交易成本定义比较研究 [J]. 学术月刊, 2000 (8): 8-22.

[31] 李雷鸣, 陈俊芳. 供需矛盾与交易成本的构成 [J]. 经济学家, 2004 (5): 76-81.

[32] 王颜齐, 郭翔宇. "交易成本两分": 一个关于交易成本的研究范式 [J]. 制度经济学研究, 2012 (3): 117-148.

[33] 赵红军, 尹伯成, 孙楚仁. 交易效率、工业化与城市化——一个理解中国经济内生发展的理论模型与经验证据 [J]. 经济学 (季刊), 2006 (3): 1041-1061.

[34] WILLIAMSON O. E. Markets and Hierarchies: Analysis and Anti-trust

Implication: A Study in the Economics of Internal Organization [M]. New York: Free Press, 1983

[35] WALLIS J, NORTH D C. Measuring the Transaction Sector in the American Economy: 1870—1970 [A]. Engerman S L, Gallman R E. eds. Long – Term Factors in American Economic Growth. Chicago: University of Chicago Press, 1986: 95 – 161.

[36] DE SOTO H. The Other Path [M]. New York: Harper & Row, 1989.

[37] R. M. SOLOW, A Native Informant Speaks. Journal of Economic Methodology, 2001.

[38] MIKKO KETOKIVI. Transaction Cost Economics As a Constructive Stakeholder Theory, Academy of Management Learning & Education, 2016.

第二篇

P2P 网贷组织结构与投资者行为研究

第 7 章
P2P 网贷平台的本息保障模式对投资者行为的影响

7.1 P2P 网贷平台的本息保障模式

7.1.1 五种常见风险保障模式

对 P2P 网贷投资者的调查中,有超过 90% 的投资者坦言,之所以进入这个市场,最大的原因就是收益高,平台承诺"本息保障"。纵观国内理财市场,目前只有银行存款可以实现"本息保障",即使银行也还有倒闭的风险。那么,P2P 网贷是怎样实现"本息保障"的呢?

投资者登录 P2P 网贷平台,"本息保障"等字样一般都放在最显眼的位置,一些平台甚至专门把"本息保障"4 个字放大,可见它们都把"本息保障"作为主要的宣传点。进入"本息保障"的信息页,可以看到整个页面都是在介绍"本息保障"计划、风险准备金账户规则等实现"本息保障"的方式方法。

调查发现,目前网贷平台的"本息保障"和"本金保障"一般分为平台自身担保、担保公司担保两种方式。平台自身担保一般都宣称有足额的抵押物或者有风险赔付资金，担保公司担保则是平台把违约风险一部分转嫁给了合作的担保公司。也有一些平台是推出多种方式组合，来实现"本息保障"或者"本金保障"。

1. 出借人自担风险模式

（1）代表平台：拍拍贷、点融网。

（2）运作模式：仿照国外的模式，平台仅充当信息中介，核心在于借款审核和资金定价。投资人根据借款人的信用评级和个人的风险偏好决定是否借出，投资人自身承担全部投资风险。

（3）保障范围：出借人自行承担风险，平台不承担任何责任。

（4）优点：易于采用数字化、自动化的审贷技术，交易成本较低；借贷金额一般较小，风险比较分散；一般采用等额本息的还款方式，借款人的还款压力较小，风险逐期降低。

（5）缺点：现阶段我国的信用环境并不完善，平台和借款人之间信息不太对称，个人对借款进行信用评级和合理定价难度较大；借款无抵押和担保，投资人面临着较大的信用风险，项目一旦出现逾期只能依靠自身进行追款或承担损失。

（6）发展趋势：由于与当前国情不大吻合，目前采用该模式的平台很少，其中最典型的代表——拍拍贷也推出了本金保障计划，即采用风险准备金（后改称质保专款）模式。今后随着"刚兑"理念的打破，出借人自担风险的模式会得到推广。

风险分散化是P2P网贷与生俱来的安全保障模式。由于P2P是个人对个人的借贷，借贷金额往往较小，而平台设置的最低投标金额也很低（低至10元即可投标），因此投资者往往是在多个借款项目上出借，自然而然地实现了风险的分散化。

在欧美国家，金融市场高度成熟，具有可靠的信用体系，投资者的

第 7 章　P2P 网贷平台的本息保障模式对投资者行为的影响

风险意识也较强，因此凭借风险分散化以及信用评级体系便可支撑 P2P 发展。然而，我国的金融市场还处于改革之中，征信体系不完善，投资者的理财意识和风险意识也相对薄弱，仅靠风险分散化是不够的。这也是 P2P 在 2007 年至 2012 年持续受到抑制的一个重要原因（如图 7 – 1 所示）。

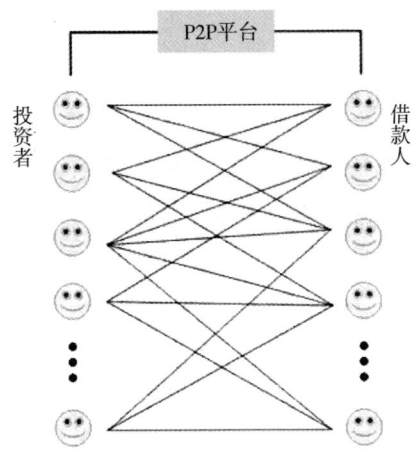

图 7 – 1　网贷的风险分散化

2. 风险准备金模式

（1）代表平台：人人贷、红岭创投。

（2）运作模式：平台在每笔借款成交时均提取一定比例的资金存入风险准备金账户，当借款出现严重逾期时（一般为逾期满 30 天），以当时风险准备金账户余额为限向投资人垫付逾期本金或本息。

（3）保障范围：平台根据项目评级和投资人的情况会有不同的规定，一般有本息全保、只保本金、VIP 用户保本金、特定用户保本金等。

（4）优点：风险准备金的提取和垫付，相当于平台内部为每笔借款购买了保险，平台上的所有出借人组成一个保险互组组织。在违约率未失控的情况下，风险由这个保险互组组织承担，但超出风险准备金支付能力的部分由投资人承担，比较符合当前国情，故采用该模式的平台较多，核心在于风险准备金的提取比例和管理方式。

（5）缺点：若风险准备金的提取比例有限，不能覆盖全部的坏账损失，则投资人只能获得一定比例的代偿；若风险准备金没有进行托管，则容易存在虚假账户或资金被挪用的情况，则投资人利益无法得到保障。

（6）发展趋势：在合规压力下，取消风险准备金将是大势所趋。曾经该模式的代表人人贷网站宣布于2017年11月30日起取消风险准备金。

2016年8月，中国银监会、工信部、公安部与网信息办下发的《网络借贷信息中介机构业务活动管理暂行办法》（以下简称《暂行办法》）中指出，"网络借贷信息中介机构不得提供增信服务"。不少网贷专业人士认为，关于风险备用金存废争论的焦点在于"风险备用金意味着平台提供了增信服务，与平台信息中介的定位相悖"。《暂行办法》中明确平台不得直接或变相向出借人提供担保或者承诺保本保息，如果风险准备金由平台设立资金，无形中给投资人增加保障，同时存在向出借人提供担保的嫌疑。监管之下，不少平台开始在风险准备金名称上做文章，将其改名为"质量服务保障服务金""质保服务专款""公益维权基金"等。事实上，风险准备金的模式并没有改变，仅仅是换了个"马甲"而已。

随后，北京下达的《整改通知书》中包括禁止设立风险保证金、准备金、备付金等提供担保，或者以此进行宣传。随后监管部门给出的整改意见，可以设置风险准备金，但是不能叫准备金而应该叫风险缓释金，而且资金不能从交易额中提取，需要从平台的盈利中提取，不允许平台借此进行披露以及宣传。显而易见，监管部门强调的并不是平台设立风险准备金，而是禁止平台通过这笔资金宣传投资项目保本保息。

3. 第三方担保模式

（1）代表平台：陆金所、合拍在线。

（2）运作模式：借款人委托与平台合作的第三方担保机构对借款进行担保，一旦借款出现严重逾期则由担保机构进行代偿或债权收购。

（3）保障范围：平台根据项目评级和投资人的情况会有不同规定，一般有本息全保、只保本金等。

（4）优点：担保机构也会对借款进行审核，增加多一重的风险防范；项目一旦出现逾期坏账，由担保机构先行代偿或债权收购，保障投资人的资金安全。

（5）缺点：担保公司的担保额度受本身资产的限制，根据2010年银监会等多部委联合制定的《融资性担保公司管理暂行办法》，融资性担保公司的融资性担保责任余额不得超过其净资产的10倍。然而由于业务发展速度过快，很多担保公司根本无法在这"10倍杠杆"的合法范围内做保，因此导致超额担保的现象。

（6）发展趋势：这是被采用最多的模式，被众多核心能力不在于风险控制的平台采用，核心在于核实担保机构的担保额度和资质实力。由于担保行业目前处于洗牌期，倒闭和跑路的例子很多，需要特别留意担保机构的背景及实力。行业内的领军企业——陆金所目前正在酝酿"去担保化"，获得了不少平台及业内人士的积极响应，其主要原因就是担保公司不一定"保险"。

4. 保险公司模式

（1）代表平台：房金所、财路通。

（2）运作模式：平台引入保险公司承保，保险公司扮演第三方担保机构的角色，一旦发生严重风险，保险公司根据合同约定的范围进行赔偿。

（3）保障范围：保险公司的产品比较多样，一般有保平台、保借款项目、保风险准备金、保投资人资金账户安全、保借款人人身意外伤害、保董责等。

（4）优点：保险公司具有更强的风险控制能力和承受能力，会对借款进行审核，增加一重风险防范；一旦出现严重风险，由保险公司根据合同约定的范围进行赔偿，保障投资人的资金安全。

（5）缺点：保险公司与平台的合作刚刚起步，审批的流程较长，制定的费率较高且愿意承担的保额较低，提供的保障有限；保险公司会有诸多限制条件和除外责任，一旦出现问题，能不能进行赔偿仍存疑问；增加借款人的借款成本。

（6）发展趋势：核心在于保险公司愿意承担的保额与收取的费率，特别是赔偿的限制条件和除外责任。由于保险公司具有更强的风险控制能力和承受能力，目前该模式备受关注、发展迅速。

5. 抵押担保模式

（1）代表平台：安心贷、微贷网。

（2）运作模式：抵押担保模式指的是借款人以房产、汽车等作为抵押来借款，如果发生逾期或者坏账时，P2P 网贷平台和投资者有权处理抵押物来收回资金。

（3）保障范围：如果出现违约，可以通过各种渠道变卖房产减少损失。但是不足之处就是万一风险问题出现时，房屋处置过程就十分繁琐，有些 P2P 平台是房屋的二抵押、三抵押，在风险出现清偿时，首次抵押是排在前面的。

第 7 章　P2P 网贷平台的本息保障模式对投资者行为的影响

（4）优点：从坏账数据上来看，抵押担保模式在 P2P 网贷行业坏账率是最低的。房产和车辆抵押在传统金融机构里也是最受认可的。

（5）缺点：车贷抵押要有车管所办理的预过户和抵押登记相关手续。如果借款人出现风险问题到期无法还款，车辆归抵押人所有，有权处置车辆。但是如果借款人亏欠金额过多，直接恶意远离城市，然后抹掉发动机号、GPS，当黑车处理，投资者就很难追回损失了。

（6）发展趋势：2016 年《政府工作报告》明确提出"在全国开展消费金融公司试点"。这将进一步拓宽互联网金融跨界融合、创新发展的空间。房产抵押、车贷等垂直领域的 P2P 还会在接下来数年内获得增长，通过市场竞争，利率也会相对有所下降。

6. 混合模式

（1）代表平台：和信贷。

（2）运作模式：目前主要有"风险准备金＋第三方担保""风险准备金＋保险公司""风险准备金＋第三方担保＋第三方债权收购公司""房产抵押＋第三方兜底"等。

（3）保障范围：平台根据项目评级和投资人的情况会有不同的规定，一般有本息全保、只保本金、VIP 用户保本金等。

（4）优点：第三方担保机构、债权收购公司或保险公司都会对借款进行审核，增加一重风险防范；设置了双重或多重保险，投资人的资金安全更有保障，即当项目出现逾期坏账时，一般先由第三方担保机构、债权收购公司或保险公司先行代偿或赔偿，不足部分由风险准备金代偿。

（5）缺点：增加平台的管理难度，因为平台除了对项目进行审核，还要对合作机构进行协调、准入和监管；增加了借款人的借款成本。

（6）发展趋势：基于当前国情，给投资人更多元、更有力的保障是目前 P2P 行业快速发展、获得投资人信任的需要。因此，采用多重保障混合模式的平台预计会越来越多，保障的方式也将会更加丰富和专业。

7.1.2 "去担保"趋势分析

从 2014 年开始互联网金融接受分工监管，P2P 网贷行业归原银监会监管。监管层的意见是"去担保"，而平台自身担保的模式首先被监管层否定。在 P2P 网贷平台首先去自身担保之后，目前担保模式主要还有第三方担保、风险准备金担保、抵押担保和引入保险公司等。

目前国内融资性担保公司也存在良莠不齐的情况，无论 P2P 公司还是投资者在鉴别优劣时也存在难度。此外，担保模式下费率高的问题也意味着交易成本高，成本最终会转嫁到借款人身上。举例来说，如果一家 P2P 公司的风险程度是 2%，但是融资性担保公司费率可能达到 5%。在实际费率收取中，这一比例甚至达到 10% 以上。

"去担保化"、打破刚性兑付是趋势，无论是互金行业，还是基金、信托等行业都是如此。近年来，大部分平台都已经效仿商业银行及参考《巴塞尔协议》，采用风险准备金的方式进行风险保障，即不以平台自身作为垫付方，而通过提取风险准备金来应对风险。这是一套更加成熟的将风险控制在一定范围内的体系。

典型的平台如陆金所、红岭创投都在强调"去担保"。陆金所除了其曾经的招牌产品"稳盈—安 e 贷"继续沿用担保外，所有产品用五星、四星、三星这种方式标注风险等级，供投资者作判断和选择。"担保模式"的开山鼻祖——红岭创投也选择了"去担保"，已取消担保公司模式改为风险准备金模式，不过风险准备金的做法也受到"平台垫付"的质疑，红岭创投于 2017 年底宣布取消关于风险准备金数据的公告。

但"去担保"会带来新的问题,资产端的审核环节谁来负责。平台如果作为纯信息中介,则没有动机尽责对项目进行严格的筛选,在追求业绩或更严重的道德风险情况下,资产端将会出现劣币驱逐良币现象。在过去的担保模式下,担保方将会对项目进行审核,但"去担保"之后了解资产端的责任主体又少了一个,所以信息不对称问题更加堪忧。

7.1.3 关于取缔或整改风险准备金

1. 网贷风险准备金的风险

虽然风险准备金模式曾经在"去担保化"浪潮中是呼声最高的。但实际上风险准备金模式只是"看起来很美",在实践操作上给予了网贷平台很多监管套利和庞氏骗局的发挥空间。

(1) 风险准备金的挪用风险

P2P 平台的风险准备金多是按比例从借款人融资的资金中提取,理论上这笔风险准备金的所有权应当属于借款人。然而资金汇集到"风险准备金账户"后,由于 P2P 平台往往仅在银行开设独立账户,相当于所有权都旁落到了 P2P 平台。目前很多的 P2P 平台与银行之间只是签订了存管协议,P2P 公司对资金有全部的支配权,因而更容易滋生资金池风险。很多的平台甚至没有定期让银行披露存管报告显示资金的用途和余额,更增加了 P2P 平台的道德风险,风险准备金的挪用概率变高。

在这里尤其要重视存管和托管的区别。尽管不少 P2P 平台都写明与银行签订的是托管协议,然而这些银行也仅仅承担独立存管、公开存管报告的义务,这种"托管"实际上仍然是"存管",虽然只有一字之差,但是银行的谨慎注意义务则是非常不同的。如果银行只是存管,那么 P2P 平台只需要将风险准备金存放在银行账户,表面上看起来相当于在银行开了一个存款账户。银行没有义务监督资金的流向,P2P 平台对该存款账户的资金具有完全的所有权和支配权。但是如果是《商业银行托管业务指引》中规定的"托管",那么就需要投资者和借款人都在银行分别开设个人账户,由银行根据操作命令进行资金划转,P2P 平台无法自由提取。在托管模式下,银行对资金账户的流向有监督义务,承担审核资金来源和安全的责任,定期出具托管报告,向公众公开资金的明确变动和余额。如果完全采取第三方托管的制度,将是 P2P 行业加快"金融脱媒"的重要步骤,可以从根本上防范非法集资。

(2)风险准备金不能偿付风险

2015 年,红岭创投爆出了 5 亿元的坏账丑闻,它一直引以为傲的风险准备金制度根本无法完全填补损失,红岭创投不得不动用了自有资金用来垫付投资者的损失,然而这些坏账不到所有贷款余额的 1/30。

P2P 网贷的风险准备金能否覆盖坏账率一直被人所诟病。尽管风险准备金的模式允许在资金有限的情况下,先偿还部分债务,其余的等以后再偿付。但是若风险准备金初期偿付的比例过低,那么风险准备金就无法实现其增信的功能。风险准备金与不良贷款金额的巨大缺口是值得重视的。

值得注意的是,在人人贷的垫付模式下,平台承担了过多的第三方代偿义务,就可能集中了太多的坏账风险,在大规模违约面前就显得更为脆弱,投资者仍然面临潜在的亏损。不仅如此,平台积聚的流动性风险也会增加整个行业的系统性风险。

事实上,P2P 平台的风险准备金不能偿付风险也是因为该制度自身提高了坏账率。由于风险准备金主要向借款人收取,比如利息和费用一年 26%，加收 5% 的风险准备金，那么借款人的借款成本就增加了 31%。其后果必然是逆向选择，借款人在这种高成本下仍然选择借贷，意味着更高的风险性，潜在地增加了 P2P 平台的坏账率。

（3）风险准备金的非强制性导致的无效风险

由于风险准备金并非是法律法规要求的"去担保化"的方式，而是 P2P 平台在实践发展中出于增信目的创造的。风险准备金模式只是 P2P 平台与借款人和投资人之间的一个合同。如果平台突然选择废除风险准备金模式，又基于合同的解释规则免除自身的责任，那么投资者可能就有血本无归的可能。

典型的例子就是雪山贷。雪山贷官网显示，平台出现近 490 万元逾期，而平台号称有 1700 万元风险准备金。官方声称不用风险准备金赔付的原因是逾期项目成立于风险准备金成立之前。事实上这也证明了风险准备金的合同性，投资者能否获得偿付几乎都看平台如何解释风险准备金规则。就目前人人贷、拍拍贷的风险准备金细则来看，当逾期超过一定时间，在偿付问题上平台几乎都没有使用"应该从风险准备金中提取资金偿付"等比较明确的具有强制性的词语，而使用了"方才从风险准备金中提取相应资金偿付"这种含糊不清的词语，具体是否会偿付、何时偿付等问题，在风险准备金规则中则是没有详细规定的，事实上增加了风险准备金偿付的不确定性。

（4）涉嫌违法的风险

2015 年 7 月颁布的《关于促进互联网金融健康发展的指导意见》第 8 条明确提出：P2P 平台只能做信息中介，主要为借贷双方的直接借贷提供信息服务。并且在 2015 年 12 月推出了《网络借贷信息中介机构业务活动管理暂行办法（征求意见稿）》，在"平台不得提供担保"的基础上，进一步提出了"不得提供增信服务""不得非法集资"等红线。但是，风险准备金从借款人处提取后汇集到 P2P 平台，存在严重的产权归属不明问题，由于这些资金往往都在银行中只开设一个账户，很多时候直接归属于 P2P 平台。特别是风险准备金规则中明确写着"一旦赔付，该债权对应的借款人以后为该笔受保障借款所偿还的全部本金、利息及罚息归属风险准备金账户；如该笔受保障借款有抵押、质押或其他担保的，则平台处置抵押质押物或行使其他担保权利的所得等也归属风险准备金账户"。基于此，很难从这个账户中分清是借款人的保证金，还是借款人的偿还款项，亦或者是利息还是担保所得等，终极所有权就此旁落于 P2P 平台。从表面上看，实际的操作是平台一旦向借款人收取了风险准备金，这笔资金就属于平台了。如果不允许"平台用自有资金为借贷提供担保"，难道可以允许平台用营业外收入为借贷提供担保？这种打擦边球的方式恐怕面临极大的法律风险，很容易被监管层叫停。

（5）合规视角下的风险准备金建设

不过，《关于促进互联网金融健康发展的指导意见》并没有禁止风险准备金，并且鼓励 P2P 创新。作为一个"去担保化"的创新产品，风险准备金尚有合规的整改空间。如果要发挥风险准备金的风险防范作用，增强投资者的风险意识的同时保护投资者的权益，推动 P2P 平台向信息中介的转变，就需要从以下几个方面进行调整。

首先，明确风险准备金的所有权不属于 P2P 平台。这是 P2P 平台转变为信息中介的重要的一个环节，只有风险准备金不归属于 P2P 平台，搭配以银行独立账户托管，才能杜绝资金挪用的道德风险。这里的托管不应当仅仅是与银行合作建立一个单独的账户，由银行出具存管报告，而应当按照托管的要求，由银行进行资金的保管、清算交割和资产估值，平台在整个过程中不应当有触碰资金的任何机会。此外，人人

第7章　P2P网贷平台的本息保障模式对投资者行为的影响

贷、拍拍贷等 P2P 平台都规定风险准备金超过一定额度就归平台所有。在明确风险准备金的所有权不属于平台之后，这一点也需要进行修正。

其次，风险准备金不能成为平台自融的"幌子"。P2P 平台如果不能将风险准备金交由银行实现真正的托管，就意味着平台可以"染指"风险准备金，那么这个风险防范的模式就很容易变相为资金池，用以平台自融，或者作为担保为平台增信。例如，P2P 平台的风险准备金往往按借款者的 1%～3% 收取，这实际上很难覆盖 P2P 平台的不良贷款。当风险准备金爆仓时，P2P 平台就以自有资本进行递补，这实际仍是自担保。因此，从合规的角度看，风险准备金制度需要在规则中明确偿付的额度，并且及时对使用规则和限度加以披露，不作虚假的误导陈述。

最后，针对风险准备金的非强制性偿付问题，建议 P2P 平台在风险准备金规则中增加提示条款，并用明显的方式加以重点标明，明确该风险准备金可能存在的不能偿付等风险，供投资者和借款人自行判断投融资风险。

综上所述，当监管政策不允许设立资金池的时候，P2P 引入了担保；当监管政策不允许担保的时候，P2P 引入了风险保证金。总之，P2P 总是在变着法应对收紧的监管政策，也变着法希望让用户感受到 P2P 理财的安全。然而 P2P 行业乱象丛生，风险准备金难免被利用为一些"庞氏骗局"增信，严重影响了其自身的健康发展。P2P 网贷平台如果要保持信息中介的地位，那么在新一轮的洗牌中，需要从合规的角度对风险准备金加以调整，加强信息的透明度，还投资者和借款人信心。

2. 国外网贷行业的风险准备金

（1）国外平台风险准备金的计提

P2P 平台中使用风险准备金并非是我国首创，先使用这个模式的是英国的 RateSetter 公司，之后被 Zopa 等 P2P 行业的"领头羊"发扬光大，对整个 P2P 行业的发展有着深刻影响。截止到 2017 年，这些早期使用风险准备金的先驱也有退出的趋势，但其风险准备金管理的方法有值得我们借鉴的地方。

RateSetter 成立于 2010 年，其风控模式就是利用风险准备金对投资人进行补偿。该准备金初期由种子基金组成，后来主要依据借款人的借款额度、期限和信用向借款人收取一定的费用，用于逾期对投资人的补偿。该准备金账户属于投资者，与平台的自有资金隔离。一旦出现逾期，平台将从预备基金账户中提取资金向投资者还款，并向借款人催收本息，追回的资金扣除费用后归入预备基金账户。这基本奠定了当前 P2P 网贷风险准备金制度的雏形。RateSetter 2017 年的风险准备金可以覆盖预计损失的 1.23 倍。当违约率达到 3% 时，风险准备金将被支付用完；违约率上升到 8.7% 的话，投资者的利息部分将不保；继续上升的话，本金也将受损。

2013 年，全球首家英国 P2P 巨头 Zopa 也引入了风险准备金制度。它并不会出现在借款人的贷款协议，但借款人在支付贷款服务费中包含了未来违约的风险金。

（2）国外平台风险准备金的运营

RateSetter 设立了独立的信托公司运作风险准备金，以保证资金的安全。风险准备金主要以现金或现金等价物，存在英国几家大型银行；还有一部分投资于低风险项目，用以保守增长。截至 2017 年 6 月 2 日，RateSetter 总计有 2260 万英镑的风险准备金。

英国 P2P 平台 Zopa、Assetz Capital 等多采取另设立公司的方式，独立运作风险准备金，与平台所有资金以及用户投资资金隔离管理。如 P2P 公司 Saving Stream 单独成立公司 Lendy，运作风险准备金。Lendy

和主公司听命于同一个董事会。这个董事会会针对违约情况具体分析,决定是否动用风险准备金。

(3) 国外平台风险准备金的使用

英国 P2P 分析研究机构 4th Way 的调查显示,各家 P2P 平台对风险准备金的态度不同,使用条件也不同。比如 Zopa 平台,如果借款人逾期超过 4 个月,之前签订的贷款协议将自动关联索赔请求,安全保障信托将启动出借人补偿程序,补偿包括本金和利息。Zopa 官网宣称,目前所有损失都得到赔偿;但与此同时也明确"准备金绝对不是担保"。并非每发生一笔损失,平台都会动用风险准备金赔偿,即便赔偿也不一定全额赔付本金或利息。

英国 Assetz Capital 的风险准备金只适用于固定几款产品,同样每动用一笔准备金也需要评估。目前只向绿色能源账户(Green Energy Income Account)、英国商业账户(Great British Business Account)、快速通道账户(Quick Access Account)的投资用户开放。Assetz Capital 官网信息显示,这三种账户都带有明显的公益属性,并且贷款项目都经过严格的信用筛选,项目投资者都享有更强大的担保。

(4) 各界对风险准备金的态度

①社会对风险准备金的态度

社会上有一种观点认为无论风险准备金盈亏,投资者均蒙损失。英国第一家 P2P 杂志《P2P 金融报道》2017 年 2 月一篇报道称,"风险准备金只是给出借人一种资金保护的幻觉,P2P 平台不应该设置风险准备金,这只是平台吸引出借人的手段"。这种观点认为,如果风险准备金充裕,说明计提比例不合理,已经侵蚀了投资人的部分回报;如果风险准备金不足,投资人的风险保护无从谈起,一旦发生损失就是既成事实。所以对投资者的教育势在必行,让他们理解,把钱放在 P2P 平台,是投资不是存钱；P2P 平台的风险准备金不等于银行、信用社的担保。

②监管层对风险准备金的态度

国外监管层亦表现出担忧风险金误导投资者，拟出台更严的办法。英国金融服务监管局（FCA）担心出借人对风险认知不足，尤其是在风险准备金问题上。英国监管层认为可能会误导投资者，让他们以为向平台出借的钱跟银行存款一样免于损失。但关键是，投资者很难理解风险准备金的真实定位；平台很难做到监管层"清晰、公正、无误导"的要求。

③业界代表对风险准备金的态度

Zopa 在官网上宣布，2017 年已启动终止风险准备金机制。Zopa 已调整投资种类，关闭以往的两种风险准备金覆盖的投资账户类型，新开 Zopa Core 账户类型。这一新型账户的投资将不再享受风险准备金赔偿，但将为投资者提供 3.9% 的收益，高出以往 2 个百分点。目前还在风险准备金覆盖计划内的投资人，仍继续享有。但随着贷款逐渐到期，Zopa 将于 2022 年 12 月完全关闭风险准备金。

平台称，Zopa 新开了一种投资类型，虽然不被风险准备金保护，但却大受欢迎。从原理上说，设置风险准备金，无论计提来自借款人还是投资人或者是平台利润，终归是成本。如果提取自借款人，意味着借款人融资成本上升；如果提取自投资人意味着投资人回报收窄，如果提取自平台利润，意味着平台利润压缩。无论是哪种情况，都将增加平台成本。Zopa 终止风险准备金，可以释放出更高的回报给投资者，增加市场竞争力。

3. 风险准备金改名和退出

2016 年 8 月 17 日，宜人贷发布公告称，依照监管与税务部门规范性要求，宜人贷的风险准备金于 2016 年 8 月 23 日起正式更名为"质量

第 7 章　P2P 网贷平台的本息保障模式对投资者行为的影响

保障服务专款"(以下简称"质保服务专款")。拍拍贷紧随其后发布了"风险准备金账户"变更公告。拍拍贷公告表示，基于"网贷监管细则"出台后的合规要求，同时为提升赔标审核时的服务能力和质量。此后，多家网贷平台纷纷将风险准备金"改名换姓"。

一石激起千层浪，网贷风险准备金到底怎么了？相关问题引起了热议。风险准备金的存在一直是部分投资者衡量平台的风险保障能力的要素之一，也是平台在宣传优势，为自己的平台助力的一大亮点，为什么要改呢？

2016 年 4 月，P2P 网贷行业开始了传闻已久的整改，监管层给出了一年的期限让各 P2P 网贷系统平台自己调整合规。北京除了将要下发网贷整改验收办法，会议还明确了现存 P2P 网贷系统平台需要重点解决的五大问题，包括资金存管、风险准备金、线下门店、集合标、引入机构资金。

北京监管部门要求将风险准备金改名为"风险缓释金"的安排，具有很强的政策引导意义，从制度安排上为 P2P 网贷系统平台避开了违规的风险。"风险缓释金"来源与风险准备金不同，监管要求应从平台盈利中提取，而不是从交易额中划出来，且不能用来为平台增信，或对外宣传以强调"平台安全"。

结合几部法规和实践仔细思考来看，上述规定的本质含义是监管层的良苦用心，对于 P2P 机构来说，应该回归网贷中介机构本质，为避免网贷平台滥用风险准备金制度，甚至是滥用风险准备金对外作出虚假宣传从而导致投资人的投资风险被无限扩大；对于投资者来说，不要因风险准备金之名让投资者产生保本保收益，投资零风险的幻觉。"入市有风险、投资需谨慎"不仅是 P2P 行业，而应是整个资本投资行业均需警示的基本规则之一，保护中小投资者的利益也一直是监管层工作的重中之重。但通过网贷平台整改验收办法将风险准备金改名的新规来看，监管层也是在反思为了遵守网贷平台"不得提供担保或者承诺保本保息"就将风险准备金"一刀切"是否过犹不及？新规不会仅将风险准备金更名这么简单，为了进一步监管准备金，发挥准备金的核心用途，将来一定会在恰当的时机对风险准备金的计提规则、保管主体、申请方式、偿付范围、时间、程序方面推出一系列细则。

从2017年初开始，陆续有大平台退出风险准备金计划。同年3月，爱钱进低调取消质量保证金垫付规则；4月，PPmoney停止对平台新增项目计提风险备付金；人人贷发布公告称，平台的用户利益保障机制自2017年11月30日取消，同时，针对合作机构推荐的借款人，平台不再计提和支付保证金。网贷之家数据显示，截至2018年7月8日，保障模式为风险准备金的P2P网贷平台共603家，且将来应会有更多平台退出风险准备金计划。

7.2　本息保障模式对投资者决策的影响

7.2.1　引言

P2P网络借贷（Peer to Peer Lending）的本质是借贷，不改金融的本质属性。现代金融理论对传统金融市场上的投资者行为进行了大量研究，检验了市场是否有效，投资者是否理性，以及投资者存在的某些行为偏差等。如果把这些问题放到P2P网贷上面，那么，首先，从市场有效性来看，P2P网络借贷的信息不对称问题比传统借贷更为严重。目前几乎所有P2P网络借贷平台提供的是匿名的借款人信息，这进一步加剧了信息不对称。其次，从投资者理性与否和行为偏差方面来看，P2P

第7章 P2P 网贷平台的本息保障模式对投资者行为的影响

网络借贷的借款人还款实力通常较弱（Herzenstein 等，2011；Pope 和 Sydnor，2011），大部分属于被传统金融排斥在外的融资人，但就 P2P 网贷实践来看，P2P 网贷发展很快，一些 P2P 网贷平台甚至出现了借款人资源稀缺的现象。面对这样平均资质较低的借款人，投资者在投资过程中对借款项目的调查、了解非常少，因此进一步加重了信息劣势地位。据笔者对投资者的问卷调查，投资者在每个具体的投标项目上的阅读时间长度最为集中的是 20～30 秒。这个时间不一定足够把一个借款项目的详情看清楚并作出理性分析。

因此，P2P 网贷投资者如果要"聪明"地投资，可能要充分利用网络提供的各种信息，同时还要节省时间成本。Luo 和 Lin（2013）通过模型分析了投资者决策的成本和收益问题，发现审阅项目的成本高而收益低将会导致投资者跟随其他投资者。本章试图解决如下两个问题：（1）P2P 网贷投资者是否利用网贷平台上提供的信息来做投标决策？（2）投资者是否还利用借款详情以外的其他信息来作出决策，例如跟随其他投资者？根据 P2P 网贷的特点，投资者在投标时能第一眼看到当前项目的投标进度，即能够看到前面投资者的投标速度。因此，给后面的投资者跟随前面的投资者投标带来了便利条件。

本章收集了拍拍贷和温州贷两大网贷平台的交易数据。之所以选择这两大平台抓取数据，是因为这两大平台的交易量较大，以散标投资为主，而且分别代表着两种保障模式。其中，拍拍贷是成立较早且广为人知的国内典型的不向投资者提供充分保障的平台，而温州贷是典型的声称向投资者提供本息保障的平台。虽然充分本息保障与不充分本息保障只是平台提供的文字表述，并不代表实质有无风险，但还是可能影响投资者决策。

根据平台的描述，投资者在这两个平台上面临的风险因素是不同的。在拍拍贷平台上，因为平台不承诺向投资者提供单个项目的本息保障，而是鼓励投资者通过筛选项目，并分散投资来实现账户总体盈利，因此，我们预期投资者会更重视借款人本身的违约风险，从而在选项目时考虑借款人信息，当项目信息不完全或其他投资者行为可见的情况下，也可能会选择羊群行为。而在温州贷平台上，因为平台承诺对单个项目提供本息保障，所以项目本身的风险最终转化为平台风险，所以我们预期投资者不会太在意项目本身的区别，选项目投标的行为相对较为随意。

因此，我们利用两大平台的数据检验如下三个问题：（1）投资者是否根据借款标所公示的借款人信息做决策？（2）如果投资者根据借款人信息做决策，那么具体哪些指标、如何影响投资者决策？（3）投资者是否根据他人的决策来做决策（是否存在羊群行为）？

我们的结果证实，在不提供充分本息保障的平台上，投资者决策受到借款人身份、借款人信用等级"硬指标"的影响，同时还受到其他投资者行为的影响，即投资者存在羊群行为。而在提供充分本息保障的平台上，借款人信息对投资者行为的影响不显著，且投资者不存在羊群行为。结论说明，基于国内大部分平台提供充分本息保障做法，P2P网贷投资者的投资决策基本上是匆忙的、完全建立在对平台信任的基础上的。监管部门应该把重点放在平台自身的监管上，确保平台自身不承担超过自身承受能力的风险水平，消除逾越"三不红线"的平台。

7.2.2　文献回顾与研究假设

1. 文献回顾

2013年以前实证研究P2P网贷投资者行为的文献以美国平台Pros-

第 7 章　P2P 网贷平台的本息保障模式对投资者行为的影响

per. com 为数据源，因为该平台是美国最大的平台之一，而且提供数据打包下载。近年来，国内学者也发表了相关实证研究结果。廖理、李梦然和王正位（2014）证明网贷投资者是聪明的，能够在借款利率相同的借款项目中剔除违约风险高的项目。

国内外关于 P2P 网贷投资者行为和投资效果研究的已有成果还包括如下三类。

首先，P2P 网络借贷利用借款人软信息的效果。研究表明，借款人提供的某些未经证实的信息，以及贷款人和借款人之间的对话的丰富性往往会影响贷款的结果，至少影响贷款的成功率（Michels J. , 2012; Herzenstein 等，2011b）。贷款人将客观和主观的信息结合起来潜在评估借款人信用的不确定性程度。传统的小额信贷机构依靠社会网络来克服借贷行为的逆向选择。为了在网络环境中复制这个社会网络，新的 P2P 平台试图培育在线社会关系网。关于借款人的某些社会特征，包括友谊、背书和群体关系的有效性，已进行了大量的研究（Freedman 和 Jin，2008; Lin 等，2011; Berger 和 Gleisner，2009; Collier 和 Hampshire，2010）。一些研究认为，P2P 网络借贷平台的社交网络有助于缓解贷款人与借款人之间的信息不对称（Herrero - Lopez，2015; Greiner 和 Wang，2009; Freedman 和 Jin，2008）。

其次，P2P 网络借贷的投资人羊群行为或向同类学习的效果。Lee（2012）、Herzenstein 等（2011）、Shen 等（2010）、Zhang 和 Liu（2012）研究证实了 P2P 网络借贷市场上的羊群行为的存在。在线 P2P 网络借贷市场的两个特征也似乎鼓励羊群行为：一是在线 P2P 小额信贷市场是一种社会贷款，多个贷款人一起共同满足一个借款人的贷款要求；二是在线平台使得同行在线行为的信息透明，促进了同行间的学习。Zhang 和 Liu（2012）表明，贷款人观察学习的方式既包括羊群行为，也包括总结借款人特点。他们得出结论：羊群行为在小额信贷市场是理性的。有间接证据表明，学习的确发生在 P2P 网络借贷市场。Freedman 和 Jin（2008）表明，团体借款人和个人借款人的贷款收益率之间存在差距，但随着时间的推移，这个利差在减少。这可以部分地归因于贷款人学习。研究还发现，Prosper.com 借贷平台上的平均借款成功率从 2005—2008 年呈上升趋势。Puro 等（2011）也揭示了贷款投标人学习的证据。借款标从设立到成功的时间在缩短，而利率的分散度在增加。这些事态发展表明，贷款人对于评估借款人的自信在增强。他们也观察到了，随着时间的推移，贷款人表现出不同的投标策略。王正位等（2016）以"人人贷"为样本研究发现该平台上 P2P 网络借贷市场中存在着投资者学习行为现象，过往投资经验对其当前的投资行为具有显著的影响。

最后，小额信贷的传统优势途径"联保贷款"在 P2P 网络借贷中的效果不显著。研究表明，除非借贷双方存在现实生活中的直接联系，至少存在见面的可能性，否则不能降低违约率。Wang 和 Greiner（2011）认为，从对 Prosper.com 的研究来看，格莱珉银行所引入的团体贷款（联保贷款）方式的好处不能很好地传递到网贷市场环境下。Everett（2015）发现如果贷款组里有与借款人现实生活中有联系的人，如：同事或校友时，违约的概率下降很多。Freedman 和 Jin（2008）认为贷款组内的组织者有时是出于无私的心态为贷款组其他成员服务，有时是为了获得额外的费用。在网络平台上，还款连带责任的缺失使得团体贷款不太有效。王会娟和廖理（2014）认为网络借贷是互联网技术与民间借贷相结合的一种金融创新模式。

目前，尚没有研究者定量研究不同类型的平台保障模式对投资者行为影响的差异。本章通过对拍拍贷和温州贷的研究，可以丰富网络借贷

第7章 P2P 网贷平台的本息保障模式对投资者行为的影响

环境下的投资者行为理论，其政策意义在于通过分析投资者在不同网贷规则下的行为模式，为网贷平台监管提出对策建议。

2. 研究假设

如果 P2P 网贷平台提供本息保障，投资者将预期在借款人违约的情况下，担保机构、保险公司或网站将补偿投资者本金和利息。而且许多平台至今没有主动披露违约或拒绝补偿事件，所以，考虑筛选标的所产生的交易成本，投资者缺乏花时间筛选项目的动机。

假设1：在提供充分本息保障的网贷平台上，投资者不考虑借款人信息，直接根据借款类型选项目。

如果 P2P 网络借贷平台为纯平台，即平台仅仅审核并披露借款人可以被证实的身份及财务能力信息，如职业、学历、房产、车产等，并不向投资者提供本息保障，那么投资风险来源主要是借款人的违约风险。因此，投资者需要通过认真分析网站上所披露的借款人信息，并依据这些信息作出投资决策。因此，我们可以提出如下假设。

假设2：在不提供充分本息保障的网贷平台上，投资者会根据借款人详情所显示的信息选项目。

相比国外 Prosper 和 Lending Club 等网站所披露的借款人社会关系网络的信息，即所谓"软信息"，我国 P2P 网站基本不能提供借款人的社会关系网络信息。投资者即使充分分析借款人的"硬信息"，仍然面临信息不完全的劣势。S. Herrero – Lopez（2015）指出网络借贷平台对于借款人进行信用评级的时候，如果仅仅参考那些可以量化的、客观的信息，即所谓"硬信息"，比如借款人的收入水平、房产车辆拥有情况等信息，而不考虑其与社会关系有关的信息，则产生的评级结果不够准确。

7.2.3 研究设计与描述性统计

1. 网站特征描述与网页数据抓取

拍拍贷网站成立于 2007 年 8 月,是中国首个网络借贷平台。其运营模式大多模仿美国 Prosper 平台,出借人与借款人自主交易。拍拍贷的主要功能包括给出借人、借款人两者之间构建平台,展示、交流信息。

本数据截取期间拍拍贷的借款流程如下:(1)当借款人有借款需求时,便可以在拍拍贷网站注册为用户,将自己的准确、详细信息加以填写,有选择性地通过一些验证,如通过"全国公民身份信息系统"的身份验证,或是录一段视频的视频验证(在视频中允许拍拍贷网站在自己不按时归还时,将自己曝光等)或是学信网的学历认证,或是手机运营商的实名认证等。另外,要将自己其他的资料提供给网站的后台人员,网站据此对借款人的信息进行综合分析,然后为其进行信用等级评定。以等级评定为基础,借款人可以得到一个借款条件,包括借款额度(三千元至五十万元不等)、借款利率(百分之五到四倍于基准利率之间)以及借款期限(一个月至一年)。同时,借款人可以与出借人沟通,对自己的情况加以描述,说明自己的借款目的、还款能力等事项。(2)出借人通过借款人的借款界面,衡量借款人的综合情况,确定自己愿意借出的金额,然后投标。(3)如果在规定时间内借款满标,拍拍贷要继续对其进行审核,如果可以顺利得到审批,意味着成功借款。

每一条借款相关信息在拍拍贷平台都是以独立的网页来进行存储的,而且使用独立的 URL(也就是所谓的链接地址,用户可以通过这个地址到达相应的页面),该 URL 与在交易中所产生的借款编码相对

第 7 章 P2P 网贷平台的本息保障模式对投资者行为的影响

应,在这个独立的页面中会将交易所产生的所有数据都存储在上面,比如借款期限以及金额等。另外,在网页上还会体现借款人的用户名,不同的页面会显示不同的用户名,用户的相关信息与此网页是相互对应的。

与本章有关的信息包括网页上显示的借款金额、借款年利率、借款期限、借入信用、借出信用等以及用户的年龄、性别等。只要利用计算机程序设计一个软件,不断在借款条目中抓取我们需要的关键字,将所得信息汇总到一个数据库中,就可以得到我们需要的数据。

通过网页数据抓取软件,最终,本章一共收集到 43659 条数据。去掉部分信息不全的数据,同时去掉金额只有 100 元的借款体验标,我们共得到了 30001 条借款信息以供研究。从以上借款项目中随机抽取 300 个投标项目,找到其对应的逐条投标数据,形成非平衡面板数据。时间跨度为 2014 年 4 月至 2015 年 4 月末。

我们选择温州贷作为有本息保障平台的代表。温州贷为每一笔借款提供的信息与拍拍贷相似,第三方机构网贷之家数据排名显示,2013 年温州贷以 78.6 亿元的成交量位居全国 P2P 行业之首,2014 年平台交易量超过 105 亿笔,成为国内交易量最大的网贷平台之一。温州贷网站是致力于二手车贷款、房产抵押贷款、投资理财贷款等相关业务的 P2P 网络借贷平台。可见其借款标类型与拍拍贷有所不同,而且平台与数十家融资担保公司和小额担保公司建立了合作伙伴关系,联合为投资者提供本息保障。但并不是意味着投资者在这样的平台投资就没有风险,只不过面临的风险转化成了担保公司或平台违约或破产的风险。本章选取了来自温州贷平台的状态为"已结束"的 1 万条数据并随机抽取 300 个投标项目对应找到其逐条投标数据。时间跨度为 2014 年 4 月至 2015 年 4 月底。

2. 变量定义

投标能否顺利完成是出借意愿的最终表现方式，所以本章将出借人的借款决策设置为"投标能够顺利完成"这一因变量。表 7-1 是将要用到的所有变量。

表 7-1   模型涉及的变量

因变量	自变量			
	借款信息类（L）	人口特征类（D）	信用类（C）	历史表现类（R）
投标是否完成	借款金额	性别	借入信用	全额还清
	借款年利率	年龄段	借出信用	逾期且还款
	借款期限	身份	信用等级	成功借款次数

3. 模型设计

为了检验假设 1 和假设 2，即验证借款成功与哪些因素有关，鉴于 P2P 网络借贷的数据特点，本章决定使用二元 Logistic 回归模型，如公式 (7.1)：

$$Z = b_0 + b_1 L + b_2 D + b_3 C + b_4 R + \varepsilon \qquad (7.1)$$

其中，$Z = \ln \dfrac{P(Y=1)}{P(Y=0)}$，

$Y=1$ 和 $Y=0$ 代表"投标完成"与"投标未完成"。L、D、C、R 分别表示上述四类影响因素，相应的系数分别由 b_1、b_2、b_3、b_4、b_5 代表，ε 为误残差项，b_0 为常数项。

4. 描述性统计

表 7-2   拍拍贷平台变量的描述性统计

变量	变量个数	均值	标准差	最小值	中位数	最大值
借款金额（元）	29997	3896.863	9204.112	1000	3000	500000
借款利率（%）	29997	12.96324	3.237561	7	12	24
借款期限（月）	29997	8.178618	3.023869	1	7	24

续表

变量	变量个数	均值	标准差	最小值	中位数	最大值
信用积分（等级）	29997	2.549477	5.151448	1	7	8
成功借款（次）	29997	2.930693	16.88013	0	0	372
性别	29997	0.8500183	0.3570594	0	1	1
年龄	29997	1.9982	0.9410888	1	2	4
全额还清（笔）	29997	2.017135	4.224179	0	0	51
逾期（且还款）金额（元）	29997	0	0	0	0	0

表7-3　　　　　　温州贷平台变量的描述性统计

变量	变量个数	均值	标准差	最小值	中位数	最大值
待还本息（借款金额）（元）	10585	1090168	2945958	0	324260	3.01e+07
借款利率（%）	10585	10.677	3.607	5	11	18.8
借款期限（天）	10585	10.154	24.179	1	2	360
信用积分（等级）	10585	97734.06	315399.3	12	32404	3990989
成功借款（次）	10585	1764.761	2035.396	0	810	6996
性别	10585	0.721	0.449	0	1	1
全额还清（笔）	10585	1719.816	1985.354	0	805	6768
逾期（次）	10585	5.498	8.644	0	2	43
迟还款（笔）	10585	11.048	14.083	0	5	68

7.2.4　实证分析结果

在网贷中，投资首次借款与非首次借款所能看到的借款人信息是有区别的。在拍拍贷中，对于首次借款标的来说，投资人无法参考成功次数、流标次数和全额还清三个指标，而只能参考其他指标。根据拍拍贷平台提供的信息，借款人身份可以分为工薪族、私营业主、网店卖家、学生和其他五类。因为对投资者而言，这也应该是一个重要信息。

从表 7-4 的结果可以看出，工薪族和其他两个身份的借款人借款成功率最低。其次是学生群体、私营业主和网店卖家的借款成功率最高。工薪族和私营业主是拍拍贷平台的主流借款人，影响其借款成功的因素非常相似，并与总样本保持一致。网店卖家的借款成功率信用等级、借款利率和借款金额的影响，与借款人的个人特征相关度较低。学生借款的成功率主要受借款利率、信用等级，以往借款成功次数和借入信用的影响，其他影响因素的效果不显著。从上面的分析可见，拍拍贷平台上的投资者看重借款人的身份，然后，根据身份的不同决定关注哪些其他信息。

对于拍拍贷平台的数据，模型的拟合优度较好，模型的正确预测率较高。对借款成功的项目，有 15249 条正确预测到了，正确预测率为 87.88%。借款未成功的，有 9067 条正确预测到了，正确预测率为 73.7%。

表 7-4　　　　拍拍贷平台上影响投资者投资决策的因素

项目	全样本	首次	非首次	工薪族	私营业主	网店卖家	学生	其他
常数项	-3.854*** (-24.83)	-4.406*** (-8.87)	-1.945*** (-11.78)	-3.827*** (-19.97)	-5.751*** (-11.89)	-0.831 (-1.02)	12.509 (0.01)	-3.276*** (-4.75)
借款金额	2.57e-05*** (4.80)	—	2.74e-05*** (4.72)	9.64e-05*** (7.01)	1.25e-06 (0.30)	1.49e-05*** (2.88)	3.40e-04 (-0.69)	9.65e-05*** (2.16)
借款利率	0.510*** (34.19)	0.834*** (14.34)	0.385*** (24.28)	0.526*** (29.22)	0.634*** (12.10)	0.191*** (3.29)	2.844*** (2.96)	0.386*** (5.96)
借款期限	-0.053*** (-8.80)	-0.188*** (-14.83)	0.002 (0.34)	-0.054*** (-7.08)	-0.059*** (-5.02)	0.025 (0.66)	0.119 (1.05)	-0.165*** (-5.40)
信用积分（等级）	-1.296*** (-44.14)	-2.011*** (-16.95)	-1.042*** (-32.31)	-1.325*** (-37.72)	-1.427*** (-13.86)	-0.805*** (-6.79)	-5.420*** (-2.74)	-1.373*** (-9.98)
借款成功次数	0.027*** (7.86)	—	0.020*** (6.54)	0.023*** (6.41)	—	0.075 (1.10)	2.555*** (4.59)	-0.002 (-0.48)

续表

项目	全样本	首次	非首次	工薪族	私营业主	网店卖家	学生	其他
还清笔数	-0.569 *** (-11.64)	—	-0.059 (-0.78)	0.489 *** (-7.94)	-1.091 *** (-11.25)	0.104 (0.32)	1.977 (1.51)	-0.912 *** (-3.64)
借入信用	0.053 *** (24.51)		0.005 ** (2.34)	0.041 *** (16.25)	0.092 *** (17.46)	0.006 (0.51)	-0.184 *** (-3.60)	0.135 *** (11.71)
借出信用	-4.28e-07 (-0.11)		3.44e-06 (0.97)	-3.94e-06 (-1.09)	3.07e-04 *** (3.94)	0.002 (0.87)	0.002 (1.00)	5.84e-06 (0.40)
性别	-0.193 *** (-3.52)	0.198 ** (2.23)	0.314 *** (-4.60)	-0.266 *** (-3.80)	-0.122 (-1.11)	0.322 (1.07)	0.033 (0.04)	0.011 (0.04)
年龄	0.285 *** (12.56)	0.484 *** (11.64)	0.205 *** (7.66)	0.246 *** (8.40)	0.300 *** (6.89)	0.041 (0.26)	-35.796 (-0.02)	0.253 *** (2.10)
准 R^2 (%)	58.3	68.89	38.59	61.42	44.62	33.95	77.82	67.15
χ^2 统计量	21321 ***	10757 ***	6778 ***	15242 ***	3229.99 ***	213.18 ***	262.79 ***	1363.61
-2log 似然值	15249	4858	10788	9575	4008	414	74.88	667
HL 检验值	281.65	20.15	217.04	121.20	144.06	23.33	8.83	29.28
预测正确率 (%)	87.88	92.23	81.08	89.49	84.81	74.17	94.84	93.40
样本数 (%)	28895	16220	12675	21214	5265	453	252	1711
借款成功率 (%)	32.81	18.67	50.91	27.17	55.37	49.23	39.29	28.05

注：χ^2 统计量为似然比检验（LR）的卡方值，括号内为 Z 统计量值，***、**、*分别表示在1%、5%、10%水平下的显著性。

对于温州贷平台的数据，表7-5的结果显示，模型的拟合优度相对较差。多个指标回归结果不显著。模型对借款成功的正确预测率与借款失败的正确预测均低于拍拍贷平台的预测正确率。结果说明，投资者在温州贷平台上投资时，对借款"硬信息"的利用尚不充分。唯有借款类型，借款期限对投资决策有影响，借款人身份、性别、年龄、是否提现前还款、信用积分、成功借款笔数、还清笔数、逾期次数、逾期金额、待还本息等重要信息对投标决策的影响均不显著。

表7–5　　　　温州贷平台上影响投资者投资决策的因素

项目	全样本	首次	非首次	净值标	给力标	天标
常数项	0.006 (0.07)	-775.530 (—)	0.015 (0.20)	0.006 (0.08)	-43.185 (-1.01)	28.947 (1.21)
待还本息	5.00e-09 (0.53)	—	4.72e-09 (0.50)	-2.97e-08** (-2.28)	1.03e-07 (1.51)	7.36e-08 (0.74)
借款利率	-0.008 (-1.35)	78.739 (—)	-0.009 (-1.47)	-0.007 (-1.22)	2.482 (0.93)	-1.681 (-1.05)
借款期限	-0.011*** (-8.80)	-1.786 (—)	-0.011*** (-8.70)	-0.015*** (-9.34)	-0.019 (-0.88)	-0.057 (-0.74)
信用等级	2.13e-07** (2.47)	-0.038 (—)	2.09e-07** (2.43)	1.70e-06*** (5.66)	-1.29e-06* (-1.76)	6.59e-04 (0.64)
借款成功次数	4.85e-05*** (4.82)	—	4.74e-05*** (4.70)	1.72e-05 (1.37)	0.021 (1.43)	-0.022* (-1.94)
逾期次数	0.030*** (11.00)	—	0.029*** (10.90)	0.033*** (11.60)	1.286 (1.24)	—
性别	0.171*** (3.74)	-153.839 (—)	0.176*** (3.84)	0.131*** (2.82)	—	—
准R^2（%）	2.51	2.04	2.48	2.88	6.19	6.25
χ^2统计量	365.19***	28.09	359.89***	410.74***	10.29	8.51
-2log似然值	14200	0	14166	13828	156	128
HL检验值	53.81	0	55.59	45.41	4.96	8.57
预测正确率（%）	57.92	32	57.90	57.55	62.99	65.71
样本数	10585	26	10559	10352	127	105
借款成功率（%）	55.06	23.08	55.14	55.19	36.22	65.09

注：＊＊＊、＊＊、＊分别表示在1%、5%、10%水平下的显著性。

7.2.5 稳健性检验

借款失败的项目在投标截止前的完成率在（0，100%）的范围内，因此，将借款标直接分为借款成功和借款失败两类有一定的信息损失。为此，我们将因变量设置为投标完成率，它是范围在 0 到 100% 的连续变量。采用 OLS 检验结果如表 7-6 所示。

表 7-6　　　　　　借款完成率的影响因素分析

项目		拍拍贷			温州贷		
		全样本	首次	非首次	全样本	首次	非首次
共同变量	常数项	0.407 *** (33.74)	0.341 *** (34.12)	0.465 *** (22.78)	50.9 *** (8.27)	-50.334 (-1.58)	51.087 *** (8.30)
	借款金额	1.47e-06 *** (7.63)	1.76e-06 *** (57.37)	1.84e-06 *** (5.80)	1.02e-09 (0.53)	—	0.72e-09 (0.50)
	借款利率	0.033 *** (44.22)	0.032 *** (-15.48)	0.034 *** (25.77)	-0.384 *** (-2.65)	10.517 *** (4.67)	-0.405 *** (-2.80)
	借款期限	-0.005 *** (-8.75)	-0.010 *** (-143.86)	6.8e-04 (0.65)	-0.181 *** (-7.77)	-0.373 * (-1.79)	-0.180 *** (-7.70)
	信用等级	-0.124 *** (-128.28)	-0.119 *** (4.37)	-0.127 *** (-50.60)	8.53e-05 (0.44)	-0.089 (-0.36)	8.25e-05 (0.43)
	成功次数	0.001 *** (7.26)	—	0.001 *** (5.00)	0.106 * (2.44)	—	0.104 * (2.31)
	性别	-0.008 * (-1.68)	0.021 *** (8.24)	-0.041 *** (-4.29)	2.943 * (1.70)	-35.489 (-1.50)	3.072 * 1.81)
拍拍贷变量	还清笔数	-0.039 *** (-6.69)	—	0.017 (1.34)	—	—	—
	借入信用	0.006 *** (33.92)	0.011 (-0.43)	0.002 *** (5.54)	—	—	—
	借出信用	-5.66e-07 ** (-2.27)	-4.32e-06 ** (11.34)	2.12e-07 (0.68)	—	—	—
	年龄	0.026 *** (13.59)	0.021 *** (21.98)	0.031 *** (8.29)	—	—	—

续表

项目		拍拍贷			温州贷		
		全样本	首次	非首次	全样本	首次	非首次
温州贷变量	逾期次数	—	—	—	0.275 * (1.46)		0.270 * (1.40)
统计量	R^2（%）	58.59	69.37	42.64	3.97	23.36	3.94
	VIF 均值	1.64	1.06	1.97	1.49	1.23	1.49

注：括号内为 t 值，* * *、* *、* 分别表示在1%、5%、10%水平下的显著性。

从表 7-6 可见，分析结果与前面 logistic 检验结果一致，表明拍拍贷平台上借款人相关信息对投资者的影响比温州贷平台上借款人信息的影响要显著。网站上显示的借款人信息对借款成功率的解释度，从 R^2 指标来看，也是拍拍贷明显高于温州贷。与前面的结论一致。

7.3　本息保障模式对投资者羊群行为的影响

7.3.1　投资者羊群行为的理论分析和研究假设

P2P 网络借贷的投资人羊群行为或向同类学习的效果（Lee，2012）。Herzenstein 等（2011a）、Shen 等（2010）、Zhang 和 Liu（2012）研究证实了 P2P 网络借贷市场上的羊群行为的存在。在线 P2P 网络借贷市场的两个特征也似乎鼓励羊群行为：在线 P2P 小额信贷市场是一种社会贷款，多个贷款人一起共同满足一个借款人的贷款要求；在线平台使得同行在线行为的信息透明，促进了同行间的学习。Zhang 和 Liu（2012）研究表明，贷款人观察学习的方式既包括羊群行为，也包括总结借款人特点。他们得出结论：羊群行为在小额信贷市场是理性的。有间接证据表明，学习的确发生在 P2P 网络借贷市场。Freedman 和 Jin（2008）研究表明，团体借款人和个人借款人的贷款收益率之间存在差距，但随着时间的推移，这个利差在减少。这可以部分地归因于贷款人学习。研究还发现，Prosper.com 借贷平台上的平均借款成功率从 2005 年到 2008 年呈上升趋势。Puro 等（2011）也揭示了贷款投标人学习的证据。借款标从设立到成功的时间在缩短，而利率的分散度在增加。这些事态发展表明，贷款人对于评估借款人的自信在增强。他们也观察到了，随着时间的推移，贷款人表现出不同的投标策略。王正位等（2016）以人人贷为样本研究发现该平台上 P2P 网络借贷市场中存在着投资者学习行为现象，过往投资经验对其当前的投资行为具有显著的影响。

而且，考虑到投资金额有限，获取信息的成本相对较高，当投资者面对一个被活跃投标的借款项目时，会认为其他投资者拥有了更多的信息，因此选择跟投，而对于投标人数少或投标进展慢的项目，也跟随选择不投。因此，我们可以提出如下假设。

假设 3：在不提供充分本息保障的网贷平台上，投资者存在羊群行为。

而对于提供充分本息保障的网贷平台，基于与假设 2 基本相同的理由，我们可以提出如下假设：

假设 4：在提供充分本息保障的网贷平台上，投资者不存在羊群行为。

7.3.2 网贷投资者羊群行为的检验模型

学术文献中已有多种关于证券市场羊群行为的实证检验方法，往往根据市场环境的不同采用不同的方法。因为证券市场上单个投资者的决策行为很难被其他人发现，所以，学者们主要通过收益率或交易量指标来代理测度羊群行为。而 P2P 网络借贷的投标机制与证券市场的不同，投资者比较容易看到前面投资者的行为，所以对于网络借贷投资者是否存在羊群行为的检验方法比对证券市场的检验方法更直观。

检验网贷平台上投资者是否存在羊群行为的文献，根据方法不同可以分为如下三种。第一，Herzenstein、Dholakia 和 Andrews（2011）通过检验随着借款项目的当前投标数增多，其获得后续投标的可能性是否增大来检验羊群行为。Zhang 和 Liu（2012）则通过检验随着当前投标金额增多，其下一个时间段内获得投标金额的数目是否增加来检验羊群行为。这两篇论文的方法相似，其共同的文献基础是 Simonsohn 和 Ariely（2008）构建了 P2P 网络购物环境（eBay）下以当前投标数目为主要变量的羊群行为模型。该模型认为，如果某商品当前竞价次数越多，该商品获得后续竞价的可能性越大，那么说明该市场存在羊群行为。第二，Lee 和 Lee（2012）检验了韩国的 P2P 网络借贷市场上的羊群行为。其方法是通过检验随着时间的推移，单位时间内投标份额是否来增加检验羊群行为。第三，Luo 和 Lin（2013）通过检验随着当前投标数目的增加，平均投标时间间隔是否减少来检验羊群行为。以上文献的一个共同结论是，网络借贷平台的投资者存在羊群行为。在本节中，我们采用 Luo 和 Lin（2013）的方法，在控制住若干因素的情况下，投标的平均时间间隔是否还有投标数量的增加而减小。回归模型见公式(7.2)。

$$\text{平均时间间隔} = \beta_0 + \sum \beta_j x_i + \in_i \quad (7.2)$$

其中，β_i 是自变量和控制变量的系数，x_i 为自变量和控制变量，$\in_i$ 为服从正态分布的残差。

从图 7-2 和图 7-3 中，可以明显看到两个网贷平台投标时间间隔与借款项目当前投标数目之间的关系迥然不同。随着投标数量的增加，拍拍贷网站上的项目，投标平均时间间隔越来越小，而温州贷上投标的

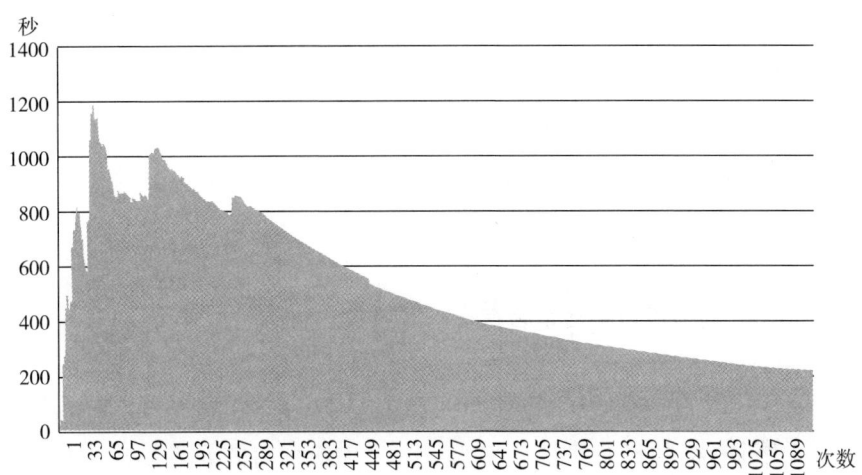

图 7-2　拍拍贷典型项目投标平均间隔时间随投标次数增加而减少

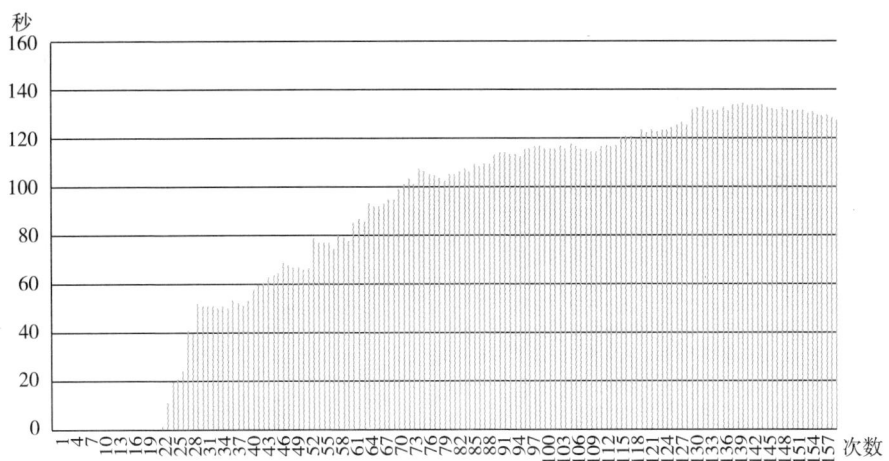

图 7-3　温州贷典型项目投标平均间隔时间不随投标次数增加而减少

平均时间间隔不降，反而略有增加，直观可以认为拍拍贷平台存在羊群效应，而温州贷平台羊群效应不显著。

本模型中，把每一个借款项目的投标作为一条横截面数据，把每一个借款项目的投标过程作为时间序列,得到一个非平衡面板数据。因此,数据处理上首先进行了非平衡面板数据单位根 ADF 检验,格兰杰因果检验,和固定效应还是随机效应——豪斯曼检验。两个平台的数据结果显示,面板序列平稳,投标次数是投标时间间隔的格兰杰原因模型,最终选择为随机效应,可以进行下一步回归分析。

7.3.3 网络借贷平台是否存在羊群效应的结果

表 7-7 的结果表明,在控制了其他因素之后,拍拍贷平台上借款项目的当前投标数目对投标项目当前的平均投标时间间隔影响为负,且 $p<0.01$。这表明在拍拍贷平台上,投资者羊群行为显著。与李悦雷、郭阳和张维(2013)利用中国网贷数据和李伟军(2013)利用拍拍贷的交易数据的研究结论一致。在温州贷平台上,借款项目的当前投标数目对投标项目当前的平均投标时间间隔影响为正,且 $p>10\%$,说明温州贷平台投资者羊群行为不显著。

从控制变量的分析来看,两个平台上,借款利率和借款人信用等级两个因素均对缩短投标时间间隔起促进作用。拍拍贷的投资进度还受借款成功次数的影响,这是因为借款人通常把借款成功次数放在首页甚至标题上,也属于第一眼能看到的信息。综上所述,可见拍拍贷平台的投资者在投标时关注"第一眼信息",同时关注其他投资者的行为。以上两方面的信息会缩短投标者的投标决策时间。而在温州贷平台上,投资者不跟随其他投资者投标,而"第一眼信息"对缩短投标决策时间虽然有所影响,但其影响的显著性水平不及拍拍贷平台。[①]

[①] 值得注意的是,由于两个平台上的借款标的数量和投资者活跃程度不同,所以两个平台的投标平均时间间隔不具有可比性。

表 7-7　　　　　　　　　　　羊群效应回归结果

项目	拍拍贷		温州贷	
	系数	Z 统计量	系数	Z 统计量
平均时间间隔	-0.709***	-59.87	11.462	1.33
借款利率	-0.013***	-19.97	-0.991**	-1.98
借款期限	0.238**	-2.54	-0.985	-1.01
信用积分（等级）	-0.053***	-23.46	-0.115**	-2.46
借款成功次数	-0.040**	-2.38	-0.201	-0.33
性别	0.024	0.497	-0.801	-0.45
还清笔数	-0.031	-1.29	-0.024	-0.67
常数项	1.021***	17.99	-18.98***	-7.75

注：***、**、*分别表示在1%、5%、10%水平下的显著性。

7.3.4　稳健性检验

1. 检验影响因素时将"借款完成与否"改为"借款完成率"

借款失败的项目在投标截止前的完成率在（0，100%）的范围内，因此，将借款标直接分为"借款成功"和"借款失败"两类有一定的信息损失。为此，我们将因变量设置为投标完成率，它是范围在 0 到 100% 的连续变量。采用 OLS 检验结果如表 7-8 所示。

表 7-8　　　　　　　　借款完成率的影响因素分析

项目	拍拍贷			温州贷		
	全样本	首次	非首次	全样本	首次	非首次
常数项	0.407*** (33.74)	0.341*** (34.12)	0.465*** (22.78)	50.9*** (8.27)	-50.334 (-1.58)	51.087*** (8.30)
借款金额	1.47e-06*** (7.63)	1.76e-06*** (57.37)	1.84e-06*** (5.80)	1.02e-09 (0.53)	—	0.72e-09 (0.50)

续表

项目		拍拍贷			温州贷		
		全样本	首次	非首次	全样本	首次	非首次
共同变量	借款利率	0.033*** (44.22)	0.032*** (-15.48)	0.034*** (25.77)	-0.384*** (-2.65)	10.517*** (4.67)	-0.405*** (-2.80)
	借款期限	-0.005*** (-8.75)	-0.010*** (-143.86)	6.8e-04 (0.65)	-0.181*** (-7.77)	-0.373* (-1.79)	-0.180*** (-7.70)
	信用等级	-0.124*** (-128.28)	-0.119*** (4.37)	-0.127*** (-50.60)	8.53e-05 (0.44)	-0.089 (-0.36)	8.25e-05 (0.43)
	成功次数	0.001*** (7.26)	—	0.001*** (5.00)	0.106* (2.44)	—	0.104* (2.31)
	性别	-0.008* (-1.68)	0.021*** (8.24)	-0.041*** (-4.29)	2.943 (1.70)	-35.489 (-1.50)	3.072* 1.81)
拍拍贷变量	还清笔数	-0.039*** (-6.69)	—	0.017 (1.34)			
	借入信用	0.006*** (33.92)	0.011 (-0.43)	0.002*** (5.54)			
	借出信用	-5.66e-07** (-2.27)	-4.32e-06*** (11.34)	2.12e-07 (0.68)			
	年龄	0.026*** (13.59)	0.021*** (21.98)	0.031*** (8.29)			
温州贷变量	逾期次数	—	—	—	0.275* (1.46)		0.270* (1.40)
统计量	R^2 (%)	58.59	69.37	42.64	3.97	23.36	3.94
	VIF 均值	1.64	1.06	1.97	1.49	1.23	1.49

注：括号内为 t 值，***、**、* 分别表示在1%、5%、10%水平下的显著性。

由表7-8可见，分析结果与表7-7检验结果一致，表明拍拍贷平台上借款人相关信息对投资者的影响比温州贷平台上借款人信息的影响要显著。网站上显示的借款人信息对借款成功率的解释度，从 R^2 指标来看，也是拍拍贷明显高于温州贷，与前面的结论一致。

2. 在检验羊群效应时剔除自动投标部分

由于平台允许投资人使用自动投标功能进行投标，导致项目在前期存在明显的集中投标现象，前期投标的时间间隔平均值为0，中后期投标的时间间隔的平均值突然增加，表现出跳跃式增长，故有必要对手动投标的本身的规律单独进行考察，以便更全面地分析网贷投标羊群效应的存在性。回归结果与前文一致（如表7-9所示）。

表7-9　　　　　剔除自动投标之后的羊群效应回归结果

项目	拍拍贷		温州贷	
	系数	Z统计量	系数	Z统计量
平均时间间隔	-0.794***	-83.82	16.556	1.65
借款利率	-0.021***	-31.33	-0.902**	-2.11
借款期限	0.238**	-2.54	-0.985	-1.01
信用积分（等级）	-0.039***	-26.88	-0.110**	-2.43
借款成功次数	-0.035**	-2.12	-0.198	-0.48
性别	0.031	0.597	-0.846	-0.35
还清笔数	-0.029	-0.96	-0.027	-0.98
常数项	1.103***	18.10	-20.82***	-17.51

注：***、**、*分别表示在1%、5%、10%水平下的显著性。

7.4　关于平台保障模式的进一步探讨

7.4.1　从实证结论出发的探讨

从两个平台的对比分析可知，平台承诺本息保障的规则对投资者的投资决策有显著影响。当平台承诺对投资者的逐笔投资提供本息保障时，投资者的决策行为会变得更加随意。投资者对投标的随意性具体表现为两方面：首先，对借款人相关"硬信息"的关注变得不显著；其次，前面投资者的投资行为对后面投资者没有显著影响。这一实证研究结论与理论推断是相符的。理论上，平台以及为项目提供担保的担保方公司的信用明显强于借款人，所以当平台承诺通过备付金或第三方担保公司等方式为项目提供充分本息保障时，投资的违约风险转化为平台或担保方违约的风险。考虑到筛选项目的时间成本，投资者不愿仔细甄别项目的行为是理性的。但这样的个别理性，并不代表整体理性。如果大量投资者出于对平台和担保方的信任而投资了一些自己完全不了解的项目，那么将来平台和担保方风险暴露时，投资者整体还是受损的。

7.4.2 平台保障模式对风险转移与分散的影响

1. 履约保证保险的风险转移与分散作用

任何投资都是有风险的，收益是从风险中而来，风险只能被控制而不能被消灭。有了履约险的P2P也一样，履约险本质上是一种对冲风险的手段，通过风险补偿的方式转移风险损失。

P2P平台与保险机构合作有以下四种形式。

一是账户安全险，保护用户资金安全，比如用户在平台充值、提现过程中发生资金被盗转、盗用的事件，保险公司会承担相应的损失。

二是人身安全险，实质上是针对借款人的人寿保险，只有借款人发生人身危险时，才会进行赔付。

三是财产保险，保障借款期间抵押物的安全。

四是履约保证保险，是指借款人不按照合同约定或者法律的规定履行义务，保险公司承担赔偿责任，也只有这种保险，才会在逾期或坏账时，投资人能够得到赔偿。

部分P2P网贷平台采用的是前三种保险形式，但投资者可能误以为是真正的履约保证保险，这是需要引起警惕的。而且在合法采用履约保证保险方面，尚存在两方面的障碍。

第7章　P2P 网贷平台的本息保障模式对投资者行为的影响

首先，P2P 网点平台不具备合法资格。根据 2017 年保监会发布的《信用保证保险业务监管暂行办法（征求意见稿）》规定，财险公司不得与不符合互联网金融相关规定的网贷平台开展信保业务；汽车抵押类或房屋抵押类贷款保证保险业务，单户投保人为法人和其他组织的自留责任余额超过 500 万元，单户投保人为自然人的自留责任余额超过 100 万元；其他信保业务，单户投保人为法人和其他组织的自留责任余额超过 100 万元，单户投保人为自然人的自留责任余额超过 20 万元。此外，保险公司开展网贷平台信保业务，应当对合作的网贷平台制定严格的资质准入要求。

其次，保险公司也可能不具备合法承保资格。因为银保监会对保险公司也提出了要求。比如，上一季度核心偿付能力充足率应当不低于 75%，且综合偿付能力充足率不低于 150%。低于上述要求的，应当暂停开展信保新业务，并可在偿付能力满足要求后恢复开展信保业务。保险公司承保的信保业务自留责任余额不得超过上一季度末净资产的 10 倍。

2. 第三方融资担保公司担保的风险转移与分散作用

在规范运营的情况下，第三方融资担保公司担保能够将风险有效地从投资人转移到第三方融资担保公司，为 P2P 网贷投资起到信用增级作用。所以，自 2017 年 10 月 1 日起正式施行的《融资担保公司监督管理条例》（相比于 2010 年的《融资担保公司管理暂行办法》，以下将前者简称"新规"）对融资性担保公司为 P2P 网贷提供担保实际上是鼓励的。例如，新规特别提出，支持融资性担保公司为"三农"服务。但人们对新规更主要的印象是，新规对融资信担保公司为 P2P 网贷提供担保作出了规范性的要求。第一，对非融资性担保公司或者融资租赁公司、保理公司，持续为 P2P 平台的借款项目提供担保，若触发融资担保公司监管条例的非法经营，处以100万元罚款。第二，融资性担保公司不得为其实际控制人、控股股东、母公司、子公司提供担保。如果为关联方提供担保，需要自提供担保之日起30日内向监督管理部门报告，并在会计报表附注中予以披露。第三，P2P平台合作的融资性担保公司为其他关联方提供融资担保的条件不得优于为非关联方提供同类担保的条件。第四，融资担保公司的担保责任余额不得超过其净资产的10倍。融资担保公司对同一被担保人的担保责任余额与融资担保公司净资产的比例不得超过10%，对同一被担保人及其关联方的担保责任余额与融资担保公司净资产的比例不得超过15%。

所以，"P2P + 融资担保"的模式将投资人风险转嫁给担保机构，从理论上提升了安全性和规范性。但过去由于缺乏明确、有效的监管，不少平台只是打着担保的旗号充门面，甚至有担保机构直接做起了网贷，这就使得此类创新金融存在巨大风险。新规实际上是通过规范融资担保公司担保行为来支持第三方担保模式，使之可持续、良性地发展。

7.4.3 关于平台保障模式的政策建议

1. 规范平台提供本息保障的承诺和信息披露

目前我国P2P网贷平台数量众多，大部分平台承诺本息保障。从本章前面的结论来看，本息保障的用语弱化了投资者的风险意识，使投资行为变得随意起来。更严重的是，一些平台提供的收益高，实质上蕴含的风险也高，但它们同样也用了"100%本息保障"的字眼，这很容易误导投资者。所以，政府应对平台信息披露方面进行监管，要求严格按照2010年中国银监会印发的《融资性担保公司信息披露指引》披露担保方信息，采用平台备付金提供本息保障的，也应实时披露备付金余额和偿付覆盖率，采用保险方式提供保障的，应严格披露保障范围。

第 7 章　P2P 网贷平台的本息保障模式对投资者行为的影响

2. 建议引入机构投资者和投资者服务机构

P2P 网贷也是小微借贷的一种。关于小微借贷,已形成共识的一个难点是信用评估成本占每笔借贷额的比例过高。在 P2P 网贷中,一笔本来不大的借款,被分成很多份由多个投资者投标完成,而投资者的每笔投资的额度,可以少到 1 元甚至更少。在这样低额的投资项目中,投资者只能随手点鼠标,甚至设置自动投标了之。如果引入机构投资者或者投资者服务机构,将可以有较高的成本效益来对项目进行信用审核。美国最大的网贷平台 Lending Club 近年来机构投资者的比例不断增加,个人投资者门槛也大大提高,我们可以借鉴其中的做法。

3. 鼓励民营机构建立网贷征信系统

既然网贷投资者缺乏线下审核项目的能力,那么平台披露的借款人信息的可靠性很大程度上取决于社会征信系统的完善程度。虽然中国人民银行征信中心提供的个人和企业征信服务正在不断优化,且信息源接入机构逐渐从传统大型金融机构扩大到了小微金融机构。但与 P2P 网贷的征信需求相匹配的信息源还包括一些非传统金融信息所包含的信息,如电商平台、社交媒体以及 P2P 网贷平台本身掌握的客户信息等。若是促成这些机构构建统一的数据标准和接口,形成非官方征信系统,将是对官方征信系统的有益补充。

参考文献

[1] 廖理,李梦然,王正位. 聪明的投资者:非完全市场化利率与风险识别——来自 P2P 网络借贷的数据 [J]. 经济研究,2014,7:125-137.

[2] 王正位,向佳,廖理,等. 互联网金融环境下投资者学习行为的经济学分析 [J]. 数量经济技术经济研究,2016(3):95-111.

[3] 王会娟,廖理. 中国 P2P 网络借贷平台信用认证机制研究——来自

"人人贷"的经验证据[J].中国工业经济,2014(4):136-147.

[4] 李悦雷.中国 P2P 小额贷款市场借贷成功率影响因素分析[J].金融研究,2013(7):126-138.

[5] 李伟军.我国 P2P 网络借贷的羊群行为研究[D].成都:西南财经大学,2013.

[6] HERZENSTEIN M, DHOLAKIA U M, ANDREWS R L. Strategic Herding Behavior in Peer – to – Peer Loan Auctions[J]. Journal of Interactive Marketing, 2011a, 25(1):27-36.

[7] POPE D G, SYDNOR J R. What's in a Picture? Evidence of Discrimination from Prosper. com[J]. Journal of Human Resources, 2011, 46(1):53-92.

[8] LUO B, LIN Z. A Decision Tree Model for Herd Behavior and Empirical Evidence from the Online P2P Lending Market[J]. Information Systems and e – Business Management, 2013, 11(1):141-160.

[9] MICHELS J. Do Unverifiable Disclosures Matter? Evidence from Peer – to – Peer Lending[J]. Accounting Review, 2012, 87(4):1385-1413.

[10] HERZENSTEIN M, SONENSHEIN S, DHOLAKIA U M. Tell Me a Good Story and I May Lend You Money: The Role of Narratives in Peer – to – Peer Lending Decisions[J]. Journal of Marketing Research, 2011b, 48(SPL):138-149.

[11] FREEDMAN S, JIN G Z. Do Social Networks Solve Information Problems for Peer – to – Peer Lending? Evidence from Prosper. com[J]. SSRN Electronic Journal, 2008.

[12] LIN M, PRABHALA N R, VISWANATHAN S. Judging Borrowers by the Company They Keep: Friendship Networks and Information Asymmetry in Online Peer – to – Peer Lending[J]. Management Science, 2011, 59(1):17-35.

[13] BERGER S C, GLEISNER F. Emergence of Financial Intermediaries in

Electronic Markets: The Case of Online P2P Lending [J]. Business Research, 2010, 2 (1): 39-65.

[14] COLLIER B C, HAMPSHIRE R. Sending Mixed Signals: Multilevel Reputation Effects in Peer – to – Peer Lending Markets [C] // Proceedings of the 2010 ACM Conference on Computer Supported Cooperative Work, CSCW 2010, Savannah, Georgia, USA, February 6 – 10, 2010.

[15] HERRERO – LOPEZ S. Social Interactions in P2P Lending [J]. Applied Optics, 2015, 54 (33): 12.

[16] GREINER M E, WANG H. The Role of Social Capital in People – to – People Lending Marketplaces. [C] // International Conference on Information Systems, ICIS 2009, Phoenix, Arizona, USA, 2009.

[17] LEE E, LEE B. Herding Behavior in Online P2P Lending: an Empirical Investigation [J]. Electronic Commerce Research & Applications, 2012, 11 (5): 495-503.

[18] SHEN D, KRUMME C, LIPPMAN A. Follow the Profit or the Herd? Exploring Social Effects in Peer – to – Peer Lending [C] //Social Computing (SocialCom), 2010 IEEE Second International Conference on. IEEE, 2010: 137-144.

[19] ZHANG J, LIU P. Rational Herding in Microloan Markets [J]. Management Science, 2012, 58 (5): 892-912.

[20] PURO L, TEICH J E, WALLENIUS H, et al. Bidding Strategies For Real – life Small Loan Auctions [J]. Decision Support Systems, 2011, 51 (1): 31-41.

[21] SETH FREEDMAN, GINGER ZHE JIN. Learning by Doing with Asymmetric Information: Evidence from Prosper. Com [J]. NBER Working Papers, 2011: 203-212.

[22] WANG H, GREINER M E. Prosper – The eBay for Money in Lending

2.0 [J]. Communications of the Association for Information Systems, 2011, 29 (1): 243 – 258.

[23] EVERETT C R. Group Membership, Relationship Banking and Loan Default Risk: The Case of Online Social Lending [J]. Banking & Finance Review, 2015, 7 (2).

[24] SIMONSOHN U, DAN A. When Rational Sellers Face Nonrational Buyers: Evidence from Herding on eBay [J]. Management Science, 2008, 54 (9): 1624 – 1637.

第 8 章
中国 P2P 网贷投资者信任模型
——基于跨平台横截面数据的利率决定实证研究

8.1 网贷利率的决定因素概述

我国 P2P 网贷市场的利率形成机制是高度市场化的。除我国司法实践中实行了 60 多年的最高 4 倍利率和最高人民法院《关于审理民间借贷案件适用法律若干问题的规定》法释（2015）18 号自 2015 年 9 月 1 日起施行的 24%、36% 两线三区以外，网贷利率几乎未被管制。但我国 P2P 网贷利率决定过程，往往由平台或借款人给出，投资者只能用资金或"脚"投票。即使这样，这仍不失为一种市场化的利率决定过程。因为如果某平台的借款项目偏离投资者认为的风险利率水平，将会出现抢标或流标。这样平台和借款人必须对利率进行调整以实现市场均衡。市场化的利率水平在一定程度上反映了投资者对出借风险的态度，所以对 P2P 网贷利率决定因素的分析为研究 P2P 网贷投资者信任模型打开了一扇窗。

那么，P2P 网贷的利率是如何决定的呢？从时间序列的角度来看，已有文献表明，P2P 网贷的理论水平与货币政策、Shibor 等有关联。从横向比较来看，P2P 网贷投资者是如何对一笔网贷投资达成信任，并接受其利率水平，从而决定投资的呢？已有文献多基于单个平台的借款项目，分析了影响借款利率的借款人方面的因素。但单考虑借款人因素是不全面的，平台因素应该也是一个重要因素。

与国外平台相比，我国 P2P 网贷平台作为信息中介却还承担了一部分信用中介的角色，表现为较为普遍地向投资者承诺本息保障。这种保障大多数通过平台风险备付金或通过第三方担保、保险等方式提供。显然，保障的可靠性取决于平台的受信任程度，因此使得 P2P 网贷的利率水平与平台的受信任程度紧密相关。我国 P2P 网贷投资者在理财领域普遍有刚性兑付的期望，因此也倾向于投资具有保障的借款，选投资对象时将主要精力放在挑选优质平台上。据我们对网站的调研发现，纯信用标的融资成功率显著低于实地认证标和机构担保标。基于以上两点，本章首先假定平台属性和借款人属性是促成投资者形成信任的两大外部因素。然后通过实证研究利率对这些因素所作出的反应来间接检验包含这两大外部因素在内的投资者信任模型。

因为利率水平在一定程度上反映了投资者对项目的风险感知，所以，本章实证研究的结论反映了投资者的风险识别方式，对投资者行为理论有一定的补充。研究投资者行为的政策目标是保护投资者。网贷投资者大多数是不具备专业水平的个人投资者，处于信息劣势和专业知识储备不足的弱势状态。而网贷行业还处在野蛮生长状态。2016 年 8 月，银监会、工信部、公安部及网信办联合发布《网络借贷信息中介机构业务活动管理办法》，标志着首个网贷监管细则终于落地。但这只是将网贷平台纳入规范监管的开端。基于行业现状和投资者保护目的，本章将根据实证研究结果提出政策建议。

关于网贷利率的决定因素，国内外已有实证研究表明，借款人一系列"硬信息"的披露能显著影响利率水平。Klafft（2008）发现在利率的决定问题上，信用等级是最重要的影响指标，负债比率也具有一定的影响但远远弱于信用等级，而借款人的信用卡账户和拥有房屋的认证基本上对于利率的决定不发挥任何作用。Pope 和 Sydnor（2011）以及 Ravina（2008）指出种族信息的披露对于借款利率具有显著影响。已有研究还显示，借款人的硬信息的披露确实能够反映出其订单背后的违约风险。例如：Kumar（2007）指出信用等级和借款人资金账户认证信息的披露都与借款人的违约率呈负相关关系。Klafft（2008）以及 Lin 等（2013）都指出借款人信用等级越低，其违约率的确更高。Freedman 和 Jin（2008）研究发现，即使同一个信用等级的借款人，信用分数较低者其后续的还款表现确实相对较差。王会娟和廖理（2014））研究发现人人贷网络借贷平台上信用评级越高，借款成功率越高且借款成本越低。姜培和宋良荣（2016）以拍拍贷历史经验数据为例，研究发现影响网贷利率的因素主要包括信用等级、借款金额、借款期限、成功借款次数。李金阳和朱钧（2013）还发现借款人是否加入优先计划、是否具有视频认证等也对利率有影响。

而且研究发现一部分"软信息"也能对借款利率产生影响。Ravina（2008）指出美貌的照片能使借款人在相同条件下更容易获得借款或相同借款成功率前提下降低借款利率。Freedman 和 Jin（2008）研究发现朋友投标的项目还款率和收益率均较高。彭红枫等（2016）的研究指出借款人提供借款陈述都能降低借款成本，但是不一定能增加借款成功率，且信用等级较低的借款人提供借款陈述对借贷行为的影响更大。裴平和蔡越（2016）发现加入群组有利于提高借款成功率同时降低利率。Chen 和 Han（2012）对中美两国 P2P 网贷进行比较发现，国内投资者更重视"软信息"。

已有文献还对 P2P 网贷平台利率决定过程进行了一系列研究。沈伟雄（2015）对网贷利率定价模式进行了区分和归类，结合国内 P2P 网贷平台操作实践与欧美平台进行了比较研究。陈虹和马永健（2016）指出 P2P 网贷平台在利率定价权分配方面主要表现为借贷双方博弈定价和平台自主定价两种模式，平台成交利率与投资者人数和借款者人数比值之间存在一定的反向关系，平台或行业成交量与成交利率、国债收益率和同业拆借利率之间呈现出不同程度的反向响应机制，而对股市波动的响应不尽相同。

关于网贷利率波动的特点已有研究结论不尽一致。钱金保（2015）分析了六次货币政策调整对于 P2P 网贷成交量和平均利率的冲击，结果显示货币政策在 P2P 市场的作用有限，认为信贷市场分割一定程度上是形成这一结果的原因。周耿和范从来（2016）研究发现降息降准的货币政策实施对 P2P 市场的利率下降产生了显著影响。陈霄和叶德珠（2016）的研究结果显示网贷市场的利率运行具有一定的波动聚集性和趋势性的特征，网贷市场具有逆周期性，而 Shibor 隔夜拆借利率与网贷市场利率之间存在单向格兰杰因果关系，两者之间具有一种单向的溢出效应。

关于网贷利率的市场有效性，研究结果表明市场的有效性不足。廖理等（2014）利用人人贷平台数据得出：在不完全竞争市场条件下，利率只是部分反映了借款人的违约风险，但是投资者足够理性，他们能够从公开信息中识别出未包含在利率中的违约风险。王锦虹（2015）以逆向选择理论研究发现合理地确定贷款利率有利于实现 P2P 网贷信用风险控制目标。陈霄和叶德珠（2016）采用异质性随机前沿方法测度发现网贷市场利率低于最优利率。与 Emekter 和 Tu（2015）的结论一致，表明网贷市场利率的风险溢价不充分，高信用借款人缺乏。

综上所述，国内外关于 P2P 网贷利率决定因素的研究，有基于同一平台的横截面数据的实证研究以及基于所有平台平均数据的时间序列研究两种，缺乏采用跨平台数据的研究。而基于跨平台数据的研究增加考虑了平台属性对利率的决定作用。陈虹和马永健（2016）考虑了平台之间的差异，但该文主要检验了借贷双方博弈定价的理论，本章侧重考察平台属性对定价的影响。从大量平台跑路的事实来看，迄今为止我国 P2P 网贷平台风险是投资者面临的主要风险，我国网贷平台具有一定的信用中介属性，因此，投资者在识别投资风险时首先观察对象是网贷平台整体，其次才是具体借款项目，所以本章研究 P2P 网贷的利率决定因素时，同时考虑了平台属性和借款项目属性。本章基于跨平台横截面数据研究利率的影响因素，对于揭示我国网贷投资者的风险识别方式具有理论和现实意义。

8.2　P2P 网贷投资者信任理论和研究假设

在诸如出借款项这样的具有未来不确定性，并且结果依赖于对方行为的活动中，信任是影响出借人预期和行为的决定因素。信任是一种复杂的人类行为，各学科从不同视角对信任进行了界定，至今仍没有一个统一的定义，但是已达成共识的观点是：信任是涉及交易或交换关系的基础。心理学认为信任是人格特征和人际现象，个性不同信任程度也不同。营销学对信任的研究主要聚焦在交易活动中。管理学对信任的定义也不尽相同。

陈冬宇（2014）以出借人为研究对象，从社会认知理论的视角分析 P2P 网络借贷交易信任的形成过程。社会认知理论（Social Cognition Theory，SCT）是 Bandura 创立的关于个体行为的基本理论。该理论认为，个体、个体的行为以及行为所处的环素之间不断进行着持续的相互作用，其中任意两个因素之间都存在着双向关系，并不断地变化；行为决策是个体因素和环境因素共同作用的结果。社会认知理论被广泛地用于理解和预测个体以及群体的行为特征，因此适用于分析 P2P 网络借贷市场中交易信任的形成过程。

陈冬宇（2014）提出 P2P 网贷的信任形成过程源于个体自身因素和外部环境因素，其中外部环境因素又可分为借款人和借款平台。本章将外部环境因素进行了指标化，见图 8-1。

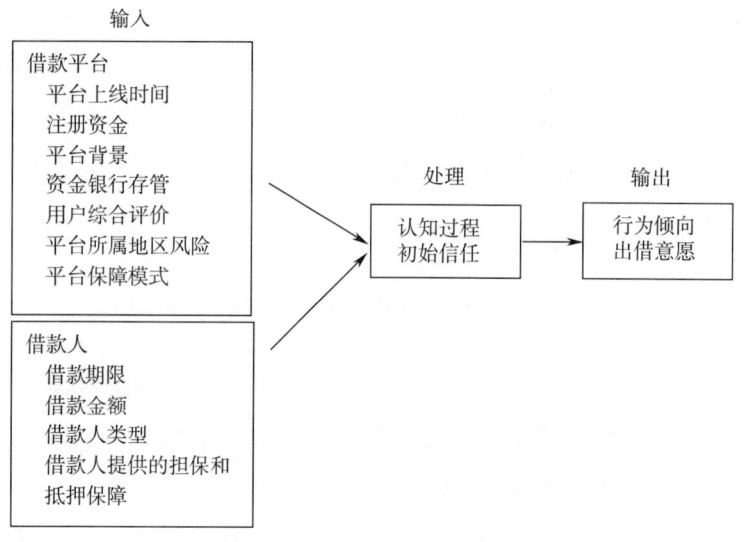

图 8-1　P2P 网贷投资者信任形成的外部环境因素

本章考虑了平台和具体借款项目两个方面的因素对利率的影响。具体而言，平台相关的因素包括：平台上线时间、注册资金、平台背景、资金银行存管、用户综合评价，平台所属地区风险和平台保障模式 7 个指标。具体借款项目因素包含借款期限、借款金额、借款人类型、借款人提供的担保和抵押保障 4 个指标。

8.2.1 平台因素及其对利率的影响分析

1. 平台上线时间

P2P 网贷平台上线时间越长可能会降低平台的利率水平。原因有三：第一，平台上线时间越长，对信用风险的管理能力越成熟，从而有利于降低平台的利率水平；第二，平台上线时间越长，用户规模和交易规模越大，有利于投资者分散个别项目的信用风险，从而可降低平台的利率水平；第三，据投资者掌握的经验，出现问题的平台其上线时间一般不长，故投资者对老平台更加信任。

假设 1：平台上线时间越长，利率越低。

2. 注册资金

网贷之家提供的平台档案资料显示，网贷平台注册资金最少的只有几万元，最多的有几十亿元。显然，注册资本过小的平台实力非常薄弱，比如 100 万元以下的平台。虽然单独比较两家公司不一定注册资本越大越有实力，但从概率上来说，注册资本越大的平台越有可能偿付能力更强。根据《公司法》，2014 年 3 月 1 日前成立的公司基本实缴完毕，之后成立的公司采用认缴制，但《公司法》解释称，公司债权人请求未履行或者未全面履行出资义务的股东在未出资本息范围内对公司债务不能清偿的部分承担补充赔偿责任的，人民法院应予支持。所以，即使公司注册资本尚未实缴，仍能提高公司债权人的偿债保障。

假设 2：公司注册资本越高，利率越低。

3. 平台背景

平台背景是指 P2P 网络贷款平台的大股东或主要发起人的企业性质，总共分为五类：银行背景、国资背景、上市公司背景、VC/PE 背景和民营背景。通过查阅"网贷之家"的平台档案，2015 年 10 月全国

P2P 网贷平台累计总数 3320 家（含问题平台），其中有 8 家银行背景，61 家国资背景，39 家上市公司背景，37 家 VC/PE 背景，其余的为民营企业背景。出现问题的平台累计 1085 家，全部集中在民营企业背景的贷款平台，而其他背景类型的平台无一例出现问题。这说明不同背景的平台跑路的先验概率有较大差异，由此可能对利率造成影响。

假设 3：银行背景、国资背景、上市公司背景和 VC/PE 背景的平台相比于民营背景的平台，前者可以降低利率。

4. 资金存管

在 2015 年颁布的《网络借贷信息中介机构业务活动管理暂行办法（征求意见稿）》中，已经明确规定网贷平台应当实行自身资金与客户资金隔离管理，应选择符合条件的银行业金融机构进行资金存管。据网贷之家数据统计，截至 2016 年 6 月底，网贷之家平台档案所统计的 2953 家 P2P 网贷平台，仅 835 家平台实现了用户资金托管，受托机构以第三方支付企业为主，仅少数平台的用户资金受托机构为银行业金融机构。未实现用户资金托管的平台中，有 58 家实现了风险准备金托管，2060 家平台未进行任何资金托管，对客户资金安全形成重大威胁，因此将资金托管与否列入利率决定因素。

假设 4：资金托管可以降低利率。

5. 平台所属地区风险

即平台的注册地风险。如果本地区平台出问题概率较高，应该会影响投资者的风险感知，从而注册地可能是影响利率的一个因素。已有数据表明，不同地区出险概率差异较大。

假设 5：平台所属地区风险越大，利率越高。

6. 用户综合评价

即网贷之家的网友综合评价。由网友基于提现、资金站岗、服务、体验 4 个维度的评价对每个平台打分,每个维度 5 分制,然后加总得到一个综合得分。这个得分可以反映活跃使用平台的用户对平台的主观评价。

假设 6:平台综合评价越高,利率越低。

7. 平台保障模式

目前绝大部分平台都至少为 VIP 会员用户提供本息保障,而成为 VIP 会员用户的门槛并不高,所以在保障承诺的表述上绝大部分平台的差异并不大。但平台提供保障的模式有几种类型,主要包括提供足值抵押或质押、第三方提供机构担保或保险,以及平台准备金垫付等。平台保障模式是平台总体上的风控调节方式,它是平台总架构的基础,因此是影响风险的主要因素。

假设 7:平台提供的额外抵押或质押、第三方提供机构担保或保险,相比于仅仅依靠平台准备金垫付保障能够降低利率。

8.2.2 借款项目因素及其对利率的影响分析

1. 借款期限

借款期限与利率的关系是利率的期限结构,它有向上型、水平型和向下型等各种形态,常见的是向上型。据所收集的数据观察值,绝大多数属于最常见的向上型,只有个别平台的利率期限结构为水平型。P2P 网络贷款平台的这种利率期限结构反映了出借人资金让渡时间越久,要求的风险补偿越高,是利率期限结构理论最容易解释的一种情况。

假设 8:借款期限越长,利率越高。

2. 借款金额

不同的借款人有不同的资金需求,个人消费借款金额较小,企业贷款金额较大,但借款金额不仅取决于借款需求,还受限于平台对借款人的授信额度。在融资机会匮乏的情况下，借款金额通常等于授信额度，所以借款金额可以一定程度上反映借款人的资本实力，从而间接反映背后的风险大小。

假设9：单笔借款金额越大，借款利率越低。

3. 借款人类型

借款项目类型根据借款人身份可分为：企业贷款、个体工商贷、个人贷款。依次对应着小微信贷的三类客户群体：中小企业、个体工商户以及农户和城市工薪阶层。不同的借款人运用资金的能力不同，中小企业较强，个体工商户、农户和城市工薪阶层较弱。不同的运用资金能力导致不同的偿付能力。

假设10：中小企业贷款比其余类型贷款能降低利率。

4. 借款人提供的保障措施

按照借款人是否提供以及提供何种增信措施划分，网贷可分为纯信用贷、无抵押物有担保或保险、提供抵押品三种类型。通过我们收集的数据，担保和保险主要包括第三方担保公司担保、关联企业或同业提供担保以及保险公司提供保险三种情形；提供抵押品的以房产抵押和车辆抵押是最常见的，部分公司提供股权质押。

假设11：相比于纯信用贷款，借款人提供的保障措施能够降低利率。

8.3 基于跨平台横截面数据的利率决定实证研究

8.3.1 数据获取和模型构建

1. 数据选取

本章采用python语言编写爬虫程序，搜集网贷之家公布的网贷平台档案和已筛选平台公布的具体借款项目的数据。截至本章首次获取收据的时间2015年10月29日，我国正常运营的P2P网络贷款平台有2235家。按背景可分为五类：银行背景、国资背景、上市公司背景、VC/PE背景和民营背景，数量对应为8家、61家、39家、37家和2090家。对以上平台，本章按如下原则选取数据：（1）按平台背景分层随机选取数据，以使涵盖范围尽量广；（2）平台成立时间在2015年之前，以保证平台运营较成熟，减少运营初期营销性的优惠利率的干扰；（3）平台上，选择近2周内"借款成功"的标的，以体现这个利率是借贷双方博弈的均衡结果；（4）按照借款期限，项目类型和保障措施三个指标选取具体的借款标。

样本筛选过程分为两个阶段：第一阶段，按平台背景分层随机选取平台，然后剔除重复平台，数据缺失平台，以及成立日期在2015年之后的平台；第二阶段，平台上具体借款项目数据的选取，在每个平台上的直投类业务[①]中，按不同借款期限（1个月以上），不同借款人类型（个人借款、个体工商贷和企业贷款三类），不同增信措施（纯信用、有担保和有抵押三类）选择借款成功的标的，并且时间上要为近两周的数据。最后从入选的67家平台中，每个平台找出不同的借款种类，对每个类别随机抽取1条借款数据，共获得317条借款数据。在界定借款种类时，同一平台的借款中，期限不同，借款人类型不同，借款人增信措施不同等，只要有一项不同就属于不同的借款类型。

2. 样本数据的描述性统计

表8-1对各变量进行了描述性统计。变量的值体现了选取样本的

---

① 绝大部分平台业务类型分三类：理财类、直投类、债权转让类。仅仅选取直投类是因为仅直投类项目由投资个人首次进行散标投资。理财类往往是平台将投资者资金在系统后台进行自动投标的。债权转让类非投资者首次投标项目。

原则，而且具有较好的分散度。平台上线时间、注册资金、平台所属地区风险、综合评价、借款期限、借款金额等变量，样本值的跨度尽可能大和分散。哑变量的值除银行背景由于这类平台确实较少以外，其余类型变量的值基本在 0.2~0.5，表示样本具有较好的分散度。

表 8-1　　　　　　　　变量描述性统计

项目	变量	均值	标准差	1/4分位数	1/2分位数	3/4分位数	最小值	最大值
平台因素变量	上线时间（月）	22.265	14.745	13	17.5	27	9.5	100
	注册资金（万元）	6321	4110	1000	3000	5000	3	2521984
	银行背景	0.090	0.288	0	0	0	0	1
	国资背景	0.254	0.438	0	0	1	0	1
	上市公司背景	0.209	0.410	0	0	0	0	1
	VC/PE 背景	0.209	0.410	0	0	0	0	1
	民营背景	0.239	0.430	0	0	0	0	1
	资金存管	0.254	0.438	0	0	1	0	1
	地区风险	26.723	11.768	14.71	27.46	36.36	7.14	60
	综合评价	16.215	2.929	14.6	16.5	17.4	5	19.7
	担保保险	0.523	0.497	0	0	1	0	1
	平台风险准备金或其他	0.487	0.497	0	0	1	0	1
借款项目变量	借款期限（月）	8.550	8.588	3	6	12	0.43	36
	利率（%）	11.939	3.346	9.36	11.4	13.7	5.8	27
	借款金额（元）	885442.7	1360847	80000	300000	1000000	3539	1.0e+07
	个人贷款	0.334	0.473	0	0	1	0	1
	个体工商贷	0.268	0.444	0	0	1	0	1
	企业贷	0.398	0.490	0	0	1	0	1
	担保贷款	0.792	0.407	0	1	1	0	1
	抵押贷款	0.372	0.484	0	0	1	0	1

以表 8-2 中的变量构建多元线性回归模型。其中，利率为被解释

变量，其余为解释变量①。

$$v_{rate} = \beta_0 + \beta_1 v_{online} + \beta_2 v_{capital} + \beta_3 v_{bank} + \beta_4 v_{state} + \beta_5 v_{listed}$$
$$+ \beta_6 v_{vcpe} + \beta_7 v_{depository} + \beta_8 v_{risk} + \beta_9 v_{score} + \beta_{10} v_{guarantee\_platform}$$
$$+ \beta_{11} v_{period} + \beta_{12} v_{amount} + \beta_{13} v_{person} + \beta_{14} v_{indu-busi} + \beta_{15} v_{guarantee}$$
$$+ \beta_{16} v_{collateral}$$

8.3.2 实证结果

1. OLS 回归结果分析

回归结果见表 8-3。可见，平台上线时间越长、注册资金越多，利率越低，与原假设相符。银行背景、国资背景、上市公司背景和 VC/PE 背景的平台均能显著降低借款利率，相比于平台中数量最多的普通民营背景的平台，有"特殊背景"的平台凭借其"背景"可以降低利率 3~5 个百分点。这与我国出现问题的 P2P 平台集中在民营平台的实际情况是相符的。所属地区风险程度越高，即该地区出现问题的平台比例越大，投资者要求的利率越大。所属地区风险程度每上升 10%，投资者要求的利率补偿就上升 0.7%。平台的综合评价得分越高，利率越低，表明投资者的评价对平台以更低利率借款的能力产生影响，同时表明，投资者对于主观评价高的平台，愿意接受更低利率。平台提供的担保和保险类保障相比于仅仅采用平台准备金或其他措施更能降低利率水平。

借款期限和借款金额是借贷中的两个核心指标，借款期限越长，投资者要求的风险补偿越大；而借款金额增加，利率略微下降，可能原因

---

① 表 8-1 中的平台背景、平台保障方式和借款项目类型属于类型变量，为保持变量的独立性，根据 N 个类型保留 N-1 个变量的原则，在表 8-2 去掉了平台背景类型中的"民营背景"、平台保障方式中的"风险准备金或其他"以及贷款类型中的"企业贷款"类型变量。

表 8-2 变量相关系数分析

变量	上线时间	注册资金	银行背景	国资背景	上市公司背景	VC/PE背景	资金存管	担保保险	地区风险	综合评价	借款期限	利率	借款金额	个人贷款	个体工商	担保贷款	抵押贷款
上线时间	1																
注册资金	0.028	1															
银行背景	-0.108	0.301	1														
国资背景	-0.237	0.214	-0.171	1													
上市公司背景	-0.138	0.117	-0.139	-0.317	1												
VC/PE背景	0.470	0.101	-0.160	-0.366	-0.298	1											
资金存管	0.212	0.210	0.219	0.105	0.225	0.301	1										
担保保险	0.015	-0.114	-0.132	-0.302	-0.245	-0.283	0.078	1									
地区风险	0.011	0.004	0.249	-0.035	-0.309	-0.007	0.194	0.001	1								
综合评价	-0.410	-0.325	-0.058	0.188	-0.097	-0.331	0.086	0.265	0.004	1							
借款期限	0.170	0.054	0.096	0.087	0.076	-0.038	-0.187	0.285	0.124	-0.246	1						
利率	-0.226	-0.285	-0.301	-0.177	-0.147	-0.125	-0.301	0.483	0.102	-0.121	0.189	1					
借款金额	-0.162	0.002	0.226	0.305	0.142	-0.121	0.078	-0.205	0.128	0.038	0.048	-0.281	1				
个人贷款	0.287	0.104	0.059	-0.101	-0.128	0.167	0.047	0.318	0.007	-0.122	0.202	0.307	-0.338	1			
个体工商贷	0.005	0.017	0.257	-0.157	-0.096	0.103	0.086	0.048	-0.093	0.005	-0.024	0.284	-0.157	-0.429	1		
担保贷款	-0.139	0.054	-0.017	0.048	-.0059	-0.057	-0.037	0.024	0.137	0.193	-0.150	-0.258	0.314	-0.298	-0.402	1	
抵押贷款	0.002	0.087	-0.133	-0.205	0.187	0.162	-0.054	0.161	0.135	0.104	-0.181	-0.335	-0.115	0.254	0.153	0.395	1

是投资者认为大额的借款金额反映了借款人的授信额度高及其背后蕴含的信用等级高,因此认为其违约概率较小,从而要求较低的风险补偿。回归结果中借款类型的变量(个人借款、个体工商贷)以及担保、抵押的回归结果不显著。与之形成对比的是平台提供的机构担保或保险却能显著降低借款利率。

通过以上分析,我们可以推断出投资者的投资脉络。投资者通过甄别平台的上线时间、注册资金、平台背景、所属地区风险程度以及平台保障模式来选择平台,以此来控制该平台上的系统性信用风险。然后投资者通过考察资金借贷中的两个核心指标——借款期限和借款金额,并结合其他次要信息,如项目类型、是否有抵押物等公开信息,来控制借款项目信用风险,并完成标的选择和资金出借。

那么,典型的高利率平台和典型的低利率的平台各有什么特征?从表8-3回归结果可见,高利率的平台多为普通民营背景的平台,上线时间不长,注册资本不高,所处地区的风险程度较高,保障方面仅能依靠平台准备金,网友的"综合评价"较低。低利率的平台大多为银行背景、国资背景、上市公司背景或VC/PE背景的平台,上线时间较长,注册资本较高,所处地区风险程度较低,它们的综合评价往往较高。高利率的项目多集中在高利率的平台中,它们的借款金额较小,期限较长,并且往往没有抵押物或担保。

表8-3　　　　影响网贷利率的多因素线性回归结果

项目	自变量	系数	t 值
平台因素变量	常数项	-2.423*	-1.80
	注册资金	$-3.8e-07$***	-6.34
	银行背景	-3.792**	-5.62
	国资背景	-3.084***	-4.86
	上市公司背景	-5.240***	-7.53

续表

项目	自变量	系数	t 值
平台因素变量	VC/PE 背景	-3.385***	-4.90
	资金存管	-0.010***	-7.35
	地区风险	0.073***	5.17
	综合评价	-0.020***	3.01
	机构担保	-1.081***	-4.46
借款项目因素变量	借款期限	0.097***	5.42
	借款金额	-4.3e-07***	-3.45
	个人贷款	0.299	0.74
	个体工商贷	-0.144	-0.36
	担保贷款	-0.088	-0.22
	抵押贷款	-0.512	-1.45

注：***、**、*分别表示在1%、5%、10%水平下的显著性。

2. 稳健性检验

由于本章采用横截面数据，可能采用不同时间节点的横截面数据分析的结果会有不一致。因此，在第一次收集的数据处理结果出现之后，进行了第二次数据收集。第二次收集的数据对应的时间是 2016 年 6 月。此外，本章第一次收集数据时为了收集具体借款项目的数据，对 P2P 网贷平台进行了筛选，可能存在代表性问题。第二次数据收集获取了在网贷之家有档案的所有 P2P 网贷平台的数据，缺陷是不能同时获取单个借款项目的数据，第二次数据显示的利率是单个平台上借款的平均利率。从表 8-4 的回归结果看，第二次数据与第一次数据关于平台因素对利率影响的结果是一致的。

表 8-4   2016 年 6 月所有平台全样本数据回归结果

项目	系数	t 值
上线时间	-0.010***	-7.14
注册资金	-2.18e-07***	-2.72
银行背景	-0.032*	-1.75
国资背景	-0.022***	-4.19
上市公司背景	-0.019***	-3.06
VC/PE 背景	-0.009*	-1.69
资金存管	-0.009***	-6.99
地区风险	0.089***	5.96
综合评价	-0.001***	-3.10
机构担保	-0.005***	-2.29

注：***、**、*分别表示在1%、5%、10%水平下的显著性。

8.3.3 实证研究结论

我国货币金融体系具有民间金融和利率双轨制两个特征。利率市场化的进程一直在争论中缓慢前行。以 P2P 网贷为代表的民间金融的发展为推动利率化市场进程提供了一个自下而上的力量。但与此同时，我国民间资本市场还处于发散型无序状态，P2P 网贷行业也被批为"野蛮生长"。所以，把网贷行业的发展向阳光化方向引导非常重要。本章实证分析了我国 P2P 网贷利率在横向比较下的决定因素，得出如下结论和建议。

首先，银行背景、国资背景、上市公司背景或 VC/PE 背景可以降低平台利率，那么在有效市场条件下，意味着网贷平台通过引入银行、国资、上市公司或 VC/PE 投资者，可以强化平台风险管理，有效地缓解信息不对称问题，降低违约率。但现实中，监管部门应确保注册平台的名义大股东与实际相符，禁止 P2P 网贷平台向银行、国资、上市或

VC/PE 寻求挂名，督促其做到实际出资，实际加强管理，并根据实际情况进行信息披露，避免网贷平台拉大旗，误导投资者。

其次，P2P 网贷平台在合规性方面达标与否显著影响利率水平，其中，网贷平台对客户资金实行第三方存管有利于降低利率。2016 年 8 月 25 日，银监会、工信部、公安部及网信办联合发布《网络借贷信息中介机构业务活动管理办法》中突出强调了第三方存管合规的重要性。同一时期，原银监会向各家银行下发了《网络借贷资金存管业务指引（征求意见稿）》对网贷资金银行存管的委托人和受托人资质进行了严格规范。所以，下一步落实网贷平台的合规性达标，是降低网贷风险，从而降低民间借贷利率水平的重要手段。

再次，网贷平台提供的保障方式可显著降低借款利率，解释了为什么我国 P2P 网贷市场更倾向于抵押或担保贷款，而不是美国等发达国家主要采用的信用贷款。从现实情况来看，我国信用贷款的成本过高是因为我国信用体系不健全而且违约代价不高。目前，我国 P2P 网贷只是传统小额借贷在渠道上的一小步创新，其审核、增信等过程基本都在线下完成，只是交易搬到互联网上来达成。所以，P2P 网贷的金融本质不变，应对参与网贷的平台、担保机构和保险公司等增信机构按金融机构加强监督管理，防止这些机构有过高的风险承担。

最后，由于借款期限显著影响借款利率，所以在借贷合约的设计方面，平台和借款人有强烈的动机通过贷款的期限拆分降低利率。监管部门应禁止平台这种期限拆标行为。实际上，识别期限拆标并不困难，只是目前缺乏明确的监管条款。此外，投资者也应对拆标产品具有风险防范意识，避开实施拆标的平台，一旦发现同一借款人滚动借款的项目，应对整个网贷平台提高警惕。因为金融理论和实践都表明，期限错配意味着巨大的风险，流动性趋紧时会引发挤兑。

综上所述，平台背景、资金存管方式、保障方式和借款期限等因素对利率的影响，反映了投资者的风险识别方式，但并不一定真实反映风险的大小，若监管缺失，投资者识别风险的方式将会被利用，反过来欺骗投资者。例如，一些平台不在风控上下功夫，而是在寻求高大上的"背景"上下功夫；自担保或关联公司担保；期限拆标等不良现象，必须严令禁止。

8.4 为什么取缔集合标

8.4.1 网贷平台采用集合标的现状

P2P 集合标其实就是网贷平台把几种产品打包成一个项目，来给投资人投资。目前，集合标在网贷平台的表现形式主要有打包资产债权转让模式、理财计划两种模式，具体如下：

1. 打包资产债权转让模式：即合作机构将多个资产以打包转让的方式在平台发布标的募资，此类资产多为消费信贷，并且资产信息多不透明，暂行办法已明确禁止打包资产的债权转让，基本被判"死刑"。

2. 理财计划：即平台将散标或债权转让标打包发售，投资人授予平台决策权，由平台自动匹配债权，简单来说其实是一种自动投标的工具，即通过系统为用户自动完成投标和债权转让。

而目前常见的集合标大多数指的就是理财计划，在这种模式下，平台一般会设定两种收益处理方式，一种为利息返还，即将每期收益留存在平台账户，投资人可自行支配；另一种为利息复投，即收益将继续由平台系统提供自动投标服务，进行复投。综合排名前十的平台中，多数平台的理财类集合标作为平台主要产品已持续多年。例如，宜人贷的宜定盈、陆金服的"稳盈—安 e 贷"、人人贷的 U 计划、薪计划、拍拍贷的彩虹计划、微贷网的优选计划等。

如此多的实力平台的主流产品采用集合标，而且也凭借其方便快捷和灵活等特性受到投资者的广泛青睐，这是因为对平台来说，特别是日成交量达到1亿元以上的大平台，将资产打包发售能够快速和更好地提高运营效率。对投资人来说，由于理财计划是一种自动投标工具，帮助投资人自动分散匹配债权，为"懒人"提供了便利并分散了风险。

8.4.2 集合标的风险

1. 归集资金

网贷平台通过发布一个带有封闭期的理财计划将资金吸收汇集到平台账户，导致平台沾手资金，违背平台作为纯信息中介的原则。一旦平台汇集资金，又做主把资金放贷出去，再加上平台宣传的本息保障的承诺，那么与银行吸收存款无异了。这是触碰了最根本的红线。

但集合标的流程经过改造，也可以做到不违法，首先，平台实施用户资金银行存管；其次，在投资者投资集合标至资金与借款项目匹配期间，投资者存管账户的资金只是被冻结而不是划转到平台账户；最后，封闭期结束，资金通过债权转让等方式退出借款项目，直接回到借款人的银行存管账户，而不经手平台。只有这样，平台才能避免吸收存款和建立资金池的嫌疑。

2. 利率差额

集合标让人联想到银行存贷业务的另一个原因是平台给予的封闭期预期收益率和借款项目实际产生的收益可能存在利率差额。假设预期收益率高于后面债权列表利率，根据平台的承诺可能要给予投资者贴息。如果预期收益率低于后面债权列表利率，多余的利息将归平台所有。这样平台进一步坐实了信用中介的身份。

第 8 章　中国 P2P 网贷投资者信任模型

平台要避开信用中介的质疑，就得放弃弥补差额，由投资者自担风险。

3. 期限错配与拆分

就算通过流程改造成功规避了平台作为信用中介的嫌疑，但期限错配和拆分的问题却很难解决。集合标的资金端是一个封闭的固定期限，而资产端是期限长短不同的借款项目。因此，很难实现完全匹配。由于无论是资产端还是资金端，期限长短与收益率往往正相关，为了提高收益，平台的做法一般是将期限更长的资产端的借款进行期限拆分，投资者封闭期结束时，通过债权转让给新的投资者。这给平台的运营埋下了流动性风险的隐患。今后一旦新进入的资金少于退出的资金，流动性危机就会爆发，表现为封闭期结束，资金却不能退出。严重的会导致平台的信任危机、挤兑、破产等问题。绿能宝兑付危机即是典型的教训。

4. 授权投资类同资管

上面提出的流程改造之后，平台获得投资者授权，委托其将资金与借款项目进行匹配，有些法律专家提出平台在其中扮演的是代客理财，即资产管理的角色，而后者需要持有相应的牌照才能运营。这是一个值得探讨的问题。因为平台所做的是机器自动匹配、作用是分散投资。与资管行业所从事的专业化的投资服务是有区别的。但资产端项目的来源，筛选本身就是平台在做的话，这确实使得平台的角色非常地类似资管了。

5. 信息披露

目前集合标的投资者在出借资金前，看不到底层资产的状况，这已经和通常理解的出借行为形成了偏差。根据监管要求，平台需要充分披露融资项目信息，让投资者看到项目的风险，自行去识别和判断风险，作出投资决策。所以，信息披露的缺陷也是集合标的一个问题所在。

8.4.3 集合标的整改

从前面问题的分析可见,集合标存在的问题不能轻易解决或绕过。因此 2017 年 3 月底,北京市金融办出台了《北京市网络借贷信息中介机构事实认定整改通知书》(以下简称《整改通知》),堪称史上最严网贷监管政策。《整改通知》全文共计 8 大项 148 条,其中,包括禁止设立风险保证金、准备金、备付金等提供担保,或者以此进行宣传;禁止网页和平台上有理财字样、预期收益率等理财产品特征的信息;禁止资产端对接金融交易所产品、对接融资租赁公司产品、对接典当行、对接保理公司、对接小额贷款公司、对接担保公司等其他形式。

在整改过程中,集合标是需要重点解决的问题之一。网贷平台上"多对多"的集合标被禁止。整改之后,决不允许出现新的集合标。集合标成为北京网贷平台关注的焦点之一,与其他合规性要求不同的是,综合实力强的大平台在采用集合标的比例往往更高。整改前,北京地区行业排名靠前的 5 家百亿级平台:爱钱进、人人贷、有利网、积木盒子、翼龙贷。这 5 家平台集合标占据的业务比例非常高,全为定期标的,最低的是有利网,占总业务比例的 60.88% (不包括活期业务占比),最高的是爱钱进与积木盒子,集合标占比 100%。

参考文献

[1] 王会娟,廖理. 中国 P2P 网络借贷平台信用认证机制研究——来自"人人贷"的经验证据 [J]. 中国工业经济, 2014 (4): 136 – 147.

[2] 姜培,宋良荣. 利率市场化背景下 P2P 网贷利率决定机制——基于"拍拍贷"经验数据的实证分析 [J]. 财务与金融, 2016 (1): 7 – 11.

[3] 李金阳,朱钧. 影响 P2P 网络借贷市场借贷利率的因素分析 [J].

广东商学院学报,2013,28(5):34-40.

[4] 彭红枫,赵海燕,周洋.借款陈述会影响借款成本和借款成功率吗?——基于网络借贷陈述的文本分析[J].金融研究,2016(4):158-173.

[5] 裴平,蔡越.群组制度对P2P网贷平台借款成功率和借款利率的影响——基于Prosper.com样本数据的实证检验[J].经济理论与经济管理,2016(10):5-15.

[6] 沈伟雄.国内外P2P小额信贷利率定价模式比较研究[J].南方金融,2015(4):85-89.

[7] 陈虹,马永健.P2P网贷行业利率定价模式研究[J].当代财经2016(5):45-56.

[8] 钱金保.货币政策在民间借贷市场有效性研究[J].南方经济,2015(11):53-69.

[9] 陈霄,叶德珠.中国P2P网络借贷利率波动研究[J].国际金融研究,2016(1):83-96.

[10] 廖理,李梦然,王正位.聪明的投资者:非完全市场化利率与风险识别——来自P2P网络借贷的数据[J].经济研究,2014(7):125-137.

[11] 王锦虹.基于逆向选择的互联网金融P2P模式风险防范研究[J].财经问题研究,2015(5):61-68.

[12] 陈霄,叶德珠.定价效率、不确定性与借款利率——来自P2P网络借贷的经验证据[J].国际商务(对外经济贸易大学学报),2016(5):113-122.

[13] 杨坤,曹晖,孙宁华.非正规金融、利率双轨制与信贷政策效果——基于新凯恩斯动态随机一般均衡模型的分析[J].管理世界,2015(5):41-51.

[14] 刘希章,李富有.民间资本供求博弈、缺口测度与趋向判定[J].

当代财经, 2016 (3): 54-64.

[15] KLAFFT, M. Peer to Peer Lending: Auctioning Microcredits over the Internet [J]. Social Science Electronic Publishing, 2008.

[16] POPE D G, SYDNOR J R. What's in a Picture?: Evidence of Discrimination from Prosper.com [J]. Journal of Human Resources, 2011, 46 (1): 53-92.

[17] RAVINA, E. Love & Loans: The Effect of Beauty and Personal Characteristics in Credit Markets [J]. SSRN Electronic Journal, 2012.

[18] KUMAR S. Bank of One: Empirical Analysis of Peer-to-Peer Financial Marketplaces [J]. Proceedings of the America Conference on Information Systems, 1-8.

[19] LIN M., PRABHALA N. R., VISWANATHAN S.. Judging Borrowers by the Company They Keep: Friendship Networks and Information Asymmetry in Online Peer-to-Peer Lending [J]. Management Science, 2013, 59 (1): 17-35.

[20] FREEDMAN S., JIN G. Z.. Do Social Networks Solve Information Problems for Peer-to-Peer Lending? Evidence from Prosper.com [R]. NET Institute Working Paper, 2008.

[21] EMEKTER R, TU Y. Evaluating Credit Risk and Loan Performance in Online Peer-to-Peer (P2P) Lending [J]. Applied Economics, 2015, 47 (1): 54-70.

[22] CHEN D, HAN C. A Comparative Study of online P2P Lending in the USA and China [J]. Journal of Internet Banking & Commerce, 2012, 17 (2): 1-15.

第三篇

传统金融与互联网金融

第 9 章
第三方支付与网银的竞合关系

9.1 第三方支付与网银的竞合关系概述

9.1.1 研究背景和意义

最近几年,随着互联网在全球的飞速发展,电子商务在我国也日益普及,消费者越来越习惯网络购物。而网络购物过程中的支付问题不仅需要第三方支付平台,还需要银行的支持。在电子商务刚兴起之时,商业银行不够重视网络支付业务,第三方支付得以产生及发展,商业银行在支付方面的空缺得到了弥补,随着越来越多的支付公司的出现,电子商务发展也被带动起来。第三方支付经过数年的发展,已日益壮大,第三方支付在社会交易和运营成本方面有更大的优势,对商业银行构成了很大威胁,且银行的理财、存储、信用卡等的业务量也纷纷下滑,这就引起了商业银行对网上银行的高度重视。

由于缺乏创新的动力且还有高昂的手续费成本,即使大大小小的商业银行与第三方支付相比,资本更雄厚、客户来源更广泛,网上银行的业务更齐全,同时又有安全和技术作支撑,还是有相当一部分用户权衡利弊之后选择了第三方支付平台;商业银行传统的存款、贷款、支付结算业务、投资理财业务,这些其实都可以在第三方支付平台上实现,用户使用第三方支付平台操作,更加方便快捷。

第三方支付和网上银行在业务上的重合决定了它们的竞争关系。第三方支付业务在一定程度上降低了银行卡业务的发展速度,挑战了传统银行卡业务的发展。另外,两者为了进一步的发展,选择合作也是必然的。银行的支付业务可以选择与第三方支付合作来拓展。2014年艾瑞咨询数据显示,在用网络银行来支付的用户中,直接使用网络银行完成支付的比例仅为39%,而有53%的用户是通过第三方支付平台进入网银完成支付。由此可以看出,第三方支付可以带动网络银行支付业务的发展,而银行可以为第三方支付提供网络安全技术,两者可以实现信息共享。

第三方支付与银行之间是既有竞争又有合作的微妙关系。一方面,它们只有互相信任、积极合作才能进一步拓展业务。第三方支付需要商业银行的网络技术和信用服务,商业银行需要第三方支付提供支付入口。另一方面,两者业务存在互相竞争。目前两者之间已存在业务重合,若随着政策的改变和互联网金融的发展,第三方支付取得银行经营牌照,将对商业银行造成更大的威胁。

因此,本章主要从第三方支付的发展特点、发展现状以及未来发展趋势入手,并对第三方支付和商业银行的优劣势进行对比,进而以支付宝为例分析第三方支付的发展对我国商业银行的影响,就两者之间的竞争合作关系进行了分析与总结,并对两者的发展提出建议。

9.1.2 相关文献综述

1. 关于企业合作竞争的理论

合作竞争理论的代表人物,Josh Brick 和 David Ernst 认为在经济快速发展、全球化加速的今天，对企业来说，仅仅靠竞争击败对手来获取利益早已是不够的。随着经济环境的改变，企业一直都在谋求开辟新的竞争优势，它们或许优化企业内部控制，提高运行效率，但是竞争对手同样也在优化改革，因此这样并不会使企业在竞争中更为突出。另外，企业试图降低运行成本，减少费用，但是根据调查，现在企业的日常开支费用仅占生产成本的3%，这说明企业仅仅靠内部优化来增强竞争优势的做法并不持久。因此，合作竞争理论由此开始被部分人所提倡。

Barry Nalebuff 认为要以博弈的方法来看待企业之间的各种互动，最终达到双赢的非零和博弈。Simon Pitt 主要研究了企业竞争合作对员工的影响，发现企业与其他企业合作，会提高员工的积极性。Harry Goldman 认为新型的企业的运行、管理、操作和员工都应该与供应商、合作者、竞争者等紧密联系，不能再故步自封，必须摆脱孤立的状态，增强自身的竞争优势。

Neil Rackham 提出了企业间合作竞争要获得成功的三大要素分别是贡献、亲密和远景。其中，贡献是指企业间合作后能够为彼此带来的效益，为自身创造的价值。如新的业务增长点，借助对方的优势弥补自身的劣势，降低成本等。亲密的合作关系的建立需要三个条件，一是企业间必须互相信任；二是信息共享，与市场走势、行业发展、竞争对手动向以及消费者需求方面相关的信息必须共享；三是需要建立有效的合作团队。远景是企业间采用合作关系最终所能达到的目标。要达到合作的远景，必须选择合适的合作伙伴，彼此相互信任。

2. 第三方支付交易安全

在第三方支付的安全方面，国外学者 Kerry 和 Joseph（2011）基于第三方支付的风险特征，把风险分为五种类型，主要包括法律方面的风险、技术方面的风险、道德方面的风险、欺诈方面的风险以及盈利方面的风险。范倩如（2008）根据一级模糊综合评价模型构建了模型，还构建了包括多级模糊综合评价的模型，量化研究分析了第三方支付的风险。林丹（2011）研究了《非金融机构支付服务管理办法》的作用，以及其对第三方支付行业风险控制的影响，他认为第三方支付具有的金融性质的风险，可能带来潜在的金融风险，并认为中央银行应该监督第三方支付。

丁皓和赵赞宽（2013）就第三方支付与银行目前的合作情况展开分析，研究了存在的风险，并认为如果第三方支付平台转接入银行的交易量太大会给银行系统造成一定的压力。

3. 第三方支付的监管问题

目前针对第三方支付的安全及监管问题，学界最关注的是第三方支付平台的沉淀资金的问题。孙琴芳（2011）研究分析了第三方支付平台的运作流程，认为这个流程决定了资金在平台上的时间停留，这样就形成在途资金。她认为在途资金可能影响第三方支付系统的交易和运行效率，加大了第三方支付系统相应的流动性风险，如果在途资金量很大，第三方支付平台就有一定的信用风险。她的结论重点是在途资金的不利方面，没有研究在途资金对第三方支付平台带来的利润。乐毅（2011）最先明确提出沉淀资金概念，她认为沉淀资金可能带来金融风险和偿付风险。有的学者研究了第三方支付平台的沉淀资金，运用了定量研究和法律属性分析，在沉淀资金估算和合意选择的基础上，构建了保证金制度和事先协商模型。

其他关于监管问题的讨论有：国外学者 Dong—Gyu Shin 将第三方支付所面临的风险进行了分类，共有沉淀资金、虚拟货币、安全技术和电子商务等风险范畴，并提倡应建立完善的征信体系来进行有效的监管；贝为智（2011）认为第三方支付作为新兴事物，很容易被犯罪分子利用进行犯罪洗钱,监管部门应重视第三方支付中高金额的资金流转,严厉打击洗钱,加强监管;乐毅(2012)认为第三方支付很好地解决了网络购物时由于信息不对称存在的道德风险问题,是很好的信用中介,但是同样因为相关政策法规的缺失,第三方支付的很多业务都处于灰色地带,应重视监管问题。

4. 第三方支付行业发展综述

关于第三方支付行业发展的研究,主要从以下三方面研究:第三方支付平台竞争、第三方支付发展的影响因素和第三方支付的盈利模式。

(1) 第三方支付平台竞争的研究

刘源(2010)通过五力模型分析,提出第三方支付企业提高竞争力的策略,包括:①准确定位,深化市场分工。电子商务模式的变化使网上支付需求变得多样化,第三方网上支付企业应积极进行市场细分,提供满足特殊市场需要的产品和服务。②差别定价,开发应用增值服务。针对不同客户以及不同服务实现不同价格,吸引各类客户,取得效益最大化。③加强行业合作,创建新的支付交易模式。要保持和银行的合作和研究,可以使用银行的相关品牌资源和渠道进行自身服务的扩大。随着各种不同的国际信用卡企业进入国内的银行卡市场。第三方支付企业要根据自身的实力和资源,选择与相应的国际发卡机构进行业务合作,还可以在创新和多元的支付模式上,提供自身的网上支付服务,尽量完善和创新电话支付、手机支付以及虚拟支付等,最终要形成多元化、立体化的支付体系。马志强(2011)分析了第三方支付行业民营企业与国营企业、民营企业之间的竞争关系,提出加快推出创新产品和服务,加强移动支付产业链的合作,开放平台,接入所有网上支付需求等策略。Gastaldi 等(2008)分析了技术创新在支付系统的产业竞争力和效率的作用,指出了技术创新在竞争中的作用,并指出技术创新是在寡头垄断支付平台市场中最常见的竞争策略。

（2）第三方支付发展影响因素的研究

目前，关于第三方支付发展影响因素的研究较少，研究内容有待深入。孟晶晶（2014）分析了影响第三方支付发展的因素，指出第三方支付行业发展有利因素，产业处于高速成长期、产业准入门槛尚低、潜在利润空间巨大、产业链条天然优势明显等，但对于第三方支付发展的不利因素包括市场与竞争、法律与监管、安全与信用、经营与管理等方面。宋家红（2010）指出影响第三方网上支付发展的因素，产业链上包括银行、商户、第三方支付运营商、用户的态度，用户对第三方支付安全性的担忧以及使用内容比较狭窄等。刘璐（2013）在《第三方支付的影响因素研究》中具体分析了个人的性别、性格、收入等因素对使用第三方支付的影响。

（3）第三方支付盈利模式的研究

在行业盈利模式上，林丹（2011）分析总结了第三方支付的盈利模式，主要有两种模式，第一种主要是基于C2C的第三方支付模式，这时第三方支付平台只是一个信用中介，通过向客户收取手续费进行营利。到目前为止，这种模式还没有找到稳定的盈利点，当整个运作达到一定规模经济以后才能实现盈利。第二种是基于B2B或B2C的第三方支付经营模式，该模式的盈利主要是银行的利益分成和商家缴纳的服务费。到目前为止，第一种模式仍是主要的模式，但是第二种模式正在快速增长，第二种模式的发展前景引起了各支付企业的关注。除收取手续费外，颜白鹭（2009）认为沉淀资金作为一笔巨大的社会资源，如果能够被合理地公开操作，将会为第三方支付机构构造一个稳定的盈利支撑点。但考虑到沉淀资金使用安全问题，他们认为成立一个专业性的金融机构，通过资金的规模效应，来公开、安全地运作这笔资金，既能分散风险，又能有效实现效益。

5. 第三方支付与银行竞合关系研究

针对第三方支付与银行的关系主要有两种观点，不同的观点决定了两者未来不同的走向。

第一种观点是第三方支付的快速发展及扩张对商业银行是很大的威胁。第三方支付机构对商业银行的中间业务、资产业务和负债业务均形成一定的影响。中间业务方面，第三方支付平台以较低的价格提供与银行相同或相近的服务，对银行的支付、结算、代理收付等业务形成了明显的挤占效应（李竹，2015）。在资产业务方面，第三方支付机构凭借对产业链上下游交易行为和资信记录的全面掌握，开始尝试为中小企业和商户打造网络融资平台。在负债业务方面产生影响主要源于第三方支付账户的沉淀资金，一开始主要是商业银行的活期存款账户受到影响，随着第三方支付业务与基金、理财账户的打通，已经有越来越多具备投资功能的定期存款从商业银行分流（王硕和兰婷，2012）。其实不仅是业务重叠，第三方支付较之网上银行还具有多项优势（付俊平，2012）：（1）第三方支付在业务与技术方面创新能力出众；（2）第三方支付提供担保功能，有效满足了网络购物的担保需求；（3）第三方支付更加贴近需求，注重用户体验，为客户提供收付款、自动分账以及转账汇款等功能（何燕岗，2012）；（4）第三方支付成本低，流程简捷，契合线上交易笔数多、金额小的特点（蔡恩童，2014）。

第二种观点是除却竞争关系之外，在一定程度上，第三方支付与商业银行还具有相辅相成、互为依托的关系（陈健，2014）。第三方支付平台不是一个单独的支付系统，它通过与银行以及网银系统的合作，形成一个包括银行、网银系统、商户、消费者和第三方支付平台的支付生态网络（容玲，2012）。《非金融机构支付服务管理办法》规定第三支付机构必须将备付金账户放到托管银行，并把自有资金和客户资金分开，防止客户资金被挪用。同时，支付机构之间的资金清算应当委托银行业金融机构办理，不得通过支付机构相互存放货币资金或委托其他支付机构等形式办理，支付机构不得办理银行业金融机构之间的货币资金转移。这就意味着第三方支付机构只能办理内部账户之间的资金清算，支付机构之间必须借助银行进行资金划拨和清算（何燕岗，2012）。徐显峰（2013）通过分析第三方支付产业价值链现状，并借助逻辑推演和博弈分析，提出第三方支付产业呈现出先分工后融合的趋势。李竹（2015）阐述了双方的合作现状以及合作前景，提出了双方在深化合作方面的建议。

部分学者重点研究商业银行在合作中应注意的问题，如俞艳波（2011）在分析两者的优势劣势后指出，商业银行应充分利用自身的优势，探索与第三方支付最和谐的相处模式；乐毅（2011）在研究了第三方支付的参与者和支付者、第三方支付平台、商家与金融机构的特征后，认为银行和第三方支付应该分工明确并根据自身特点来发展业务；马志强（2011）在研究了商业银行和第三方支付平台的发展现状后，结合两者的特点认为商业银行应向第三方支付学习创新能力，只有这样才能适应时代的发展，满足客户不断变化的需求。

9.2 第三方支付和网上银行发展简介及比较

9.2.1 第三方支付的概念和发展

1. 第三方支付的概念

第三方支付是指由具有经营牌照的非银行第三方机构，采用与各银行签约的方式提供与银行支付结算系统接口和通道服务，实现资金转移和网上支付结算服务。

早期的第三方支付是由具有一定的经济实力和信誉保证的第三方机构提供的交易服务，主要为网络购物服务。在交易中，买方选定商品后，先将欠款打到第三方交易平台提供的账户中，由第三方平台提醒卖方发货，在买方收到商品并满意后，在平台上操作，确认收到货，平台将自动将欠款打给卖方。第三方支付平台为商家和银行之间的连接起到重要作用。

支付宝、财付通、快钱等第三方支付代表企业主要是本身具有一定良好的社会声誉和经济效益的企业，其中以支付宝、财付通为代表的企业积极与各大电子商务网络平台如淘宝、京东等展开支付领域的合作，谋求自身的快速发展。

另一种则是以汇付天下、快钱为代表的金融支付企业，它们更针对行业的需求。

第三方支付对保证电子商务中买家的支付安全以及连接商家和银行起到了重要作用，有效地解决了网络购物存在的诚信问题。

2. 第三方支付的特点

（1）快捷便利。第三方支付为电子商务的交易双方提供了方便安全的平台，有效解决了网络购物过程中存在的资金安全问题。用户通过第三方支付可以很方便地同时管理多家银行的资金，转账付款便捷很多；同时很多平台开通了充话费、缴水电费等服务，更是极大地方便了生活。

（2）降低成本。第三方支付的存在，使得电子商务的买方和卖方再也不需要去多家银行开设账户来满足交易需求，通过第三方支付的账户就可完成交易，降低了双方的成本。

（3）操作简单易懂。以前的网络支付主要是通过 SSL、SET 等方式,尽管安全,但是交易流程繁冗,成本高而且所需时间太长,缺乏便利性和可操作性,客户很难操作,第三方支付的操作简单易懂,方便快捷,节约了用户的时间。

(4) 信用保障。一方面,第三方支付解决了网络购物买方的资金安全问题,只有收到货后才会真正支付欠款,解决了网购者的后顾之忧;另一方面,第三方支付平台在对合作对象的鉴别方面也很严格,只会选择正规的企业进行支付合作,有效地避免欺诈行为的发生。

3. 第三方支付的发展历程

近年来,网络技术的飞速发展以及消费者消费习惯的改变使得网络购物成为一种趋势,但是支付的安全问题使得它的进一步发展受到了很大的阻碍。以前,网络购物的支付方式有银行汇款、邮政汇款,这都需要买方去银行或者邮政局排队办理复杂的汇款;或者采取货到付款,但是这样卖方的利益无法保证。因此网上支付的必要性开始显现出来。网上支付既可以节省买卖双方的时间成本,又能提供信用保证,提高交易速度,同时也可以提高银行办理业务的速度,有利于银行拓展中间业务。

但是,很多规模小的网站无法满足银行提供端口所必需的硬性条件,第三方支付却能很好地应对这个问题,因此它的出现和发展也就不足为奇了。作为世界一流的第三方支付平台提供商的 Paypal 是这个方面的典型,有 18 种货币在全世界的 190 个国家和地区可以使用,账户数量大于 1.6 亿个。

Paypal 的经验给了很多国内的企业以启发,国内涌现出以支付宝为代表的第三方支付企业,它们类型各异,针对不同的细分市场,有效地解决了电子商务的支付问题。这一支付方式的发展既推进了网上银行的发展,也极大地推动了电子商务的发展。

我国成立最早的第三方支付企业是北京首信和上海环迅,它们均在

1999年成立，且主要业务是针对B2C的支付服务。在2004年，国内第三方支付业务开始受到极大重视，各大商家开始尝试涉足。之后我国第三方支付业务的发展主要经历了两个阶段。

第一阶段是在2010年前，国内第三方支付迅速发展，多家企业利用网络技术的不断发展、电子商务的日益普及，积极探索与电子商务企业的合作，扩大自己的业务，国内第三方支付的市场规模得以初步形成。

第二阶段是2010年之后，是我国电子商务经历发展的黄金时期，但是支付领域却始终处于边缘状态，主要因为监管部门的模糊态度。2010年，发展的新大幕已经拉开，网上支付技术实现突破式的发展，随着人民银行正式推出在线支付的管理方法，第三方支付得到了发展的制度保障，很多新的第三方支付企业陆续获得支付牌照，这意味着第三方支付的发展得到了国家的支持和认可，使它们得以迅速发展。同时随着市场的成熟，各企业开始着力在各细分市场，致力于改变用户生活的各方面，渗透到各方面，比如充话费、缴水电费等。

4. 第三方支付在我国的发展特点

(1) 第三方支付行业整体扩张较快

中国第三方支付行业得以快速扩张的一年是2011年。一方面，第三方支付的交易规模迅速扩大，增长速度超过100%，超过100家的企业获得支付牌照。在这一年，第三方支付的主体企业得以扩充，不仅有预付卡企业、互联企业还有移动支付企业和银行卡收单企业，中国支付行业迎来了黄金时期。

互联网金融开启爆发式增长的一年是2013年，互联网金融成为这一年的关键词。2014年3月，李克强总理强调了要重视金融行业的改革，尤其要重视互联网金融的发展和监管。在互联网金融大潮的推动下，第三方支付行业也进一步扩张，同时它的发展也提高了网络支付的交易规模。

艾瑞咨询提供的数据显示，中国第三方网络支付的交易规模在2014年达8万亿元，同比增长50.3%。随着我国电子商务的快速发展以及互联网金融的快速发展，第三方支付仍会保持高速增长（见图9-1）。

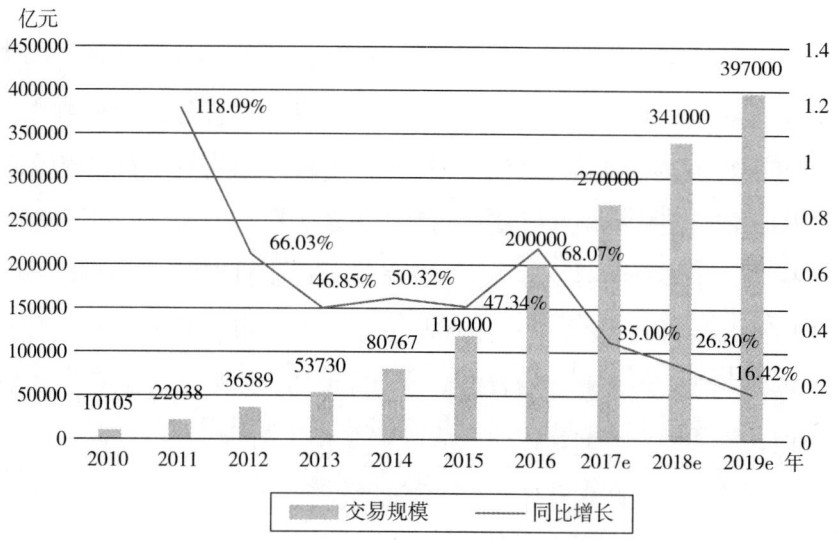

资料来源：艾瑞咨询——第三方支付行业2017年度数据发布，2017年及以后数据为艾瑞咨询预测所得。

图9-1　2010—2019年中国第三方互联网支付交易规模

（2）市场集中度较高，企业竞争激烈

中国人民银行在2005年出台了《支付清算组织管理办法（征求意见稿）》，对第三方支付企业的设立设置了具体的限制，规定全国性、区域性、地区性的支付清算组织的注册资本分别不得低于1亿元、3000万元、1000万元人民币，而且股东必须保持连续两年以上的盈利，外资控股不能高于 50%，同时也对企业规模、资金水平、经营情况、人事情况、财务状况、高管资质都做了限制。这一限定排除了很多第三方支付的中小企业，它们不得不通过投靠大企业，被大企业兼并收购来继续生存，因此提高了行业的市场集中度。

国内有超过 250 家企业有第三方支付的牌照，其中有 90 家左右有互联网支付的资格。虽然有超过 250 家企业，但是，主要的市场份额仍由少数企业占领，市场集中度较高。下面针对国内领先的第三方支付企业如支付宝、财付通、快钱等进行简单介绍见表 9-1。

表 9-1　　　　　　国内主要第三方支付企业的简单介绍

支付宝	隶属于阿里巴巴集团，初期是为解决淘宝网的支付问题而出现的，作为支付工具，借助于网购的发展，用户群迅速扩张，国内市场份额多年排名第一。
财付通	隶属于腾讯公司，与腾讯公司旗下的拍拍网、腾讯 QQ 有着很好的融合，按交易额来算，财付通的市场份额排名第二，仅次于支付宝。
银联在线	银联在线是中国银联为满足各方网上支付需求而打造的银行卡网上交易转接清算平台，有独特的银行资源优势，已与多家银行展开合作，同时与多个商家如京东、苏宁易购、国美电器等合作。
快钱	快钱是国内领先的信息化金融服务机构，于 2014 年获得"中国互联网 20 年最具创新能力企业奖"。
汇付天下	汇付天下是首批在 2011 年获得营业许可的企业，随后获得了代销基金和跨境支付业务的许可证。汇付天下自成立以来，发展迅速，市场份额占行业前三。
易宝	易宝 2005 年首创了行业支付模式，先后为数字娱乐、航空旅游、电信移动、众多行业提供了量身定制的行业解决方案，并搭建了易宝公益圈公益平台，实现"多对一"捐赠。

2018 年第一季度的第三方移动支付行业的市场份额如图 9-2 所示。由此可见，市场集中度较高，92% 的市场份额由支付宝和腾讯金融占据，两者的市场份额分别为 53.76% 和 38.95%；剩下第三、第四、第五名分别为壹钱包、联动优势和易宝。

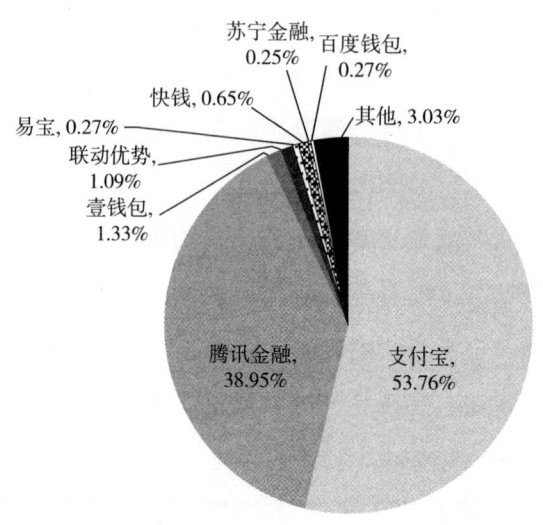

资料来源：易观国际和苏宁研究院。

图9-2 中国第三方移动支付核心企业2018第二季度市场份额

（3）移动端支付规模迅速扩张

近几年，国内移动端高速发展，移动支付发展势头迅猛，用手机上淘宝、用微信抢红包、用手机刷公交等典型的移动支付应用正在成为我们生活中的一部分，消费者的消费习惯正在逐渐改变。

易观国际的报告显示，第三方支付移动端的交易规模在2011年增长69%，2012年增长96%，2013年增长840%。移动支付交易规模在2014年增长540%，交易规模超过8万亿元，而2011年交易规模仅为740亿元。2013年、2014年国内移动支付经历了井喷式高速发展，2015年更是爆发性增长，第一季度比2014年第一季度支付金额超10倍以上。

越来越多的商户选择与第三方支付合作，因为移动支付更加方便快捷，用移动支付来给信用卡还款、充话费、转账和生活缴费已经成为一种趋势。因此移动支付还蕴藏着巨大的潜力，发展前景不容忽视。

互联网时代人们生活趋于碎片化，大量随机性交易随之而来，移动支付很好地满足了这一需求，更广阔地覆盖了用户生活轨迹和场景。移动支付在第三方支付中比重逐年提升，从2011年开始占比3.5%巨幅上升至2016年占比74.6%，预计3年后至2019年比重将再上升至85.2%。

（4）种类多样化

近几年来，随着不断提高的网络技术和消费者习惯的改变，第三方支付除在最基本的支持网购支付环节和转账之外，还延伸出了很多其他种类的业务，如缴水电费、购买飞机火车票、充手机话费等。此外，与信用卡相关的办卡、还款、账单、代还、卡惠，每一个环节，第三方支付都能涉及。第三方支付另一个重点领域是互联网金融。支付宝最开始做余额宝带热了整个行业，理财信贷是金融的核心，互联网通过大数据风控，将它带入了传统金融无法触及的长尾用户群。除线上支付场景之外，更多的百货、购物中心和品牌店等传统零售行业的第三方支付交易规模及占比也大幅增加（如图9-3所示）。

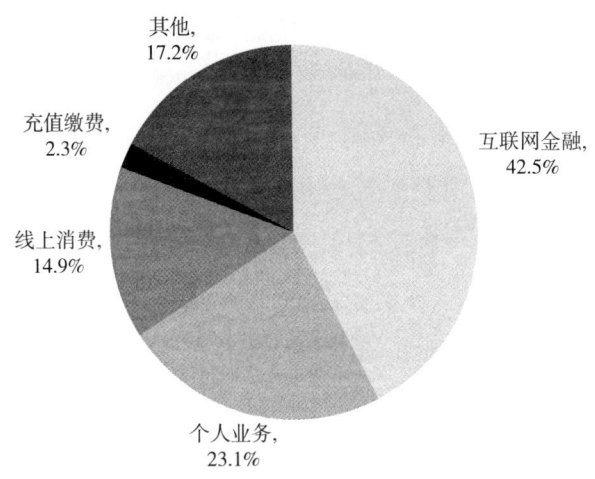

资料来源：艾瑞咨询。

图9-3 2017年中国第三方互联网支付市场交易规模结构

（5）监管机制不断完善

第三方支付机构拥有大量的用户，管理着几千亿元的资金规模，在这种情况下，第三方支付除支付功能之外还有较大的资金冗余，大量的用户资金被沉淀在支付工具中，这使得第三方支付开始不单单满足于支付功能，而是迷失在"我是谁？"的自我定位中。

部分第三方支付开始瞄准冗余资金，企图做传统金融银行所做的事。最典型的表现就是开展延伸性的互联网金融业务。支付公司若在没有任何约束力的情况下，私自吸纳存款、挪用资金，所造成的后果将是无法想象的。

第三方支付开展互联网金融业务主要存在两方面的问题，一是其托管模式本身存在问题，第三方支付并不具备托管能力，与P2P平台同样具有"跑路"风险。二是第三方支付机构没有业内明确的管理办法，导致资金流动难以监控，形成依托支付账户的"封闭循环"，用户面临着巨大的投资风险。

2010年中国人民银行出台的《非金融机构支付管理办法》对第三方支付企业的准入做了明确的规定；2012年出台的《支付机构互联网支付业务管理办法（征求意见稿）》要求用户注册账户必须以实名制来规避风险；《银行卡收单业务管理办法（征求意见稿）》又对资金流转的问题做了限定；《支付机构预付卡业务管理办法》对预付卡的发行和管理做了规定。

2015年7月31日出台了《非银行支付机构网络支付业务管理办法（征求意见稿）》，这一文件被称为有关第三方支付的"史上最严"监管条例。它将第三方支付账户分成了综合账户、消费账户两种类型。此外，央行对网上支付金额、第三方支付账户的开立、交易限额、客户认证、信息安全等问题都进行了限制。

第 9 章 第三方支付与网银的竞合关系

2017年8月4日,央行支付结算司向有关金融机构下发了《中国人民银行支付结算司关于将非银行支付机构网络支付业务由直连模式迁移至网联平台处理的通知》(以下简称《通知》)。《通知》称,自2018年6月30日起,支付机构受理的涉及银行账户的网络支付业务全部通过网联平台处理。同时,各银行和支付机构应于2017年10月15日前完成接入网联平台和业务迁移相关准备工作。网联这一专为第三方支付机构服务的支付清算平台的成立,凸显了监管部门加强对第三方支付机构资金流向等监管的决心。

网联即非银行支付机构网络支付清算平台,主要是为线上支付提供统一、公共的支付清算服务。从监管层面讲,传统支付体系为中国人民银行主导、商业银行和用户参与的三级模式,无论是转账还是消费都得经过银行,中国人民银行也能掌握所有交易信息。第三方支付出现以后,就出现所谓"直连"模式,主要指第三方支付机构在自己体系内为客户建立虚拟账户,同时直接连到多家银行,并在不同银行开设账户。假如用户从银行A向银行B转账,而支付机构在这两家银行都有账户,通过自己就能完成清算。这种模式的问题在于,第三方支付自己承担结算,既绕过银行,也绕过独立清算机构,存在洗钱、套现获利等风险。另外,第三方支付机构直连银行的账户有大量客户备付金,其利息回报往往可观,同时也存在挪用、占用风险,对此,中国人民银行很早就提出了集中存管。

网联作为线上支付结算业务的专属平台,目的就是剥离第三方支付机构的清算功能,将线上支付清算拉回监管视野。多年来央行对第三方支付所作的规定,虽然短期内对第三方支付企业的运营有一定负面影响,但是长期来看它规范了第三方支付和互联网金融的长远发展,使得第三方支付这种"非常态"的发展一步一步回归常态化发展轨道,得到新的发展机遇。

9.2.2 我国商业银行网上银行业务的现状分析

1. 网上银行的概念

网上银行是指传统商业银行利用新兴网络科技为客户提供服务,包括银行的传统业务服务和针对网络银行的新兴业务。它是一种能让客户拥有不受时空约束的银行服务的全新的业务渠道和客户服务平台,人们不用离开家门便可以轻松获得,在网上开店或者是购物也变得异常方便,因为很少有银行没有开通网上银行这样的功能。

2. 网上银行发展特点

(1) 商业银行网上银行交易笔数增速较快,未来将面临结构调整

首先,越来越多的用户选择网上银行,因为网上办理业务方便迅速,另外互联网的飞速进步提高了网上银行的覆盖面,增加了网上银行的交易笔数;其次,网上银行经过多年的发展,业务模式及服务方式已日趋完善,增速放缓。随着第三方支付等互联网金融企业的崛起,商业银行将受到越来越多的挑战,需进行业务调整和转型。

(2) 商业银行网上银行交易规模超千万亿元,增速下降

商业银行网上银行的交易规模在 2014 年首超千万亿元,但是增长率也由 2011 年的 58.2% 和 2012 年的 35.9% 降至 2013 年和 2014 年的 25.1% 和 24.6%。可以看出未来虽然商业银行网上银行的交易规模仍会扩大,但是增长的速度却在不断地下降(如图 9-4 所示)。

数据显示,不论是个人网络银行还是企业银行的交易规模,主要的市场份额均由四大国有银行占有,除招商银行之外,其他的股份制商业银行所占市场份额都较低。国有银行企业网银交易规模市场份额占比高,是因为国有商业银行掌握着实力雄厚、交易频繁且资金庞大的核心

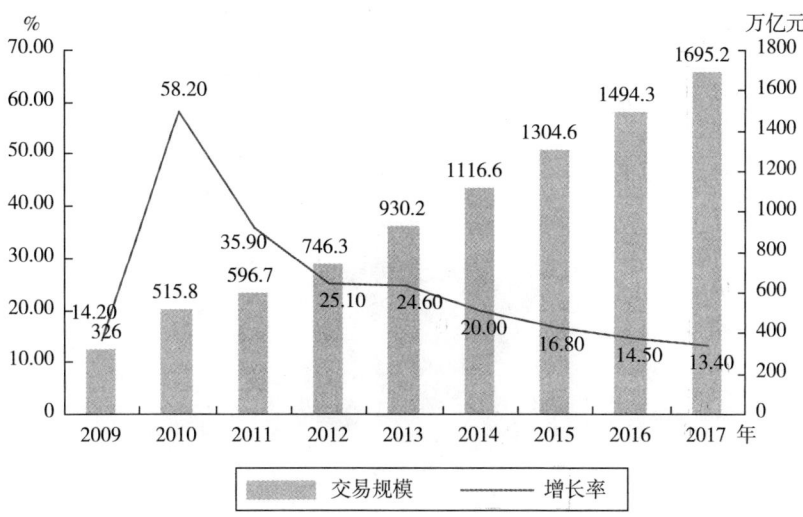

资料来源：艾瑞咨询。

图 9-4　2009—2017 年中国网上银行交易规模及增长率

企业资源，但是股份制银行相比国有银行，服务更加完善，更加重视积累中小企业客户资源，随着中小企业的崛起，股份制银行的市场份额会得到进一步的提高。

2017 年第 4 季度，工商银行、建设银行、交通银行、中国银行、农业银行五大行合计拥有 71.2% 的市场份额，招商银行以 7.3% 的市场份额位居第六。

（3）网上银行业务种类多样

近年来，随着互联网的发展和科技技术的提高，网上银行的业务种类也在迅速扩展中，业务种类由之前单一地提供信息延伸到各方面，如公共事业交费、理财、转账、结售汇等。网上银行从多方面满足客户的需求，增强了自身的竞争力。

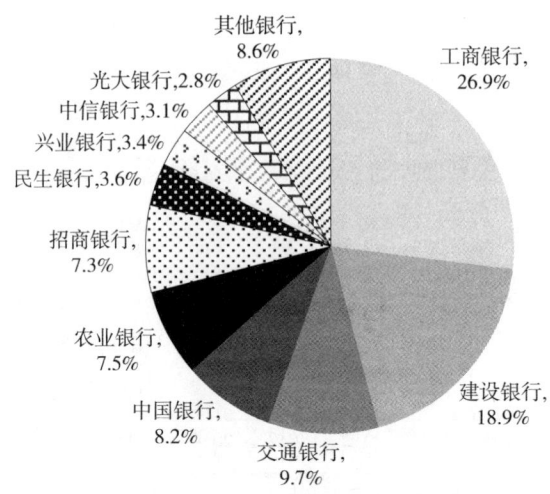

资料来源：艾瑞咨询。

图 9-5　2017 年各商业银行网银交易规模市场份额

9.2.3　第三方支付在网上支付的优劣势分析

1. 第三方支付在网上支付的优势分析

（1）为交易提供担保

网络购物存在的最大问题就是买方付款后，卖方能否发货或者卖方所提供的货物是否质量过关。在第三方支付出现以前，网络购物纠纷最大的就是买方对所收到的货物不满意，买方利益得不到保障。而第三方支付则解决了这一问题，它是交易的信用中介，在买方付款到收到货物的期间，钱款一直留在第三方平台，卖方能收到由第三方中介转过来的钱的前提是买方确认收货。第三方支付平台很好地为电子商务解决了后顾之忧，也为电子商务的蓬勃发展提供了良好的条件。

（2）客户忠诚度高

我国几个大型的第三方支付平台都是与同集团旗下的网购平台连接

在一起的，比如支付宝与淘宝（阿里巴巴），财付通与拍拍网（腾讯），安付通与易趣（eBay）；与此同时，这些网购平台拥有庞大的客户群体，用户忠诚度高，用户黏性强，因此也导致这些用户习惯于使用他们所依傍的支付平台，使得这些支付平台的客户群体和客户忠诚度得以提高。

同时，支付宝和财付通现在都有移动端，支付宝通过淘宝这一购物平台吸引用户，而财付通通过微信这一社交平台吸引用户，同时它们除了作为支付工具也提供很多生活类的服务，进一步提高了客户的忠诚度。

（3）降低了商家的运营成本

第三方支付平台促进了银行与商家的合作，使得商家与银行的连接更加快速方便，因为第三方支付平台可以先与银行合作后，再为商家提供支付服务，这样商家就不再需要与不同的银行进行认证，节省了商家的花费和时间，降低了商家的成本。第三方支付平台解决了企业电子商务的支付难题，提供了新颖的结算方式。

（4）针对中小商户提供个性服务

大型企业通常愿意选择直接与银行合作，因为它们多为大额的资金流转，与银行合作会更快。但是中小商户则更愿意与第三方支付平台合作，因为它们的交易比较分散、金额比较小、数量也更多，容易产生纠纷，管理起来也更加麻烦，因此银行不愿意花精力和时间来为它们服务，而第三方支付平台则善于根据中小商户的具体情况为它们提供支付服务。

（5）用户基础广且年轻化

第三方支付的兴起源于互联网和电子商务的快速发展，因此电子商务网站与第三方支付的联系是非常密切的。为了提供更加方便快捷的服务，电子商务网站通常会与第三方支付平台展开合作。目前国内大多数的购物网站如淘宝、1号店、苏宁云商、唯品会、聚美优品和生活类APP大众点评、饿了么等都已经支持使用支付宝来支付。

电子购物的消费群体普遍偏年轻,尤其某些新兴的新形式购物网站,比如聚美优品、唯品会和O2O的APP使用群体的年龄普遍偏小。可以推测,随着时间的推移,消费者会越来越习惯使用第三方支付进行支付结算。

2. 第三方支付在网上支付的劣势分析

(1) 缺乏监管

目前我国虽然已经开始对第三方支付加以监管,但是随着金融行业的不断创新和互联网金融的大力发展,第三方支付的监管面临的挑战也越来越大。

一方面,第三方支付作为支付中介,掌握着大量账户的沉淀资金,这些资金使得它类似于金融机构,尤其第三方支付的业务也开始多元化,因此也有着传统金融机构的风险。

另一方面,第三方支付企业的业务的多元化,开始涉及监管红线;同时第三方支付平台很容易被不法分子利用实施洗钱、套现等违法活动。

(2) 不正当竞争影响行业发展

2014年,第三方支付企业已经超过200多家,其中大部分企业之前都是提供IT服务的企业,它们现在转而为市场上的有需求的商户和个人提供支付服务。

第三方支付行业的竞争已经逐渐白热化,市场接近饱和,同质化严重,除了少数几个大企业,大部分小企业为了争夺市场,都将收费降到很低,不良竞争越来越严重,严重影响了市场的正常发展,也影响了第三方支付企业培养自己的核心竞争力,盈利被无限压缩,市场正在畸形发展。

(3) 存在安全隐患

如前文所说，电子商务最重要的是保证交易的绝对安全，避免用户的损失，网上银行因为先进的技术提供了超安全的支付环境，但是相比起来，第三方支付平台却缺乏这类技术，安全技术不到位，使得风险较大。最近几年，假冒知名第三方支付企业的钓鱼网站屡禁不止，也给用户带来了一定的经济损失。用户的资产安全是第三方支付平台亟待解决的问题。

(4) 中小企业较多却参差不齐

在央行没对企业发放支付业务许可证牌照之前，各企业是很容易进入第三方支付市场的，那时候的准入门槛比较低，对相关指标也没有太硬性的要求，最初的时候阿里巴巴（支付宝）对小商户在三年内不收取交易费用，于是大批的中小企业和创业者涌入了第三方支付市场，而同一行业里他们所能提供的产品和服务具有同质化的特点，于是使得消费者无法分清这个鱼目混珠的第三方支付市场。

9.2.4　商业银行在网上支付中的优劣势分析

1. 商业银行在网上支付中的优势分析

(1) 支付环节的最终提供者

网上支付所使用资金最终来源都是银行，因此支付环节完成的前提是银行提供的金融服务，第三方与银行之间的合作始终是银行掌握主动权。在双方竞争激烈时，银行可以采取措施限制与第三方的合作来打击对方的业务，最常用的方法是降低信用卡的交易限额，比如民生银行信用卡与支付宝的合作曾在2008年中止。商业银行可以直接与电子商务网站合作提供支付网上银行的支付服务，完全绕过第三方支付企业。

（2）信息资源丰富

商业银行利用自身银行背景，相比第三方支付企业，有显而易见的信息优势，利用银行的信息网络，掌握大量客户和企业的信息，如信用、资产、负债、经营情况等信息，从而可以更加高效地做决策、为客户服务，提高运营效率。

反观第三方支付企业，它们消耗了大量财力、人力和时间，在获得这些信息方面没有任何的优势可言。

（3）高度安全性

电子商务最重要的就是交易的安全问题，也是消费者最介意的地方，因此网上银行和第三方支付对安全问题也格外重视。网上银行能从物理方面、数据方面、系统方面等保障交易的安全。但相比银行，第三方支付目前在支付环节使用的安全保障措施和技术尚不成熟，而且支付的最终环节还是从银行账户转出资金，还是需要银行来保障最终的支付安全。

2. 商业银行在网上支付中的劣势分析

（1）无法保证交易的信用安全

网络购物最常见的问题是信用问题。即买方支付钱款后，卖方未发货、未及时发货，或者所发货物与描述不符，商品质量差，使得买方遭受经济损失。

调查显示，近年来我国交易信用问题已经受到全社会的关注，因以上描述造成的损失已超出 7000 亿元人民币，合同违约率高达 40%。

我国对交易信用方面的监管在当下仍然存在很大缺陷，买方遭受损失后也没有有效的措施来维护自己的利益。网上银行在这一环节很薄弱，无法保障消费者的利益，而第三方支付平台却允许买方收到货物后再付款，保证了交易的安全性。

(2) 用户黏性较低

用户黏性指用户在使用过产品后，被产品的性能吸引或者被商家的服务吸引，在将来重复多次购买商品或者使用商家所提供的服务。而对银行来说，用户黏性是指客户有关银行的业务只会在固定的银行办理，而不会在其他行办理。

AC 尼尔森的调查显示，中国国内银行的用户黏性在全球范围内都比较低，只有 20% 的用户会在某家固定的银行办理业务。原因是国内银行没有充分了解客户的需求，提供的服务不够专业、不够到位，客户对银行的服务意见颇多。

与此相比，用户对第三方支付平台的忠诚度也要高很多，根据艾瑞网的调查，60% 的用户忠于使用大型第三方支付平台，70% 的用户表示如果某银行不支持自己所习惯使用的支付平台，则他会到该平台支持的银行重新开账户，而放弃之前使用的银行。可见，相比较第三方支付平台，银行的用户忠诚度低，用户黏性低。

(3) 缺乏对 C2C 市场的深刻了解

很多第三方支付平台的产生就是为了解决 C2C 市场的支付问题，因此它们比银行更了解这个市场。C2C 市场客户比较分散，风险大，支付金额小，且买卖双方信用情况不确定，经常有纠纷，银行对 C2C 市场的不了解，使得它们无法放手进入这个市场。银行虽然在企业间市场仍占有优势，但在 C2C 这类零售市场却有明显劣势。

9.3 第三方支付及商业银行的竞争合作分析

9.3.1 第三方支付企业与商业银行的竞争分析

1. 主要冲突点分析

商业银行在我国经济体系中一直发挥着非常重要的作用。它们利用自身的垄断地位和独特的资源，创造着非常高的利润，远远高于其他企业。而近年来第三方支付伴随着互联网的快速发展而迅速发展，因为第三方支付业务的多元性和服务的便利性，吸引了大量的用户，这对银行造成了很大的威胁。

商业银行一直以来比较重视大的企业客户，一方面因为信誉好、风险低，另一方面是因为利润高，所需的精力也少，因此，在电子商务刚开始发展的几年，商业银行并不重视建立与电子商务的小企业的结算业务。而针对有零售业务的企业的结算业务，商业银行选择与第三方支付合作。因为这部分业务仅仅作为商业银行的中间业务，费率不高，交易规模也低，管理成本却非常高，所以，初期商业银行选择与第三方支付合作为这类企业服务，即采用第三方支付在前，商业银行在后，两者分成的方法来解决电子商务的支付结算问题。

但是随着互联网金融的兴起和第三方支付业务的不断拓展，用户规模的不断扩大，银行逐渐感受到第三方支付的威胁。部分实力强劲的第三方支付企业不仅开始与商业银行抢夺有实力的大企业，甚至开始涉足零售银行，与商业银行展开直接的竞争。商业银行终止了从前与第三方支付合作的网上支付结算的外包业务，开始重视自己网上支付的业务。

第三方支付不再是作为零售业务的结算工具，它们开始寻求与大客户的合作，从 B2C、C2C 领域迈向 B2B 领域。而商业银行则开始重视电子商务，重视与电子商务企业的合作。双方在客户资源和交易规模方面展开了激烈的竞争。

除了在客户资源方面的竞争，随着互联网金融的发展和金融业的不断开放，第三方支付很有可能会取得开设零售银行的资格。第三方支付对商业银行客户资源的威胁、对银行业务的威胁以及对未来的隐忧使得商业银行大步进入电子支付领域，抢夺第三方支付的市场。

第9章 第三方支付与网银的竞合关系

商业银行和第三方支付企业最大的矛盾就是业务重复。商业银行的三大业务为：资产业务、负债业务和中间业务。其中负债业务主要有存款，向中央银行借款和同业存放、同业拆入等，存款是商业银行的主要负债和资金来源，银行的运营主要以它们为基础。资产业务是商业银行将其吸收的资金贷放或者投资出去赚取收益的活动。业务主要有贷款、贴现、证券投资和金融租赁。中间业务是指由于银行以中间人的身份代理客户承办收付和其他委托事项，却不需要动用自己的资金，主要有结算、代理、担保、银行卡业务、承兑等。

第三方支付的主要业务有结算、支付、转账、预付卡、银行卡收单等业务。

两者主要的重叠业务如图9-6所示。

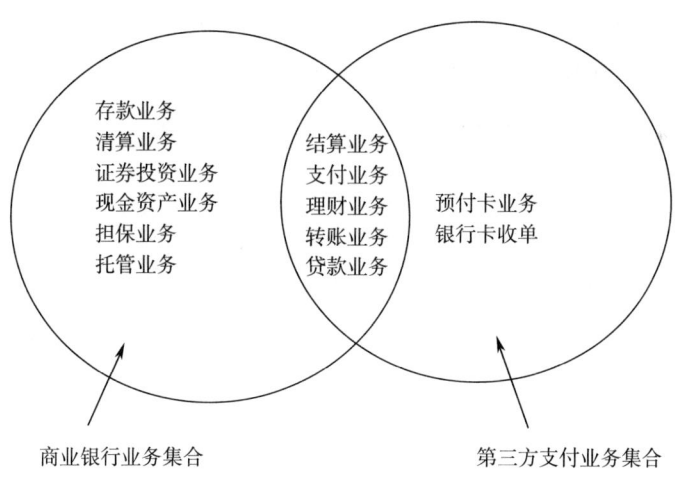

图9-6 商业银行和第三方支付的主要业务

如图9-6所示，第三方支付平台的主要业务与银行的业务均有重叠之处。

用户在使用第三方支付平台付款时，都是先将资金转入平台，由平台代为保管，待用户确认收货后，平台再将资金转给卖方，这一过程其实质就是结算业务，也是商业银行的中间业务中的一种，越来越多的商户选择用第三方支付与客户进行结算，这已经侵占了银行的市场。

很多第三方支付企业已经与多家银行实现对接，平台内的资金可以快速提现到银行卡，用户使用平台可以自由转账，跨行转账也无需手续费，也可以向其他支付平台转账，十分方便快捷，而且手续费更低，对传统银行的转账业务造成很大的竞争压力。

两者在诸多领域的竞争加大了银行的危机感，银行开始重视之前自己所忽略的电子支付零售领域，也意识到零售业务对自身的重要性，对零售业务的投入加大力度，与第三方支付企业抢夺客户。

现在第三方支付平台的业务越来越多元化，用户可以通过它实现转账汇款、信用卡还款、网络缴费、网上基金、网上保险等业务，这与银行网上银行的功能类似，使得银行网上银行的用户减少。

2. 第三方支付平台对银行业务的挑战

（1）对银行支付结算业务的影响

商业银行的支付结算业务是中间业务中最基础的业务，通过此业务，商业银行每年可获得大额的服务费收入。但是，第三方支付平台的崛起，使得用户越来越习惯于使用它来支付，银行的市场份额被侵蚀。

第三方支付平台最基本的业务是为网购双方提供信用担保，帮助买方完成支付过程，这一过程的实质也是结算。此外，部分第三方支付平台与银行展开合作，可以使用平台对银行自由转账，进行信用卡还款。且第三方支付的服务费比银行更低，使用起来也更快捷方便，用户黏性更高。

同时，第三方支付平台对银行的银行卡收单业务也有极大影响，如果商家用第三方支付与发卡行连接，银行的业务将受到影响。

虽然目前结算业务占总收入的比例仍较低，2017年年报显示，工商银行和建设银行结算业务占总收入的比例均不足4%，这说明第三方支付虽然对银行的结算业务产生影响，但是对银行的威胁仍然较小。

（2）影响银行卡业务手续费收费

第三方支付平台对银行的银行卡业务的影响主要有两方面：降低了信用卡提现手续费收入和降低刷卡消费的手续费收入。下面对这两点分别作介绍。

商业银行的信用卡如果要通过ATM取现的话需要缴纳一定的手续费，并从取现当天算起到还款日，每天都算贷款日，需要缴一定的利息。但是用户通过第三方支付平台可以将信用卡透支提现到第三方支付平台的账户，再通过将此账户里的资金转到自己的借记卡中，再用自己的借记卡进行提现，这样既免除了提现的手续费又省掉了利息费。这曾使得银行对第三方支付平台相当不满，有一部分银行终止与第三方支付平台信用卡合作。

商业银行在信用卡上获取的收益主要有信用卡年费、利息及手续费。目前，市场的竞争越来越激烈，大部分银行已经停止收取信用卡年费，因此刷卡的手续费占了信用卡收入很大的比重。在刷卡时，商户需缴纳这笔费用，而不是刷卡的客户。但是如果交易通过第三方支付平台完成，商户却不需要缴纳手续费，这对银行的信用卡业务造成了很大的打击。

同时伴随着移动热潮的兴起，很多第三方支付平台与商家合作，允许客户在付款时使用第三方支付平台付钱，且付款速度要比刷卡付钱快得多，第三方支付平台对银行卡业务的竞争从线上转移到了线下。

（3）影响银行基金代销收入

我国的基金销售渠道多年来都是以银行代销渠道为主，保险和基金公司渠道为辅，银行良好的口碑和众多的网点为客户购买基金打下了良好的基础。

2011年，国家放开基金销售渠道，第三方支付平台开始陆续涉及基金销售的业务。第三方支付平台不仅有庞大的用户群体，而且提供更优惠的费率同时支付结算更加方便，吸引了大量用户。

虽然第三方支付平台的基金代销，仅仅是渠道拓展，但是它的申购手续费率相较银行有很大优势，前者手续费率为0.6%，而银行的费率为1.5%，对用户吸引力更大。

不过，银行代销基金的份额下滑，有时候是银行主动进行调整的结果。2017年有银行再度提高基金公司进入代销池的准入门槛，想要进入这家银行代销池的白名单，基金公司的公募管理规模需要在200亿元以上，而2016年这一门槛还只是100亿元。设置门槛的做法在银行业并非个案，基本每家银行都有准入条件。银行代销的准入门槛一般分为两种，一是基金公司的准入，二是具体基金的准入。基金公司的准入，一般会对公司规模、成立时间及以往投资业绩等有要求；针对此前不少基金公司以货币基金冲规模的情况，有的银行甚至会对基金公司旗下货币基金的规模提出要求，比如连续三年在100亿元以上。

（4）造成银行用户流失

第三方支付平台已经渗透到我们生活的方方面面，提供给我们无限的便利，同时因为收费低，更加吸引用户，因此第三方支付平台的用户黏性相比银行更高。

很多第三方支付平台已经不再只是简单的支付工具，而是依托背后的社交平台或者购物平台。如支付宝与淘宝网，财付通与微信，它们已经打造了一个围绕支付的生态圈，像淘宝网与微信本身就掌握着大量客户的信息与数据，客户对它们的依赖也使得支付宝与财付通的客户群体迅速壮大；相比而言，银行只是掌握着资金的优势，却缺少对客户的吸引力。

拥有庞大的客户群体使得第三方支付平台可以在更多细分市场开发更多新的业务，尤其是线下市场，获取更多收益。而且可以使它们在与银行的合作中获得更多的话语权，而部分小银行因为自身客户资源和渠道环节的薄弱，需要与第三方支付平台合作来发展自己的业务。

（5）影响银行的代收代付业务

商业银行通过客户资源的优势和结算业务的便利性，提供了多种代收代付业务，如代发工资、代收生活缴费、代收学费等，曾给我们的生活带来极大的方便，客户与银行的联系也得以加强，比如学校要求学费都存到工商银行，则该学校的学生都会到工商银行开户。

近几年，第三方支付平台也开始提供代收代付服务，用户在网上平台或者使用移动客户端，花几分钟就可以办理业务，相比要去银行营业点排队，要方便得多。而且随着移动浪潮的兴起，越来越多的人在生活中习惯用手机来处理事情，第三方支付平台的移动端的用户量也开始呈现出爆发式的增长。

第三方支付平台有庞大的用户基础，如果支付宝的用户都选择用支付宝来完成缴费，将对银行的代收代付业务造成沉重的打击。

目前，第三方支付的业务仍在延伸，通过它，学生可以为学校一卡通充值，病人可以预约挂号，用户可以预订酒店机票，而且，相信第三方支付的创新能力会使它们未来的业务范围越来越广，对银行构成的威胁将会更大。

数据显示，银行的代收代付业务的收入占总收入比例极低，因此不足以对银行造成威胁。

(6) 影响银行的贷款业务

在我国，中小民营企业融资时受到不完善的市场机制和社会信用环境的限制很大，这同时也是我国中小企业发展的绊脚石。中小企业信用缺失，征信系统不完善，小企业、小项目以及他们较少的资金需求无论从评级标准、风险分类来考虑还是从抵押条件、收费标准衡量，都不是我国银行业的工作对象和工作重点。

第三方支付企业开始瞄准中小企业的融资需求。通过多年用户数据的积累，第三方支付公司建立起新的业务方向即多元化跨界服务，其中包括融资，服务的基础则是第三方支付公司在信息流、资金流反馈控制方面的优势，它直接降低了中小企业融资门槛，中小企业纷纷转向第三方支付平台而非向银行贷款，银行的贷款业务受到第三方支付平台的挑战。

3. 第三方支付与商业银行的博弈

由于第三方支付企业与商业银行间存在竞争与合作，达到了博弈的条件，因此可通过表9-2找到第三方支付企业与商业银行选择合作或竞争两种策略所得到的结果。

表9-2　　　　第三方支付企业与商业银行博弈矩阵

第三方支付企业与商业银行博弈矩阵		第三方支付企业	
		专注于C2C领域的支付业务拓展	进入金融领域，拓展B2B/B2C支付业务
商业银行	发展自身优势项目，强化企业支付与金融服务	合作关系，各自发挥所长，达成互惠互利，收益最大化	抢占商业银行市场，对商业银行各项业务的发展带来挑战
	积极拓展网上银行支付功能	抢占第三方支付企业的市场份额，迫使第三方支付企业被淘汰	双方耗费巨大成本，最终导致恶性竞争，利益双双受损甚至无利可图

根据表9-2可知，若第三方支付企业与商业银行均选择竞争关系，

即第三方支付企业开拓支付领域,涉足金融服务并大力发展 B2C/B2B 支付业务。同时商业银行也加大对网上银行的研发,将网上银行打造成全能的支付平台。因此,面临的结果是双方均付出巨大成本以研发新业务,且双方随着业务的交叉将面临不可避免的同质竞争,结果又将是跑马圈地的低利润经营。在高投入与低收入的长期经营模式下,双方利益严重受损,最终将使得具有政府政策支持的机构获利。若第三方支付企业选择合作而商业银行选择竞争,将面临商业银行网上银行全能化,利用政策优惠及市场地位等优势,第三方支付企业可能毫无利润直至被挤出市场。商业银行业务种类繁杂,无法投入大量成本于网络支付,这将不利于网络支付的创新及服务水平的提升。若商业银行选择合作而第三方支付企业却选择竞争,第三方支付企业将利用其优势,以更为专业、更加贴心、更懂网民需求等优势过分涉足金融领域,这将对商业银行各项业务的发展造成极大威胁,使商业银行未来发展遇到阻碍。因此,唯有第三方支付企业与商业银行均选择合作所产生的结果是利益最大化的,即各自在自己所善长的领域发展,相互合作,互惠互利,最终收益最大化,达成双赢的局面。

9.3.2 第三方支付及商业银行的合作分析

1. 第三方支付及商业银行的合作关系

第三方支付机构与商业银行的合作关系可通过图 9-7 来说明。顾客在浏览商品并且下单之后,就会选择支付平台,由支付平台向银行发送支付请求,银行在确认信息后向支付平台发送转账通知,支付平台再向商户通知支付结果,商户确认已支付之后发货,最后与银行进行结算。我们可以看到,最初第三方支付平台只是充当一个支付中介,与银行是完全合作关系。

第三方支付机构在成立之初,就与银行建立了合作关系,从2006年3月开始,农业银行、工商银行、建设银行等10多家商业银行就与支付宝进行合作,共同促进中国电子商务的发展。

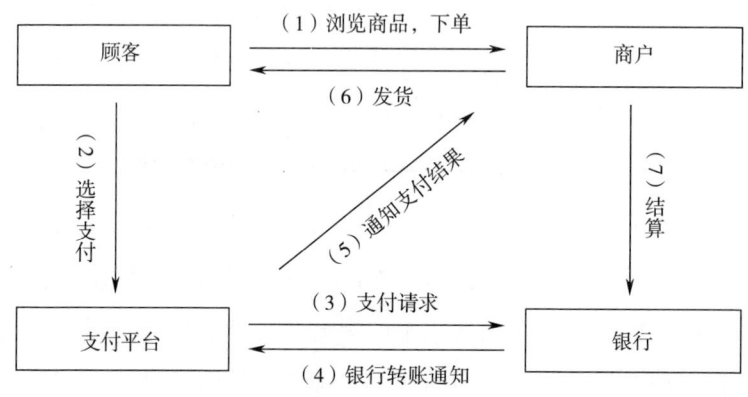

图9-7　第三方支付流程

从业务合作方面来看,第三方支付机构与银行的合作主要体现在网关支付、快捷支付、代扣支付和第三方POS机收单四个方面。其中,快捷支付就包括我们经常使用的支付宝模式,它与网关支付最大的区别就是不需要开通网银,由客户在第三方支付平台绑定银行卡,经银行确认信息成功后即签约成功,在支付时无须跳转到网银界面。代扣支付主要是针对一些定期结算的业务,比如保险费、学费以及税费等,由客户在第三方支付平台开通代扣业务,约定相关规则,再由第三方支付机构按期向银行发送扣款请求,银行确定客户信息后即可完成扣款,这样就避免了客户因未按期缴费导致收款延误等问题。第三方POS机收单是指第三方支付机构在获得银行批准后,绕开银联系统,直接联系各发卡行,开展清算业务。

2. 商业银行与第三方支付合作的动力

长期看来,随着网络技术的进一步发展和第三方支付企业业务的扩大，它们在线上线下渗透到人们生活的方方面面，将对银行构成很大的威胁。选择与它们进行合作，对商业银行来说非常必要。

第一，合作将有利于银行获得更多利润，存贷利息差是构成银行利润最主要的部分，但是，随着国家对银行存贷利率限制的放开，银行之间存款贷款业务竞争加剧，仅仅靠利息差来维持利润是很难的；因此银行必须从中间业务寻求突破。与第三方支付企业合作，可以改善自己的支付业务，从支付业务获取更多利润；也可以与支付企业围绕中间业务展开合作，由第三方支付企业引流，带来更多的客户。

第二，与第三方支付企业的合作，可以延伸业务种类，进行业务变革。第三方支付一直关注用户的需求，注重用户体验，凭借自己精准的市场嗅觉，将业务范围延伸到生活的方方面面。支付宝和财付通所依傍的淘宝网和微信更是大众生活中都要用到的购物和社交软件，可以说第三方支付平台借助科技的力量正在影响人们的生活方式，而这些，银行自身却是做不到的。第三方支付平台与人们的生活直接对接，导入支付的方式非常多元化，如果不与他们合作，银行不仅将失去很多支付结算的业务，自身业务也将大受影响，因此银行必须与第三方支付平台合作，提高自己的竞争力。

第三，与第三方支付企业的合作，有利于银行扩大客户群体。第三方支付平台不仅能提供多种便捷的生活服务，而且在很多银行提供的业务上它们提供的费用更低而且更方便，这使得很多银行的客户倾向于在平台上办理业务。同时，现在有消费能力的年轻人是使用网络长大的群体，他们对网络的接受度更高，平时更喜欢使用手机，很多银行的业务喜欢用移动端的支付平台解决，因此，银行在获取新客户方面遇到了前所未有的挑战。所以必须与第三方支付平台合作，尽可能地获取客户，只有这样才能维持自己的竞争力。

第四，与第三方支付企业的合作，有利于银行业进行变革，从分业经营走向混业经营。金融业的混业经营在全球范围内都是一种趋势，虽然目前我国对金融业的监管仍比较严格，但是对混业经营的限制也在一步一步放开。银行与第三方支付企业合作有利于其从分业经营向混业经营过渡。

3. 第三方支付离不开商业银行

第三方支付企业最基本的业务还是支付结算，而这一过程必须要经过银行。目前在我国非金融机构直接吸收存款是不允许的，必须经过在银行开立的账户转账到这些非金融机构的账户，因此第三方支付企业的核心业务是与银行紧紧挂钩的，商业银行在电子支付领域的作用是无法取代的。第三方支付的发展需要银行，表现如下：

第一，商业银行为第三方支付企业的支付结算业务作最终结算。第三方支付企业为非金融机构，账户都为虚拟账户，客户要往虚拟账户充值只能通过银行账户，支付的最终环节需要银行来完成。同时，商业银行如果能尽可能多地获取支付环节的沉淀资金也有利于自身的盈利。

第二，第三方支付企业需要银行提供的技术支持。电子商务的最基本的要求是交易的安全性，而这需要第三方支付平台能提供超安全系统，对第三方支付企业来说是很大的挑战，需要强大的资金支持和先进的技术。第三方支付企业自己的系统普遍存在安全漏洞，给犯罪分子可乘之机，而它们又没有开发安全系统的能力，因此通常会选择与银行合作，由银行保障交易的安全。

第三，第三方支付平台的客户资金需要银行来进行监管。客户在第三方支付平台的资金有被第三方支付平台挪作他用的风险，之前就有第三方支付管理的资金被私自挪用的案例，这给客户的资金带来了极大的风险，因此必须由银行来监管这部分资金。

银行对支付领域所起到的作用是无法估量的,第三方支付的发展离不开银行的支持,第三方支付应该争取与银行建立合作关系,在合作中,争取更快地发展、更高的利益。

首先,两者合作可以实现最大限度的客户资源的共享。一直以来,双方所重视和擅长的领域都有所不同,第三方支付一直在中小商户领域精耕细作,客户群体广泛但是同时也比较零散;而实力雄厚的大的企业客户则一直是银行的资源;目前,商业银行需要拓展自己在小商户方面的业务,第三方支付平台亟需大的企业客户,如果双方展开合作,则对双方业务的拓展都会有所帮助。

其次,两者展开合作将有助于彼此扩大业务范围。第三方支付企业与互联网的发展息息相关,目前互联网发展迅速,尤其O2O企业更是如雨后春笋般涌现,由此,第三方支付的业务得以进一步扩大,而这正是银行所不熟悉的市场。如果双方合作,则双方可以进入对自己来说比较生疏但是对对方来说已比较成熟的市场,同时也会降低拓展新业务的风险。

最后,随着金融行业改革的进一步加快和国家对利率市场化的进一步推动,银行的存贷差所贡献的收入越来越低,银行必须重视中间业务的开发和深入,而借助第三方支付的力量,银行可以拓展和完善自身的中间业务,第三方支付也可以通过两者的合作获得更多对自己有利的优惠。

综上,第三方支付与银行的合作,对双方来说都是有利的事情,会达到双赢的局面。

9.3.3 案例分析——支付宝与银行的合作

1. 支付宝概况

阿里巴巴集团2003年推出的支付宝是国内第三方支付平台的"领

头羊",它最初是为了解决淘宝网中买卖双方交易的信用问题而产生的,截止到 2014 年底,实名注册用户数已超过 3 亿人,而支付宝移动端在 2015 年末已经占据了 80% 以上的移动端支付的市场份额,活跃用户数也超过 2.7 亿人。

支付宝最本质的功能是充当网购交易双方的中介,买方购买商品后,欠款会先由支付宝保管,当买方收到货物并确认收货后,支付宝会自动将钱款转给卖方。

因此,它完成支付的前提也是商业银行的支持,也必须按照规定,将一定的资本交由商业银行进行保管。

现在支付宝不仅是一种支付工具还推出了余额宝这一理财功能,同时也在积极拓展自己的业务,目前已开展的业务有预订酒店机票、充话费、公共事业缴费、转账等,具体分类如表 9-3 所示。

表 9-3　　　　　　　　支付宝提供的主要服务介绍

转账类	转给支付宝好友、转到支付宝账户、转到银行卡、国际汇款 支付宝在积极推广自己的社交功能,支付宝好友之间转账很方便
还款类	信用卡还款、各种贷款还款(房贷、车贷、淘宝购物贷款)
缴费类	生活缴费(水费、电费、燃气费、有线电视费、固话宽带费、物业费)、校园一卡通缴费、手机话费充值、医院挂号、教育缴费
贷款	淘宝贷款、阿里贷款、蚂蚁花呗
理财	活期理财:余额宝;定期理财:昆仑存乐理财、国华一号增强版、信泰懒人、理财宝、信泰懒人理财宝
生活服务	超市惠、淘宝电影、口碑外卖、股票、阿里旅行、爱心捐赠、境外游、彩票、快的打车、话费卡转让

资料来源:支付宝应用。

2. 支付宝的优势

(1)方便快捷

早在 2012 年支付宝就推出了快捷支付方式。应用快捷支付,用户不需要使用网银,只要将银行卡与支付宝绑定,即可使用非网银账户完成支付。这为支付宝吸引了一大批非网银用户。

支付宝一直强调用户体验,注意改善应用中各个细节,下面先重点介绍余额宝理财和信用卡还款。

余额宝是一种货币基金,支付宝用户经过实名认证之后,把钱转入余额宝,即购买了由天弘基金提供的余额宝货币基金,用户想在任何时候消费都可以使用余额宝,获得比银行活期存款更高收益的同时还能够随时转出余额到银行卡和支付宝,或者用于网购。

余额宝使得用户既可以网购转账,又能获得收益,同时操作也很方便,仅仅面世6天,用户便超过100万人。余额宝成功发掘了理财市场的蓝海即草根理财市场,取得了很大的成功,也为后来各种"宝宝"们的面世提供了经验。

下面再介绍银行卡还款。

信用卡在我们资金周转不灵时提供给我们帮助,但是在使用信用卡时也一定不能忘了及时还款,否则会影响自身的信用,影响以后的贷款。在支付宝提供信用卡还款服务之前,常用的还款方式主要为关联卡还款、ATM还款或者网上银行还款。

使用关联卡还款必须保证还款日钱将资金从关联卡转入信用卡,ATM还款则受限于ATM的位置而且通常需要排队;网银还款如果跨行还款需要缴纳手续费。

使用支付宝还款则推出了代扣功能,且每月还款日都会提醒用户还款,免除跨行还款的手续费,也省掉了用户排队的时间。

除了以上所说余额宝和信用卡还款,支付宝还提供了很多服务,比如快速转账服务、生活缴费、手机充值、预订酒店机票、打车服务;也提供了蚂蚁花呗即提供给消费者"这月买,下月还"(确认收货后下月再还款）的网购服务；同时支付宝也积极寻求与小区周边商户的合作，提供周边商场、超市打折活动；支付宝为我们生活的方方面面提供便利，我们的生活方式正因为它而发生着改变。

（2）满足不同用户的需求

支付宝一直很重视细分市场的探索，致力于满足不同用户的需求，提供个性化的服务。如大学生用户可以利用支付宝给校园一卡通充值避免排队烦恼，也可以利用支付宝交学费、办理助学贷款；司机用户可以用支付宝直接缴纳交通罚款，不需再跑来跑去；病人用户可以直接挂号预约，解决了挂号难的问题。支付宝善于发现不同用户的需求，并满足他们的需求。

（3）费用低廉

用户在办理业务时除了考虑方便之外，最重要的一个因素就是费用低。而支付宝除了能提供方便快捷的服务，还能提供比银行更优惠的服务。下面以银行卡转账为例来解释这个问题。

使用银行卡转账的方式有三种分别为柜台转账、ATM 转账和网银转账，三种方式中，网银转账价格最优惠。除了转账提供优惠外，支付宝很多服务都提供优惠，比如移动端手机话费充值有折扣，信用卡跨行还款免费，还与周边商场、超市合作提供优惠产品。与银行相比，服务费的低廉使得支付宝更有吸引力。

9.4 第三方支付和商业银行竞合关系实证检验

9.4.1 第三方支付企业和网上银行用户之争的原理及实证检验

1. 网络外部性是用户之争的根源

第三方支付企业和网上银行都非常重视新用户开发，是因为第三方支付和网上银行都是非常明显地具有网络外部性的市场。整个网络价值将随着用户数量的增加呈几何式增长。所以用户之争是第三方支付行业和银行之间竞争非常白热化的领域。

用网络外部性的定义来分析第三方支付行业，可以看出第三方支付市场是一个典型的网络外部性市场。当第三方支付市场中只有少数消费者选择使用第三方支付的产品时，由于用户规模太小，电子商务商户不会选择第三方支付作为资金结算手段，而一般会采取传统的线下交易方式，这个阶段的第三方支付市场也就没有价值可言。但是随着第三方支付用户量的逐渐增多，部分电子商务商户受到买方市场的吸引而逐渐开始接受并使用电子支付产品，随着第三方支付可选择网上商户数量的增加，第三方支付作为线上支付工具的方便快捷价值逐步体现出来，进而会吸引更多的用户来使用。越来越多的线下商户出于为顾客提供方便或降低刷卡交易成本的目的，也不断参与进来。当双方规模逐渐扩大后，第三方支付进入一个良性发展阶段，网络价值加速增长。

检验网络外部性的一个重要法则是梅特卡夫法则，由鲍伯·梅特卡夫（Bob Metcalfe）最早提出。梅特卡夫法则可以表述为"网络价值以用户数量的平方的速度增长"。其原理是，假设一个网络中有 N 个人参与，K_{ij} 表示第 i 个人给第 j 个人带来的效用价值；且个人为自己带来的效用不计入网络价值，即当 $i=j$ 时，$K_{ij}=0$；所以，$V_j = \sum K_{ij}$ 表示一个客户加入网络所获得的价值，则整个网络价值就应该是 $V = \sum K_{ij}$。梅特卡夫法则是一种特殊化情形，是将 K_{ij} 看成一个常数 K 的情况下得到的；该法则是假设各个网络节点之间相互带来的价值是相同的。在该法则假设的条件下，整个网络获得的价值就进一步表达为 $V = \sum K_{ij} = K \times N \times (N-1)$，其中 K 表示加入网络两两客户之间得到的平均值增值，为梅特卡夫法则中的比例系数。

在这里我们通过检验梅特卡夫法则的适用性来揭示第三方支付以及网银的用户规模与交易额之间的关系。

2. 数据来源

第三方支付的交易规模，根据统计范畴的不同，有不同的规模数据，见表 9-4。其中，范围最大规模是"第三方支付市场规模"，它是第三方支付的行业的市场总规模，包括互联网收单、第三方互联网支付、移动支付和预付卡四种业务规模的总和。从表 9-5 季度数据的可获得性来看，2007 年第 1 季度至 2015 年第 3 季度的收单交易额和互联网支付交易额是完整的，从 2013 年第 3 季度开始，移动支付的数据可得。预付卡业务的规模占比非常小，予以忽略，所以，第三方支付市场总规模的计算方法是 2013 年第 3 季度以前为收单交易额和互联网支付交易额的和，2013 年第 3 季度至 2015 年第 3 季度在前两者基础上再加上移动支付规模。

表 9-4　　　　　　　　第三方支付的三个交易规模

第三方支付规模类型	第三方支付市场互联网收单交易规模	中国第三方互联网交易规模	第三方支付市场规模
数据来源	易观智库根据厂商访谈和自有监测数据及研究模型估算获得	艾瑞网综合企业及专家访谈，根据自有统计模型核算所得	速途研究院数据和作者整理数据
数据含义	第三方支付互联网收单交易额指从第三方支付企业为合作商户提供的互联网线上资金支付及结算服务的交易规模	指客户通过桌式电脑、便携式电脑等设备，依托互联网发起支付指令，实现货币资金转移产生的交易额。统计中不含银行、银联，仅指规模以上非金融机构支付企业。支付场景包括：网络购物、基金、航空旅行、电信缴费、电商 B2B、网络游戏、其他	第三方支付的行业的市场总规模应是收单业务、互联网支付、移动支付和预付卡业务四种业务规模的总和

资料来源：作者整理。

表9-5　　2013年第3季度至2015年第3季度中国第三方
支付交易结构　　　　　　　　　单位:%

时间	线下收单	互联网支付	移动支付	预付卡
2013Q3	61.6	30.9	7.2	0.30
2013Q4	59.5	31.2	7.4	1.90
2014Q1	56.4	31.7	10.9	1.00
2014Q2	54.3	31.9	12.8	1.00
2014Q3	52.9	32.6	13.7	0.80
2014Q4	51.3	32.7	15.2	0.80
2015Q1	49.8	33.0	16.6	0.60
2015Q2	48.4	33.5	17.5	0.60
2015Q3	47.1	33.6	18.8	0.50

资料来源：速途研究院报告。

第三方支付互联网收单交易额指从第三方支付企业为合作商户提供的互联网线上资金支付及结算服务的交易规模。本章采用易观智库根据厂商访谈和自有监测数据及研究模型估算所得数据。

第三方支付互联网支付交易额指客户通过桌式电脑、便携式电脑等设备，依托互联网发起支付指令，实现货币资金转移产生的交易额。统计中不含银行、银联，仅指规模以上非金融机构支付企业。支付场景包括：网络购物、基金、航空旅行、电信缴费、电商B2B、网络游戏、其他。本章采用的数据是艾瑞网综合企业及专家访谈，根据自有统计模型核算所得。

同时，因支付宝在第三方支付市场占60%以上的市场份额，且支付宝是一个完整的双边市场网络系统，比整个第三方支付市场（由若干支付企业形成的网络）更加符合梅特卡夫法则的网络假定，因此也将对支付宝的交易规模和活跃用户数进行网络外部性检验。本章采用的支付宝交易规模指客户通过支付宝进行各类支付业务的总体规模，由易观智库根据厂商访谈和自有监测数据及研究模型估算获得。

考虑到用户中只有活跃用户是真正能带来价值的用户，本章在用户规模这个变量中，全部采用活跃用户规模。活跃用户是指本季度至少登录过一次账户的用户。数据由易观智库根据厂商访谈和自有监测数据及研究模型估算获得。

网上银行的交易规模和网上银行的活跃用户规模数据均来自易观智库。以上所有数据的时间段是2007年第1季度至2015年第3季度末的数据。

3. 模型构建和变量定义

利用梅特卡夫法则构建模型，假设第三方支付网络中有 N 个用户，K_{ij} 表示第 i 个用户给第 j 个用户带来的效用价值；且假设个人为自己带来的效用不计入网络价值，即当 $i=j$ 时，$K_{ij}=0$；所以，$V_j = \sum K_{ij}$ 表示一个客户加入第三方支付所获得的价值，则整个第三方支付的网络价值就应是 $V = \sum K_{ij}$。根据梅特卡夫法则的假定，将 K_{ij} 看成一个常数 K，即假设各个用户之间相互带来的价值是相同的。在此假设条件下，第三方支付网络获得的价值就进一步表达为

$$V = \sum K_{ij} = K \times N \times (N-1)$$

在用户规模足够大时，可以将此模型简化为

$$V = kN^2 + b + \mu$$

根据已有文献的研究，V 是第三方支付的网络价值，这里用第三方支付的交易额作为网络价值的代理变量；系数 k 表示加入第三方支付网络的客户两两之间得到的平均值增值，N 为第三方支付的用户规模，b 为截距项，μ 为残差项。

本章根据对第三方支付规模不同数据范畴构建四个模型。根据第三方支付互联网收单交易额和用户规模构建模型1；根据第三方支付互联

网支付交易额和用户规模构建模型 2；根据第三方支付市场总规模和用户规模构建模型 3；根据支付宝交易规模和支付宝用户规模构建模型 4；根据网银交易额和活跃用户数构建模型 5。

4. 回归分析

本章采用 Stata13.1 对第三方支付的交易额和用户规模数据进行 OLS 回归，5 个模型回归结果如表 9-6 所示。

表 9-6　　　　　　　　　回归模型结果对照表

变量	模型 1 第三方互联网收单与第三方活跃用户	模型 2 互联网支付与第三方活跃用户	模型 3 第三方支付市场总规模与活跃用户	模型 4 支付宝与支付宝活跃用户	模型 5 网银交易与网银活跃用户
K	0.0000765 *** (38.42)	0.0000677 *** (27.66)	0.0002073 *** (29.58)	0.000056 *** (19.99)	0.0014822 *** 16.51
b	1726.572 *** (6.64)	1832.066 *** (5.73)	1566.124 * (1.71)	1726.721 *** (3.07)	1097910 *** (13.55)
Adjusted R^2	0.9820	0.9659	0.9700	0.9344	0.9219
F	1476.35 ***	765.22 ***	874.89 ***	399.74 ***	272.66 ***

注：表中括号内是 t 检验的参数值，*、** 与 *** 分别表示在 10%、5% 与 1% 的水平上显著。

可以看出，各模型的拟合度都较好，均通过了显著性检验，表明 N^2 对 Y 均有显著影响。无论是第三方支付整个行业、支付宝单个公司还是网银业务，梅特卡夫法则的适用性都非常好，各自的交易额与各自的活跃用户数的平方显著呈正相关关系。其中，第三方支付采用了不同口径的数据，但得出了一致的结果，表明结果的稳健性较好。

通过引入梅特卡夫法则分别对第三方支付和网上银行进行网络外部性检验，可以看出，两者的交易规模均会受到用户规模的较大推动，这要求两者都要重视扩大用户规模。一直以来，在大客户方面商业银行占优势，企业网上银行的增长速度极大影响着我国网上银行整体交易规模，然而在个人客户数量以及新生代消费群体的选择方面，第三方支付占优势，第三方支付市场拥有巨大的发展前景。两者在用户基础方面各有优势劣势，因此在扩大网上银行用户数及网上银行用户的活跃度方面，双方是互利互惠的关系。因此，从长远来看，第三方机构和商业银行之间加强合作，利益共享，共同做大规模才是明智之举。

9.4.2 合作基础——第三方支付企业的交易规模对商业银行的影响实证检验

第三方支付与商业银行在业务上有一定的重复性，两者的竞争越来越激烈，但从合作的必要性看，第三方支付最终是需要银行支持的，同时也需要银行提供交易的安全保障，第三方支付的发展离不开银行，另外，银行也需要与第三方支付平台合作拓展业务，扩大用户基础。针对二者的竞合关系，本章研究第三方支付的交易规模对银行的交易规模的影响。

1. 数据来源

第三方支付的规模和网银交易规模的数据与前文一致。GDP 和 M_2 采用国家统计局公布的自 2007 年第 1 季度至 2015 年第 3 季度的数据。电子商务交易规模来自艾瑞网。

2. 模型构建和变量定义

本章主要研究第三方支付总交易规模对网上银行总交易规模的影响，考虑到网上银行的交易规模还受到经济增长、货币供给量以及电子商务交易规模的影响，因此，构建计量方程

$$Y = a + \beta_1 X + \beta_2 GDP + \beta_3 M_2 + \beta_4 ECOM + \mu$$

其中，Y 代表网上银行的总交易规模，X 代表第三方支付规模。

第9章 第三方支付与网银的竞合关系

GDP、M_2、电子商务交易规模（$ECOM$）为控制变量。

本章根据对第三方支付总交易规模不同数据来源的选取构建不同的模型。根据前文所述第三方支付交易规模的三个不同范畴构建不同模型。根据第三方支付收单交易额和网上银行总交易规模构建模型6；根据第三方支付网上交易额和网上银行总交易规模构建模型7；根据第三方支付市场总规模和网上银行总交易规模构建模型8。

3. OLS 回归结果分析

根据计量方程2，采用OLS逐步回归法，结果显示包含电子商务交易规模（$ECOM$）的系数 t 值不显著，故在控制变量中去掉了电子商务规模。结果如表9-7所示。

表9-7　　网易交易规模与第三方支付交易规模的关系

项目	模型6	模型7	模型8
解释变量	第三方支付 收单交易规模	第三方支付 网上交易规模	第三方支付 市场总规模
C	-800002 *** (-4.59)	-764920.1 *** (-4.03)	-953542.4 *** (-6.15)
第三方支付 收单交易规模	20.32854 *** (2.77)	—	—
第三方支付 网上交易规模	—	25.12832 ** (2.66)	—
第三方支付 市场总规模	—	—	4.279033 *** (2.15)
GDP	9.500605 *** (3.57)	8.9794 *** (3.35)	9.670684 *** (3.43)
M_2	1.842626 *** (4.42)	1.848221 *** (4.34)	0.000228 *** (6.27)
调整 R^2	0.9813	0.9828	0.9815
F	524.56 ***	514.80 ***	477.14 ***

注：表中括号内是 t 检验的参数值，*、**与***分别表示在10%、5%与1%的水平上显著。

可以看出尽管三个模型采用不同口径的数据，但得出的结果一致，因此可以认为该结果比较稳健。以上回归结果说明第三方支付的交易规模对于网上银行的交易规模并非替代作用，两者并非传统意义上理解的竞争替代关系。第三方支付交易规模的提高会推动网上银行交易规模的提高。虽然两者存在着业务、客户资源、利益等方面的冲突，且现在的第三方支付企业和商业银行基本上是处于一个相互对立的状态，关于优化合作的措施更多地出现在金融界、电子商务界的企业家的一些言论及思考中，但是从本研究的结果可以看出两者并非简单的竞争关系，且商业银行网上银行支付系统和第三方支付平台之间并不是两个相互孤立的支付系统，它们相互影响、相互渗透。第三方支付交易规模的增加会推动网上银行交易规模的增加，第三方支付企业和银行之间是相互依存、互利共生的关系。因此两者要加强合作，而非互相恶意竞争。

4. 关于第三方支付与银行合作的思路与建议

根据本章实证部分可知，第三方支付各自的交易额与各自活跃用户数的平方正相关，而第三方支付交易规模的增加会推动网上银行交易规模的增加。可见两者都应加强用户开发，不可避免存在竞争，同时，两者的交易额不是替代关系，而是互相促进的关系，因此，两者应该加强合作，具体建议如下。

（1）相互合作，扩大客户群体

根据本章实证结果可以看出，用户规模的增长对第三方支付和网上银行的交易规模都有显著的推动作用，因此，两者应该合作以扩大客户群体。比如银行与第三方支付机构合作，给予机构一定的优惠，可以吸引更多的用户。又如，A 银行与 B 支付平台合作，用户由 A 银行将资金转入 B 支付平台，A 银行向 B 支付平台免收手续费，通过这种方法与平台建立合作关系，可以有效地将合作的第三方支付的用户转为自己的用户，扩大客户群体。

(2) 共享客户资料，对客户进行信用评级

商业银行有专业的信用评级体系，可以对企业和个人进行信用评级。第三方支付也掌握大量客户的资料。如果双方合作，第三方支付平台上关于客户的购买记录等大数据可以为银行所用，在发放贷款时可判断客户的还款能力。第三方支付平台也应对交易的双方进行资格审核与信用评级，规范交易，保护用户利益，为此可以与银行合作，构建企业与个人的专业信用评级体系。经客户允许后，第三方支付机构和银行实现共享客户资料、客户数据，有利于各自授信业务的顺利进行。

(3) 加强网上信贷业务的合作

电子商务为企业和个人积累了大量交易记录资料，这种大数据可以作为信用评级依据。第三方支付平台是为电子商务的支付与担保而诞生的，因此在这方面具备天然信息优势。商业银行的网上银行业务在网上信贷的审核与支付环节尚不能满足用户的需求，应该与第三方支付平台合作，开拓网络信贷的业务，如网络联保贷款、信用证服务等。

(4) 合理划分市场

通过前文分析可知，银行和第三方支付平台主要冲突点在于两者的业务存在冲突，如果两者能就同一业务，合理划分客户群体，就可以解决这一矛盾。两者可以重新遵循"银行做大客户，平台做中小客户"的做法。中小企业比较零散，管理成本较高，如果银行为中小企业服务，将会需要更高的运营成本，但是若将中小企业交由第三方支付平台来负责，形成"第三方支付平台在前，银行在后"的模式，将更有利于支付市场的发展，也更有利于双方的业务发展。同时，第三方支付平台应该结合自身特点，紧贴市场，为中小企业提供更个性化、更完善的服务，提高自身的竞争优势。

(5) 商业银行入股第三方支付平台

第三方支付平台用户范围广且业务种类多，未来的发展潜力不容小觑，对银行业而言，威胁与战略价值共存。为此，商业银行可以考虑收购或者入股第三方支付平台，这样既能扩大自身的业务范围，扩大客户群体，又能弥补自身支付业务的短板，还能帮助第三方支付平台提高管理运营能力，从而可形成小前台（第三方支付）加大后台（商业银行）的联盟。

综上所述，商业银行在我国的金融体系中一直都处于举足轻重的地位，有着良好的信誉，雄厚的资金实力，积攒了很多有实力的客户，也受到了国家严厉的监管，同时作为支付的最终承担者，对支付领域仍有掌控权，第三方支付的发展离不开银行的支持；而第三方支付平台，作为新兴事物，有非常出众的创新能力，且在细分市场上，非常善于发现客户的需求，客户群体也在不断壮大，从线上发展到线下，业务延伸到生活的方方面面，又因为良好的用户体验和方便快捷的操作，有很高的用户黏性，已经对银行业构成了强大的威胁。但两者并非简单的竞争关系，第三方支付企业和银行之间是相互依存、互利共生的关系。因此两者要加强合作，而非互相恶意竞争。两者的冲突主要是业务有重复，因此两者应该合理划分市场，避免冲突，银行主攻大客户，第三方支付主攻中小企业；同时应该就共同开拓客户资源，发展网上信贷等业务展开合作。只有当第三方支付企业有了银行的支持和技术保障才能更好地发展自己的支付业务，银行也能借助第三方支付的创新能力和多元化业务加快自己的发展。

参考文献

[1] 巴曙松，朱海明. 网络支付业的风险评估及监管 [J]. 中国金融，

2013（20）：51-53.

[2] 贝为智. 第三方支付平台对商业银行经营的影响与对策 [J]. 区域金融研究，2011（5）：17-25.

[3] 蔡恩童. 第三方支付对中国银行业风险管理的影响 [D]. 长春：吉林大学，2014.

[4] 陈健. 论互联网金融创新——基于第三方支付支付宝视角 [J]. 中国市场，2014（2）：63-65.

[5] 陈小辉. 第三方支付沉淀资金问题及监管 [J]. 中国人民银行海口中心支行课题组；南方金融，2007（9）：34-37.

[6] 邓玲. 第三方支付与银行的关系发展分析 [J]. 经营管理者，2009（6）：68-78.

[7] 丁皓，赵赞宽. 商业银行如何应对第三方支付平台带来的挑战[J]. 财税金融，2014（8）：48-49.

[8] 杜秦智，居慎豪，周凯欣. 国内第三方支付与银行的竞争关系探究 [J]. 群文天地，2011（1）：15-28.

[9] 范如倩，石玉洲，叶青. 第三方支付业务的洗钱风险分析及监管建议 [J]. 上海金融，2008（5）：46-49.

[10] 范如倩，石玉洲，叶青. 第三方支付业务的洗钱风险分析及监管建议 [J]. 上海金融，2008（5）：34-43.

[11] 付俊平. 第三方支付对网上银行业务发展的影响探析 [J]. 金融理论与实践，2012（10）：116-118.

[12] 郭现孟. 余额宝的未来并不灰暗 [J]. 证券市场红周刊，2014（6）：13-14.

[13] 何燕岗. 第三方支付给商业银行带来的机遇与挑战 [J]. 西南金融，2012（3）：71-73.

[14] 蒋先玲，徐晓兰. 第三方支付态势与监管：互联网金融观察[J].

改革,2014(6):113-121.

[15] 乐毅. 对第三方支付跨境业务的监管[J]. 中国金融,2011(4):11-14.

[16] 黎焱卿. 基于产业链的中国网上银行结构及主体行为研究[D]. 合肥:合肥工业大学,2010.

[17] 李芳. 第三方支付沉淀资金问题研究[J]. 中国外贸,2011(5):23-27.

[18] 李俊平. 第三方支付法律制度比较研究[D]. 长沙:湖南师范大学,2012.

[19] 李艳萍. 互联网支付业务反洗钱监管问题探讨[J]. 征信,2015(6):89-90.

[20] 李竹. 我国第三方支付企业与商业银行竞合关系研究[D]. 北京:首都经济贸易大学,2015.

[21] 林丹,张睦晗. 第三方支付企业的发展及其与银行关系分析[J]. 中国市场,2011(19):24-27.

[22] 刘璐. 论第三方支付与银行的竞争与合作[J]. 潍坊学院学报,2013(4):10-13.

[23] 刘源. 银行主导第三方B2B电子市场模式研究[D]. 合肥工业大学,2010.

[24] 马志强. 第三方支付公司与其他商业机构合作双赢模式研究[D]. 北京:首都经济贸易大学,2011.

[25] 孟晶晶. 第三方支付平台监管制度研究[D]. 上海:华东政法大学,2014:16-22.

[26] 糜维. 我国第三方支付企业营销环境分析[J]. 中国商贸,2011(3):34-38.

[27] 秦文瑞,苏小琳. 我国第三方支付与银行的关系探析——以支付宝

为例[J]. 技术与市场, 2009（9）: 24-26.

[28] 容玲. 第三方支付平台竞争策略与产业规制研究[D]. 上海: 复旦大学, 2012.

[29] 宋家红. 网上银行与第三方支付平台分析比较[J]. 科技信息, 2010（14）: 19-23.

[30] 宋天翼. 银行视角下的第三方支付发展之路[J]. 浙江树人大学学报, 2011（2）: 56-58.

[31] 孙琴芳. 第三方支付的风险与监管分析[J]. 金融科技时代, 2011（2）: 35-38.

[32] 孙晓红. 电子银行与第三方支付: 同志加兄弟[J]. 互联网周刊, 2011（2）: 48-50.

[33] 王欢. 浅议第三方支付系统与网络银行的竞合关系[J]. 商场现代化, 2014（14）: 19-22.

[34] 王君权.《非银行支付机构网络支付业务管理办法》述评[J]. 吉林金融研究, 2016（2）: 73-76.

[35] 王硕, 兰婷. 论第三方支付的发展及其对商业银行业务发展的影响[J]. 南方金融, 2012（9）: 70-73.

[36] 王哲, 魏敏. 我国第三方支付的安全性问题分析[J]. 当代经济, 2011（3）: 116-117.

[37] 王振, 刘颖. 防范第三方支付业务的洗钱风险[J]. 中国金融, 2011（4）: 24-27.

[38] 吴晓光, 陈捷. 第三方支付机构的市场细分浅析[J]. 武汉金融, 2011（2）: 17-19.

[39] 夏芳. 央行降低银行刷卡手续费标准对第三方支付的影响[J]. 新经济, 2013（3）: 11.

[40] 徐显峰. 我国第三方支付发展研究[D]. 成都: 西南财经大

学, 2013.

[41] 颜白鹭. 支付宝等第三方支付平台与银行的竞争与合作 [J]. 宁波广播电视大学学报, 2009 (3): 11-13.

[42] 易观智库. 中国第三方支付行业发展阶段及模式研究 [R]. 2013.

[43] 俞艳波. 第三方支付下商业银行的业务管理 [J]. 金融管理与研究, 2012 (5): 20-23.

[44] 詹庄影. 浅谈第三方网络支付安全问题 [J]. 技术与市场, 2016, 23 (3): 191.

[45] 张春燕. 第三方支付平台沉淀资金及利息之法律权属初探——以支付宝为样本 [J]. 河北法学, 2011 (3): 45-47.

[46] 张松松, 李震. 基于双边市场理论的网上银行与第三方支付竞合关系研究 [J]. 合作经济与科技, 2011 (6): 35-38.

[47] 张小蒂, 倪云虎. 网络经济 [M]. 北京: 高等教育出版社, 2002.

[48] 朱玛. 第三方支付机构沉淀资金的权属争议及法律监管——兼谈"余额宝"的创新与风险 [J]. 西南金融, 2013 (12): 15-18.

[49] CHUNG Y. H., FARE R., GROSSKOPF S. The Supervision of Non-financial Third-Party E-Payment Platforms in China [J]. Business Intelligence and Financial Engineering, 2012 (3): 251-255.

[50] DONG-GYU SHIN and MOON-SEOG JUN. Micro Payment System Using OTP for Customer's Anonymous [J]. Information Science and Applications, 2013 (5): 1-5.

[51] Electronic-Commerce and the Pattern of Innovation [J]. Management and Service Science (MASS), 2014 (8): 1-3.

[52] HUO HONG, WEI YU and XIN SHEN. Risk Analysis of the Third-party Payment Business [J]. Management Science and Industrial Engineering, 2014 (4): 1143-1147.

[53] KERRY SELLEN and JOSEPH BELCZYK. How to Create Successful Relationships between Third – party Senders and Banks When Developing an ACH Strategy [J]. 2011 (6): 95 – 103.

[54] LIZ OAKES. Faster Payments: Managing Customer Expectations [J]. Journal of Payments Strategy & Systems, 2011 (5): 30 – 37.

[55] MANTORO. Online Payment Procedure Involving Mobile Phone Network Infrastructure and Devices [J]. Multimedia Computing and Systems, 2011 (7): 1 – 6.

[56] WANG YA – LING. Research on Regulation of Third – party Payment Platform in Functional Perspective [J]. Journal of Beijing Technology and Business University, 2011 (1): 91 – 95.

[57] WEIGOLD and HILTGEN. Secure Confirmation of Sensitive Transaction Data in Modern Internet Banking Services [J]. Internet Security (WorldCIS), 2011 (10): 125 – 132.

[58] YIQUN LI and WENLEI GE. Study on the Government Supervision on Third – party Payment in China Under Cost – utility Model [J]. Service Operations, Logistics and Informatics, 2012 (3): 207 – 212.

第 10 章
商业银行互联网金融及其绩效

10.1 我国商业银行互联网金融发展的历程与现状

10.1.1 银行互联网金融的概念

2013年以来,我国互联网金融发展迅速,并在支付、小微融资、投资理财、大数据征信服务等方面均形成了一定的规模。学术界及业界纷纷探讨互联网金融的发展对于商业银行的影响及其应对策略。而实际上,银行业确已作出了一些反应来应对互联网金融冲击。艾瑞咨询公司将银行的电子银行,互联网理财业务、电商平台以及网贷平台这些业务的发展定义为银行的互联网化行为。依据"互联网金融"概念提出者谢平等的界定,从广义上来说,银行通过互联网开展的金融业务也属于互联网金融的概念范畴。因此,本章将银行的电子银行、直销银行、电商平台和网贷平台四种业务界定为银行的互联网金融。

1. 电子银行

根据国际清算银行表述,电子银行业务泛指利用电子化网络通信技术从事与银行业相关的活动。从狭义上来说,电子银行包括网上银行、电话银行、手机银行、微信银行等产品。电子银行业务开展较早,现已较为成熟的互联网金融业务，几乎所有商业银行参与。截至 2016 年底，在全国地级以上城市，年龄在 13 岁及以上的常住人口中，网上银行用户比例为 46%，手机银行用户比例为 42%；微信银行、电话银行、直销银行用户比例分别为 28%、23% 和 11%。个人手机银行的用户比例预计近期有望超过个人网上银行，跃居个人电子银行渠道用户比例的首位。

2. 直销银行

直销银行是指业务拓展不以物理柜台和实体网点为基础，业务活动不受地域与时间限制，主要依托互联网、手机、移动终端等媒介实现终端客户与直销银行业务中心直接业务往来，进而获取金融产品和服务的新型银行运营模式。纯粹的直销银行与传统电子银行的主要差别在于：一般电子银行主要是对银行物理网点的补充渠道，针对的是银行的存量客户；而直销银行不依赖于实体网点，针对增量客户，构建由组织架构—系统建设—产品设计—营销模式的整体流程再造的全新业务模式（李睿、胡冰和王月，2015）。

随着互联网金融产品的热销，特别是互联网理财产品的火爆热卖，银行开始提供有相类似功能的理财产品，纷纷开通了直销银行网站。目前银行提供的互联网理财产品主要是类似余额宝的"宝类"产品以及银行的票据理财服务。截至 2017 年 2 月末，包括国有大型银行、股份制商业银行、城商行在内的近 30 家银行均陆续试水直销银行业务，争相实现银行业务的互联网化。国有银行如工商银行已推出名为"工银融 e 行"的直销银行；股份制银行如民生银行、浦发银行、兴业银行、华夏银行等；城市商业银行如北京银行、重庆银行、宁波银行、攀枝花市商业银行等近 30 家银行的直销银行均已上线运营。

3. 电商平台

交通银行早在 2011 年底便推出了网上商城——交博汇，提供包括在线理财、在线融资、缴费、企业收款、行业资讯在内的众多服务功能。紧随其后，建设银行于 2012 年 6 月推出了电商平台——善融商务，提供从支付结算、托管、担保到融资服全方位金融服务。相对于传统电商平台，交博汇和善融除了有安全可靠、费用优惠和金融服务等优势外，关键在于能够提供线上金融服务。例如个人在线购买商品时，交博汇会为其供包括贷款支付在内的多种信贷支付模式。此举意味着将服务融入到了网购用户的在线购物过程中。梁璋和沈凡（2013）将银行系电商平台的模式可以归为：以善融和交博汇为代表的综合型平台，具备了线上资信评估和融资服务的功能；以"领商 e 航"为代表的导向型平台，以促成交易为目的，致力于为平台交易双方提供包括咨询服务、支付结算和营销平台等综合信息服务；以中信银行为代表的网上再造型平台，将传统的银行服务迁移至网络平台，深度挖掘网络渠道客户资源。

4. 网贷平台

银行的网贷平台是银行进军 P2P 的产物。夏勇（2016）认为，现有的银行系网贷平台按照发起设立方式和各行参与程度的不同，可以分为两种类型：一种是以独立法人主体单独运营，如国家开发银行子公司国开金融设立的开鑫贷、平安集团设立的陆金所；另一种则是以发起银行的内设部门形式存在，如招商银行"小企业 e 家"、包商银行的"小马 bank"、兰州银行的"e 融 e 贷"。表 10-1 列出了部分上市银行进军互联网金融的时间[①]。

表 10-1　部分上市银行进军互联网金融的事件时间

名称	直销银行上线日期	电商平台（网上商城）上线日期	宣布参股或设立 P2P 网贷平台的日期
平安银行	2014.08.06	2010.09	2014.06.21
宁波银行	2014.08.25	2012.07.04	2012.07.03
浦发银行	—	2015.09	2015.07.07 和 2016.03.18
华夏银行	2014.09.19	—	—
民生银行	2014.02.28	2014.07.14	2014.07.14
招商银行	—	2010.09	2013.04
江苏银行	2014.08.10	—	2014.11.06
杭州银行	2014.07.03	2014.12.26	—
南京银行	2014.06.30	—	2016.03.13
常熟银行	2015.08.17	—	—
兴业银行	2014.03.27	2009.12.30	2015.12.07
北京银行	2013.09.18	2009.05.31	2014.05.28
农业银行	—	2013.11.19	2015.03
交通银行	—	2014.03.01	2010.08.23
工商银行	2015.02.09	2014.01.12	2013.08.30
光大银行	2015.08.08	2015.10.28	—
建设银行	—	2012.06.28	2016.05.17
中国银行	—	2011.05.05	2016.07.29
贵阳银行	2014.08	2015.10.14	2016.05.28
中信银行	2015.11.18	2013.04.01	2014.12.08

---

① 银行的互联网金融业务中，电子银行是最早的，本身又包含网上银行、手机银行、微信银行等多个，不容易界定各银行开展电子银行的时间，故未在表 10-1 中列出。

10.1.2 我国商业银行互联网金融发展的历程

我国商业银行的互联网化开始于全球互联网技术蓬勃发展的时期。在 1988 年,中国银行深圳分行推出国内第一台 ATM,这是我国商业银行互联网金融的开端。到 1997 年我国第一家自助银行由中国银行上海市分行开设。同年,招商银行建立了自己的网站,成为国内第一家上网的银行。招商银行在 1998 年 2 月推出了"一网通"服务,这是我国首家推出网上银行业务的银行。中国银行与中国建设银行紧随其后推出了自己的网上银行服务。1999 年我国建立了第一批银行客户服务中心,电话银行自此开始进入了快速发展时期。随后几年我国商业银行的互联网化发展缓慢。2004 年交通银行推出了国内第一家采用无线上网技术,能同时连接中国移动和中国联通的手机银行。2010 年招商银行推出了一款免费的招商网银苹果机客户端。到 2011 年我国手机银行用户突破了 9 亿人,开通手机银行的用户超过 7000 万人,这标志着我国手机银行已进入了一个崭新的发展阶段。2012 年截至 3 月末,工行的个人网银客户数超过 1 亿户,达 1.02 亿户,成为国内首家拥有"亿级"个人网银客户群的商业银行。

2013 年 7 月 2 日,招商银行宣布升级了自己的微信平台,推出全新概念的首家微信银行,推出了微信支付,这一举措引起了业界同行的关注。随后,多家银行紧跟脚步,推出了自己的微信银行。

在 2013 年之前,我国商业银行的互联网化发展主要集中在电子银行的发展,特别是网上银行的发展。2013 年互联网金融的兴起,启发了商业银行开展互联网化的其他模式。各大商业银行在余额宝上线之后不久,就推出了银行系的"宝类"理财产品。与此同时,商业银行也积极布局新的互联网理财业务,如票据理财。商业银行在自建电商平台中,建设银行电商布局最早。2012年6月，建设银行的善融商务平台正式上线。该平台包括了企业商城，个人商城和"房e通"，涵盖了商品批发、商品零售和房屋交易等领域。同年8月，交通银行的交博汇电商平台正式上线。该平台分为商品馆，企业馆，生活馆以及金融馆。这四馆的业务联动，覆盖了企业及个人电子商务的综合需求。农业银行的"E商管家"于2013年上线，其中过半的商户为农企。工商银行的电商平台"融e购"于2014年1月正式上线。商业银行也建立了信用卡商城。

随着P2P网贷平台的发展，许多商业银行也纷纷建立了自己的网贷平台。中国平安建立了陆金所，招商银行建立了"小企业e家"，民生银行设立了民生易贷，包商银行设立了"小马bank"，兰州银行设立了"e融e贷"。

10.1.3 我国商业银行互联网金融发展的现状

1. 电子银行发展现状

对于电子银行来说，现今电子银行业整体保持了平稳的发展态势。2013年中国商业银行电子银行交易笔数高达1245.4亿笔，电子银行的替代率达79.0%。预计未来随着移动互联网经济的发展，商业银行将形成以网银支付为基础，移动支付为主力，电话支付、微信银行等电子渠道为辅助的电子银行业务结构。中国金融认证中心最新发布的《2015中国电子银行调查报告》显示，2015年全国企业网银用户比例为73%，个人网银、手机银行、电话银行和微信银行的用户比例分别为40%、32%、23%和18%。截至2014年底，个人网银用户达3.82亿人，占整体网民规模比例达58.9%，企业网银用户达1729.5万户，同比增长27.7%。

根据易观智库产业数据库发布的《中国网上银行市场季度监测报

告 2015 年第 4 季度》，数据显示我国网上银行客户交易规模达到 510 万亿元人民币，环比增长率为 17.6%。根据报告，2015 年第 4 季度，工商银行、建设银行、交通银行、农业银行以及中国银行这五大银行分别位列市场的前五位，合计拥有 69.7% 的市场份额。其中工商银行以 28.4% 的市场份额位居市场第一位。

在手机银行创新层面，工商银行推出了手机银行 3.0 开放式的客户端，首创"智服务"和"金融日历"服务模式，在界面展示、个性化定制、功能整合以及智能化服务上进行了全面的升级。民生银行新推出的手机银行 3.0 版本增加"银行资产"功能，客户可快速查询了解其在该行的整体资产分布详情，更为便捷地进行资产管理，此外，还上线了"保险"服务，为客户提供在线投保、当日在线撤销以及犹豫期在线退保等服务。招商银行推出的手机银行 3.3 版本中增加了挂号就医功能，接入了微医集团全国的医疗服务资源，提供了在线选医生、预约挂号与移动支付等便捷服务。

微信银行推广应用速度迅速，但我国微信银行还处在发展的初期阶段，目前提供的服务都比较简单，主要是信息查询、部分标准化业务的办理以及提供业务办理的渠道。

2. 商业银行互联网理财发展现状

关于商业银行互联网理财方面，商业银行的"宝类"理财产品迅速扩大，现已形成了一定的规模。各家商业银行的"宝系"理财产品的收益率相差不大。随着竞争越来越激烈，提高理财产品的收益率并差异化发展是商业银行应该重视的问题。除了"宝类"产品外，商业银行也积极布局新的互联网理财业务，如票据理财。民生银行的民生"电商 E 票"通以及平安小票通等。商业银行未来在互联网理财领域应重视产品创新，寻求合作，以此提高自身的竞争力。

3. 商业银行的电商平台发展现状

我国商业银行设立的电商平台已初具规模。目前商业银行的电商平台运营模式大多采用"B2B + B2C"模式，少数几家采用的是 B2B 或 B2C 的单一模式。根据调查，截止到 2015 年 10 月末，建设银行的善融商务，交通银行的交博汇，农业银行的"E 商管家"，工商银行的"融 e 购"以及民生银行的民生电商采用的运营模式都是"B2B + B2C"模式，中国银行的中银易商与兴业银行的网上商城采用的是 B2C 模式，而平安银行设立的电商平台"橙 e 平台"采用的是单一模式 B2B 模式。

目前我国的工商银行、建设银行、交通银行以及农业银行这四大国有商业银行都对自身的电商平台发展有着清晰的规划，将电商平台的发展作为自身转型战略体系的重要内容。如工商银行的"融 e 购"已经成为其互联网金融品牌的重要组成部分，农业银行已将电子商务业务作为其战略业务之一。

另外，平安银行、兴业银行以及民生银行等一些股份制银行同样制订了自身电商平台发展的路线规划，坚持的是专业化、特色化的发展路线。如平安银行专门针对中小企业用户构建了完整的商贸服务平台以及供应链融资的服务平台，建立了中小企业电子商务与互联网金融相融合的新金融模式。平安银行的电商平台所提供的服务的目标是改变中小企业的融资链条。民生银行采用了间接控股的形式，成立了独立的电商公司。兴业银行的电商平台是以流量合作和数据链整合的方式，负责将客户引流到各综合电商和专业垂直电商的网站进行交易，以此同时为本行零售客户提供专享的网上消费优惠服务。[1] 城市商业银行也在积极建立

---

[1] 徐少同，沈子荣．我国商业银行发展电商业务的现状、问题与对策研究［J］．电子商务，2016（4）：41-43.

自身的电商平台，为客户提供综合的金融服务。如郑州银行推出了电商平台"鼎融易"，将直营银行服务与互联网电子商务相结合，而杭州银行推出了网上购物的平台"e+生活圈"。

目前商业银行的电商平台的运营角色大都定位于"平台中介"，只是将电商平台作为交易撮合中介。运营方式逐渐向"生态圈"进化。目前工商银行的互联网金融战略就是这一想法的具体体现。这是基于电子商务平台的金融生态模式，集合了物联网金融以及提供全生产链的综合服务。随着移动互联网的发展，商业银行积极将电商功能整合于统一的软件环境中。

根据艾瑞咨询报告，我国商业银行在2012年第三季度至2014年第二季度中网上商城月均覆盖人数差异较大，其中商业银行自建的电商平台月均覆盖人数超百万，优势明显。截止到2014年第二季度末，建行善融商务个人商城月均覆盖人数达188万人，工商银行的"融e购"月均覆盖人数达150.7万人，交通银行的交博汇积分商城月均覆盖人数达145.7万人。而商业银行信用卡商城月均覆盖人数较低。

4. 商业银行的网贷平台发展现状

对于商业银行的网贷平台来说，现阶段我国商业银行的网贷平台处于初期发展阶段，未来的发展方向待定。2013年以来，招商银行、平安集团、民生银行、国家开发银行、江苏银行以及宁波银行等先后布局P2P。中国电子商务研究中心监测数据显示，截至2014年12月8日，银行系P2P增至11家。现今，11家银行系P2P平台仅有5家正常发标。没有明确的发展战略布局是商业银行网贷平台发展的主要障碍。如齐商银行的"齐乐融融e平台"从2015年初就暂停发标，包商银行的"小马bank"在2015年初转型为数字银行。

银行系的P2P平台分为两大类，一类是纯银行模式，即平台完全由银行控制。商业银行将自身的风控模式与业务搬到平台上,如"小马 bank"。另一类是只有银行背景,如开鑫贷与金开贷等。目前大多数暂停发标的多为银行完全控制的银行系 P2P 平台。

目前发展最好的要数中国平安保险集团旗下的陆金所。陆金所注册资金为 83667 万元。现今,陆金所产品的平均收益达 7.87%。陆金所的发展离不开其明确的定位,陆金所的定位就是要做"全国非标资产的交易平台"。

10.2 我国商业银行互联网金融发展的原因分析

本节在分析我国商业银行互联网金融发展的原因时,将通过两个方面进行说明。一是从商业银行经营发展所面临的挑战与竞争的角度进行分析,二是从我国商业银行互联网金融得以发展的环境支撑的角度进行分析。

10.2.1 我国商业银行经营发展面临的挑战与竞争

1. 互联网金融的发展对商业银行的经营造成冲击

2013 年 6 月,阿里巴巴公司联合天弘基金推出了余额宝。余额宝一经推出,迅速使天弘基金公司成为中国管理资产额排名前 10 的基金公司。到目前为止,天弘基金已经连续多年成为我国资产管理额第一的基金公司。余额宝的成功使得互联网金融迅速在国内兴起发展。

互联网金融的兴起对商业银行的经营发展造成了冲击。一方面像支付宝这样的第三方支付使得商业银行的支付功能弱化,在商业银行收入中占较少的支付手续费被瓜分。另一方面互联网金融的发展使得商业银行的存款流失,这是对商业银行经营发展影响最大的。商业银行依赖于存款得以经营。像余额宝这样提供余额管理服务的互联网金融产品,得到了许多被商业银行忽视的客户的青睐,同时余额宝提供给客户相对于活期存款利率更高的收益率,一经推出,使商业银行的存款流失严重。另外,互联网金融中的 P2P 网贷平台的兴起发展,加速了商业银行的金融脱媒。P2P 网贷平台提供给资金需求方与资金充足方的搜索与交易的平台,充当了资金信息中介的角色,加速了商业银行资金中介的边缘化。互联网金融的发展加快了我国利率市场化的进程。商业银行依赖多年的利差收入收窄。因此,商业银行急需改变经营的发展模式。

2. 其他传统金融加快互联网化发展的脚步

在互联网金融快速发展的浪潮中,其他传统金融都加快了互联网化发展的脚步。其中基金公司电商化的水平不断提高。2013 年我国基金销售电子商务水平为 46.45% (如表 10 - 2 所示)。在基金公司电商化水平不断提高的影响下,客户购买基金的渠道会发生变化。银行作为基金的主要代销机构,将会受到很大的冲击,客户的黏性将会降低。

表 10 - 2　　　2013 年中国开放式基金电子商务水平的情况

2013 年中国开放式基金电子商务水平的情况		
整体水平	代销渠道	直销渠道
46.45%	56.59%	29.13%

注:艾瑞咨询《2014 年中国商业银行互联网金融研究报告简版》。

在此浪潮中保险公司的互联网化水平也不断提高。2013 年中国互联网保险网销渠道占比中,官网占 47.9%,第三方平台占 41.6%,中介代理占 10.5%。商业银行作为保险的传统代理机构,随着保险产品的互联网化程度的不断加深,商业银行代理保险销售的业务收入将会受到影响,同时客户的品牌忠诚度将会降低。

与此同时,证券公司也加大了对于互联网化发展的投入力度与深度。证券公司正在积极探索互联网化发展的模式。表 10 - 3 列出了现今证券公司互联网化发展的主要模式。

表 10-3　　　　证券公司互联网化发展的主要模式

证券公司互联网化发展的主要模式		
开户导向模式	网上商城模式	O2O 模式
降低佣金，获取用户规模增长	开展零售业务，吸引用户	搭建线上线下投融资需求平台

注：艾瑞咨询《2014 年中国商业银行互联网金融研究报告简版》。

综合本小节的论述，可以看出其他传统金融加快互联网化发展给商业银行带来了冲击，特别是商业银行作为代销中介地位受到挑战，以此使得商业银行在这方面业务的收入受到冲击，特别是银行客户的忠诚度受到考验，这对于商业银行的未来发展是有很大影响的。另外，这些传统金融的互联网化发展以及积极探索发展的模式也给了商业银行互联网金融发展以启示。

3. 商业银行现有发展模式的挑战

如果详细分析我国商业银行现有的收入结构以及发展模式，可以看出目前商业银行的收入中，利息差的收入仍占银行收入较大的比例，并且商业银行依然重视产品，以产品为导向。随着我国利率逐渐市场化，特别是近年来快速发展的互联网金融加快了我国利率市场化的步伐，商业银行过度依赖利息差难以持续发展。另外，随着互联网新兴科技的发展以及银行面对的客户群体金融消费特征的改变，客户服务体验以及需求的开发拓展应是商业银行所看重的部分。商业银行原有的发展模式难以可持续。

另外，在我国商业银行市场上，银行发展模式相似，并且商业银行提供的产品以及服务同质化现象严重。这表明银行的竞争压力大。随着银行业对于民营资本的开放，可以预见我国商业银行的竞争将更加激烈。2014 年银监会公布了首批 5 家民营银行的试点方案，这 5 家民营银行分别是深圳前海微众银行、温州民商银行、天津金城银行、浙江网商银行以及上海华瑞银行。民营资本进入银行业受到了监管机构的鼓励，民营银行的数量在增加中。在民营资本不断鼓励进入银行业的背景下，可以预感未来银行业的竞争会更加的激烈。商业银行的战略转型迫在眉睫。

10.2.2 我国商业银行互联网金融发展的环境支持

我国商业银行互联网金融发展的时间不长，但发展迅速。这与商业银行互联网金融发展的环境支持是分不开的。本节将分为三个部分说明我国商业银行互联网金融发展的环境支持。一是商业银行互联网金融发展的政策环境；二是商业银行互联网金融发展的社会环境；三是商业银行互联网金融发展的技术环境。通过以上三个方面的阐述，了解我国商业银行互联网金融发展的环境支持。

1. 我国商业银行互联网金融发展的政策环境

自 2005 年开始，我国对电子银行、互联网金融以及电商平台的发展颁布了相关的监管指导文件，意在促进相关领域健康规范化有序地发展。

在电子银行领域，2005 年中国人民银行颁布了《电子支付指引（第一号）》，2006 年银监会颁布了《电子银行业务管理办法》，2010 年中国人民银行颁布了《非金融机构支付服务管理办法》，2014 年中国人民银行颁发了《关于手机支付业务发展的指导意见》。这些关于电子支付的相关文件规范了金融机构与非金融机构的支付服务行为，防范了支付风险，保证了资金的安全，保护了当事人的合法权益。同时也大力发展了移动支付等跨行业务，促进了电子支付业务的健康有序发展。这些关于电子银行领域的相关文件为商业银行发展电子银行特别是电子支付中的移动支付提供了良好的政策环境。

在互联网金融领域，2011年银监会颁布了《关于人人贷有关风险提示的通知》，2013年中国人民银行等九部委发布了"九部委处置非法集资部际联席会议"的文件。2015年中国人民银行等十部委发布了《关于促进互联网金融健康发展的指导意见》，在该意见文件中，提出了一系列鼓励创新、支持互联网金融稳步发展的政策措施，鼓励从业机构相互合作。同时该文件落实了监管的责任，明确了业务的边界。这些监管指导文件提示了互联网金融的相关风险，特别是P2P网贷平台的风险，界定了互联网金融中的非法行为，特别是P2P网贷中非法集资的行为。加强了对于互联网金融业务的监管力度，也为互联网金融业务的健康有序发展给出了意见。这为商业银行发展网贷平台、互联网理财业务提供了良好的政策环境。

在电商平台领域，2014年工商总局发布了《网络交易管理办法》，意在规范网络交易以及有关服务，保护消费者以及经营者的合法权益，促进网络经济持续健康发展。其中有关服务包括为网络商品交易提供第三方交易平台的盈利性服务。同年工商总局发布了《网络交易平台经营者履行社会责任指引》与《网络交易平台合同格式条款规范指引》的公告，前一公告意在规范网络商品交易以及有关服务的行为，引导网络平台经营者积极履行社会责任，促进网络经济持续健康发展。后一公告是为了规范网络交易平台合同格式条款，引导网络交易平台经营者依法履行合同义务，以此促进网络经济健康发展。这些关于电商平台的相关监管指导文件为商业银行发展网上商城提供了良好的政策环境。

2. 我国商业银行互联网金融发展的经济环境

近年来，我国电子商务的快速发展促进了商业银行互联网金融的发展，并且给予了商业银行发展互联网化的启示。

艾瑞咨询最新的数据发布显示，2015年我国电子商务市场交易规模为16.4万亿元，增长了22.7%。其中，网络购物增长了36.2%，是推动电子商务市场发展的重要力量。另外，在线旅游以及本地生活服务O2O的增长也推动了电子商务市场的发展。图10-1显示出近年来我国电子商务市场的交易规模情况。

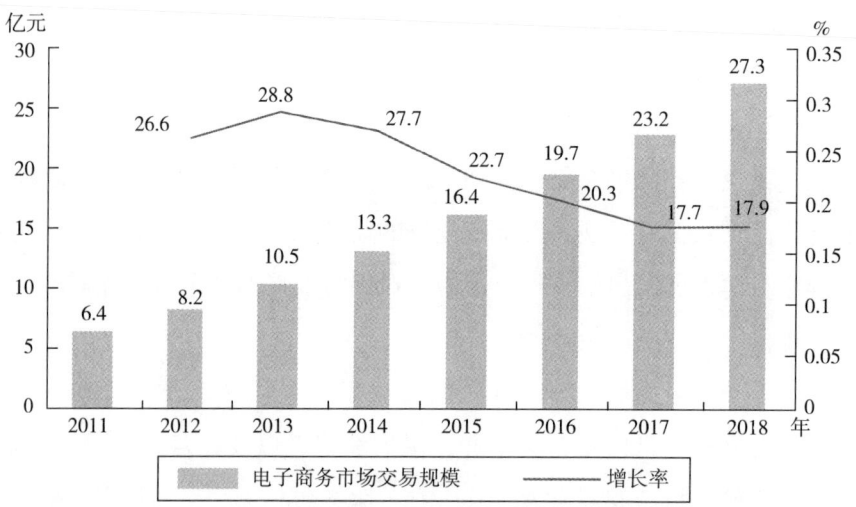

资料来源：艾瑞咨询电子商务报告。

图10-1　中国电子商务市场交易规模情况

从图10-1可以看出，我国电子商务市场的交易规模近年来快速增长，并且增长态势仍将持续。这为商业银行发展互联网化提供了很好的经济环境支撑。另外，我国经济整体平稳发展也为银行提供了很好的经济环境支持。特别是近年来移动经济的快速发展，商业银行应对移动银行，结合消费金融进行提早布局。

3. 我国商业银行互联网金融发展的社会环境

2015年中国互联网络信息中心（CNNIC）发布了《第36次中国互联网络发展状况统计报告》。该报告显示，截止到2015年6月末，我国网民规模达 6.68 亿，互联网的普及率为 48.8%，较 2014 年底提升了 0.9 个百分点。调查结果显示，2015 年新网民最主要的上网设备是手机，使用率为 71.5%，较 2014 年底提升了 7.4 个百分点。新网民对台式电脑的使用率为 39.2%，较 2014 年有所下降。图 10-2 说明了我国网民规模和互联网普及率的发展状况。

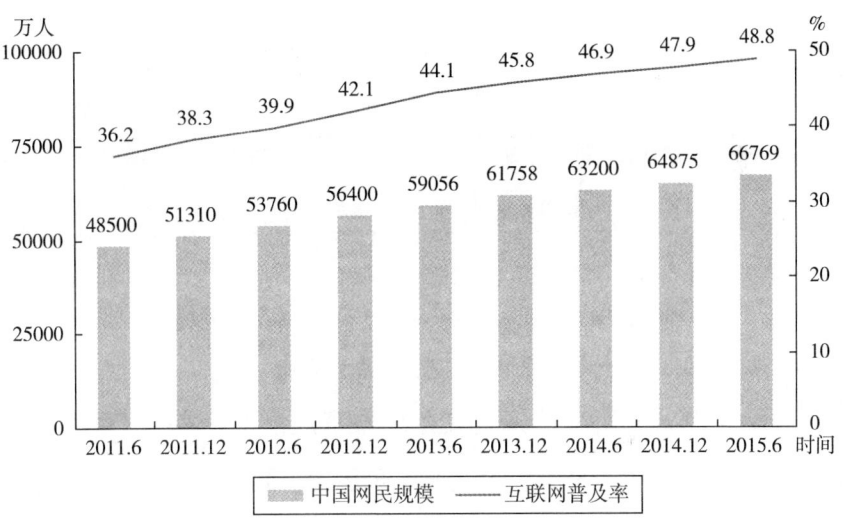

资料来源：CNNIC 中国互联网络发展状况统计调查。

图 10-2　中国网民规模和互联网普及率的发展状况

截至 2015 年 6 月末，我国手机网民规模达 5.94 亿人，较 2014 年 12 月增加 3679 万人。网民中使用手机上网的人群占比由 2014 年 12 月的 85.8% 提升至 88.9%。图 10-3 说明了我国手机网民规模及其占网民比例的状况。

从上述调查结果可以看出，我国网民规模与手机网民规模庞大。这为商业银行互联网金融的发展奠定了很好的用户基础，特别是为移动银行的发展奠定了很好的发展基础。

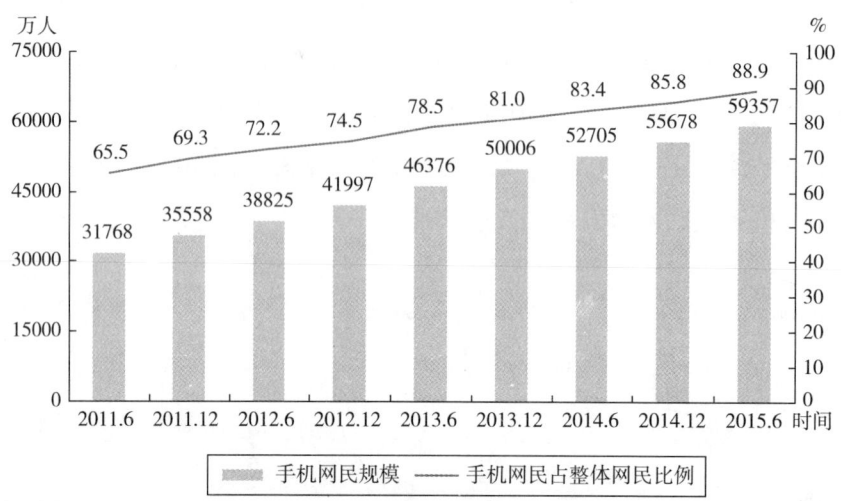

资料来源：CNNIC 中国互联网络发展状况统计调查。

图 10-3　中国手机网民规模及其占网民比例的状况

4. 我国商业银行互联网金融发展的技术环境

2010 年至 2013 年，中国金融业 IT 投资规模不断提高。截止到 2013 年，中国金融业 IT 投资规模高达 505.8 亿元，同比增长 3.2%。传统金融行业对于 IT 的重视程度越来越高，未来金融业对于 IT 的投入会更大。

近年来中国金融业 IT 投资规模逐渐增加。这为商业银行的互联网化发展提供了良好的技术环境。

10.2.3　案例分析：工商银行的互联网化发展

本节将对工商银行的互联网化发展状况进行案例分析，通过具体的工商银行的互联网化发展案例深入地了解我国商业银行互联网金融的情况。

自 2013 年阿里巴巴公司推出的余额宝产品的热销，作为我国第一大商业银行的工商银行首当其冲地受到很大的影响。工商银行为了应对互联网金融的冲击，自 2013 年开始陆续推出 e 支付、逸贷、e 投资、网贷通、线上 POS 以及 e 缴费等系列产品。2014 年初起，工商银行开始对 E‐ICBC 进行战略布局。2015 年工商银行发布了其互联网金融品牌 E‐ICBC。工商银行的互联网金融品牌战略包含了"融 e 购"的电子商务平台，"融 e 联"的即时通信平台和"融 e 行"的直销银行平台这三大平台，同时还包括了"支付+融资""线上+线下"以及"渠道+实时"等场景的应用。工商银行抓住"互联网+"新经济形态兴起发展的机遇，应对互联网金融发展的冲击以及考虑到自身可持续发展的问题，充分利用了自身的声誉、金融服务及技术等方面的优势，加快了自身互联网化的战略步伐。工商银行的 E‐ICBC 战略主要是以三大平台与三大产品线为主体的，同时包含了线上线下一体化地进入体系的构建以及健全的大数据应用的建立。

1. 工商银行三大平台与三大产品线快速健康发展

三大平台包括"融 e 购"的电商平台、"融 e 联"的即时通信平台以及"融 e 行"的直销银行平台。三大产品线包括基于互联网的支付，基于互联网的融资以及基于互联网的投资理财。

"融 e 购"电商平台目前是涵盖 B2C、B2B、B2G 业务，并且功能齐全的综合性电商平台。2014 年 1 月工商银行的"融 e 购"电商平台正式上线。该平台上线一年后，注册用户超过了 1200 万人，累计交易的金额突破了 700 亿元，签订的商户超过 3000 户。该平台签订的商户数以及交易额均进入了国内十大电商之列。工商银行的"融 e 购"电商平台是定位于名商、名店与名品，对商户与商品有较高资质和品质要求。其中 70% 以上的入驻商户为厂家直营。数码、家电、服饰、旅游等行业前十大品牌均已签订入驻该平台。截至 2015 年 8 月末，该平台累计注册客户已超过了2000万人。截至2015年上半年，该电商平台的交易额累计达2044亿元，同比增长了26.8倍。

"融e联"即时通信平台建立的目的是搭建起客户与客户经理，客户与在线客服之间的社交圈子，以此来增加客户的黏性。同时，为客户搭建起统一的金融服务以及社交沟通的平台。2015年1月初，"融e联"即时通信平台APP正式上线。该平台集合投资理财、线上购物、账户交易以及金融资讯等服务，实现了客户经理服务客户、在线客服服务客户、工银信使消息推送以及总分行的公众号信息发布这四大功能。截至2015年8月末，该平台用户总数达130万户。

"融e行"直销银行平台是没有营业网点的，因此可以节省网点经营费用。工商银行客户可以通过APP获取有关银行的产品与服务的相关信息。工商银行的"融e行"的定位是开放式的专属客户端服务，为用户提供电子账户开立、投资、存款、交易以及跨行资金划转这五项核心服务。其他银行的客户也可以通过"融e行"这一直销银行平台便捷地购买工商银行的产品。2015年上半年，"融e行"直销银行平台的交易额突破了230亿元，从整体上呈现出了加速发展的态势。

工商银行互联网金融战略中的三大产品之一是"工商银行e支付"。这是工商银行为了满足客户便捷的小额支付需求而推出的一种新型电子支付产品。2015年上半年，该快捷支付工具客户突破了6000万户，是上年同期的5.4倍。三大产品之二是逸贷与网贷通。逸贷是基于B2C与线下POS机的消费而推出来的信用产品。通过逸贷这一产品，个人无需办理抵押或者提交贷款的材料，消费时通过网银、手机银行等多种渠道就可以贷款。同时用户有多种还款渠道，该产品能够满足用户的信用融资需求。网贷通是针对企业用户而推出的一种信用产品，工商银行与中小企业客户一次性签订循环的借款合同。客户在合同规定的有效期内以及额度内,可以通过银行自助进行提款与还款的申请。2015年上半年,逸贷的余额超过 1900 亿元,而网贷通则已累计向 7 万多家小微企业发放贷款 1.73 万亿元,余额超过 2000 亿元。三大产品之三是"工银 e 投资"。该产品是工商银行为客户提供的交易终端,主要用于贵金属等投资产品的交易,其中非工商银行的客户也可以使用。该产品是工商银行为了应对互联网理财所推出的产品。截止到 2015 年 3 月末,"工银 e 投资"的用户超过 15 万户。

2. 与企业、政府合作,帮助实体经济实现"互联网 +"发展

在电商服务的领域,工商银行积极探索了与企业以及政府合作的电商新模式。工商银行与云南大理州政府合作推出了"融 e 购大理旅游季",与山东栖霞市政府合作举办了栖霞大樱桃电商节,与黑龙江绿色有机食品交易中心签署了合作的协议。这些合作推动了各地特色的产品与服务走向消费者。工商银行还与知名房企以及中国建筑总公司合作,帮助他们实现"互联网 +"的新商业模式,最终实现互利共赢。

在融资服务领域,工商银行为小微企业提供了"网贷通"产品,较好地满足了他们的融资需求,降低了他们的融资成本。2015 年上半年,工商银行与百度签署了战略合作协议,将为百度及其关联的企业、百度平台客户提供意向融资等优质高效的综合性金融服务。

在跨境金融服务领域,工商银行充分发挥了自身的国际化以及信息科技的优势,通过"融 e 购"电商平台与中国(杭州)跨境电商综合实验区进行了对接,建立了订单信息、支付信息以及物流信息三流相统一的电商服务。工商银行积极努力通过"融 e 购"这一电商平台将国内的优质产品销售到国外。

3. 机制创新,三大中心深度推进工商银行的互联网化

为了加快推进 E – ICBC 互联网金融的发展战略,工商银行在 2015

年的上半年成立了互联网金融营销中心、网络融资中心以及个人信用消费金融中心。通过三大中心的建设，助推工商银行的互联网化发展。另外，在大数据建设以及应用方面，工商银行自 2007 年开始建立的数据库已经在其信贷业务、精准营销等方面得到了很好的应用，并开始向其他业务场景进行了覆盖应用。

互联网金融营销中心通过专业化的团队与整合整行的营销资源，致力于打造出专业协同、线上线下一体化的新型互联网金融的格局。个人信用消费金融中心整合了工商银行的个人信用消费贷款业务，通过服务模式与金融产品的创新，实现物流、信息流和资金流的三流合一，精准定位客户的消费倾向、融资需求以及信用状况，提前布局消费金融格局，为客户带来了不同的产品以及服务的体验。网络融资中心通过研发推广线上的融资服务，同时利用互联网信息技术优化信贷服务，以此助力小微企业融资的便利性与可获得性。

4. 打造线上线下一体化的互联网金融生态

工商银行的线上线下一体化的发展是以手机银行、O2O 服务以及智能网点为代表的。工商银行以手机银行为入口，将银行的线上业务、用户的线下消费以及实体商店三者相结合，以此建立互利共赢的电子商圈的体系。工商银行同时还打造了覆盖衣食住用行的"工银 e 生活"的线下电商圈。工商银行为合作的商户搭建了网上的"前台界面"，向客户推送本地区优惠的商户以及优惠的信息。线下工商银行为商户提供全方位的金融服务，以此形成了用户、商户以及银行互动开放的互联网生态链。

2015 年上半年，工商银行在境内 1.5 万余家的营业网点免费开通了 WiFi 服务，建设了智能银行 154 家。工商银行积极推进线上线下相辅相成发展，努力拓宽服务的内容，丰富提供银行服务的手段，全面深化和铺展在互联网化方面的创新发展。

10.3　我国商业银行互联网金融发展对于银行绩效的影响

10.3.1　商业银行互联网金融的相关研究

1. 商业银行互联网金融客户接受方面的研究

该方面的文献主要研究客户对于业务接受的决定性因素分析。用户对于业务有用性认知、易用性认知、风险以及文化等都是被研究的因素。Kholoud Al-Qeisi、Ahmed Hegazy（2015）在研究网上银行被客户接受的因素分析中发现，工作效果期望与努力期望是关键的决定因素。Salva Daneshgadeh、Sevgi Özkan Yıldırım（2014）研究发现，客户使用网上银行是因为他们相信网上银行有用并且使用方便。网上银行使用的主要推动力是网上银行与客户生活工作的兼容性。个性化服务以及联盟服务是促使客户使用网上银行的额外因素。徐长江、丁聪聪（2012）在研究中发现个人创新特质和感知安全性对使用网上银行的行为意向有着正向的影响。Hyun Shik Yoon、Linsey M. Barker Steege（2013）发现银行网站的可用性也显著地影响着客户网上银行的使用。Gonçalo Baptista、Tiago Oliveira（2015）在对于手机银行接受的研究中发现，工作效果期望、享乐动机以及习惯是行为倾向最显著的因素。

2. 商业银行互联网金融对于银行绩效影响的研究

Ovidiu Stoica、Seyed Mehdian、Alina Sargu（2015）在研究罗马尼亚银行开展网上银行对其效率的影响时，采用了 DEA 与 PCA 相结合的方法，实证研究结果显示，只有少数的罗马尼亚银行能够有效地使用网上银行服务以提高银行的总体效率。刘晓麟（2009）利用国内 9 家商业银行 2005 年至 2009 年的数据，研究了基于电子银行因素的商业银行绩效的评价，同样采用了 DEA 模型进行实证研究。研究结果显示，从 2006 年以及 2007 年的数据可以看出，我国电子银行产业并未给商业银行带来巨大的收益，这符合电子银行初期发展阶段的特征。王萌（2013）在研究我国电子银行业务对商业银行绩效的影响评价时，利用了 DEA 模型进行了实证研究，研究结果显示，我国商业银行利用网络开展业务的能力还有待提高。国内商业银行的评价绩效在 2008 年至 2011 年整体的经营绩效是呈现上升趋势的，相对而言，国有股份制商业银行处在规模收益的递减阶段。

Ilyas Akhisar 等（2015）利用了 23 个国家（既包括发达国家也包括发展中国家）2005—2013 年的电子银行服务数据实证研究电子银行对银行绩效的影响。文章中使用了发行的银行卡数量、POS 机的数量、ATM 数量与银行分支机构数量的比和网上银行客户数量作为电子银行服务的衡量指标。通过运用系统 GMM 方法，实证研究结果显示，电子银行服务对于银行绩效的影响是显著的，除了 POS 机的数量与网上银行客户数量对于银行的绩效的影响是负方向以外，其他指标的影响都是正向的。

Ram N. Acharya 等（2008）利用美国社区银行的数据实证研究了网上银行的密度对银行绩效的影响。研究结果显示，作为银行服务营销渠道的网络越来越被使用，这显著提高了美国社区银行的绩效。Pooja Malhotra、Balwinder Singh（2009）在对印度银行进行研究中发现，提供网上银行服务与银行的绩效并没有显著的相关关系，提供网上银行服务与银行面临的风险有显著的负相关关系。

R. De Young 等（2006）利用美国社区银行 1999—2001 年的数据实证研究网上银行与银行绩效的关系。实证研究时使用虚拟变量 Internet 表示银行是否设立网上银行。研究结果显示，网上银行渠道的采用提高了美国社区银行的业绩，同时网上银行渠道并没有取代美国社区银行的物理网点，而是这些物理网点的辅助。闵德寅（2014）对我国的16家上市商业银行进行了研究分析，同样得出网上银行业务对商业银行的绩效影响是显著的正方向，网上银行并没有替代传统的银行物理网点，而是起到了良好的补充作用。

K. Batu Tunay 等（2015）利用了30个欧洲国家2005—2013年的银行数据实证研究了网上银行与银行绩效的关系。研究结果显示，在欧元区国家中，网上银行与银行绩效之间有很强的关系。在总样本中，网上银行与银行绩效之间的关系显著。

吴诗伟、朱业和李拓（2015）在研究利率市场化、互联网金融与商业银行风险时，实证研究结果显示，商业银行自身的互联网化有助于降低商业银行所面临的风险。

3. 商业银行互联网金融监管对策研究

孙潇（2011）在对网上银行发展研究中，建议根据网上金融业的实际情况，修改或制定适用于网上银行业务操作运行的法律规范。中国人民银行、中国银保监会等金融监管部门要针对信息技术在金融行业中的广泛应用进行战略性地思考，加快社会信用体系建设，建立健全自身的网络安全系统。

蒋照辉（2011）提出了对于网上银行监管策略的构想。一是优化监管体制与架构，二是发挥市场机制作用，三是积极参与国际合作，四是把握监管的艺术性。Mustika Purwanegara、Atik Apriningsih 和 Febri Andika（2013）在对印度尼西亚手机银行研究中发现规范显著影响风险认知与认知收益。相对于认知风险而言，规范对认知收益有更大的影响。

胡波（2014）从监管角度探讨了如何防范网络金融风险，在研究中提出，我国应进一步建立健全与网络金融有关的法律法规监督管理体系，为网络金融的发展创造良好的、公正的司法环境。监管部门监管思路应与时俱进，贴合实际并有所突破。另外，应清晰划分各监管部门职责权限，调整监管内容与方式。各监管部门应加强沟通与交流，实现信息共享。持续开发新的适应形势的监管技术，完善监管软硬件的调试与升级。督促网络金融服务提供商建立健全其内部控制体系，发现风险要及时上报。培育更多更优秀的网络金融监管人才，提升网络金融服务水平，加强国际间的网络金融监管交流与协作。

王建文和奚方颖（2014）在研究我国网络金融监管制度时指出，我国可以借鉴发达国家的经验，协调网络金融监管与创新，要完善网络金融监管法律体系，完善网络金融专业化监管模式以及构造网络金融的跨境合作立法监管。

李冉（2014）在商业银行互联网金融战略研究中，对于商业银行应对互联网金融的对策，建议商业银行应重视客户体验，要重视复合型人才队伍的建设，同时要加强与互联网科技企业的合作。

魏伊秋（2015）在研究商业银行应对互联网金融影响时，提出了商业银行应树立以客户为中心的经营理念，要加强金融创新，建立全方位的风险管理体系，同时实现实体渠道建设与虚拟渠道建设并重，要建立强大的信息技术后备支持。

石雅君（2015）关于中国商业银行发展网络金融业务，建议商业银行要改变思维，积极发展网络金融。同时建议商业银行加强信息建设，强化安全管理。

4. 商业银行互联网金融表现形式方面的研究

齐亚斌、陈诗礼和王博（2014）对银行版互联网理财进行了讨论。其中陈诗礼认为，随着监管逐步完善下，银行版互联网理财相对于互联网企业的理财产品来说，优势将愈加明显。从交易环节来说，银行创新的互联网理财中参与者只有理财委托人、基金公司与银行，而在互联网理财中多了一方互联网业，相应必然多了一份成本，收益低点也可以理解。随着各大银行相继推出互联网理财产品，同样价格情况下，承接理财资金的银行必然秉承本行优先原则，互联网理财收益也会受到影响。孙冉（2015）在对商业银行发展互联网金融理财业务的分析中认为，未来商业银行互联网理财发展，应注意：提升客户体验、创新营销模式、打造差异化优势、实现多渠道并行以及打造健康的成长环境。

胡炳阳（2015）认为，电子银行发展中存在以下问题：（1）同业间竞争日益激烈，产品创新尤显重要；（2）依靠互联网进行业务办理，存在一定的技术风险和操作风险。粟卉（2014）实证分析得出，电子银行业务对银行整体绩效的贡献效率逐年提高。

刘世成（2015）在对银行系电商平台进行分析时认为，目前银行系电商平台应暂时选择"优势—威胁"战略。银行系电商平台应采取差异化发展战略，不断完善物流和售后服务体系，培养互联网电子商务人才。王龙华、吴星阳和陆红（2015）认为银行系电商平台存在以下问题：（1）传统银行机制缺乏互联网基因；（2）平台建设定位不明晰，缺乏特色；（3）用户体验不佳；（4）没有充分利用现有银行资源；（5）缺乏电商经验丰富的团队。在这些问题下，他们提出了自己的建议。

张乾（2015）对比分析了银行系网贷平台与传统民营系网贷平台的差异，分析了当前存在的主要问题，从明确平台定位、加强风险隔离、做好风险提示、完善资金托管等方面提出了对策建议。

10.3.2 理论和典型事实分析

我国商业银行互联网金融发展的时间不长，但发展迅速。本章将在商业银行绩效评价理论的基础上，分析商业银行的互联网化发展对于银行经营的影响情况。主要分为三个方面进行阐述，一是分析商业银行互联网金融的发展对于银行总体经营业绩的影响；二是分析商业银行互联网金融的发展对于银行非利息收入的影响；三是分析商业银行互联网金融的发展对于银行信用风险的影响。

1. 商业银行绩效评价理论

绩效是指组织或个人为了达到某种目标而采取的各种行为与结果。绩效评价是指组织依照预先确定的量化指标以及评价标准，运用科学的评价方法，对评价对象的工作能力、工作业绩进行定期与不定期的考核与评价。企业经营的最终目标是利润最大化，股东权益最大化。商业银行属于经营货币的特殊企业，其最终目的也是要盈利的。商业银行经营的原则为盈利性、流动性以及安全性。商业银行的经营既要考虑盈利性，也要兼顾风险的管理。

商业银行的绩效评价是指综合运用数理统计与运筹学等方面的知识，建立恰当的指标体系，按照统一的标准与程序，对商业银行的经营行为以及效果进行定性与定量的分析，对商业银行的业绩进行客观、公正的评价。[①] 较为典型的商业银行的绩效管理的方法是传统的财务分析法。

财务分析法的理论基础是企业作为利润最大化的实体，最终的经济成果是体现为利润的增加以及资产的保值与增值。因此利用净资产收益率等财务指标来反映企业在一定时期的经营业绩。该方法操作便捷，得到广泛的应用。

本章采用了较为典型的商业银行绩效的管理方法，即传统的财务分

---

① 姜凡. 商业银行绩效评价研究综述 [J]. 中国证券期货，2012 (4).

析法。利用商业银行相关的财务数据对商业银行互联网金融发展进行研究。

2. 商业银行互联网金融发展对银行总体业绩的影响

商业银行业务的互联网化发展可以让商业银行节省设立网点门面的相关费用。银行一般为了扩大客户的覆盖面，会在地区设立多个网点，方便客户的业务办理。而当银行业务互联网化后，商业银行的客户可以不再因地域、时间的限制，一天 24 小时内都可以办理业务。这样既方便了客户，也节省了商业银行设立网点的相关费用，特别是人力资本的投入。另外，银行业务的互联网化也可以增加银行业务的受众面，有利于银行业务的营销。

如网上银行的设立可以让客户一天 24 小时内都可以办理业务。客户不再需要到网点排队，银行也可以省去设立网点的相关费用。手机银行的发展同样使得银行客户随时随地办理业务，同时客户可以在办理相关业务的同时了解到银行的其他业务，如理财业务等。微信银行的设立让客户感到社交与金融的融合，客户能够更方便地与银行进行沟通与了解。这些互联网化发展的形式都能让银行更加地贴近客户，增加客户的覆盖面。商业银行互联网理财产品的推出，特别是与阿里巴巴公司推出的余额宝相关的"宝系"理财产品的推出，能够增加银行客户的忠诚度，降低因余额宝等互联网金融产品流失的客户的数量。而商业银行网上商城与网贷平台的设立，更是利用平台的优势集聚客户，增加了银行的营销渠道，银行品牌的建设得到改善，同时银行的收入得以多样化。另外，银行网上商城的设立可以促进银行创新金融服务，银行可以为卖方或是买方提供相关的金融服务，如消费金融相关的服务的推广与创新。金融服务的创新有助于商业银行竞争力的提升。

综上所述，商业银行的互联网化发展一方面能够降低银行的运营成本，另一方面能够增加银行客户的覆盖面，有利于银行业务的营销，增加银行的收入多样化。同时，商业银行互联网金融的发展能够促进银行金融服务的创新，提高银行的竞争力。所以商业银行的互联网化发展能够提高银行的总体业绩情况。根据以上分析，提出以下假设：

假设1：商业银行的互联网化发展能够提高银行的总体业绩，也就是说，商业银行的互联网化发展对银行的总体业绩是正向影响的。

3. 商业银行互联网金融发展对银行非利息收入的影响

商业银行互联网金融的发展增加了银行的营销渠道与客户的覆盖面。银行客户通过网上办理业务的时候，在浏览网页时或是浏览软件页面时会同时接收到银行其他业务的相关信息。客户可以在轻松的状态下了解银行的服务。如客户通过网上办理转账业务，可以接受到银行理财的相关信息，进而进行了解。这些中间业务的收入都可以提高银行的非利息收入。

商业银行互联网理财产品的推出，特别是与阿里巴巴公司推出的余额宝相关的"宝系"理财产品的推出，可以让部分流失的客户回流，增加客户的忠诚度。商业银行在互联网理财产品方面的收入会直接增加银行的非利息收入。商业银行网上商城与网贷平台的设立，都是利用平台优势集聚客户。两者都增加了银行的营销渠道。银行作为平台提供者收取中间费用，这些中间费用属于银行的非利息收入。

综上所述，商业银行的互联网化发展可以提高银行的非利息收入。因此，提出以下假设：

假设2：商业银行的互联网化发展可以提高银行的非利息收入，也就是说，商业银行的互联网化发展对银行的非利息收入是正向影响的。

4. 商业银行互联网金融发展对银行信用风险的影响

商业银行的信用风险是指交易对手未能履行约定契约中的义务而使

得银行遭受经济损失的风险。商业银行的信用风险是银行面临的主要风险之一。

商业银行业务的互联网化使得银行的大部分业务都是可以通过网上进行办理的。这种业务开展方式的一个弊端就是银行对于客户信息处于劣势地位。商业银行无法像柜台办理那样对客户信息进行严格的审查与核对，会存在审查核对的不到位问题。商业银行办理互联网理财业务时就会存在信息劣势的状况，存在遭受损失的风险。

商业银行设立的网贷平台还处于摸索的阶段。业务开展的审查核对体制还不完善，信用风险的管理还不到位。在这种情况下，商业银行网贷平台业务的开展会提高银行的信用风险。与商业银行的网贷平台相类似的 P2P 网贷平台很多因为信用违约而无法继续发展下去。商业银行业务的互联网化发展过程中应注意信用风险的管理。

商业银行提供的电商平台以及提供的网上银行服务是商业银行获取用户信息的重要渠道，特别是收集银行用户的非金融信息。信息即价值。商业银行利用好这些收集的信息有助于银行了解用户的信用状况，缓解银行的信息劣势处境，从这方面来看，商业银行提供电商平台以及网上银行的服务有助于降低商业银行的信用风险。

综上所述，商业银行提供互联网理财业务以及提供或者参股于网贷平台对银行的信用风险有正向的影响预测。而商业银行提供电商平台以及网上银行的服务则对银行的信用风险有反向的影响预测。根据以上分析，提出如下的假设：

假设 3：商业银行提供互联网理财业务以及提供或者参股于网贷平台对银行的信用风险有正向的影响；商业银行提供电商平台以及提供网上银行的服务能降低银行的信用风险，即对银行的信用风险有负的影响。

10.3.3　我国商业银行互联网金融与银行经营绩效的实证分析

1. 对银行总体业绩影响的分析

（1）样本的选取以及数据来源

鉴于我国商业银行互联网金融的发展时间不长，在数据统计方面不全面，为了商业银行发展方面的数据的可获取性，本文选取了11家上市商业银行2007—2015年的数据作为分析的对象，这11家上市商业银行分别是工商银行、建设银行、中国银行、农业银行、交通银行、招商银行、民生银行、兴业银行、光大银行、中信银行以及浦发银行。商业银行互联网金融的相关数据来源于上市银行的年报、《中国网上银行行业发展报告》以及《中国网上银行年度监测报告》。上市商业银行的相关数据来源于上市商业银行的年报、Wind 数据库以及 Bankscope 数据库。另外GDP增长率与广义货币增长率数据分别来源于国家统计局官网与中国人民银行网站。

（2）模型构建

被解释变量：这里选取银行每年期末调整后的总资产收益率（ROA）代表银行绩效作为被解释变量。ROA 是税后利润与银行总资产的比率，能够很好地反映各银行因规模、经营管理水平的不同带来的竞争力的差异，是衡量盈利能力最重要的指标（吴晓云和王峰，2012）。

解释变量：以银行发展互联网金融的四个方面作为解释变量。具体包括商业银行的网上银行、手机银行和微信银行的交易量总和，商业银行是否上线直销银行，商业银行是否提供网贷平台或参股网贷平台，以及商业银行是否搭建电商平台或参股其他电商平台。

控制变量：参考关于银行 ROA 的实证研究文献，选择了商业银行的资产规模占同期银行业总资产规模的比值，商业银行的不良贷款率,商业银行的资产负债比值,国内广义货币量 M_2 的增速以及商业银行利息净收入与总资产的比值。从理论上来看,商业银行的相对资产规模越大,商业银行越有形成规模效应的可能性,因此,对于商业银行的总体业绩来说,商业银行的相对资产规模有正的影响预测。商业银行的不良贷款率是评价银行信贷资产安全状况的重要指标,不良贷款率越高,从财务管理的角度来说,贷款的资金只有一部分或者没有流回银行,这使得商业银行没有充足的资金来发展优质的客户或者进行合理的投资,所以不良贷款率对于商业银行的总体业绩来说有负的影响预测。商业银行的资产负债率是银行绩效的又一影响因素。资产负债率反映的是商业银行的总资产里通过借债筹资的比例,该项指标从理论上来说,在一定的范围内对于银行的经营是有正效应的。因此,商业银行的资产负债率对于银行业绩有正向影响的预测。我国目前商业银行的收入结构中,利息收入占有很大的比例。因此,还将商业银行利息净收入与总资产比值这一指标作为实证分析的一个控制变量,并且这一指标对于银行的业绩有正向的影响预测。商业银行的经营也会被外部环境影响。从外部环境控制的角度,选取了我国广义货币 M_2 增速作为控制变量。

基于上述对于商业银行业绩影响的理论分析以及我国商业银行互联网金融概念的界定,在实证研究其对银行资产收益率的影响时,建立了如下的计量模型:

$$ROA = \beta_0 + \beta_1 WM + \beta_2 ONLINE + \beta_3 P2P + \beta_4 LNIBE + \beta_5 ASSET$$
$$+ \beta_6 NPL + \beta_7 AL + \beta_8 LNM_2TH + \beta_9 NIAST + \epsilon \qquad (10.1)$$

公式(10.1)中的变量描述见表 10-4。

(3)变量描述性统计

基于计量模型的设立,表 10-4 列出相关变量的描述性统计情况。

表 10 - 4　　　　　　　　变量的描述性统计情况

变量	变量描述	均值	标准差	最小值	最大值
ROA	商业银行的总资产收益率	1.1570	0.1836	0.6855	1.4748
WM	描述商业银行是否上线直销银行的虚拟变量	0.1705	0.3782	0	1
ONLINE	描述商业银行是否提供电商平台的虚拟变量	0.2955	0.4589	0	1
P2P	描述商业银行是否提供网贷平台或是参股于网贷平台的虚拟变量	0.0341	0.1825	0	1
LNIBE	商业银行网上银行、手机银行和微信银行交易额的总和与同期银行资产规模比值的自然对数	2.1843	0.7298	0.7735	4.3160
ASSET	商业银行资产规模占同期银行业总资产的比值	0.0569	0.0459	0.0137	0.1651
NPL	商业银行的不良贷款率	1.4975	2.4945	0.38	23.57
AL	商业银行的资产负债率值	0.9434	0.0234	0.9168	1.137141
LNM_2TH	我国广义货币 M_2 增速的自然对数	2.8672	0.2035	2.6101	3.3171
NIAST	商业银行利息净收入与总资产的比值	0.0237	0.0028	0.0164	0.0304

注：相关比例数据在计算过程中均不含%。

对面板数据进行随机效应模型的回归，得出的检验表示存在随机效应。对面板数据进行豪斯曼检验，得到豪斯曼检验中的 P 值为 0.2659，显示随机效应模型优于固定效应模型，所以这里采用随机效应模型对上述的面板数据进行回归。

（4）实证结果及回归分析

利用随机效应模型实证分析我国商业银行互联网金融的四个方面对银行资产收益率的影响，实证回归的结果如表 10 - 5 所示。

表 10 - 5　　　　　　　　实证回归结果

变量	ROA
WM	0.0511 (1.08)
ONLINE	0.0192 (0.51)
P2P	0.0192 (0.45)

续表

变量	ROA
$LNIBE$	0.0897*** (3.41)
$ASSET$	1.2099** (2.21)
NPL	-0.0666*** (-3.31)
AL	5.2046** (2.41)
LNM_2TH	-0.4513*** (-4.59)
$NIAST$	15.8908** (2.24)
R^2	0.4618
Wald chi2 (9)	56.37

注：表格中变量括号内为 z 值，***、**、* 分别表示在 0.01、0.05 和 0.1 水平上显著相关。

从结果中可以看出，商业银行的互联网金融对其业绩表现有正的影响，显示出商业银行的互联网金融对银行的经营发展是有利的。所以，从提高银行的资产收益率方面来说，商业银行的互联网金融是一种有利的发展模式与趋势。其中商业银行网上银行、手机银行和微信银行的交易额与同期银行资产规模比值对于银行业绩表现的影响非常显著。结果表明，银行通过互联网渠道开展传统现金业务，提升了银行资产收益率。但银行上线直销银行、电商平台、网贷平台等非传统业务，对银行业绩的影响暂不明显。

综上所述，我国商业银行发展互联网金融业务对提升银行资产收益率是有利的，从而证实了第一个假设。

2. 对银行非利息收入占比的影响分析

（1）模型构建

被解释变量：选择了非利息收入占比，即银行非利息收入占银行总收入的比例。这一指标衡量了商业银行除去利差收入后获取收入的能力（朱宏泉、周丽和余江，2011）。在我国商业银行竞争越来越激烈的背景下，在我国利率市场化会越来越彻底的情况下，商业银行的利差收入占比会越来越小，开拓提升非利息收入占比对于银行来说，会显得越来越重要（刘莉亚等，2014）。

解释变量：仍然是银行互联网金融的四个方面。

控制变量：参考关于银行非利息收入占比的实证研究文献，选择了商业银行的不良贷款率、我国广义货币 M_2 增速、贷款总额占资产的比例、存款总额占总资产的比例以及商业银行的核心资本充足率。从理论上来说，商业银行的非利息收入受到商业银行内部经营情况以及外部环境的影响，所以在选择控制变量上从两个方面进行着手。从外部环境角度，本章选择了我国广义货币 M_2 的增速指标，扩张性的货币政策会使得社会的融资成本降低，相比较来说，商业银行的利息收入会有所增加，相对的银行改进非利息收入的动力就不是很强，所提供的资源支持也会相对较少，所以广义货币 M_2 的增速对商业银行的非利息收入有负的影响预测；从商业银行内部经营角度，控制变量选择了商业银行的不良贷款率，贷款总额占资产的比例、存款总额占总资产的比例以及商业银行的核心资本充足率。商业银行的不良贷款率显示出商业银行的风险状况，该指标的提高会使得银行的非利息收入降低，所以不良贷款率指标对商业银行的非利息收入有负的影响预测。贷款总额占资产的比例越大，表明银行对于利息收入的投入较多，银行的非利息收入会减少，该项指标对银行的非利息收入有负的影响预测。商业银行的存款总额占总资产的比例越大，商业银行越有可能性从顾客的忠诚度中交叉营销银行产品，该项指标对银行的非利息收入有正向的影响预测。商业银行的核心资本充足率越高，商业银行投入到获取非利息收入的业务中的资源就会相对减少，所以，从理论上来说，商业银行的核心资本充足率指标对银行的非利息收入有负的影响预测。

基于上述对于影响商业银行非利息收入占比的理论分析以及我国商业银行互联网金融的概念界定，在实证研究其对于银行非利息收入占比的影响时，建立了如下的计量模型：

$$NII = \beta_0 + \beta_1 WM + \beta_2 ONLINE + \beta_3 P2P + \beta_4 LNIBE + \beta_5 NPL + \beta_6 M_2TH + \beta_7 LOAN + \beta_8 DEPOSITE + \beta_9 CAPITAL + \epsilon$$

(10.2)

公式（10.2）中的变量描述见表 10-6。

（2）变量描述性统计

根据变量的选择，表 10-6 列出了相关变量的描述性统计情况。

表 10-6　　　　　　变量的描述性统计情况

变量	变量描述	均值	标准差	最小值	最大值
NII	为商业银行的非利息收入占比值	18.5586	6.5352	5.4835	32.47
WM	描述商业银行是否上线直销银行的虚拟变量	0.1705	0.3782	0	1
$ONLINE$	描述商业银行是否提供电商平台的虚拟变量	0.2955	0.4589	0	1
$P2P$	描述商业银行是否提供网贷平台或是参股于网贷平台的虚拟变量	0.0341	0.1825	0	1
$LNIBE$	商业银行网上银行、手机银行和微信银行交易额的总和与同期银行资产规模比值的自然对数	2.1843	0.7298	0.7735	4.3160
NPL	商业银行的不良贷款率	1.4975	2.4944	0.38	23.57
M_2TH	我国广义货币 M_2	17.9775	4.0694	13.6	27.58
$LOAN$	商业银行的贷款总额占总资产的比值	0.5209	0.0544	0.3616	0.6548
$DEPOSITE$	商业银行的存款总额占银行总资产的比值	0.7378	0.0812	0.5147	0.9965
$CAPITAL$	商业银行的核心资本充足率	9.2073	1.5557	5.01	13.14

注：相关比例数据在计算过程中均不含%。

对面板数据进行随机效应模型的回归，得出的结果显示存在随机效应。然后对面板数据进行固定效应模型的回归，利用豪斯曼检验，得到豪斯曼检验中的 P 值为 0.2279，显示随机效应模型优于固定效应模型，所以本章采用随机效应模型对上述的面板数据进行回归。

（3）实证结果及回归分析

利用随机效应模型实证分析我国商业银行互联网金融的四个方面对于银行非利息收入的影响情况，结果如表10-7所示。

表10-7　　　　　　　　　　实证回归结果

变量	NII
WM	2.0455（1.41）
ONLINE	1.7610*（1.70）
P2P	5.3984**（2.37）
LNIBE	4.0241***（5.20）
NPL	-2.9886***（-4.96）
M2TH	-0.4510***（-2.94）
LOAN	-40.1360***（-3.29）
DEPOSITE	18.2326（1.23）
CAPITAL	-0.3821（-0.94）
R^2	0.2205
Wald chi2（9）	124.28

注：表格中变量括号内为 t 值，***、**、*分别表示在1%、5%和10%水平上显著相关。

从实证结果可以看出，商业银行的互联网金融对于商业银行的非利息收入表现均有正的影响，显示出商业银行发展互联网金融对于拓展银行非利息收入是有利的。从提高银行的非利息收入方面来说，商业银行的互联网化是一种有利的发展模式与趋势。其中商业银行提供电商平台服务，提供或者是参股于网贷平台以及商业银行的网上银行交易量指标对于银行非利息收入的表现影响都是显著的。

在商业银行竞争环境越来越激烈的情况下，在商业银行利差收入会进一步收窄的情况下，非利息收入的增加无疑会使商业银行更有发展前景，因此商业银行发展互联网金融对于银行来说会是有利的发展趋势。

综上所述，我国商业银行发展互联网金融业务对提升银行非利息收入占比是有利的，从而证实了第二个假设。

3. 对银行信用风险的影响分析

（1）模型构建

被解释变量：以不良贷款率（Non-performing Loans Ratio，NPLR）为衡量指标。不良贷款率是指商业银行的不良贷款占总贷款余额的比重，是评价银行信贷资产安全状况的重要指标之一。不良贷款率越高，说明银行的信用风险水平越高（谭燕芝和张运东，2009）。

解释变量仍然是银行互联网金融的四个方面。

参考关于商业银行不良贷款率的实证文献，控制变量选择了商业银行的成本收入比值，商业银行的存贷款比值以及商业银行的贷款减值准备与利息净收入的比值。商业银行的成本收入比代表了商业银行的管理水平。从理论上来说，该项指标越高，商业银行的管理水平越低，银行的不良贷款率越高。商业银行的成本收入比值对银行的不良贷款率有负的影响预测。商业银行的存贷款比值显示出银行的资产配置风险的选择，从理论上来说，商业银行的存贷款比值越高，商业银行的不良贷款率越低，该项指标对银行的不良贷款率有负的影响预测。商业银行的贷款减值准备与利息净收入的比值越高，表现出银行信用风险高，商业银行的不良贷款率越高，该项指标对银行的不良贷款率有正向的影响预测。

基于上述对于影响商业银行非利息收入的指标的理论分析以及我国商业银行互联网金融的概念界定，在实证研究我国商业银行互联网金融对于银行不良贷款率的影响时，建立了如下的计量模型：

$$NPL = \beta_0 + \beta_1 WM + \beta_2 ONLINE + \beta_3 P2P + \beta_4 LNIBE + \beta_5 LNCI$$
$$+ \beta_6 LNDL + \beta_7 DJNIN + \epsilon \qquad (10.3)$$

公式（10.3）中变量的描述见表10-8。

（2）变量描述性统计

根据变量的选择，表10-8列出了相关变量的描述性统计情况。

表10-8　　　　　　变量的描述性统计情况

变量	变量描述	均值	标准差	最小值	最大值
NPL	商业银行的不良贷款率	1.4975	2.4944	0.38	23.57
WM	描述商业银行是否上线直销银行的虚拟变量	0.1705	0.3782	0	1
ONLINE	描述商业银行是否提供电商平台的虚拟变量	0.2955	0.4588	0	1
P2P	描述商业银行是否提供网贷平台或是参股于网贷平台的虚拟变量	0.0341	0.1825	0	1
LNIBE	商业银行网上银行、手机银行和微信银行交易额的总和与同期银行资产规模比值的自然对数	2.1843	0.7298	0.7735	4.316
LNCI	为商业银行的成本收入比值的自然对数	3.505	0.1384	3.1407	3.834
LNDL	为商业银行的存贷款比值自然对数	4.2371	0.0951	3.9287	4.4282
DJNIN	为商业银行的贷款减值准备与利息净收入的比值	0.5775	0.4782	0.2821	4.8581

注：相关比例数据在计算过程中均不含%。

对面板数据进行随机效应模型的回归，得出结果显示存在随机效应。然后对面板数据进行了固定效应模型的回归，利用豪斯曼检验，得出豪斯曼检验中的P值为0.0000，显示固定效应模型优于随机效应模型，所以采用固定效应模型对上述的面板数据进行回归。

（3）实证结果及回归分析

利用固定效应模型实证分析我国商业银行互联网金融的四个方面对于银行不良贷款率的影响情况，回归结果如表10-9所示。

第 10 章　商业银行互联网金融及其绩效

表 10 – 9　　　　　　　　　　实证回归结果

变量	NPL
WM	0.4881*（1.82）
ONLINE	-0.1479（-0.69）
P2P	0.6374（1.54）
LNIBE	-0.3407***（-2.86）
LNCI	4.0270***（5.02）
LNDL	-7.0616***（-4.62）
DJNIN	5.4400***（33.46）
R^2	0.9581
F	186.01

注：表格中变量括号内为 t 值，＊＊＊、＊＊、＊分别表示在 0.01、0.05 和 0.1 水平上显著相关。

从表 10 – 9 实证结果可以看出，商业银行上线直销银行和网贷平台对于银行的不良贷款率有着正向的影响，并且直销银行对于银行不良贷款率的影响结果显著。这说明在现今网络审查制度不完善的情况下，商业银行提供互联网理财业务以及提供或者参股网贷平台会提高银行的不良贷款率。商业银行提供电商平台以及商业银行的网上交易都对银行的不良贷款率有负的影响，其中商业银行提供的网上银行服务对于银行不良贷款率的影响显著。电商平台以及网上银行服务的提供对于银行来说，是银行收集客户信息的平台，特别是客户的非金融信息的收集。这些信息的获取对于银行判断用户信用具有很大的价值，银行很好地利用这些信息能够使得银行在扩大业绩的同时降低信用风险。

综上所述，我国商业银行的互联网金融业务中，网银和电商平台的开展可降低银行的资产不良率，而互联网理财和网贷平台的开设可提高银行的资产不良率，从而证实了第三个假设。

10.3.4 商业银行互联网金融的财务绩效

1. 商业银行互联网金融的财务绩效的实证结论

本章首先是对我国商业银行发展互联网金融进行了现实分析，了解了我国商业银行发展互联网金融的发展现状，然后理论结合实证分析了商业银行互联网金融发展的四个方面对银行绩效的影响。这四个方面分别是电子银行、银行互联网理财、银行的电商平台和银行的网贷平台。

从实证分析的结果中可以看出，我国商业银行发展互联网金融对银行的总体业绩是有正向影响的，有利于银行的业绩提升。另外，商业银行的互联网金融会提高银行的非利息收入占比，这对于利息差逐渐收窄的商业银行来说，是开拓收入的一大途径。同时，商业银行的互联网金融会影响银行的信贷风险，这提醒商业银行在互联网化的道路上，要兼顾创新与风险管理。

在研究得出商业银行的互联网金融对于银行发展来说是有利的前提下，对商业银行发展互联网金融提出如下几点建议：在外部环境方面，要完善健全有关的监管体系，完善我国的个人征信系统以及监管机构应该协调好监管与创新。在商业银行自身管理方面，首先应注意运用好互联网思维，主要是跨界合作思维、大数据思维、O2O思维以及科技引领思维发展包括互联网金融在内的科技金融；其次应重视人才队伍的建设，注重对于既懂金融又懂互联网技术的人才的引进与培养，为未来的发展做好人才储备；最后，应注重自身产品与服务的差异化，商业银行只有提供出差异化的产品与服务，才能在未来的发展竞争中占有一席之地。此外，商业银行应树立以客户为中心的经营理念，在进行业务创新时要兼顾风险管理。

2. 对完善商业银行互联网金融外部环境的建议

本部分将论述商业银行互联网金融发展的外部环境的相关建议,以此促进商业银行互联网金融健康可持续发展。本部分将从三个方面进行论述,一是完善健全有关的监管体系;二是完善我国的个人征信系统;三是监管机构应注意协调监管与创新,把握好监管的界限与力度。

(1) 完善健全有关监管体系

商业银行的互联网化是在互联网金融快速发展的冲击下兴起发展的。商业银行在受到互联网公司以及其他传统金融的互联网化的启发下,加大了对于互联网化发展的投入与力度。对于监管机构以及商业银行来说,商业银行的互联网化发展是一个新的挑战。

从商业银行互联网金融发展的政策环境来看,近年来监管机构颁布了相关的监管以及指导文件。但相对于业务不断创新的商业银行互联网金融以及互联网金融来说,监管机构的监管手段及措施仍滞后。为了给商业银行互联网金融的发展提供良好的竞争环境,监管机构应该一视同仁地对待互联网金融业务和商业银行互联网金融业务。同时,对于创新的新业务,监管机构应及时地加以界定,给出监管文件以及指导意见,让相关业务有法可依,指引创新业务有序健康可持续地发展。

(2) 完善我国的个人征信系统

为了给商业银行互联网金融提供稳定的金融环境,减少风险,监管机构应完善现有的信息披露制度。目前我国的个人征信体系尚未完全建立,信用数据库内容单一,监管机构应完善现有的个人征信系统,形成完善全面的个人信用评价体系。这将有助于商业银行互联网金融业务的创新以及风险的防范,特别是对于商业银行网贷平台的发展是有利的。

(3) 协调监管与创新

商业银行的互联网化发展对于监管机构以及商业银行来说,都是一个新的挑战。在大数据技术发展的背景下，商业银行借助于互联网平台进行业务发展与创新。监管机构对于创新业务的发展应谨慎审视，在保持鼓励促进商业银行业务创新的前提下，及时地发现与防范新业务发展存在的风险，并加以控制，使商业银行在利用互联网平台进行业务创新时，健康可持续地发展。监管机构应把握好监管的界限与力度。

3. 商业银行互联网金融发展的自身管理角度

本部分将从商业银行互联网金融发展的自身管理角度给出商业银行互联网金融发展的建议。本部分将分为五个部分进行论述，一是建议商业银行互联网金融发展时要运用好互联网思维。其中这里的互联网思维包括跨界合作思维、大数据思维、O2O思维以及科技引领思维。二是建议商业银行互联网金融发展时重视人才队伍建设。三是建议商业银行互联网金融发展时注重提供的产品与服务的差异化。四是建议商业银行建立以客户为中心的经营理念。五是建议商业银行在进行金融创新的同时兼顾风险的管理。

（1）运用互联网思维

商业银行必须从战略的高度来审视自身互联网化的发展。在互联网经济时代，特别是我国已将"互联网＋"纳入政府工作报告中，在"互联网＋"的新经济发展趋势下，商业银行要转变观念，认识到互联网化发展的重要性，并从整体发展战略的角度规划自身互联网化的发展。商业银行要充分地发挥自身的优势，同时最重要的是要运用互联网思维考虑商业银行的发展。

商业银行的互联网化发展是金融与互联网的结合。互联网的一大特色是开放包容共享。商业银行在互联网化的过程中应该秉持开放的心态，与各方进行合作，优势互补，强强联合，以此发挥对主营业务的协同作用。如商业银行可以与第三方支付机构或互联网公司开展合作，双方优势互补，实现双赢。

另外，商业银行发展互联网金融时应具有并充分发挥大数据思维。商业银行互联网金融时应将大数据作为重要的战略资源。商业银行应储存、保护大数据资源，并将其作为自身业务发展与创新的重要引擎，充分利用起来。根据自身的数据库，商业银行能够更好地进行客户定位营销，以及为客户提供个性化的服务。大数据思维的运用能使商业银行对于客户需求的把握更准确。商业银行可以以此为不同的客户提供不同的服务，提升客户的产品及服务体验。同时，商业银行在将客户的金融诉求与客户的互联网行为偏好相结合时，可以利用大数据提升对于风险控制的能力。

从前文可以看出，商业银行目前的互联网化发展是会提高自身的不良贷款率的。主要原因在于商业银行对于业务互联网化后的风险管理流程及体系没有健全和完善。大数据思维的运用可以让商业银行在风险控制方面有所提升。

商业银行在互联网化发展时应注意运用好O2O思维。这是互联网公司发展与商业银行发展的一大区别。这种发展模式的好处在于，商业银行可以避免因线下网点数量的限制而导致的服务瓶颈，可以通过线上广泛地接触潜在客户，再通过线下的增值服务为客户提供良好的产品及服务体验，同时，商业银行也可以扩大客户的接触范围。

当然，商业银行在互联网化发展时，应注重对于IT技术的投资。商业银行的互联网化发展就源于互联网技术的快速发展。商业银行在互联网化发展的道路上进行的业务创新也要依赖于互联网技术的进步。另外，在互联网时代要实现对客户与市场的需求变化作出快速反应，商业银行对于技术的研发与管理要有更高的要求。所以，商业银行应树立科技引领的战略思维，加大对科技资源的投入。

综上所述，商业银行在互联网化发展时，应注意运用好互联网思维，以使商业银行的互联网化发展可持续。

(2) 重视人才队伍建设

商业银行互联网金融发展是金融与互联网技术的结合。商业银行在互联网化发展的道路上需要既懂金融又懂互联网技术的复合型人才。目前来看，这方面的人才较少。商业银行应积极主动加强对于这一复合型人才队伍的建设，以满足未来发展的需要。

商业银行应加大对网络信息收集、处理以及分析这方面的人才引进与培养，重视对于相关业务人员的定期培训。商业银行应重视能开发出适合于互联网渠道营销的产品设计人员，重点关注互联网金融行业方面的动作，并能够留住把握未来互联网金融产品动向的人才。为了发展商业银行的互联网化，商业银行应注重互联网金融产品创新方面人才的引进与培养，以此为未来的发展提供好人才储备。

(3) 注重产品与服务的差异化

一直以来，我国银行业发展的一大问题就是提供的产品与服务同质化现象严重。从我国目前商业银行互联网金融发展的现状可以看出，我国商业银行在互联网化发展时开始注意根据自身的特色开展业务，但总体来看，产品与服务的同质化现象仍然存在。例如，从商业银行提供的"宝类"理财产品来看，各家提供的产品与服务相似，提供的收益率没有较大的差别。对于商业银行来说，互联网化的发展是顺应"互联网+"经济发展趋势以及应对互联网金融业务的冲击而开展的。在商业银行互联网金融的发展道路上，为了可持续发展，商业银行仍需要注重自身提供的产品与服务的差异化，开创出自身独有的发展特色。商业银行的互联网化发展是银行服务与互联网技术的结合。互联网是开放包容共享，为银行服务的创新提供了良好的技术支撑，商业银行在互联网化的过程中，要充分利用好互联网思维，结合自身发展战略与自身的特点，对所提供的银行服务进行创新，开创出有别于其他同行的自身独有的发展道路，以此增加自身发展的竞争力。

（4）建立以客户为中心的经营理念

在互联网经济时代，商业银行的经营要以客户的需求以及切身的体验为中心。随着利率市场化的进程逐步推进，互联网金融的发展也助推着利率的市场化进程。银行业的竞争会越来越激烈。商业银行唯有根据客户需求以及重视客户的产品服务使用体验，才能维持或增加客户的黏性，增加自身发展的竞争力。互联网金融业务模式发展的一大特点就是以客户的需求以及体验为上，以人为本是互联网金融的核心。这有别于商业银行的重产品、重布局的渠道建设的经营理念。在新经济形态"互联网+"下，商业银行要转变以前的重产品、重布局的经营理念，重视客户需求，重视客户产品服务的体验。

随着移动互联网的发展，移动互联网经济逐步形成规模。商业银行也应大力拓展移动终端的覆盖面，将银行服务与移动互联网相结合，真正成为客户身边的银行。

（5）兼顾业务创新与风险管理

互联网为银行的产品服务创新提供了广阔的平台，互联网技术的发展为银行的创新提供了技术支撑，但商业银行在进行业务创新的同时，应兼顾风险管理。互联网金融业务的一些风险事件值得商业银行提高警惕，特别是P2P网贷平台的风险事件。商业银行互联网金融发展时所面临的风险将复杂多变。商业银行可以建立多维度的数据库。阿里金融小微信贷的成功得益于阿里的风险控制体系。阿里金融小微信贷借用了阿里巴巴公司的后台数据，包括在阿里巴巴平台上的小微企业的交易数据，以及支付宝沉淀的后台数据。阿里金融小微信贷通过这些数据进行模型的构建，以此了解小微企业的信用等级水平。通过这种方法，阿里掌握企业的动态信息，以此降低小微信贷的信用风险。与阿里巴巴公司相同的是，商业银行以金融媒介的身份集聚大量的数据，有建立数据库的基础。商业银行可以以此建立风险模型数据库，以此来完善商业银行自身以信用等级评定为基础的风险管理的机制。

在风险管理上，商业银行可以与其他机构进行合作。人民银行现有的个人征信系统建设还不完善，数据不全面。商业银行可以考虑从第三方机构处获得有关客户的信息，如从阿里巴巴公司的征信系统获得客户的有关信息。通过这些合作，完善商业银行风险管理体系的建立，为商业银行互联网金融的可持续发展提供保障。

参考文献

［1］谢平，邹传伟．互联网金融模式研究［J］．金融研究，2012（12）：11－22．

［2］李睿，胡冰，王月．基于互联网金融创新视角的直销银行运营模式研究［J］．西南金融，2015（9）：14－18．

［3］梁璋，沈凡．国有商业银行如何应对互联网金融模式带来的挑战［J］．新金融，2013（7）：47－51．

［4］夏勇．国内银行系P2P网贷平台发展模式研究［D］．成都：电子科技大学，2016．

［5］胡炳阳．我国商业银行电子银行业务的发展状况及几点建议［J］．财经界（学术版），2015（20）：22．

［6］粟卉．电子银行业务对银行绩效贡献效率的测度研究［D］．长沙：湖南大学，2014．

［7］齐亚斌，陈诗礼，王博．银行版互联网理财反击，互联网"宝宝"走

下神坛［J］. 互联网天地, 2014 (5): 12-15.

［8］孙冉. 商业银行发展互联网金融理财的机遇与挑战［J］. 新金融, 2015.

［9］巴曙松, 吉猛. 从互联网金融模式看直销银行发展［J］. 中国外汇, 2014 (2): 43-47.

［10］刘世成. 我国银行系电商平台发展特点及 SWOT 分析［J］. 西南金融, 2015 (11): 32-35.

［11］王龙华, 吴星阳, 陆红. 银行系电商平台发展与创新研究［J］. 杭州金融研修学院学报, 2015 (10): 49-51.

［12］张乾. 银行系网贷平台业务运营模式及风险防控问题研究［J］. 河北金融, 2015 (7): 7-17.

［13］徐长江, 丁聪聪. 网上银行发展中的相关因素分析——基于 TAM 理论［J］. 统计与信息论坛, 2012 (3): 67-71.

［14］闵德寅. 银行互联网化对商业银行绩效的影响——基于网上银行业务的实证分析［J］. 财经市场, 2014 (12): 94-96.

［15］吴诗伟, 朱业, 李拓. 利率市场化、互联网金融与商业银行风险——基于面板数据动态 GMM 方法的实证检验［J］. 金融经济学研究, 2015 (6): 29-38.

［16］刘小麟. 基于电子银行因素的商业银行绩效评价［D］. 成都: 西南财经大学, 2009.

［17］孙潇. 我国网上银行发展的现状及对策探讨［J］. 改革与开放, 2011 (5): 18-20.

［18］蒋照辉. 论我国网上银行的发展趋势及监管挑战［J］. 浙江金融, 2011 (11): 34-41.

［19］胡波. 从监管角度初探如何防范网络金融风险［J］. 金融经济, 2014 (6): 196-197.

[20] 王建文, 奚方颖. 我国网络金融监管制度: 现存问题、域外经验与完善方案 [J]. 法学评论, 2014 (6): 127-134.

[21] 李冉. 商业银行互联网金融战略研究——以工商银行为例 [D]. 济南: 山东大学, 2014.

[22] 魏伊秋. 我国商业银行应对互联网金融影响的对策研究 [D]. 北京: 首都经济贸易大学, 2015.

[23] 石雅君. 中国商业银行网络金融业务管理研究 [D]. 华南理工大学, 2015.

[24] 吴晓云, 王峰. 银行战略群组的新业务战略对绩效影响因素的实证研究——基于中国银行业16家上市银行的面板数据 [J]. 金融研究, 2012 (9): 48-61.

[25] 朱宏泉, 周丽, 余江. 我国商业银行非利息收入及其影响因素分析 [J]. 管理评论, 2011 (6): 23-30.

[26] 刘莉亚, 李明辉, 孙莎, 等. 中国银行业净息差与非利息收入的关系研究 [J]. 经济研究, 2014 (7): 110-124.

[27] 谭燕芝, 张运东. 信用风险水平与宏观经济变量的实证研究——基于中国、美国、日本部分银行的比较分析 [J]. 国际金融研究, 2009 (4): 48-56.

[28] KHOLOUD AL-QEISI, AHMED HEGAZY. Consumer Online Behaviour: A perspective on Internet Banking Usage in Three Non-Western Countries [J]. Economics and Finance, 2015 (23): 386-390.

[29] SALVA DANESHGADEH, SEVGI ÖZKAN YıLDıRıM. Empirical Investigation of Internet Banking Usage: The Case of Turkey [J]. Technology, 2014 (16): 322-331.

[30] HYUN SHIK YOON, LINSEY M. BARKER STEEGE. Development of a Quantitative Model of the Impact of Customers' Personality and Perceptions on Inter-

net Banking Use [J]. Computers in Human Behavior, 2013 (29): 1133 – 1141.

[31] GONçALO BAPTISTA, TIAGO OLIVEIRA. Understanding Mobile Banking: The Unified Theory of Acceptanceand Use of Technology Combined with Cultural Moderators [J]. Computers in Human Behavior, 2015 (50): 418 – 430.

[32] RAM N. ACHARYA et al. Online Banking Applications and Community Bank Performance [J]. International Journal of Bank Marketing, 2008 (26): 418 – 439.

[33] R. DE YOUNG et al. How the Internet Affects Output and Performanceat Community Banks [J]. Journal of Banking & Finance, 2007 (31): 1033 – 1060.

[34] K. BATU TUNAY et al. Interaction Between Internet Banking and Bank Performance: The Case of Europe [J]. Social and Behavioral Sciences, 2015 (6): 363 – 368.

[35] POOJA MALHOTRA, BALWINDER SINGH. The Impact of Internet Banking on Bank Performance and Risk: The Indian Experience [J]. Eurasian Journal of Business and Economics, 2009 (4): 43 – 62.

[36] OVIDIU STOICA, SEYED MEHDIAN, ALINA SARGU. The Impact of Internet Banking on The Performance of Romanian Banks: DEA and PCA Approach [J]. Economics and Finance, 2015 (20): 610 – 622.

[37] ILYAS AKHISAR et al. The Effects of Innovations on Bank Performance: The Case of Electronic Banking Services [J]. Social and Behavioral Sciences, 2015 (6): 369 – 375.

第 11 章
大数据征信

大数据征信是依托网络技术的发展，多维度分析用户信息，综合评估用户信用，并向用户提供信用服务的新型征信系统。

11.1 我国大数据征信概述

11.1.1 我国大数据征信发展现状

近十年来，我国的征信产业取得了很大的发展，服务的对象有所增多，并且在行业里的深度方面也有很大的进展。2015 年初，中国人民银行颁布《关于做好个人征信业务准备工作的通知》，文件中批示芝麻信用、腾讯以及深圳前海征信中心等 8 家征信机构做好开展个人征信业务的准备。这 8 家征信机构中大都有着互联网背景。芝麻信用依托支付宝平台，腾讯征信依托腾讯集团，前海征信依托于陆金所，拉卡拉信用则是依托于拉卡拉集团。知名度稍微落后的是清控三联，它是由清华控股有限公司设立的全资公司，公司主要发展方向是 P2P 网络借贷、众筹平台、大数据挖掘、金融搜索以及第三方支付等众多业务（如表 11-1 所示）。

表 11-1　我国个人征信业务试点机构运用大数据的基本情况

公司	侧重领域	通用信用分	数据来源	合作机构	客户群	相关产品及服务
芝麻信用	生活场景	芝麻信用分	"阿里系"电商、"阿里系"参股企业、支付宝	30余家行业龙头、融360等P2P平台	金融机构和普通用户	芝麻信用，芝麻认证，风险名单库，信用报告，信用评级
腾讯征信	生活场景	腾讯信用分	财付通数据以及社交数据	微众银行、建设银行、光大银行、众安保险、浦发银行、招联金融等	金融机构和普通客户	个人信用应用平台，金融风险预警，贷后管理，反欺诈，信用评估，信用报告
前海征信	信贷审批	好信度	"平安系"内部的数据、50多家合作金融公司、"平安系"移动APP	50家信贷机构，如宜信、搜易贷等	金融机构和普通客户	反欺诈，信用风险，数据开放平台，综合报告，好信用分，好信盔甲，好信常贷客
鹏元征信	信贷审批	鹏元800	深圳和广州的深入金融征信数据	融科贷等P2P网贷平台	机构客户	信用报告，信用卡风险评分，小贷风险评分，欺诈评分，借收评分，中小企业小额贷款申请评分
中诚信征信	信贷审批	万象分	百余家中小银行	"信用联盟"的70余家机构以及百家中小银行	主要是机构客户，个人仅提供查询服务	个人征信评分，反欺诈，身份信息确认服务，征信监控
中智诚征信	反欺诈平台	—	8家联盟银行的数据共享	—	P2P平台和小微企业	申请反欺诈、全国公民身份信息认证、个人征信评分、征信监控
考拉征信	生活场景	考拉评分	第三方支付拉卡拉数据、40余万家线下便利店	超市、酒店和租车行业	个人客户	考拉信用分，考拉商户分

续表

公司	侧重领域	通用信用分	数据来源	合作机构	客户群	相关产品及服务
华道征信	反欺诈平台	猪猪分	—	—	租房者和房东	同业征信联盟，共享黑名单，租房信用报告，信用报告

资料来源：戴洋，季琳琳．大数据在征信领域应用的国际经验及启示［J］．金融纵横，2018(1)：82-88；以及根据互联网资料整理。

在随后的两年多时间里，这8家机构无一获得征信牌照。原因是多方面的，但有几点值得强调，援引央行副行长陈雨露的观点，在个人征信业务活动中要注重把握三方面的原则，包括第三方征信的独立性原则、征信活动中的公正性原则和个人信息隐私权益保护原则。

具体来看，这8家机构并不符合这三条原则。从独立性看，这8家机构各自依托某一个企业或者企业集团发起创建，在业务或者公司治理结构上不具备或者不具有第三方征信独立性，存在比较严重的利益冲突；从公正性和个人信息隐私保护来看，8家机构对征信的基本理念和基本规则了解不够且不太遵守，在没有以信用登记为基础、数据极为有限的情况下，根据各自掌握的有限信息开展不同形式的信用评分并对外使用，存在信息误采误用问题。万存知表示，每一家机构都想追求依托互联网形成自己的业务闭环，这样在客观上就分割了市场信息，每一家的信息覆盖范围都受到限制，信息不广、不全面，带来产品有效性不足。

2018年1月，在批示8家机构做好"准备"的整整三年之后，央行公示了最新进展，市场俗称的"信联"确定名称为"百行征信"，业务申请已获央行受理。根据央行《关于百行征信有限公司（筹）相关情况的公示》，百行征信有限公司注册地在广东省深圳市，业务范围为个人征信业务，注册资本 10 亿元人民币。在股东方面，中国互联网金融协会持股 36%，芝麻信用管理有限公司、腾讯征信有限公司等 8 家个人征信牌照试点机构各持股 8%。

从服务对象上看，百行征信有限公司的主要服务对象是网络小贷公司、网络借贷信息中介机构和消费金融公司等互联网金融从业机构以及商业银行等传统金融机构。上述人士认为，百行征信有限公司将与国家金融信用信息基础数据库形成"错位发展、功能互补"的市场格局，提高个人征信服务的效率、全面性和准确度，使信用良好的个人信息主体能够获得较优惠的利率、较快的融资等各种便利。

2018 年 5 月 23 日，百行征信正式挂牌。随后，百行征信实质性业务的开展，将有利于提高行业风险防控水平，防范系统性金融风险，打击"过度多头借贷""诈骗借贷"等乱象，有效避免平台间"共债"发生；对于投资人来说，也意味着可以更加放心地进行投资，只有良性循环，互联网金融才能持续健康发展。未来央行征信中心与百行征信再进行数据互通，到处乱借钱的"老赖"将无处遁形。

11.1.2　我国大数据征信模式分析

1. 基于电子商务平台的大数据征信模式

基于电子商务平台的大数据征信模式，最典型的是阿里的芝麻信用。阿里集团凭借其强大的电子商务平台在互联网行业中一直处于领跑地位，这也是芝麻信用征信业务领先于同行业机构的原因所在。阿里巴巴一直重视企业征信状况，2002 年实施诚信通计划对用户身份以及用户反馈多种征信信息以评分的方式呈献给征信使用企业。以天猫和淘宝为代表的阿里巴巴旗下购物网站能够取得大量包括店铺交易频率、卖家交易量以及用户反馈等信息。2007 年阿里巴巴联合工商银行与建设银行，开展信贷业务，贷款对象主要是会员企业，阿里巴巴负责出具贷款会员往期信用记录，而工商银行和建设银行对接高信用借贷者。2010年起阿里巴巴开始尝试创立小额贷款公司，目的在于为优质商家提供小额融资业务，依据借款者之前的借贷数据对比同类型企业，为借贷者提供相应数字的贷款。正是依托阿里巴巴集团强大的电商交易平台，才使得小额贷部分的信贷业务保持持续健康发展。在这种模式下，银行业能够直接对接授信企业，较传统银行贷款模式更加简单实用。

芝麻信用具有如下几方面的特点：

（1）将大数据技术和云计算技术作为征信数据采集渠道

①大数据技术。数据分析技术和数据抓取技术在互联网金融行业已经普及，该技术为征信评估提供了更为充裕的数据信息、增加了征信评估渠道，是我国征信体系创新发展的重要技术推动力。目前，芝麻信用运用的大数据征信技术主要涉及用户的身份信息、消费信息、社交行为以及行为信息等。大数据能够有效降低信息不对称，促进信用交易，有效减少逆向选择和道德风险，有利于加强制度的规制和约束。截至2017年末，阿里巴巴的数据库中包含3亿多名实名用户，这一数字接近中国网民的一半，数据涵盖日常生活的方方面面，如投资、购物、支付、公益等，一天的数据量已达到PB级，可以比得上5000个国家图书馆的信息量。

②云计算技术。云计算技术具备超强的数据运算能力，运算速率达到每秒10万亿次，足以模拟核爆炸、预测市场未来走势等。芝麻信用充分融合了大数据和云计算技术，加之大数据基础特性，能够迅速处理用户的数据以及评估用户的征信状况。主要的运用流程见图11-1。

（2）基于大数据、云计算技术建立互联网个人信用信息数据库

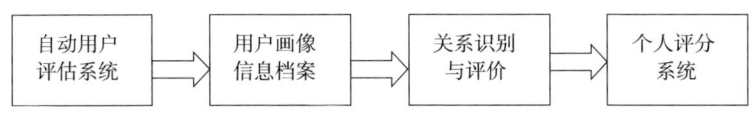

图 11-1 云算技术运行流程

芝麻信用在获取个人用户信用数据时不仅限于传统征信的信贷数据，而且更加广泛多样，分层次。在"互联网+"时代，通过大数据和云计算技术可以大幅度提高数据获取的效率，芝麻信用的数据信息通过四种方式获得：

①阿里巴巴的电商数据。阿里巴巴集团旗下有众多电商平台，例如淘宝、天猫、聚划算等，这些电商平台自身就有三亿基数的用户，正是以这三亿用户的基本信息、资金流动、兴趣偏好、购物行为等电商活动作为信息来源，芝麻信用的数据库拥有了庞大的数据。与之对应，3700多万户小微企业之间和它们与用户之间的交易信息也被纳入信息源范围内。

②蚂蚁金服公司的网络金融数据。个人交易信息数据大多来源于支付宝、余额宝、蚂蚁金服以及阿里云，其中支付宝和余额宝为芝麻信用提供主要的信息数据。

③与阿里巴巴集团具有合作关系的其他公共机构供给的数据。诸多公共机构，如公安网、银行系统等向芝麻信用提供机构公开的信息，包括公安、土地局、工商、信贷机构等信息。除此之外，芝麻信用还与国内主流网络借贷平台开展数据交换分享的合作，为芝麻信用供给平台独家收集的用户网贷数据，拓宽了芝麻信用网络数据的广度以及深度。

④用户自主提交的数据。芝麻信用不断积极发展，开拓不同的渠道，未来将会号召用户自觉提供生活上、工作上等不同的信用记录，以使自己的信用等级不断提高。

(3) 依托"芝麻信用分"为核心产品提供个人信用评分服务

"芝麻信用分"是我国第一个个人信用评分系统,通过计算机分析多个维度的因素和数据,建立复杂的计算模型,可以直接反映用户的信用等级。芝麻信用借鉴国际信用评分制,计量用户的信用水平非常直观。芝麻信用评分从350分至950分,评分的高低和用户的信用高低成正比。这与美国的FICO评分模型非常相近,后者也采用大数据。FICO模型的数据信息超过100万份来源,分数跨度是在300分至850分,该模型主要集中在5个方面:还款信息、信用账户的使用情况、信用生活的建立、信用账户的类型和新开的信用账户。芝麻信用将信用评分划分为5个级别,分别为不佳、中等、良好、优秀和极好,等级越低信贷风险越高,如表11-2所示。芝麻信用评分的依据主要参考用户信用历史、用户行为偏好、用户履约能力、用户身份特质以及用户人脉关系5个维度,虽然5个维度均影响评分,但影响权重不尽相同。

表11-2　　　　　　　　芝麻信用分分值区间

分值区间	350—550分	550—600分	600—650分	650—700分	700—950分
信用级别	不佳	中等	良好	优秀	极好

芝麻信用自身产品除查看信用分以外,还提供涵盖了消费借贷、便利交通、基础通信、旅行住宿、社交、公益等方面的信用服务,可以说芝麻信用已全面接触并融入个人的社会生活。例如,当芝麻信用用户的信用分值达600分,用户住酒店、租车均可以享受免押金的待遇,网上购物时有先使用后购买的优惠,办理签证时无需办理存款证明等一系列优惠。

(4) 通过线上线下合作的方式推广芝麻信用评分应用

芝麻信用与阿里巴巴电商平台上诸多特约商户以及蚂蚁微贷等达成合作协议,扩大芝麻信用评分在现实生活中的应用。一是芝麻信用分数的服务范围扩大到酒店住宿、租房、租车、婚恋等场景,并提供生活、社交的针对性服务。芝麻信用分达 600 分可享受无需押金的租车方式,如"车纷享"智能租车,还能先用车后付款。当客户的芝麻信用达 600 分以上,和阿里相关的酒店免收住店押金等一系列优惠活动。二是芝麻信用分推广到个人消费金融领域,为用户提供信贷服务。"蚂蚁金服"基于芝麻信用分,又相继推出了蚂蚁花呗、蚂蚁借呗以及好期贷三款产品。公司根据用户的芝麻信用分来匹配个人相应额度的消费贷款,用户可以将这些额度提现到支付宝余额。给予贷款的金额从一千元到五万元,还款时间最长可以达 1 年,每日利息仅有 0.05%,可以随时借还。此外,许多合作也已经在芝麻信用与其他金融机构之间开展,并且协定将芝麻分纳入放贷的标准中。比如"玖富"引入芝麻信用分,分数越高,相应借款额度就越高,利率也会更低。而芝麻信用也与金融搜索平台"融 360"建立合作,共同规划数据战略。

2. 基于第三方支付平台的征信模式

第三方支付企业提供征信服务的代表是考拉征信,其最大的数据来源是拉卡拉十年积累起来的便民、电商、金融及近亿级个人用户和百万线下商户日常经营的相关数据。不过考拉征信的数据来源是多维度的,还同时与蓝色光标、拓尔思、梅泰诺和旋极四家上市公司同步共享其数据,此外还有公安、法院、航空、通信、学历、学籍、工商等公共部门及其他行业合作的数据。考拉征信已经推出考拉个人信用分,考拉商户信用分、考拉个人职业信用分及考拉企业信用分等产品。

2000 年初第三方支付公司开始出现,伴随着电子商务企业共同成长,成为互联网企业、电子商务以及银行之间的纽带,其开展征信业务的优势是显而易见的。银行业可以监控所有本银行客户的相关交易记录，而第三方支付机构则能监控到个人或者企业的每笔交易，包括跨行交易，这是传统银行所无法做到的。第三方支付公司与一般的电子商务企业有很大区别，其数据信息非常单一，数据信息的种类主要是交易信息和商户的信息，后者的数据量占80%左右。所以，第三方支付平台就直接获得了海量用户的相关交易信息，这也正是大数据征信所需的，这些数据信息比从电子商务平台获得的大数据，更加科学准确。

所以，第三方支付公司不仅能够通过挖掘用户网络消费中的消费习惯，运用大数据分析形成用户个人信用评估，还可以将信贷业务进行监控，减少信贷中的信用风险，这种征信模式会给传统信贷业务带来新的冲击。从基本情况来看，第三方支付平台所提供的大数据征信业务，为金融行业服务的成本较低，这将会有效满足众多个人以及中小企业的融资需求。此外，通过第三方支付平台对接到网贷领域，以此保证网贷平台和网络借贷投资者的利益。以此方式能够有效减少各种借贷违约欺诈等行为，同时网络征信产品也可以减少网贷平台放贷的审批程序，降低企业成本。

3. 基于网络信贷的征信模式

基于网络信贷的征信机构的代表是NFCS，其全称为"网络金融征信系统"，是由上海资信有限公司（以下简称上海资信）建设的全国首个网贷领域的个人信用信息共享平台，于2013年6月28日上线运行。

NFCS建设的背景是自2007年以来，我国互联网金融迅猛发展，P2P网络借贷行业的机构数量与成交额都快速增长，网络借贷在促进金融创新、支持小微企业发展等方面发挥了一定作用，但囿于当时网络借贷的法律关系、监管主体、监管规则都尚未明确，网贷机构还无法直接接入央行征信系统，网贷机构在开展业务过程中普遍面临信用信息不对称的难题。为此，上海资信于 2012 年成立了专项研发团队，开始探索破解网络借贷的个人征信难题，整合网络借贷机构的信贷业务数据，并保持数据标准与央行征信系统的兼容性，为网贷机构将来接入央行征信系统做好准备。

NFCS 在建设之初以 P2P 网络借贷行业为主要切入点，首批签约接入 NFCS 征信系统的包括陆金所、信而富等 33 家网贷平台。截至 2017 年底，NFCS 已与 1000 多家网贷平台签约合作，入库各类信用信息记录数近 10 亿条，入库借款人数量超过 3700 万人，基础信用报告的日均查询量 18 万笔。NFCS 合作机构遍布全国各地，基本覆盖了正常运营的主要网贷平台合作。机构数量排名前三的是上海、北京和广东，其中：上海的平台约占比 26%、北京占比 20%、广东占比 14%。经初步统计，网贷之家排名前 30 名的网贷平台签约率达 80%，在中国互联网金融协会担任理事及以上的网贷平台签约率达 68%。NFCS 基本实现了全国 P2P 网贷行业的信用信息共享，有助于完善"守信联合激励、失信联合惩戒"机制。

NFCS 可以提供基础征信产品——网络金融版个人信用报告的查询服务，信用报告的主要内容有：个人基本信息、借款申请信息、借款交易信息、担保信息、特殊交易信息、查询记录、个人声明、资信提示等。信用报告的主要格式既有方便人工阅读的 HTML 格式报告，也有适合机读的标准 XML 格式报告。

此外，还可以提供个人身份认证、贷后信息管理、信用评分、特征变量、反欺诈以及整合公共信息版信用报告等多种增值产品和服务，为合作机构提供一站式的征信解决方案。

NFCS 主要服务于小微普惠金融领域。目前，已经签约接入的金融/类金融机构包括：网贷机构、小额贷款公司、消费金融公司、融资租赁公司、商业保理公司等。

NFCS 数据的时效性方面与央行征信中心一致。无论是央行征信中心，还是上海资信，都要求报数机构执行"T+1"的征信数据报送标准，即央行征信系统和 NFCS 都具备了支持接入机构在信贷业务发生变化之日起（T 日）次日（T+1 日）报送数据的能力。上海资信为接入 NFCS 的机构提供了"接口"和"非接口"两种报数模式。

与央行征信系统采集范围不同的是，NFCS 采集的主要是小微普惠金融领域的信用信息，并将借款申请信息纳入了信用信息的采集范围，有利于从源头上帮助金融机构防范借款人多头借债、过度负债等风险。

通过多年的运营实践，NFCS 已经帮助全国网贷行业普遍建立起包括信息主体授权机制、信用信息查询内控制度等在内的征信业务管理机制及征信数据报送标准规范，为合规的网贷机构未来能够顺利接入央行征信系统打好了基础。NFCS 在解决信息不对称问题、建立失信联合惩戒机制、提高审贷效率、促进行业规范有序发展等方面发挥了重要作用，已经成为金融领域，尤其是互联网金融和普惠金融领域，防范借款人信用风险的重要基础设施之一，成为国家金融信用信息基础数据库的重要补充。

11.1.3 大数据征信和人民银行传统征信模式的对比分析

传统征信和大数据征信的区别主要表现在以下几个方面（见表 11-3）。

在数据量方面，传统征信虽然已经探索了近十多年，但大数据征信近几年的发展，其数据量已经远远超过传统征信。

在商业模式方面，大数据征信更加开放，注重市场化，而传统征信重在公益性单位。

在服务对象方面，传统征信的优势在于商业银行、监管部门、政府等机构，而大数据征信主要服务对象是互联网平台，但未来还可拓展至政府等机构。

在企业信用主体方面，传统征信主要是为了服务全国1919万家企业，而大数据征信以互联网的大数据为依托，主要服务互联网上的企业。

在数据质量方面，传统征信的收集方法决定了其数据质量较大、数据征信更可靠，互联网大数据的收集成本非常低廉。

在数据来源方面，大数据征信的数据来源主要是互联网企业系统内部的原始数据，传统征信数据主要有商业银行报送。

在最有价值数据方面，在传统征信中，银行业的地位非常重要，这就决定了其最有价值的数据来自于银行信贷，而对于大数据征信而言，它可以获取互联网各类企业信贷和营销的第一手资料，因此这也是其最有价值的数据；从个人征信内容角度出发，大数据征信注重对客户基本身份信息、网购交易、日常生活缴费以及日常社交活动等，而传统征信更多涉及的是客户基本身份信息、相关信贷信息、担保交易信息、社会保障类信息、个人信贷诚信状况以及资产交易与抵押等；从企业征信角度出发，大数据征信主要依据卖家身份信息、日常交易数据、用户满意度等营销数据为主（以电子商务平台征信为例），反观传统征信更多依据企业身份信息、信贷状况、缴纳社会保障类支出等。未来互联网技术更加发达，用户数量也在增加，大数据征信在征信产品、目标定位、数据挖掘处理、宏观经济预测、信用主体数量等方面都会有高速发展（如表11-3所示）。

表 11-3　　大数据征信模式与传统征信模式对比

名称 比较内容	大数据征信	传统征信
数据量单位	PB 级	TB 级
最有价值数据	支付数据	信贷数据
用途	小额贷款、营销	银行信贷
数据来源	互联网企业（内部原始数据）	商业银行（经过处理）
数据质量	一般或比较差，较杂	较好
数据挖掘工作	已开展	无
经济预测	已开展	无
目标定位	尚不明确	中国金融业
发展阶段	已有少量征信产品	近 10 年已经有征信报告
商业模式	市场化	公益性单位（统一收费）
企业信用主体	互联网上的企业主体	2000 万企业
个人信用主体	6.29 亿网民	8.39 亿人
服务对象	互联网平台、将来还可拓展至政府机构等	商业银行、监管部门、政府等
征信内容（企业）	（以电子商务平台征信为例）卖家的基本身份信息、商品交易记录、用户满意度等营销信息	企业基本身份信息、信贷信息、缴纳社会保障费用和住房公积金信息以及缴纳电信信息费用等
征信内容（个人）	（以电子商务平台征信为例）买家的基本身份信息、网上交易、水电缴纳、社交活跃度等	个人基本身份信息、各种信贷和信用卡还款信息、担保信息、缴纳各种社会报保障和住房公积金信息、个人不良资产、法院判决、车辆交易与抵押等

11.2 国外大数据征信的发展情况

大数据的发展以及网络购物的兴起和普及更加凸显传统信息收集方法的繁琐，促进了众多征信服务机构数据来源和评价体系的改革。例如，早期 FICO 评分模型将借款人过去的信用记录与别的借款人的信用记录对比，用以反映借款人的信用变化趋势，同时判断与不良信贷的借款人的信用变化趋势是否一致，该模型主要有五项：借款人信用偿还历史、信用账户数、使用信用时间、目前使用的信用类型以及新开立的信用账户。近期，大数据的普及为人们提供了一种更加科学有效的新型评价体系。众多知名征信企业和机构纷纷探寻自己的路径，世界最著名的三大征信机构与 FICO 公司紧紧围绕大数据，研究更加成熟的评价体系。而中国香港 Lenddo 网络贷款公司、德国 Kreditech 贷款评分公司、美国 Zest Finance 公司等中介类型的征信评估公司尝试构建可以反映整个大数据时代互联网金融行业信用的平台（如表 11-4 所示）。

表 11-4 国外大数据在征信领域应用的最新情况

国家	公司名称	数据来源	技术手段	应用方向	主要特点
美国	Zest Financ	历史信贷数据、网络及社交数据、非传统数据	机器学习预测模型和集成学习法	主要应用于信用贷款审批，未来还将拓展到汽车金融、医疗服务、学生贷款等	为传统征信评估无法覆盖的人群提供服务
	Equifax	信贷数据、公共记录	构建数据评估模型	应用于风险管理、身份验证、欺诈检测、决策分析和市场营销等领域	通过收购高科技公司来组建自有的创新团队，以加快产品的研发和布局
	Trans Union	传统信用数据、替代信用数据、消费者公共记录、专有数据库	基础大数据技术、增强的大数据匹配连接能力	为金融机构、非金融企业的市场营销提供决策分析产品	信用报告直接向消费者报告

续表

国家	公司名称	数据来源	技术手段	应用方向	主要特点
美国	Kabbage	电商平台交易数据、物流公司配送数据、社交网络行为数据	动态大数据评估	确定电商卖家的经营状况，向符合资格的商家提供信用贷款	以互联网数据为主，推行动态信用评分
英国	Experian	信用账户信息	跨渠道身份识别引擎连接客户消费接触点	应用于管理信贷风险、防止欺诈行为、确定营销目标、实现自动化决策	整合公开信息，作为独立的第三方机构提供有关信用信息
英国	Bigdatascoring	网络行为数据	云计算和大数据技术	通过大数据为出借人提升贷款质量和撮合率	为传统信用评分低或不存在信用评分的客户提供服务
德国	Kreditech	公开信息、社交信息	大数据技术、人工智能算法	利用大数据分析客户信用度、确定是否发放小额短期贷款	信息量与预测精确度以及客户的信用额度呈现正相关态势
新加坡	Lenddo	社交媒体和智能手机记录等非传统数据	机器学习算法	用于信用贷款审批	利用非传统信用数据进行信用评估
日本	乐天	自身会员数据库	企业内部对客户数据分析和收集	乐天银行信用卡额度审批	依靠会员数量优势以及企业本身特点，为自身业务发展提供数据

资料来源：戴洋，季琳琳．大数据在征信领域应用的国际经验及启示［J］．金融纵横，2018（1）：82-88。

11.2.1 德国：小微贷款与大数据征信评估

SCHUFA 于 1927 年在柏林成立，是一家以个人征信业务为主的信用服务机构。该公司占领了德国个人信用市场的 90% 以上。SCHUFA 拥有德国最大的个人信息库，数据库中拥有超过 6600 万条的个人信用记录（德国总人口数为 8089 万条）。这些数据主要包括个人居住地址、个人银行账户信息、房屋租赁状况、是否有犯罪前科等。SCHUFA 还是德国唯一拥有银行信用信息的私营征信机构。SCHUFA 对众多商业银行、保险企业、电信运营商等与金融相关的行业中的用户信息进行收集，同时 SCHUFA 也会收集个人提供的信用数据信息。

SCHUFA 有一套非常完善的信用评估体系。它采用 0～100 分的评分制度，分数越高信誉度越高。其中，个人信用数据每季度更新一次，企业信用数据每天更新。根据 SCHUFA 官方提供的数据，德国人的平均值为 90 分，如果要在德国办事顺利，还是把 SCHUFA 维持在 95 分以上比较好。这套信用评分体系包含了个人身份的基本信息、住址、信贷记录、银行账户信息、保险信息、住房、电话和网络缴费情况、犯罪与个人不良记录等。但根据德国联邦数据保护法，SCHUFA 不包含婚姻状况、雇主信息、收入及财产状况。当然，在德国境外的信息，SCHUFA 也不会记录。

在德国，假如你个人信用状况较差，你在申请银行卡账户、购买汽车以及租赁住房等方面都会受到限制。信用状况较差的个人，信贷机构能够拒绝你的信用卡办卡申请，房地产企业以及房屋中介可以拒绝你的房屋购买或者租赁申请。德国日常生活中，地铁和公交车上只有简单的检票员和仪器对乘客的车票进行查验。在德国出现逃票的现象特别少见，一旦被发现，不但有最高几十欧元的罚款，相应的征信分值会减少。这种惩罚的代价是非常昂贵的，一次惩罚，各种受限。

这套信用体系不单对于个人严格，对于企业同样苛刻。违规企业会受到各种市场禁入，因此，众多德国公司对于诚信的规章较多，而且管理较为严格。在德国，无论是企业还是个人的各种信用信息可以很方便地获取。

11.2.2 美国：互联网大数据征信系统

在美国消费文化盛行，导致了征信行业领先于其他国家较快发展，野蛮生长期过后，美国政府开始重视对征信法规的健全，之后逐步发展渐渐走向企业整合和行业成熟期，发展相对其他国家较为完善。

回顾美国整个征信行业发展历史，最初是疯狂成长，到后来是全面整合，在此期间，大数据征信的升级离不开技术的推动和征信模式的创新以及政府法规的完善。目前，美国征信市场呈现出专业分工、界限清晰等特色。细分整个征信体系，其包含了两大主体：个人和机构。个人征信体系建设的领军企业有全联、亿倍利和艾克菲等。而机构征信的主导者又包括普通企业信用主导者和资本市场信用主导者，前者主要是指邓白氏，后者主要包括标普、惠誉和穆迪等。

目前，美国的大数据征信发展领先世界其他国家，不断创新的业务模式和技术上的升级换代使得美国企业的大数据征信发展具有鲜明的互联网时代的代表性。Zest Finance 是其中典型的例子。

Zest Finance 成立于 2009 年，公司地址在洛杉矶，公司创始人道格拉斯·梅瑞尔和肖恩·卜德都曾分别就职于谷歌公司信息部和金融信贷部，特别是后者对于金融信贷方面经验丰富。Zest Finance 的开发成员都是计算机和数学方面的专家。公司成立初期主要是依靠 Zest Cash 平台进行网络信贷业务，在大数据相关技术日益进步的条件下，Zest Finance 开始转型，主要的业务变成为金融企业提供信用评估信息，其核心业务在于为传统信贷企业提供信息，包括为相关信用卡银行提供汽车、房贷等融资借贷方案。Zest Finance 的风险评估方法也在不断完善创新，该公司的收债评分产品逐渐被运用到各个领域，其客户主要是企业、学费、医疗相关贷款类公司。

根据 Zest Finance 的情况，信贷业务获利的关键在于所获得的信用数据是否全面准确，这一过程还需要加工筛选。Zest Finance 希望通过大数据的采集分析出信用缺失人的信贷情况。

（1）大数据采集。Zest Finance 的信用数据信息依靠相关汇集技术取得，在参照原有征信体系参考变量基础上，加强对贷款人相关信贷信息的分析，此外，对于信贷人的一些边缘化信息给予关注，例如申请记录等，对其进行横向和纵向的对比。Zest Finance 的信息来源众多，数据信息囊括了结构化数据信息以及非结构化数据信息两种。此外，还能够收集到众多传统数据收集所涉及不到的信息，如借款人支付租金历史、典当交易、网上交易记录、借款人在借款申请期间了解产品说明的信息同样能够通过大数据获得，正是这些详细的数据信息能够为贷款方提供非常全面的信用评估和准确的参考。非常规数据的作用是将借款人个人信息的所有客观数据建立到借款人征信系统中，企业能够了解客户的真实社交网络。

由于大量的数据可以用于分析客户的消费习惯和日常守信行为，这些数据的挖掘分析可以成为企业参考的依据，最终决定是否对客户进行贷款批准等差异化个性化的服务。Zest Finance 的数据来源分析见图 11-2。

Zest Finance 收集数据的方式主要有三种方式：一是通过网络系统获取的各种数据，常见的数据包括，网络用户以往使用过的 IP 地址，使用过的搜索引擎，显示器的分辨率信息这种信息也可以被搜集到，通过这些用户数据能够有效获得用户的居住地域，分析用户行为习惯和性格特点，这些数据可以间接分析用户信用状况，提升信贷风险分析准确

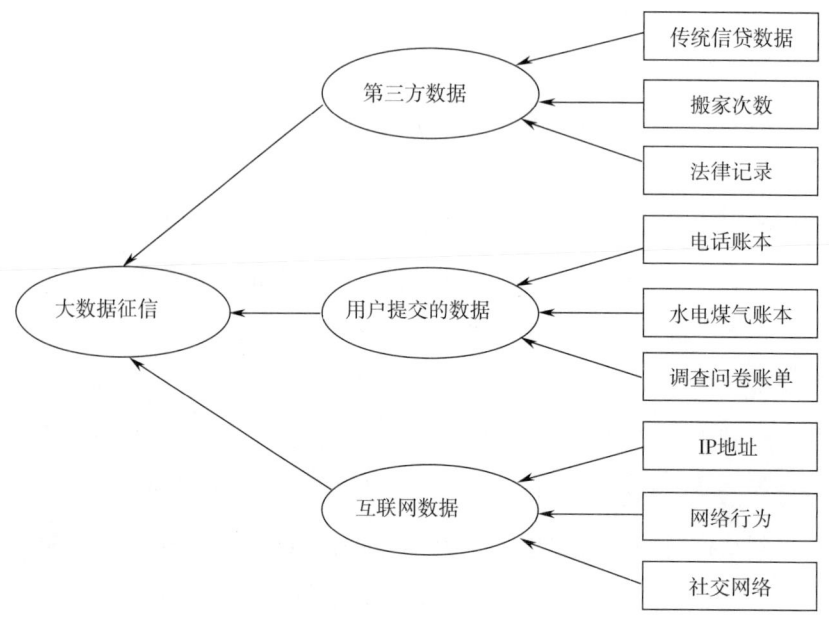

资料来源：Zest Finance 官网。

图 11-2　Zest Finance 的数据来源分析

度。二是通过第三方数据平台搜集用户的信用数据，这是数据分析的基础，例如用户在商业银行显示的信用卡和银行卡信贷记录，还包括一些违法违纪等行为，以及这些行为的频率和次数等。三是通过对话的形式直接获得借款人的信贷状况，例如借款人为了达到借款的目的，会极力获得企业的贷款申请，在这一环节中，借款人之前的信用记录都会被展示出来。正是由于诸多创新才使得 Zest Finance 运用大数据为依托比传统征信体系更加准确有效，使得信用评估的数据更加客观可信。

（2）大数据分析。通过收集个人信息和消费习惯，Zest Finance 对其进行综合分析。第一步是要将大数据中与信贷有关的记录作为参考。第二步挖掘相关数据之间内在关联，并将取得的数据进行转换。第三步将上步获得的内部相关联的变量转变为可以接受的征信评价指标，其中的每一个变量均是借款人信贷特征的有力证明，再利用模型对所有变量进行分析。第四步依据既定规则把模型分析的结果转化为信用评价分值。Zest Finance 的分析模型远不止一个，其目的是使信用分值尽可能精确有效。大数据中的信息量之大超乎想象，每个借贷人的客观信息都超过一万条，在经过内部关联转换之后得到的能够测量的指标都在七万条以上，而整个过程也只不过五秒左右。运用十个学习模型能够精确现有的信用评价体系。

像 Zest Finance 这样，依托大数据作为分析和决策基础的信用风险评估体系虽然还很少，但是其科学性和创新性依然获得众多大数据征信企业的高度评价，例如美国的 Kabbage 和德国的 Kreditech，这种方式不断发展扩张也会逐渐替代传统信用评价体系的市场份额（见表 11-5）。

11.2.3　国际大数据征信发展的对比分析

就目前美国的征信市场而言，存在新旧两种征信模式（如表 11-5 所示）。大数据征信正处于蓬勃发展之中，被大多数新兴企业所采用，基于技术的优势，新兴的企业对大数据技术主导的新的征信模式表达出乐观的心态；传统的征信机构如银行等仍然以传统征信为主，或者将大数据征信作为传统征信模式的补充。

不乏一些巨头的传统征信机构如 FICO 开始将客户信息集中化和综合化处理，在传统的风控模型中加入社交网络信息、电商信息等。这样做的好处显而易见，可以提高风险控制模型的精确度，一旦模型的可行性得到实现，大数据时代提供的信息将使 FICO 提供更精确差异化服务，提升核心竞争力。

对于一些新兴企业而言，选择大数据主导的征信模式的原因主要有两个,首先传统征信模式的门槛较高,一般由国家政府部门或大型征信机构垄断;其次,大数据征信作为传统征信模式的补充,为没有被传统征信纳入评价的个人和小型企业提供服务。基于兴起的大数据技术,通过网络信息的搜集给出客户的信用的评级结果,依据结果进而提供相应的差异化服务。目前最具有代表性的大数据征信模式企业主要有 Zest Finance 和 Kabbage。

表 11-5 传统信用风险评估体系与基于大数据的信用风险评估体系

项目	传统信用风险评估体系	基于大数据的信用风险评估
代表企业	FICO	Zest Finance
服务人群	有丰富信贷记录的(约占85%)	缺乏或无信贷记录的(约占15%)
数据格式	结构化数据	结构化数据+大量非结构化数据
数据类型	信贷数据	信贷数据、网络数据、社交数据
理论基础	逻辑回归	机器学习
变量特征	还款记录,金额,贷款类别	传统数据、IP 地址、邮箱姓名、填表习惯等网络行为
数据来源	银行提交给第三方的数据和银行当地数据	第三方(如电话账单和租赁历史等)和借贷者本身提供的数据
变量个数	15~30 个(变量库 400~1000 个)	多达几千到一万个

中小企业融资和互联网的发展催生了互联网金融的诞生,基于大数据征信模式处于蓬勃发展阶段的时代背景,中国出现了一大批互联网金融公司。其中最具有代表性的是阿里巴巴集团。阿里巴巴是国内最大的电商平台,通过多年的客户积累,阿里巴巴集团汇集了大量的客户交易信息和数据,对这些数据的挖掘分析可以实现对客户和商家的信用评级分析,并提供相应的授信产品和服务。目前阿里巴巴集团已将征信业务进一步拓展,使之从金融领域扩展到实际应用场景,如芝麻信用产品的发展。芝麻信用基于多维度对用户的分析,构建出芝麻信用的评级分

数，然后基于不同的信用分数，用户可以享受到不同的线下服务。线下服务领域包括租房、租车、医疗等，随着芝麻信用分数的提高，用户可以享受到的服务也越来越便捷，这有助于人们养成守信的习惯。

目前芝麻信用处于发展期间，其影响范围较小，不如 FICO 被广大用户所接受，但是作为新兴的大数据模式的征信体系，其具有一定的代表性。可以设想未来的征信模式将会是大数据主导的，这不仅是因为互联网时代的到来，而且因为传统征信存在一定的弊端，如征信成本较高、征信手续过于复杂等。一旦人们接受芝麻信用代表的新兴征信模式，我国的征信体系建设将会越来越好。

对于大数据征信，人们普遍存在的忧虑在于隐私的泄露。在大数据时代，基于对个人行为的分析，可以大致对个人的性格及相关信息提出一定的判断，隐私会被泄露的概率大大提高，这就要求企业遵守一定的道德操守。同时随着数据海量的出现，数据呈现出几何增长的趋势，针对未来大数据分析，企业对数据分析的性能要求越来越高，风险控制模型要求越来越精确，这样才能应对几何增长的海量数据。

基于对以上国家大数据征信模式的分析，我们看到未来大数据征信的潜在发展方向，"评级＋场景应用"会成为未来的趋势所向。就其本质而言，大数据征信的基础是信息经济学和数据挖掘技术相结合，因此未来推动大数据征信模式发展的必然是技术挖掘技术的升级，这将使得征信模式走向质的飞跃。

11.3 我国大数据征信体系的问题以及优化建议

11.3.1 大数据征信的意义

1. 大数据征信有望推动普惠金融，挖掘更多人的信用

国内目前真正发挥作用的征信体系主要是央行的征信系统，所覆盖

的人群还非常有限，远远低于美国征信体系对人口的 85% 的覆盖。国内数量庞大没有被传统征信体系覆盖的人群同样也需要信用服务，享受金融普惠，这就需要探索征信的新思路。大数据征信被寄予了推动普惠金融的期望。

2. 互联网上的海量信息可以成为征信体系的新数据源

大数据实践的重要特征就是大量地利用互联网上的数据作为征信的数据源。中国互联网络信息中心（CNNIC）公布了第 41 次《中国互联网络发展状况统计报告》。根据报告，截至 2017 年 12 月末，我国网民规模达 7.72 亿人，普及率达到 55.8%，超过全球平均水平（51.7%）4.1 个百分点，超过亚洲平均水平（46.7%）9.1 个百分点。我国网民规模继续保持平稳增长，互联网模式不断创新、线上线下服务融合加速以及公共服务线上化步伐加快，成为网民规模增长推动力。截至 2017 年底，中国网络购物用户规模和使用网上支付的用户规模均接近 6 万人。这些海量而且丰富的互联网数据资源可以被国内征信体系建设很好地利用，通过分析互联网上这些信用主体的基本信息、交易行为信息和金融或经济关系信息，同样可以挖掘出这些信用主体的信用模式。

3. 大数据技术可以使得"一切数据皆信用"成为可能

以大数据为代表的 IT 新技术的应用，给征信体系建设带来了新的思路，原来海量庞杂、看似无用的数据，经过清洗、匹配、整合和挖掘，可以转换成信用数据，而且信用评估的效率和准确性也得到了一定程度的提升。

11.3.2　我国大数据征信面临的问题

1. 现有法律法规将逐渐不能够满足大数据征信的发展需求

2013 年 3 月，国务院发布《征信业管理条例》标志着我国征信业进入有法可依的时代。2013年12月，中国人民银行出台《征信机构管理办法》，配合《征信业管理条例》确立我国征信经营活动遵循的制度规范和监管依据。2014年6月国务院出台《社会信用体系建设规划纲要（2014—2020）》，作为部署加快建设社会信用体系、构筑诚实守信的经济社会环境的指导性文件。可见，我国征信业的法律法规框架及其配套制度是围绕《征信业管理条例》来构建的，但《征信业管理条例》规制的主要对象是传统金融行业。在大数据时代，征信发展模式与传统的征信模式相比有所转变，《征信业管理条例》能否满足新的模式要求，尚无定论。此外，尽管《征信业管理条例》对个人信用信息提供了一定保护，但就大数据征信的数据报送范围、查询用途范围、授权形式、安全管理、异议处理和维权等方面的监管细则相对缺乏。

2. 大数据征信的技术和应用遇到瓶颈

首先，大数据搜集有难度。数字化时代全社会信息量爆炸式增长，搜集和共享机制取得很大进步，但是对于大数据征信的要求仍然不能满足，对于日常生活中的基础信息目前还未完全入网，使底层数据仍然不足。社交信息和交易信息相对独立，各个数据来源方对于数据共享存在争议，使大面积搜集数据无法实现。其次，现有大数据模型的有效性需要检验。数据模型能否可靠推广，这就需要反复实践和修正。目前征信行业由于发展较晚，积累的历史数据较少，而且模型规则沿袭传统征信的内容较多，大数据征信的优势不能很好展示。最后，大数据征信未被广泛应用。大数据征信所涉及的用户均为网络使用者，这就造成较少或者不使用网络的人群被忽略。

3. 大数据征信监管体系及监管政策有待改善

现有的监管体系已经无法满足大数据征信发展需要，原有监管方式及手段不够全面，部分监管行业领导缺乏对大数据征信相关知识的认识，需要加强。另外，对于大数据征信行业缺乏自律管理的能力，相关自律性组织未出现，征信行业规范、保护投资者权益的协调机制亟待建立。

11.3.3 我国大数据征信体系的优化建议

1. 加强对于大数据征信的普及和推广

提高公众对其认知，使有金融投资意识和需求的人对征信体系有一个可感的认知和近距离的接触，从而加深对个人征信的了解。利用大数据和个人征信系统来获取借款人的信用评分越来越受到互联网金融的重视，立体化、全息化的征信市场在一定程度上有利于解决P2P公司的征信难题，降低征信成本与风险，也是对央行征信体系的有效补充。

2. 加快信用立法，保障用户的切身利益

其基本的出发点首先在于加大征信市场监管力度，将大数据征信体系采集数据的范围、方式以及使用原则予以明确，相应的信息采集和授权方式等进行告知。其次，大力推进身份认证、网站认证、电子签名及数字证书等安全认证，落实信息安全等级保护制度，目前大数据征信体系可以采集到的数据仍然存在大量"死角"，现有征信体系的数据库需要扩大。

3. 建立健全信息标准和共享机制

首先优先建设完善以芝麻信用为代表的大数据征信领头企业发展，制定科学合理的信用评价标准，依次为借鉴制定出切实可行的行业制度，以延伸发散的方式提升征信行业发展的科学性和有效性。其次是将符合条件的大数据征信企业对接中国人民银行征信系统，开放国家数据，实现金融数据利用的最大化。最后就是要增加对于互联网金融征信平台的建设力度，努力构建和金融信用信息基础数据库相匹配的大数据征信体系。

4. 提高数据采集质量，升级完善大数据技术

新的信用风险体系的一个颠覆性的基本思想是一切数据皆信用，这是需要大数据技术来支撑的。国内征信体系的建设应当关注大数据技术的应用和发展，并加大投入，勇于实践。一是不断更新和优化数据清洗、交叉验证等技术手段，更好地识别用户身份，解决客户信息不完整、不准确等问题，确保数据的真实性、完整性和有效性。二是不断完善和更新信用评估模型，持续大力发展云存储系统、数据挖掘技术、机器学习等相关技术，提高评估模型的准确性和有效性。

参考文献

［1］戴洋，季琳琳．大数据在征信领域应用的国际经验及启示［J］．金融纵横，2018（1）．

［2］冯文芳．互联网金融背景下小微企业大数据征信体系建设探析［J］．国际金融，2016（3）：74－80．

［3］冯笑，陈翼．基于互联网金融平台的大数据征信实践与启示——以阿里旗下"蚂蚁金服"为例［J］．中国市场，2015（32）：86－87．

［4］李友元，寇纲．我国大数据征信的挑战及对策［J］．大数据，2017（1）：27－34．

［5］刘新海，丁伟．大数据征信应用与启示——以美国互联网金融公司ZestFinance为例［J］．清华金融评论，2014（10）：93－98．

［6］魏强．大数据征信在互联网金融中的应用分析［J］．金融经济月刊，2015（8）：11－13．

［7］叶文辉．大数据征信机构的运作模式及监管对策——以阿里巴巴芝麻信用为例［J］．武汉金融，2016（2）：66－68．

［8］植凤寅．大数据征信与小微金融服务［J］．中国金融，2014（24）．

后　　记

本书经过历时四年的创作，由于行业发展过快，特别是2016年以来政策出台速度也非常快，所以书中引用的数据和评论经过了多次更新和修正。

互联网金融从一开始就被寄予了普惠金融的期望，它首次覆盖了最底层的理财和融资用户。它们刚刚进入这个金融的世界，尚在蒙昧之初。它们没有经历过金融危机的洗礼，也没有经受完整的金融教育，就如嗷嗷待哺的婴儿，只有非理性的哭声和呐喊。

而另一方面，金融和文明的光芒，已强劲地刺破中国的商业莽林，万物生长，却又原始血性，所到之处，规则缺失，投机心重。面对这片土地，金融的从业者和监管者们，需要更多的理性和耐心……

如果金融从业者和监管者也陷入非理性，加入狂欢，盲目追求速度和规模，就会陷入群魔乱舞。剖析互联网金融的产业组织发展进程，是为了读懂行业的现在和未来。